高等学校"十二五"规划教材｜经济管理类

系 统 工 程 学

贾俊秀　刘爱军　李　华　编著

西安电子科技大学出版社

内 容 简 介

本书主要介绍系统、系统工程、系统工程方法论、系统分析、系统结构模型化、系统仿真技术、系统动力学方法和系统评价方法等内容。书中突出系统和系统工程思想、系统工程方法论及方法在社会管理系统中的应用，目的在于培养学生掌握中外的系统思想方法论、系统分析和系统综合评价的方法及其在管理、经济系统分析中的应用。

本书可作为高等院校管理类、经济类专业的本科生教材，也可作为管理、经济相关专业的本科生、硕士生的参考书。

图书在版编目(CIP)数据

系统工程学/贾俊秀，刘爱军，李华编著. —西安：西安电子
科技大学出版社，2014.1
高等学校"十二五"规划教材
ISBN 978 - 7 - 5606 - 3259 - 9

Ⅰ. ① 系⋯　Ⅱ. ① 贾⋯　② 刘⋯　③ 李⋯　Ⅲ. ① 系统
工程学—高等学校—教材　Ⅳ. ① N945

中国版本图书馆 CIP 数据核字(2014)第 007917 号

策划编辑　戚文艳
责任编辑　戚文艳
出版发行　西安电子科技大学出版社(西安市太白南路 2 号)
电　　话　(029)88242885　88201467　　邮　　编　710071
网　　址　www.xduph.com　　　　电子邮箱　xdupfxb001@163.com
经　　销　新华书店
印刷单位　陕西华沐印刷有限责任公司
版　　次　2014 年 1 月第 1 版　2014 年 1 月第 1 次印刷
开　　本　787 毫米×1092 毫米　1/16　印张 20.5
字　　数　485 千字
印　　数　1～3000 册
定　　价　35.00 元
ISBN 978 - 7 - 5606 - 3259 - 9/N

XDUP　3551001 - 1

＊＊＊如有印装问题可调换＊＊＊
本社图书封面为激光防伪覆膜，谨防盗版。

前　　言

　　系统思想和系统工程的观念是人类在长期的社会实践中产生和积累起来的，经过多年的发展，系统思想和系统工程的方法广泛应用于各个领域。为进一步深化教学改革和课程建设，加强管理、经济类学生综合性思维的训练和学习，提高学生用系统思想和方法解决问题的能力，我们编写了这本《系统工程学》。本书主要介绍系统工程的理论与方法在社会和管理系统中的应用。

　　本书每章均从一个案例导出每章要解决的问题，并在各章论述中，引用了来自学术期刊论文、毕业论文的大量案例或例题对相关内容进行充分的阐述。

　　本书共分为8章。前两章主要讲述系统和系统工程思想。第1章重点介绍了系统思想及其起源，系统的概念，系统的结构、功能和功效，系统的性质。第2章主要介绍了系统工程的概念及其产生和发展，还介绍了系统工程学的学科体系和理论基础。

　　第3章和第4章重点分析了系统工程的方法和方法论。第3章讲解了Hall三维结构、Checkland"调查学习"模式、综合集成法和物理-事理-人理四种主要的系统工程方法论。第4章主要对系统分析的概念、内容和工具进行了详细介绍。

　　第5章到第8章就一些主流的、在管理系统领域中常用的系统工程技术方法进行了详细介绍。第5章主要就系统结构的表达方式、建模的一般步骤和方法、递阶结构模型的规范方法、系统解释结构模型在实际中的应用以及该模型技术的发展趋势等内容进行了详细的分析。第6章阐述了系统仿真技术，介绍了系统仿真的产生、发展及研究现状；分析了离散事件系统仿真的五类建模结构、随机变量的产生方法、离散事件系统面向过程和面向对象的仿真方法，提炼总结了基于事件调度法、活动扫描法、进程交互法和三阶段法的离散事件系统仿真策略，以案例的形式重点讲解了Petri网建模。第7章阐述了系统动力学的产生、发展及其适用领域，分析了系统动力学测度系统动态结构与反馈机制的基本原理，结合生产生活中的案例对系统动力学建模步骤、DYNAMO计算机模拟建模语言、Vensim PLE系统动力学软件、模型建立、模型模拟、模型运行进行了详细研究。第8章对系统评价方法进行了介绍，阐述了系统评价遵循的基本原理、评价基本准则的构建、评价指标体系的数量化方法，结合案例重点分析了模糊综合评价方法和可能-满意度法两种系统评价方法。

　　本书第1~4章由贾俊秀老师编写；第5~8章由刘爱军老师编写；黄晨璐、韩蓄、戎彦珍和徐宁等同学参加了部分章节的编写工作；李华教授对全书进行了校稿和审阅。

　　教材编写是一项长期而艰苦的工作，感谢吴涛老师对全书的校改，感谢戚文艳编辑在教材编写中给予的帮助。在本书编写过程中参阅了大量资料、论文和著作，吸收了同行们辛勤劳动的成果，在此表示感谢。

　　由于编者理论水平有限，书中不妥之处在所难免，敬请广大读者批评指正。

编　者

2013年9月

目　　录

第1章 系　　统

【案例导入】 中国载人航天系统

北京时间 2003 年 10 月 15 日"神舟"五号将航天员杨利伟送上太空,"神舟"五号飞船载人航天飞行实现了中华民族千年飞天的愿望,是中华民族智慧和精神的高度凝聚,是中国航天事业在新世纪的一座新的里程碑。截至 2012 年,在已发射的"神舟"系列飞船中,"神舟"一号到"神舟"四号和"神舟"八号均为无人飞船,"神舟"五号为载人飞船,"神舟"六号为双人飞船,"神舟"七号和"神舟"九号为三人飞船,我国正在逐步实现着中国载人航天的目标。那么这些载人航天系统的成功运行都需要哪些组成要素呢?我们知道,载人航天系统具有七大系统,分别是航天员系统、飞船应用系统、载人飞船系统、运载火箭系统、发射场系统、测控通信系统、着陆场系统。这些系统相互配合,共同完成某项航天计划。

神舟飞船是一个系统,是成功运用系统思想的典型。本章就系统思想的发展,系统的概念、结构、功能和性质等一系列问题进行展开。

1.1　系　统　定　义

社会实践的需要是系统思想和系统概念产生和发展的动因。而系统思想及其初步实践可以追溯到古代,其发展经历了一个漫长的历史过程。了解系统思想的产生与发展过程,有助于加深对系统概念、系统工程产生背景和系统科学全貌的认识,有助于深刻理解和更好地应用系统思想,并为后面学习系统工程打下良好的基础。本节就系统概念的形成,系统的定义、性质、结构、功能、功效等方面进行全面的介绍。

1.1.1　系统概念的形成

"系统"是我们很熟悉但又很难给出确切定义的一个词。暖气片、暖气管道和锅炉等组成了一个供暖系统;大学里的各个学院、教务处、科研处等部门构成了一个小的教育行政系统;人体中有以大脑为主的神经系统、以心脏为主的血液循环系统、消化系统和泌尿系统等。从这几个例子大致可知,系统由若干个部分组成,这些组成部分共同完成一个总的任务。

1. 中国古代朴素的系统思想

系统思想是在人类漫长的社会实践中逐步形成的。在古代,由于生产力发展和人类对世界认识的限制,当时的系统思想被披上了神秘色彩,我们称之为"朴素的系统思想"。我国古代朴素的系统思想体现在哲学、天文、军事、工程、医药等各个方面。

《周易》是中国古代哲学巨著,《周易》的思想讲究阴阳相济、刚柔有应,提倡自强不息、厚德载物。《周易》中以象征阳爻的"—"和象征阴爻的"——"为基本符号,由八卦中任意两卦交相叠合而成的六十四卦为基本图形，来说明宇宙的一切现象，并通过占筮来启示天道、人道、地道的变化规律。

中国古代在天文方面的文章有《管子·地员》、《诗经·七月》等。这些文章对农作物与种子、地形、土壤、水分、肥料、季节、气候诸因素的关系，都有辩证的论述。我国古代天文学家为了发展原始农牧业，很早就关注天象的变化，把宇宙作为一个超系统，探讨了它的结构、变化和发展，揭示了天体运行与季节变化的联系，编制历法和指导农事活动的二十四节气。

《孙子兵法》是我国古代最杰出的兵书，是系统思想在我国古代军事方面的重要运用。公元前5世纪春秋末期，著名军事家孙武在他的著作《孙子兵法》中阐述了不少朴素的系统思想和谋略。

《孙子兵法》共十三篇，不到六千字。其前半部的《计》、《作战》、《谋攻》三篇是一组，《形》、《势》是一组，《虚实》是一组，上述三组比较侧重军事学的基础理论和战略问题；它的后半部，《军争》、《九变》、《行军》、《地形》、《九地》五篇是一组，比较侧重运动战术和地形学的研究，《火攻》和《用间》则讨论了战争中比较特殊的两个问题。《孙子兵法》言简意赅，富于哲理，不仅透彻地论述了战争理论的核心问题，并且发人深思，启迪人们认识和思索人类社会生活领域许多方面的矛盾现象，具有丰富的朴素的唯物思想和辩证因素。如至理名言"知己知彼，百战不殆"，至今不失其真理性。对当代这样一个竞争型的社会来说，《孙子兵法》的魅力已经超出了军事领域，在工商业、体育业甚至日常生活中也得到了广泛的应用。

都江堰工程等是系统思想在中国古代工程方面应用的典型代表。都江堰是我国古代一项杰出的大型工程建设，至今仍发挥着重要作用。位于四川省都江堰市的都江堰工程是公元前250年前后修筑起来的。整个工程有"鱼嘴"岷江分水工程、"飞沙堰"分洪排沙工程、"宝瓶口"引水工程三大主体部分，加上一系列灌溉渠道网，巧妙地结合成一个完整的系统，成功地解决了成都平原的灌溉问题，具有总体目标最优化、选址最优和自动分级排沙、利用地形并自动调节水量、就地取材及经济方便等特点，是系统思想应用的典型。

北宋宋真宗时期的"丁渭工程"是系统思想在工程方面应用的另一典型代表。当时，因皇城失火，宫殿被毁，皇帝任命一个名叫丁渭的大臣负责皇宫的修复工程。对于这样一个比较紧急的任务，丁渭的施工方案是：首先把皇宫旧址前面的一条大街挖成沟渠，用挖沟的土烧砖，从而解决了部分建筑材料问题；再把开封附近的汴水引入沟内，形成航道，便于从外地运输沙石木料等；待皇宫修复后，把沟渠里的水排掉，用建筑垃圾、废弃杂物填入沟中，恢复原来的大街。这一实施方案实际上应用了系统工程的系统思想，其设计之巧妙令人赞叹。

《黄帝内经》是我国古代最著名的医学典籍。其中天人合一、阴阳平衡、顺应四时的理念，一直被人们奉为养生保健的无上准则。《黄帝内经》由《素问》和《灵枢》两部分组成，各有九卷八十一篇，主要论述了气、阴阳、五行三个基本元素的变化，是中国最早、最完整、内容最丰富的一部医学典籍，距今已有两千多年。不论是天人关系、血气运行，还是脏腑诊治、静脉识别、灸刺论述，《黄帝内经》在各个方面都表现出极高的智慧。

如同《周易》的玄妙莫测，《黄帝内经》的内容也相当深奥，后人很难完全理解其中的涵义，因此部分内容具有非常神秘的色彩。其根据阴阳五行的朴素辩证法，把自然界和人体看成是由五种要素相生相克、相互制约而组成的有秩序、有组织的整体。《黄帝内经》和其他古代医学中的病机、气血、经络等学说，以及在此基础上建立起来的辩证论，都充分体现了系统思想。

我国古代并没有提出一个明确的系统概念，也没有建立起一套完整的系统体系，但对客观世界的系统性及整体性却已有了一定程度的认识，并能把这种认识运用到改造客观世界的实践中去。例如，春秋末期的思想家老子曾阐明了自然界的统一性，指出"道生一、一生二、二生三、三生万物"；西周时期出现了"阴阳二气"及金、木、水、火、土"五行说"；东汉时期张衡提出了"浑天说"。

2. 国外古代朴素的系统思想

其他国家和民族在生产及社会活动中较早产生朴素系统观念的例子有很多，主要集中在古希腊、古罗马和古巴比伦等国家。

古希腊文明的最大贡献在于哲学和科学方面，不少重要人物在现代科学技术教科书中都无一例外地被提到。古希腊的伟大思想家和科学家亚里士多德提出的关于整体性、目的性、组织性的观点，以及"整体大于部分的总和"的思想是系统论的基本原则之一。赫拉柯利特是艾奥里亚学派学术思想的发展者。他提出了"人不能两次踏上同一条河流"的著名命题，意在说明一切事物都处于永恒的不断变化中。赫拉柯利特认为，世界本身就是事物的不断发展、变化和不断更新的过程，一切都在变化着，也存在着，所以运动和发展与物质本原是不能脱离的。

欧几里得的《几何本原》是用公理法建立起演绎体系的最早典范。人类在此之前所积累下来的数学知识，是零碎的、片段的。《几何本原》借助逻辑方法，把这些知识组织起来，加以分类、比较，揭露彼此间的内在联系，对整个数学的发展产生了深远的影响，是系统思想的自然体现。阿基米德吸收了几何学中的演绎方法，从一系列公理出发，推证出了他的杠杆原理。阿基米德的证明方法在科学史上占有重要的地位，它开辟了利用数学方法研究科学问题的道路，对数学和物理学的发展起到了推动作用。这种定量逻辑分析正是现在系统科学和系统工程理论与技术的基本特征之一。

泰勒斯是公认的希腊哲学鼻祖和数学家，他在数学方面的贡献是开始了命题的证明，标志着人们对客观事物的认识从感性上升到理性，这在数学史上是一个不寻常的飞跃。德谟克利特是古希腊唯物主义哲学家，他把宇宙看成一个统一的整体，并认为宇宙是由原子组成的，原子的运动和相互作用构成了整个宇宙的运动变化。他曾提出"宇宙大系统"的概念，认为世界由原子和真空所组成，原子组成万物，形成不同的系统和有层次的世界。

古罗马文明的主要贡献在于法律、技术和建筑等方面。古罗马帝国拥有一部令世人称颂的文明之珠——罗马法。罗马的法律从公元前 450 年的《十二铜表法》发端，到奥古斯都成为元首后发展为一套十分完备的体系。罗马法包括三个方面，第一方面是罗马公民法，应用于罗马公民；第二方面是万民法，应用于罗马帝国统治下的所有人民；第三方面是自然法，此法强调自然和社会的理性及正义的秩序，指出所有人都是平等的，都拥有基本权利，而政府不能侵犯这些权利。如果国王不遵守自然法，那他将自动变成暴君。罗马法的产生标志着文明进步的新阶段，这是系统思想在上层建筑应用的体现。

在科学技术方面，托勒密利用自己观测的大量资料和前人积累的成果，正确地说明了月亮绕着地球运动的规律，相当准确地确定了月地距离，使地心说的体系与实测的结果相符合，并建立了最完整的地心说宇宙体系。这一体系统治欧洲达一千余年，直到哥白尼的日心说模型确立为止。盖伦是自古希腊以来医学的集大成者，他认为人体由器官、液体和灵气组成，并通过人体解剖考察了心脏和脊髓的作用。

古巴比伦人很早就开始运用整体的思想来观察宇宙。他们把宇宙看做一个整体，认为宇宙是一个密封的箱子，大地是它的底板，底板中央耸立着冰雪覆盖的区域，幼发拉底河发源于这些区域中间，大地周围有水环绕，水之外有大山，以支持蔚蓝色的天穹。古巴比伦人把宇宙描述成一个分层次、有结构的整体。古埃及人同古巴比伦人一样，将宇宙看成一个整体，只是描述的方式不同。

无论是东方或西方的朴素的系统思想，尽管都力图把世界看做不可分割的、运动着的整体，但由于当时科学还没有发展起来，对世界的认识还建立在想象、猜测上，所以从总体上看仍然是不科学的、神秘的。

3. 科学的系统思想

古代朴素的哲学思想虽然强调对自然界的整体性、统一性的认识，但由于缺乏对整体各个细节的认识能力、观测和实验手段，科学技术理论贫乏，所以，古代朴素的系统思想不可能建立在对系统具体细节剖析的基础上，对很多事物只能看到它们的一些轮廓及表面现象，往往是"只见森林，不见树木"，对整体性和统一性的认识是不完全的。

15世纪下半叶，近代科学技术开始兴起，力学、天文学、物理学、化学、生物学等相继从古代哲学中分离出来，获得了日益迅速的发展。近代自然科学发展了研究自然界的一整套方法，包括实验、解剖、观察以及数据的收集、分析与处理，把自然界的细节从总的自然联系中抽出来，分门别类地加以研究。这种研究自然科学的方法上升到哲学中，就形成了形而上学的思维方法——撇开了总体的联系来考察事物和过程。这种思维方法有其进步的一面，但是，正如恩格斯所指出的："这些障碍堵塞了自己从了解部分到了解整体，到洞察普遍联系的道路。"

到了19世纪上半叶，在近代科学技术发展的基础上，自然科学取得了巨大成就，特别是能量转化、细胞学说、进化论这三项重大发现，使人类对自然过程相互联系的认识有了质的飞跃。

恩格斯指出："由于这三大发现和自然科学的巨大进步，我们现在不仅能够指出自然界中各个领域内过程之间的联系，而且总的说来也能指出各个领域之间的联系了，这样，我们就能够依靠经验和自然科学本身所提供的事实，以近乎系统的形式描绘出一幅自然界联系的清晰图画。"这个时期的自然科学为马克思主义哲学提供了丰富的素材，为唯物主义自然观奠定了更加巩固的基础。这个阶段的系统思想有"先见森林、后见树木"的特点。

马克思、恩格斯的辩证唯物主义认为，物质世界是由许多相互联系、相互依赖、相互制约、相互作用的事物和过程所形成的统一整体，逐渐形成了辩证唯物主义的科学系统观，而这正是系统概念的实质。辩证唯物主义体现的物质世界普遍联系及其整体性的思想就是系统思想。这是"一个伟大的思想，即认为世界不是一成不变的事物的集合体，而是过程的集合体。"恩格斯讲的"集合体"就是我们现在讲的"系统"及其特征，而他所强调的

"过程"，就是指系统中各个组成部分的相互作用和整体的发展变化。因此系统思想是辩证唯物主义的重要组成内容。

总之，系统思想在辩证唯物主义那里取得了哲学的表达形式，在运筹学和其他学科中取得定量的表达方式，并在系统工程应用中不断充实自己实践的内容，系统思想方法从一种哲学思维逐步成为专门的科学——系统科学。

4. 系统科学

系统科学的发展可分为两个阶段，第一阶段以二战前后运筹学、控制论、信息论和一般系统论等的出现为标志。

20 世纪 60 年代中、后期开始，系统科学的发展进入到第二阶段，出现了耗散结构论、协同学、突变论和超循环论等新的系统科学理论。

20 世纪 80 年代以来，非线性科学和复杂性研究的兴起，对系统科学的发展起到了非常积极的推动作用。1984 年在美国墨西哥州首府圣菲成立了以研究复杂性为宗旨的圣菲研究所（Sanra Fe Institute，SFI）。SFI 提出的复杂自适应系统（Complex Adaptive System），给系统科学界带来一类新的复杂系统，特别对促进复杂性的研究影响极大。

5. 系统的定义

"系统"这个名词最早出现于古希腊语中，原意是指事物中共性部分和每一事物应占据的位置，也就是部分组成整体的意思。其拉丁语表达"systema"，是"在一起"、"放置"的意思，很久以前就用来表示群体、集合等概念。但作为一个科学概念，20 世纪以来科学技术发展的结果，才使它的内涵逐步明确起来的。

那么究竟什么是系统呢？系统又有什么特点呢？系统的定义依照学科的不同、解决问题的不同及使用方法的不同而有所区别，国内外关于系统的定义已达 40 余种。下面介绍一些对系统典型的定义。

1）系统为整体

系统是处在一定联系中与环境发生关系的各组成部分的整体。（贝塔朗菲）

系统是由相互作用和相互依赖的若干组成部分结合成的、具有特定功能的有机整体。（钱学森）

系统通常是(a)体现许多各种不同因素的复杂统一体，它具有总的计划或旨在达到总的目的；(b)由持续相互作用或相互依赖联接在一起的诸客体的汇集或结合；(c)有秩序活动着的整体、总体。（《韦氏新国际字典》）

系统是(a)一组相联接、相聚集或相依赖的事物，构成一个复杂的统一体；(b)由一些组成部分根据某些方案或计划有序排列而成的整体。（《牛津英语字典》）

我国的《辞海》对"系统"这个词从自然辩证法、生理学、化学等几个方面给出了解释，认为：在自然辩证法中，"系统"同"要素"相对，是由若干相互联系和相互作用的要素组成的具有一定结构和功能的有机整体。系统具有整体性、层次性、稳定性、适应性和历时性等特性。

2）系统为集合

互相联系着并形成某种整体性统一体的诸元素按一定方式有秩序地排列在一起的集合。（B. H. 萨多夫斯基）

系统是一些在相互关联与联系之下的要素组成的集合，形成了一定的整体性、统一性。(《苏联大百科全书》)

系统为客体的集合，在这个集合上实现着带有固定性质的关系。(A. N. 乌约莫夫)

3) 系统要实现一定的功能

系统是互相作用的诸元素的整体化总和，其使命在于以协作方式来完成预定的功能。(R. 吉布松)

许多组成部分保持着有机的序，并向着同一个目标行动，就称做系统。(日本工业标准)

在本书中，我们使用如下定义：系统是由两个以上有机联系、相互作用的要素所组成，具有特定功能、结构和环境的整体。用数学语言，系统可以用如下一个五元组来表示：

$$\{S, R, J, G, H\} \tag{1-1}$$

其中，$S=\{s_i, i=1, 2, \cdots, n\}$ 表示系统要素集合，R 表示系统要素间的关系集合，J 表示由具体的要素和关系决定的系统结构，G 表示系统功能，H 表示系统的环境。

从这个五元组可以看出，系统不等于它的各要素 s_i, $i=1, 2, \cdots, n$ 的简单相加，系统是由要素有机地组织起来的。所谓"有机地"是指整个部分的、不可分割的、内在的、必然的联系。理解该定义有四个要点。

(1) 系统及其要素。系统是由两个以上要素组成的整体，要素是构成系统的最基本单位，因而也是系统存在的基础和实际载体。构成这个整体的各个要素可以是单个事物(元素)，例如元件、零件、单个机器或者是个人、组织机构，也可以是一群事物组成的分系统、子系统等。简单的工具只有几个要素，钟表有几十个要素，而电视机有几百乃至几千个要素；一架喷气式飞机有几十万个要素，宇宙飞船有几百万个要素，而一座大城市算起来大约有几亿个要素。

社会愈发展，系统愈复杂，组成部分的数目和品种愈多。剖析系统的角度不同，可以认为系统由不同的要素所组成，但这并不意味着能随意划分系统要素。系统与要素之间的关系非常密切，它们相互依存、互为条件，而且也是相互作用的。它们的相互作用有如下 3 个方面。

第一，系统通过整体作用支配和控制要素。当系统处于平衡状态时，系统通过其整体作用来控制和决定各个要素在系统中的地位、排列顺序、作用的性质和范围的大小，统帅着各个要素之间的特性和功能，协调着各个要素之间的数量比例关系，等等。系统整体稳定，要素也稳定。当系统整体的特性和功能发生变化时，要素之间的关系也随之产生变化。例如，一个企业管理组织系统的整体功能，决定和支配着作为要素的生产、销售、财务、人事、科技开发等各分系统的地位、作用和它们之间的关系。为使管理组织系统的整体效益最佳，就要对各分系统之间的关系进行控制和协调，并要求各分系统充分发挥各自的功能。

第二，要素通过相互作用决定系统的特性和功能。要素对系统的作用有两种可能趋势。另一种是如果要素的组成成分和数量具有一种协调、适应的比例关系，就能够维持系统的动态平衡和稳定，并促使系统走向组织化、有序化；另一种是如果两者的比例发生变化，使要素相互之间出现不协调、不适应的比例关系，就会破坏系统的平衡和稳定，甚至使系统衰退、崩溃和消亡。

第三，系统和要素的概念是相对的。由于事物生成和发展的无限性，因而系统和要素的区别是相对的。由要素组成的系统，又是较高一级系统的组成部分，是这个更大系统中的一个要素，同时又是较低要素组成的系统。例如，大学中的某个班级是由学生和老师等要素组成的系统，而此班级又是更大系统——年级系统的组成要素。正是由于系统和要素地位与性质关系的相互转化，构成了物质世界一级套一级的等级性。

（2）系统和环境。系统与环境相互发生关系，它不是孤立的。任一系统又是它所从属的一个更大系统（环境或超系统）的组成部分，并与其相互作用，保持较为密切的输入输出关系。系统连同其环境超系统一起形成系统总体。

环境的变化必定对系统及其要素产生影响，从而引起系统及其要素的变化。系统要获得生存与发展，必须适应外界环境的变化，这就是系统对于环境的适应性，其相关内容将在1.2节进行详细介绍。

（3）系统的结构。在构成系统的诸要素之间存在着一定的有机联系，这样在系统的内部形成一定的结构和秩序，结构即组成系统的诸要素之间相互关联的方式。因此，系统结构是系统保持整体性以及具有一定功能的内在根据。系统结构用数学语言表示为 $J = \{S, R\}$。在系统要素集合 S 给定的情况下，调整 R 中的关系，就可以改变或提高系统的功能。

（4）系统的功能。任何系统都具有其存在的作用与价值，有其运作的具体目的，即都有其特定的功能，这时整体具有不同于各个组成要素的新功能，这种新功能受到环境和结构的影响。

系统功能用数学语言表示为 $Y = g(X)$。X 为系统的输入要素，包括要素集合、关系集合和环境集合，Y 为通过系统的处理和转换功能而得到系统实现的功能。在系统要素集合 S 给定的情况下，调整 R 中的关系，就可以改变或提高系统的功能。系统的整体不等于组成它的各要素的简单相加，即

$$Y \neq \sum_{i=1}^{n} y(s_i) \tag{1-2}$$

其中，$y(s_i)$ 表示某个系统要素 s_i 的功能。

例 1-1 对于"大学"这样一个系统，我们用系统的定义分析如下。大学具有整体性，从人员构成上来看，它由学生、老师、后勤人员等组成一个整体。大学与外界保持着密切的联系，例如与学校上级主管各部门的沟通与交流，为企业、科研机构等输送毕业生等。从人员方面来看，后勤人员保障了学生及老师的衣、食、住、行，而学生与老师之间自然是教与学的关系。大学系统最基本的功能就是向社会输送人才，为社会做出其应有的贡献，这也是该系统运作的基本目的。

例 1-2 分析中国载人航天系统构成。载人航天系统的成功运行需要由7大要素系统协作完成。$S = \{$航天员系统，飞船应用系统、载人飞船系统、运载火箭系统、发射场系统、测控通信系统、着陆场系统$\}$。各要素子系统的功能分析如下：

航天员系统：选拔航天员和制备飞天号航天服。

飞船应用系统：利用载人飞船的空间实验支持能力，开展对地观测、环境监测，进行材料科学、生命科学、空间天文、流体科学等实验。

载人飞船系统：由轨道舱和返回舱构成，轨道舱呈椭圆形，是航天员工作、生活和休息的地方，返回舱是载人飞船唯一返回地球的舱段。

运载火箭系统：神舟七号采用的是长征二号 F 火箭。

发射场系统：为运载火箭、飞船、有效载荷提供满足技术要求的转载、总装、测试及运输设施；为航天员提供发射前的生活、医监、医保和训练设施；为载人飞船发射提供全套地面设施；组织、指挥、实施载人飞船的测试、发射及飞行上升段的指挥、调度、监控、显示和通信；组织、指挥、实施待发段和上升段的应急救生；完成运载火箭上升段的跟踪测量和安全控制；为航天指挥控制中心提供有关参数和图像；提供载人航天发射区的后勤服务保障。

测控通信系统：中国航天器测控系统已经形成了以西安卫星测控中心为中枢，以十多个固定台站、活动测控站和远望号测量船为骨干的现代化综合测控网。

着陆场系统：飞船在太空飞行后，从返回舱进入大气层开始，利用先进的无线电测量系统，对目标进行捕捉、分析和落点预报，然后组织人员迅速逼近返回舱，并且对返回舱进行处置，且将其安全运回基地。

中国的载人航天系统除了完成各类科学实验外，还实现了太空行走、与目标飞行器进行了自动空间交会对接和手动交会对接的功能，因此其功能远远大于各要素子系统的功能之和。

1.1.2　系统的结构

系统是由要素组成的，系统是要素的集合。如果只从集合的角度来研究系统包括了哪些部分，那就只研究了系统的组成。要了解为什么系统能保持它的整体性，则需要从各个组成部分之间的关联方式进行观察，也就是必须进一步研究系统的结构。系统结构决定系统功能，而系统结构由联系决定，联系由运动和流通决定。本节将详细介绍系统结构的定义、特点、形式、结构中的联系和信息与沟通等方面内容。

1. 系统结构的定义

人类所认识的客观事物，都具有一定的结构。不同层次的系统毫无例外地都存在着一定的结构。我们经常说到分子结构、人体结构、企业结构、产业结构、人才结构、知识结构等，这些都表明结构是普遍存在的。

系统结构是指诸要素在系统范围内的秩序，亦即诸要素相互联系、相互作用的内在方式，因此可以用数学语言表示为 $J=\{S,R\}$。系统的整体功能是由结构实现的，结构是构成系统的基本属性。

要素集合 S 可以分为若干子集 S_i。例如一个学校，其要素集合 S 可以分为人员子集 S_1，固定资产子集 S_2，规章制度子集 S_3 等；而人员子集 S_1 又可分为教师子集 S_{11}，学生子集 S_{12}，管理人员子集 S_{13} 等，即

$$S = S_1 \cup S_2 \cup S_3 \cup \cdots$$
$$S_1 = S_{11} \cup S_{12} \cup S_{13} \cup \cdots \tag{1-3}$$

不同的系统，其要素集合 S 的组成也不一样。例如中国载人航天系统要素集合 $S=S_1 \cup S_2 \cup S_3 \cup S_4 \cup S_5 \cup S_6 \cup S_7$，其中 S_1＝航天员系统，S_2＝飞船应用系统，S_3＝载人飞船系统，S_4＝运载火箭系统，S_5＝发射场系统，S_6＝测控通信系统，S_7＝着陆场系统；而 $S_3=S_{31} \cup S_{32} \cup S_{33} \cup S_{34}$，其中 S_{31}＝轨道舱，S_{32}＝返回舱，S_{33}＝推进舱，S_{34}＝一个附加段。

在要素集合 S 上建立的关系集合 R，在不失一般性的情况下可表示为

$$R = R_1 \cup R_2 \cup R_3 \cup R_4 \qquad\qquad (1-4)$$

其中，R_1 表示要素与要素之间、局部与局部之间的关系，R_2 表示局部与全局之间的关系，R_3 表示系统整体与环境 H 之间的关系，R_4 表示其他各种关系。R_1 中不但包含了同一层次上不同局部之间、不同要素之间的关系，也包含系统内部不同层次之间的关系。对于不同的要素集合，式(1-4)都是存在的，需要做出具体分析。

2. 系统结构的特点

"结构"所揭示的是系统要素内在的有机联系形式，而系统结构在整体性上又有它的若干特点。

1）层次性

系统结构普遍地表现出层次性。系统结构的层次性是指，组成系统的诸要素的各种差异包括结合方式上的差异，使系统组织在地位与作用、结构与功能上表现出的等级秩序性，形成了具有质的差异的系统等级，层次概念反映这种差异的不同系统等级或系统中的等级差异性。

根据波尔丁(Boulding)提出的一般系统理论所述的层次概念，以自然界所存在的系统为着眼点，把物理界、生物界及社会界的所有系统分为 9 个层次，并以此作为系统运行的基本单元。第一层次为静态结构系统，第二层次为简单动态系统，第三层次为反馈控制系统，第四层次为细胞系统，第五层次为原生社会系统，第六层次为动物系统，第七层次为人类系统，第八层次为人类社会系统，第九层次为超越系统。该理论表明层次高的系统除包含较低层次系统的特性外，还具有一些较低层次系统所没有的特性。

系统结构层次也可从等级性和多侧面性两个方面来分析。等级性是指任何一个系统都可以从纵向上把它分为若干等级。如公司到工厂、车间、工段、班组、岗位等就是一个等级系统结构。多侧面性是指任何同一级的复杂系统，可从横向上分为若干相互联系而又各自独立的平行部分。如公司经营活动的组织形式可以分为研发公司、制造公司、物流公司、销售公司等。

例 1-3　企业管理的层次分为战略计划层(高层)、经营管理层(中层)和作业层(基层)。大企业的中层又可以分为若干层次，构成一座金字塔(见图 1-1)。

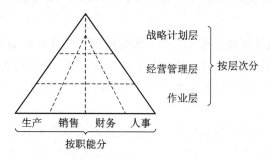

图 1-1　企业管理的层次

在实际管理工作中，层次性并非是一成不变的。在一般情况下，上一级指挥下一级，下一级服从上一级，下一级向上一级反映情况；在特殊情况下，也可以"越级指挥"、"越级反映情况"。我们把前者称为规范的层次性，把后者称为不规范的层次性。后者并不是可有可无的，而是对前者的必要补充。

等级秩序原理将系统结构的层次性总结如下：等级秩序原理把世界看做一个巨大系统的有机体，是由微观到宏观，从无机界到人类社会的形形色色的系统组成的层次等级秩序体系。各层次等级之间除了共性之外，还有自身所具有的特性。

等级秩序原理是宇宙中普遍存在着的层次结构的反映，客观世界的不同层次和等级不是孤立存在的，它们之间存在着相互作用和相互联系，并按照一定规律由低级向高级一级级发展的。

等级秩序原理告诉我们，在分析对象时，要注意它的结构等级和功能等级。既要注意各层次系统之间的联系，又要注意某一具体等级上的系统所具有的独特结构与功能，从而采取措施以便达到整体最优化。

等级秩序理论是关于复杂事物中的一个层次与另一个层次之间的根本差别的理论。它要求人们在考察每个组织层次时，既要考察该组织层次的特性，又要同时考察与之有关的一些毗邻的层次。对经济管理和社会系统管理来说，这个理论有巨大的指导意义。研究和理解系统结构的层次性，有助于人们根据各类系统结构层次的特殊规律进行科学预测的决策，以便进行合理调整和系统管理，从而提高系统功能。

2）相对性

系统结构的层次性决定了系统结构和要素之间的相对性。客观世界是无限的，系统的结构形式也是无限的。在系统结构的无限层次中，高一级系统内部结构的要素，又包含着低一级系统的结构；复杂大系统内部结构中的要素，又是一个简单的结构系统。所以，结构与要素是相对于系统的等级和层次而言的。

树立这个观点，使人们在认识事物时可以避免简单化和绝对化，既把一个子系统当作大系统结构中的一个要素来对待，以求得统一和协调，又注意到一个子系统不仅是大系统中的一个要素，本身还包含着复杂的结构，应予以区别对待。

较高层次具有较高的复杂性。系统与要素是相对于系统的等级和层次而言的。一般说来，高一级的结构层次对低一级的结构层次有着制约性，而低一级结构又是高一级结构的基础，低一级结构层次反作用于高一级结构层次，它们之间的关系是辩证的。

3）稳定性

任何系统都处于内外环境的作用之中，都受到来自内部和外部的各种干扰。系统要想具有确定的性质和功能，就必须具有能抵抗干扰的稳定性。稳定性的含义有以下几类：

第一类稳定性的含义是，外界温度的、机械的以及其他变化，不致于对系统的状态发生显著的影响。

第二类稳定性的含义是，当系统受到某种干扰而偏离正常状态时，干扰消除后，系统能恢复其正常状态，则系统是稳定的。相反，如果系统一旦偏离其正常状态，再也不能恢复到正常状态，而且偏离越来越大，则系统是不稳定的。例如，一般装有自动驾驶仪的远洋货轮沿预定航线行驶，受到风浪的干扰而偏离航线，当风浪消失后，远洋货轮能返回到预定航线，则自动驾驶仪系统就是稳定的；若风浪消失后，不能返回到预定航线上，则自动驾驶仪系统就是不稳定的。

第三类稳定性具有更广的含义，它指系统自动发生或容易发生的总趋势，如果一个系统能自动地趋向某一状态，我们就说这一状态比原来的状态更稳定。

后两种稳定性含义可统称为动态稳定性，而复杂的人类活动系统都属于动态稳定的系统，本书重点研究动态稳定性的系统。

系统的稳态是相对的，是有一定范围和一定时间界限的，也就是说，即使具有稳定性的系统也并非是在一切条件下在所有时间内都能保持住它的稳定性。当系统的形成要素或子系统发生局部变异，且这种变异加上外界干扰超过一定限度时，系统就可能处于不稳定的状态。这种处于不稳定状态的系统称为非稳态系统。

4）开放性和动态性

在系统世界中，任何类型的系统结构都不会是绝对封闭和绝对静态的，任何系统总要与外界进行物质、能量和信息的交换，并在交换过程中使自身发展变化，由量变到达质变，这就是结构的开放性和动态性。任何系统在本质上都是开放的，总处于不断的变化之中。系统各层次之间以及每个层次内部要素之间也都存在着物质、能量或/和信息的联系。只有坚持系统结构的开放性及动态性观点，才是分析事物的科学态度。

3. 系统结构的普遍形式

系统的结构具有不同的形式。例如，能够基本确认系统的主要关联方式而组成的系统称为原系统的框架结构；系统运行过程中各组分之间相互动态影响的关联方式组成的系统称为系统的运行结构；系统组分在空间的排列配置方式称为系统的空间结构；系统组分关联方式随时间变化的特征称为系统的时间结构。但是，系统的并列与层次结构是系统结构的普遍形式，任何一个系统的结构都要按并列和层次结构的规律组成。

1）大系统中并列系统的关系

各并列系统是大系统下属的各子系统。对目的系统来说，各子系统都是为了完成大系统的共同目的而协同配合的。

国外有人把子系统间的相互作用称为协同作用力。原则上说各子系统应为达成大系统的总目的而协调配合，但由于各子系统也有其各自独立的分目的，以及其他各种复杂关系，因此协同作用力可以为负，可以为正，也可以为零。

2）大系统中各层次之间的关系

系统的层次态是由低级到高级，由简单到复杂地发展的。低级层次是高级层次的基础，因此高级层次中仍保留低级层次的基本属性。在高级层次又产生了低级层次所不具备的、更为复杂的属性。如人类相对于动物来说是高级层次。人的动物性方面，如生理要求，其保留了动物层次的基本特性。但人又有更高一级的、动物所不具备的属性，即人的社会性。

由于系统是结构和功能的统一体，因此层次等级秩序体系中既包括结构上的层次性（如供应链结构系统），又包括功能上的层次性（如马斯洛需求层次理论，见图1-2）。结构的等级性一般是由要素与结构的相对独立性造成的，功能的等级性则往往是由功能与活动过程的相对独立性造成的。

系统的层次结构，是人们对复杂的客体系统，按照各要素联系的方式，系统运动规律的类似性和功能特点，以及人们的认识尺度来加以划分的，这种划分是人类认识客体系统

图 1-2 马斯洛需求层次

的一种手段和方法。各层次都有其自身的最佳规模。层次可以按照系统中各要素联系的方式、系统运动规律的类似性、人类认识尺度的大小、能量变化的范围和功能特点来划分，不当的层次划分会影响人们对客观系统的正确认识。在实际应用中，人们通常会将两种基本的系统结构形式相结合，从而形成了几种典型的大系统结构方案。下面介绍几种典型的大系统结构方案。

(1) 集中控制系统。集中控制系统指的是构成系统的元素（或子系统）的行为受集中控制器集中控制。如计算机的运行都受 CPU 的控制。

集中控制系统工作方式是指各被控对象的信息、系统及其各子系统的外部影响的信息都反馈到一个控制中心，根据系统状态和控制任务的信息，控制中心产生控制信号，并把这些控制信号发给组成该系统的各个被控对象。控制大系统的一个重要而复杂的问题是确定这个控制系统的合理结构。

所谓集中控制方案，如图 1-3 所示。

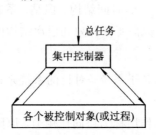

图 1-3 集中控制方案原理图

集中控制的优点：所有被控对象的信息都集中到一个控制中心，在原理上就有可能准确地计算出表示系统行为和控制任务的一致程度的有效性判断的值，从而保证最优控制。如我国的计划经济时代，在这种经济体系下，国家在生产、资源分配以及产品消费各方面，都由政府或财团事先进行计划。

集中控制的缺点：

① 集中控制难以实现。信息加工处理的主要目的是确立系统的最优工作。而探索一个系统的最优工作的问题，归根到底是决定函数的极值，这个函数是表征控制有效性的判据。随着函数的自变量个数的增加，求极值的困难也急剧地增加。

在集中控制系统里，必须在一个很高维的空间内（维数可能以百以千计）解决探索最优化的任务，这就会导致难以克服的计算困难。

② 集中控制系统的一个重要特性是结构的高度刚性。集中控制使得系统长期地保持稳定，抑制住波动和系统各部分的演变，而且无须改造它们。但归根到底，集中控制的做

法或许正在破坏这个系统，因为系统的不变结构和进化演变间的矛盾将增加，以致可能需要彻底而急剧的改造，但在给定结构的框架里是做不到的，从而导致系统解体。

③ 集中控制系统降低了系统的可靠性。控制中心工作中出现的错误不可能得到纠正，并且会剧烈地影响到整个系统的状态。因此，集中控制系统与其他系统相比就处于不利地位。

（2）分散控制系统。在考虑大系统时，由于缺乏集中化的信息或可能由于缺乏集中化的计算能力，从而导致了集中控制方案被淘汰。而像电力网络、城市交通管理系统、数字通信网络、生态系统、经济系统等这样一些物理系统，由于它们往往具有地域上分离的特征，这就要求考虑通信联系的经济费用和可靠性等因素，结果促使人们产生分散控制结构方案的想法。

所谓"分散控制"就是"非集中控制"，它是由若干分散的控制器（即控制中心）来共同完成大系统的总任务的。每个分散控制器只能接收大系统的部分信息，也只能对大系统进行局部控制。也就是说，各子系统不受上级控制和协调，独立运作，共同完成大系统的总任务。分散控制的一个典型例子就是城市交通管理系统，它是由分散在各个路口的交通岗来共同完成的。分散控制系统原理图，如图 1-4 所示。

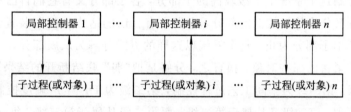

图 1-4 分散控制系统原理图

分散控制的优点：

① 系统的可靠性高。由于信息分散，控制分散，"危险"也分散了。当个别控制器发生故障时，其他控制器仍然可以使用，不会引起整个大系统瘫痪。

② 局部控制效果好。由于每个控制器接收和处理的信息量较小，便于更快捷地做出决策和反应，可以提高就地局部控制的效果（如信息量）。

分散控制的缺点：

① 协调困难。为了完成整个大系统的任务，实现整体最优化，需要使分散的各个控制器相互协调，密切配合。这里只能依靠分散在各处的各个控制器之间的相互通信来进行协调，因而是难以有效协调的（如供应链管理）。

② 分析设计困难。由于分散控制器只能获得系统的局部信息，因而也只能进行局部控制。而各控制器之间的相互通信又不可避免地会有时间延迟和各种干扰。因此分散控制系统的分析设计不能直接套用通常的控制理论方法。

（3）等级结构控制（多级递阶系统）。集中控制系统与分散控制系统结构的上述缺点，在相当程度上可以通过在控制系统中使用等级结构来克服。

等级结构控制指的是，一部分子系统受上一级局部控制器控制与协调，另一部分子系统受另外的上一级局部控制器的控制，而这些上一级的控制器又受更高一级的控制器的控制与协调并以此可扩展至多层,如图1-5所示的供应链系统分层结构。

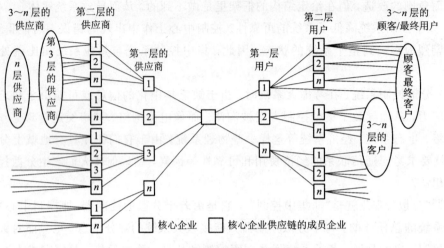

图1-5 供应链系统的分层结构

等级结构的一个特性是逐级地把系统分为子系统,在子系统之间建立从属关系。较高级的控制装置控制这个系统中等级较高的子部分,各子部分又有它们自己的控制装置,每个这样的子部分又分为等级较低的部分,它们也有自己的适当的控制装置。如此下去,直到分为系统的基本子部分为止。整个系统以这样的方式分解为从属部分,使各部分都包含了彼此结合得最紧密的那些对象。换言之,分解是把"弱"联结断开的结果。例如,一个公司可以分为三级,第一级为车间工艺过程控制,第二级为工厂生产调度控制,第三级为公司的企业经营管理。第一级又从属于第二级,而第二级从属于第三级,每一级都有各自的控制管理程序。

在具有等级控制结构的系统中,低级设备应当决定比较简单的局部控制问题,这些问题不超过具有加工有限数据能力的控制装置的能力范围。关于控制系统状态和它们的各部分状态的信息,是以越来越概括和系统化的形式,从下级系统传输到上级系统。因此第一级的控制装置得到关于对象状态的最详细的信息,而随着我们转向越来越高的等级,这个信息就按问题的性质而一般化了,如图1-6所示某个教育系统的分层结构。

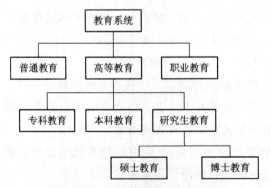

图1-6 教育系统的分层结构

在具有等级结构的系统中,控制指令是由高级的控制装置以最一般化的形式产生的。

随着这些指令传到低级的控制装置，它们就越来越具体和详细。例如，在工程大系统方面，冶金、化工生产过程综合自动化的多级计算机管理与控制系统，它们通常都有二级、三级或四级控制结构。

4. 结构中的联系

系统中的结构决定功能，而结构又是由联系而形成的，任何系统中不存在互相间毫无联系的结构。所谓联系，就是物质、能量、信息在各子系统间的交换。

1）联系的本质

联系和运动是哲学中一对同等重要的范畴。系统结构中的联系是靠运动实现的，人们早就认识到事物在联系中运动，运动发展着联系。也就是说，联系和运动互为因果。运动的本质需从联系中探求，联系的本质从运动中发现。表 1-1 给出了不同层次系统的联系及联系的本质。

表 1-1　　系统的联系及联系的本质

系统	联系	联系的本质——流通（运动）
无机系统	力的联系（x_1）	能量或微粒子的交换（z_1）
生物系统	x_1＋新陈代谢＝x_2	z_1＋分子层次物质的流通＝z_2
社会系统	x_2＋信息传递	z_2＋信息的流通

从无机系统来看，系统结构靠四种力（引力、电磁力、强力、弱力）联系着。统一场论研究了四种力的本质，发现力的存在都伴随着微粒子的交换和波的传递。

生命系统与无生命系统最主要的区别在于有新陈代谢的生命迹象。在新陈代谢的机制中，除了有能量和微粒子的交换和沟通外，又有了分子层次物质的流通，如动植物吸收养料和排除废物。生物一旦停止了新陈代谢，生命现象便告停止，生物体将死亡、分解。

在社会系统中除了有物质、能量的流通外，信息的传递流通也占有重要的地位。一切社会管理都是通过信息指挥人、财、物、能量、信息的流通。一个没有信息流通的社会也就中断了社会联系，社会便僵死瓦解。由此可见，"流通"是系统的生命。

在无机系统、生物系统、社会系统这三个不同的层次中，联系的特点是按层次规律发展的。力的联系是无机系统中的主要联系方式。对生物系统，除了有力的联系外，又增加了分层次物质的流通。在社会系统中，除了有力的联系、物质的流通外，信息的流通又提到了特别重要的地位，在社会系统中，物质、能量是靠信息的流通所带动的。

联系的本质是物质、能量、信息的流通，由流通产生联系；联系形成结构；结构决定性能。可见，系统的性能最终由流通决定。系统结构中联系的本质如图 1-7 所示。

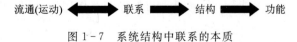

图 1-7　系统结构中联系的本质

2）流通的构成和流通的依据

在目的性系统中，物质、能量、信息的流通，是为了完成系统的目的。"流通构成"是指系统中各子系统发生联系时，物质、能量和信息的流通类别（什么样的物质、能量、信息，即质的方面）、数量、流向、速度、时间（何时流通）等的总体。当其中任一因素变化时，流通构成也随之发生变化。如一个企业的流通构成是：在一定的时间间隔内输入特定种类、数量、质量的多种原材料，保证一定的电力供应，则该企业每天可保持输出一定数量的产品。若电力或其中某项原材料不足时，则影响其产量，这个企业的流通构成就发生了变化。

流通构成对于目的系统来说不是任意选定的，而是根据系统目的要求而确定的。凡是有利于完成系统目的有利的流通构成便是合理的，反之便是不合理的。合理性的程度取决于达到目的的效率高低，高效地达到目的，则流通构成合理性高，也就是所谓的"优化"。在目的性系统中，一切行动首先必须明确目的，目的不明确，物质、能量、信息的流通就失去了依据，也就谈不上功能和效率了。

5. 结构中的信息与沟通

在社会系统中，物质、能量的交换总是在信息的指导下进行的。可以认为，社会系统中的联系主要是信息在系统中的传递，信息是系统之间普遍联系的一种重要介质。在现代科学技术的发展中，新理论、新概念不断涌现，层出不穷，但其中位居显赫地位的要算是"信息"这个概念了。信息渗透到各个科学技术领域和整个社会管理运动过程中，被列入"材料、能源、信息"三大科技支柱。

1) 信息的含义

我们经常提到的信息，一般泛指消息、情报、指示、数据、信号等。一个自动检测系统或自动控制系统中物理参量（温度、转速等）的信号中包含了我们对该参量的了解，也就是包含了信息，而信号可以说是信息的载体。工厂的生产报表包含了对生产情况的了解，也就包含了生产信息。生物体中沿神经系统传递的是信息，计算机中处理的也是信息。

"信息"这个词汇很早就已使用，据考证，一千多年以前，我国唐代就有"梦断美人沉信息，目穿长路倚楼台"的诗句，这恐怕是"信息"一词见诸文字的最早记录。但是对信息进行科学的定义和研究还是从 20 世纪 20 年代开始的。

截至目前，关于信息的定义多种多样，没有统一的说法。多年来，人们从三方面来理解信息的含义：一是作为通信的消息来理解，也就是说，信息是人们在通信时所要告诉对方的内容；二是作为运算的内容而明确起来的，就是说，信息是人们进行运算处理所需要的条件、内容和结果，表现为数字、数据、图表、曲线形式；三是作为人类感知的来源而存在的，人类不断地从外部世界取得有用的信息，加以分析、归纳和处理，得到规律性认识，从而指导行动，改造世界。目前已有的定义，可以列举如下：

信息是对人有用的、能够影响人们行为的数据。（ISO）

信息是用来进行通信的事实，在观察中得到的数据、新闻和知识。（《韦氏词典》）

人们根据表示数据所用协定而赋予数据的意义。（GB 5271）

信息既不是物质也不是能量，信息是人与外界相互作用的过程、相互交换的内容和名称。（维纳）

信息是指对消息接受者来说预先不知道的报道。（《辞海》）

信息就是谈论的事情、新闻和知识。（《牛津英语大词典》）

信息是观察事物的知识。（《广辞苑》）

本书中，我们将信息定义为：信息是反映现实世界的运动、发展和变化状态及规律的信号与消息。

信息有客观信息与人工信息（或称智力信息）两大类。客观信息是自然、社会、人类等天然产生的信息，是潜在的有待开发的取之不尽的信息资源，如天然信息（风、雨、雷、闪电、磁场、光波）、社会信息（物质、能量的状态与变化）和人类信息、数据、符号、语言、文字、数字、音像、图表等载体信息的总称。客观信息不能直接利用，只有通过开发成为人工信息，才能被人们利用。人类自古以来就不断通过感官获取客观信息，后来就开发出一些检测设备（小到温度计大到卫星遥感设备）来帮助获取信息。获取到的客观信息经过加工，成为人工信息。

我们在研究系统时所涉及的信息，多数是人工信息。对数据来说，信息则是用有意义的形式加以排列和处理的数据，是有目的、有意义、有用途的数据（其实数据也是经过人工处理的，只是未从意义上加以处理）。人们获得信息后，会形成或者改变自己对事物的感觉。例如，音符或它的发声是数据，而有序排列后形成一定的韵律、节奏和声调，就形成了音乐信息。

2）系统中的信息

系统和信息是分不开的。在研究技术系统如检测系统、控制系统时，我们要分析研究系统中的信号变换过程。在处理社会、经济、环境和科技系统的计划、设计、运行管理时，也离不开信息处理。例如制定经济发展规划，需要资源、生产能力、社会条件等各方面大量的信息。

由于系统中的信息总是要和人打交道，而人又具有认识和思维的能力，因此人们在表述事物运动状态和方式时，就自然而然地赋予这些状态和方式自己所理解的含义和认识价值。这样一来，信息就出现了语法、语义、语用三个层次。在语法层次上，信息是事物运动的状态和方式，随着事物运动状态和方式的不同，有连续与离散、确定与随机等不同类型的信息。在语义层次上，信息是事物运动状态和方式的含义，所以它的描述要能表现在事物运动状态和方式的逻辑上的真伪性和关联性，这样就需要借助于数理逻辑工具。在语用层次上，涉及到事物运动状态和方式给观察者所提供的效用或价值，当然，这类效用或价值与事物运动的状态和方式有关，并与它们的含义有关，所以问题也最复杂。

对于人来说，这三方面是三位一体的。但从它们本身来说，语法层次是最抽象的层次，它不问信息的内容和价值；语用层次则是最实际的，对于人的决策有重大意义；语义层次则介乎两者之间，是一个承上启下的层次。当前由于信息科学的研究是从通信开始的，所以对语法层次研究得比较成熟。语义层次的研究是目前人工智能研究的重点之一，这个问题可以归纳为"知识表示"问题。至于语用层次，一方面由于它的复杂性，另一方面也由于人们没有把它提到科学高度，所以研究的较少，而且缺乏系统的理论。

3）信息的特性

信息是事物运动状态及关于这种状态的知识，是以光、声、电等能量形式为载体的。这些能量形式的某些基本特性在信息的自然属性中有所反映，同时，由于在社会系统中，信息的传递要受人的主观意识的影响，因此，使之具有了社会特性。了解信息的社会特性，可以帮助我们理解如何才能正确地传递信息。

（1）信息的可传递性。信息的可传递性是信息的基本特性。正是由于信息在各子系统之间及系统与环境之间的传递，不断地交换系统内部状态与外部环境的情况，才使得系统能够协调自己的活动，达到预期的目的。信息依赖于物质而存在并在物质上传递、存储，它又不同于物质，可以脱离产生者而被传递。因此，信息是可以被复制的。

(2) 信息的可叠加性。信息的可叠加性有两层含义。一层含义是指信息的自然特性，如各种乐器组成的乐队，其演奏效果就是各种声音信息的叠加。另一层含义是指各种信息在人脑中的叠加，产生综合的印象、结论，这是叠加的社会特性。

(3) 信息的放大、缩小。当图像通过凹凸镜时，会发生放大或缩小的现象；当声波通过电磁转换时，能从扩音器中播出可调节强弱的声波；这些都是信息的自然属性的放大或缩小。局部信息在全局范围内的扩散，如某个企业的先进技术、经验在全国范围内的推广，则可看做是一种社会性的信息扩散和放大。

(4) 信息的可干扰性。干扰也是信息叠加的结果，一般把破坏信息传递的多余的叠加认为是干扰。既然叠加具有自然和社会的两重性质，干扰也具有两重性。如对上级的指令、指示的误解、曲解就是一种干扰，被干扰的信息因其不准而被称之为失真的信息。供应链中的"牛鞭效应"就是因为需求信息从供应链下游向上游传递的过程中发生失真，逐级放大而导致，因此信息的正确传递需要注意如何处理干扰问题。我们也称信息的可干扰性为信息的变异性。由于各种不确定性的存在，同一信息在传播过程中有损失和被污染的风险。如，历史典籍传抄过程中，经常出现遗漏文字或错谬；在计算机信号处理过程中会出现误差和漂移，导致信息失真；信息的发送者或第三者在信号中有意或无意地加入干扰成分，使信息的解码出现严重障碍；等等。

(5) 信息的湮灭性。按信息的自然特性讲，由于信息是以一定的能量形式为载体的，因此，在其传播过程中，当能量逐渐减少时，信息也将逐渐减弱。当信息减弱到无法被对方所接受的程度时，便是信息的湮灭。在社会系统中，信息的湮灭往往是由于人们的过失、抵触等原因造成的。如遗忘，上级对下级的请示、报告束之高阁不予过问，中层领导扣压上级文件不向下级传达等。还有像我国古代很多宝贵文字记载的遗失、民间手艺的失传，都属于信息的湮灭。

(6) 信息的容量和不确定性。信息从某种意义上理解就是清除不确定性，信息所消除的事物的不确定性越大，就认为它的容量越大。这只是一方面。另一方面，信息的容量越大，一般地说，它本身的不确定性也就越大。如现代化、机械化，机械、机床、齿轮等一系列的信息，其容量显然是不同的，现代化的容量最大。人们提到计算机、火箭、卫星、原子能的利用、航天飞机等许多事物，就会自然地联想到现代化，但人们绝对不会把茅棚、牛车、木舟等与现代化联系起来，由此可见，现代化这个信息所消除的不确定性是相当大的。但同时，对什么是现代化，又很难下一个确切的定义。对不同的国家、不同的人，现代化的意义是不一样的。没有一个对各国普遍适用的现代化模式，各国实现现代化的道路也是不相同的。所以，现代化这个信息本身的不确定性也是很大的。用类似的方法，读者不难考察其信息的容量及它所具有的不确定性。

(7) 信息具有时效性。由于客观事物的不断发展变化，使反映其变化规律的信息源源不断地产生。信息活动是动态的，信息是有寿命、有时效的。

(8) 信息使用价值的相对性。由于人的知识素养与思维方法不同，以及理解处理问题的能力不同，对于同一信息，可以获得截然不同的价值。

4）影响信息接受率的因素

如果我们把发出信息的一方称为发信者，接收信息的一方称为受信者，把信息在受信者那里所引起的效果与发信者的意图相符合的程度称为接受率，则接受率较高，就认为信息的沟通程度较好，反之，则认为沟通程度较差，若接受率为零，表明未能沟通信息。

由于信息在传递过程中必然会受到种种因素的影响，因此，除非特别简单的信息，接受率一般很难达到百分之百。影响信息接受率的主要因素如下：

（1）信息对接收方的利害关系。如果信息的内容对受信者是有利的受信者必然持较积极的态度，从而提高信息的接受率。反之，则受信者将持消极态度，信息的接受率必然较低。例如，教师如果能用学生感兴趣的授课方式上课，学生对知识的接受率就会提高；我国农村实行生产责任制，是完全符合农民利益的，因此很快就在全国推广开来。

（2）信息的正确性。信息的正确性是它所包含的内容与客观情况相符合的程度。若与客观情况符合程度较高，则接受率亦较高。反之，接受率就较低，甚至不被接受。如某机床厂只有生产五百台机床的能力，上级却下达了生产一千台机床的任务，由于这一信息不符合企业的实际情况，使得企业对这一信息的接受率只能达到50%。

（3）信息的权威性。这里的信息权威性有两重意思。一方面是发信者在受信者心目中所占的地位，或者说受信者对发信者的尊重程度；另一方面是发信者对受信者拥有的权力。例如，同样一个人，担任厂长职务后所说的话就比当厂长前所说的话有较高的权威性。显然，信息的权威性越高，则接受率亦越高。

应该指出的是，虽然权力是权威的一个重要内容，但权威性决不能仅靠权力来维持。真正的权威性是建立在正确性的基础之上的。

（4）接收方的状态。受信者的状态主要是指受信者的科学文化水平、管理水平、社会经验、个人品德及受信时的情绪等方面。一个正确的信息，对状态较佳的受信者，接受率较高，反之就较低。

（5）信息的清晰程度及明确性。显然，信息的清晰程度如何，直接影响到受信者对信息的理解。信息的清晰程度越高，相应的接受率也越高，但对于明确性，却需要区分情况对待，一般地说，对于低层次系统，要求信息较明确。而对高层次系统，信息则不应过于明确，若过于明确，则反而会束缚手脚，降低信息的接受率。

在某些情况下，这些因素有可能是矛盾的，但对信息的接受率是受几个因素综合影响的。

5）信息的沟通

（1）信息的沟通形式。信息的沟通也有社会性和自然性之分。就其自然性来说，信息的沟通主要是通过通信、电话、电报、报表、文件等形式来完成的。我们所关心的问题主要是信息沟通的社会形式，主要有以下几种：

① 子系统为向大系统汇报自己的状态所传递的信息。大系统只有在收集了各子系统所传递出来的信息及其他各方面的信息之后，才能进行综合，做出正确决策。如在一个企业内，车间应向厂部汇报生产进度，以便厂部做出统筹安排。企业也需要向上级主管部门汇报生产情况，以便主管部门能根据全局情况，综合平衡，合理安排下一期任务。

② 大系统为指挥、协调子系统的活动所传递的信息。这是大系统在综合各方面的情况，做出决策后，向各子系统下达任务、发布命令的过程，或是在子系统间发生矛盾后，大系统对之进行协调平衡的过程。

③ 各子系统间相互传递信息。子系统间为了解情况，及时安排好各自的活动，也需要互相及时传递信息。如企业内部，供销部门向生产车间了解原材料使用情况，以便及时安排采购计划。

④ 系统与周围环境交换信息。前面曾多次提及，不存在完全孤立的系统，尤其是社会系统，它总与外界有千丝万缕的联系，系统为了自身的稳定和发展，需要不断地与外界交换信息。如企业必须不断了解市场情况，才有可能使自己的产品做到适销对路。

（2）信息沟通的步骤。即便是最基本的信息，其沟通过程也绝不是一步完成的。按照前面讲过的信息接受率的定义，我们认为，一个完整的信息沟通过程，应包括如图1-8所示的几个基本步骤：

第一步：发信者发出信息。如上级主管部门给企业下达任务。

第二步：受信者接收信息。企业接到主管部门以文件的形式下达的任务，即收到信息。

第三步：识别信息。受信者要对接收到的信息进行识别，发信者是否有权利发出此信息，受信者是否有责任、义务执行此信息。如组织部门只能决定企业的人事安排，无权给企业下达生产任务，企业也没有责任、义务去执行他们下达的生产任务。

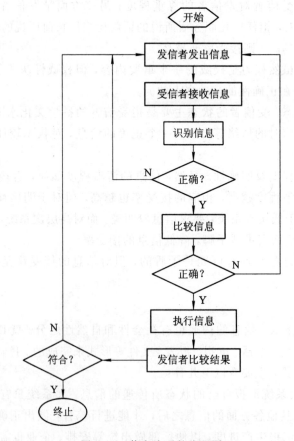

图1-8 信息沟通的流程图

第四步：比较信息。经过信息识别后，受信者还要将信息内容与客观情况进行比较。若符合客观情况，受信者方可执行此信息，若不符合，虽然发信者有权发出该信息，受信者也应该拒绝执行此信息。例如，对下达给企业的生产任务，若原材料供应没有保障，或产品没有销路，则企业有权拒绝接受该项任务。

第五步：执行信息。受信者在确定了发信者有权发出该信息，且该信息符合客观情况后，就应该履行该信息的责任、义务。如企业对主管部门下达的生产任务，只要合理，就应该组织生产，并保证完成。

第六步：回馈信息。受信者如果拒绝执行信息，无论是由于识别结果，还是比较结果，均应通知发信者，让其收回信息和改变内容。受信者若执行信息，也应向发信者报告执行情况及结果。如企业应将完成任务的情况向上一级机关汇报。

第七步：比较结果。发信者在接受到回馈信息后，应将回馈信息与发信者的意图相比较。若不符合，应采取相应的措施予以改善，直至达到目标。

王众托院士在《系统工程引论》中指出，信息是一种资源，而且是一种重要的资源。正确、贴切、及时、完备的信息是指导人类进行生产和其他社会活动的重要依据，是用来管理其他资源的工具。信息的利用程度关系到现代化的进展程度，而信息资源管理本身又是一项复杂的系统工程，不能不引起我们的重视。

1.1.3　系统的功能

系统的结构与功能的关系是不可分割的一对范畴。本小节主要讨论系统的功能及其与结构的关系。

1. 系统功能的概念

我们将系统功能定义为：给定环境下系统诸要素在一定结构下形成的效应，可以理解为系统与外部环境相互联系、相互作用过程的秩序与能力。用数学语言表示为

$$G = g(S, J, H) \tag{1-5}$$

系统之所以能够在一定的环境中存在和发展，就是因为环境 H 中有系统能够提供功能的对象，否则系统就不可能存在和发展。例如运输系统的存在，是由于社会上有人、物转移的需要。从系统本身来看，也可以把功能看做是把一定的输入转换为一定输出的能力。例如，信息系统的功能表现为在用户输入所需信息的请求之后，具有输出用户所要的信息的能力。因此，系统功能体现了一个系统与外部环境之间的物质、能量和信息的交换能力。

系统结构所说明的是系统的内部状态和内部作用，而系统功能所说明的是系统的外部状态和外部作用。贝朗塔菲曾解释：结构是"部分的秩序"，"内部描述本质上是'结构'描述"；功能是"过程的秩序"，"外部描述是'功能'描述"。

根据系统的总功能大于各组成部分功能的简单相加的基本理论，系统功能具有以下几个特点。

1) 系统功能具有易变性

系统功能相比于系统结构更加活跃。系统对外部环境发挥功能需要遵循一定的规律，环境条件的不同，将相应地引起系统功能的变化，只要环境中物质、能量、信息交换有所变动，系统与环境的相互作用过程、状态、效果都会发生变化。而系统结构在一定范围内

总是稳定的。所以，系统在发挥功能的过程中，随着环境条件的变换而相应地调整它的程序、内容和方式，不断地促进系统结构的变革，以使系统不断地获得新的功能。

2）系统功能具有相对性

功能关系和结构关系在一定条件下可以相互转换。在一个大系统内部，其要素之间的相互作用属于系统结构关系，但如果将每个要素或子系统作为一个整体来考察，则子系统之间的相互作用又转化为独立子系统之间的功能关系。例如，企业组织系统可划分为计划职能子系统、生产职能子系统、财务职能子系统、销售职能子系统等，在分析它们的管理活动时，往往又赋予它们相对独立的性质，这样在企业内部各种职能子系统之间，彼此又构成内部环境，其互相作用关系则成为功能关系。所以，不能认为功能关系就是绝对的功能关系，结构关系就是绝对的结构关系，它们之间总在一定条件下互相转化。

3）系统功能的发挥需进行有效的控制。

在功能管理的活动中，要有进行监控的管理机构。其主要目的是求出管理对象所表示的状态和输出的管理特征值，并与管理目标相比较。通过比较找出差距并进行判断，必要时可采取适当的优化措施。有效的控制包括预见性、全面性和及时性。

综上所述，系统的结构是系统内部各要素相互作用的秩序，系统的功能则是系统对外部作用过程的秩序。

2. 结构与功能之间的关系

结构是功能的内在根据，功能是要素与结构的外在表现。一定的结构总是表现出一定的功能，一定的功能总是由一定的结构系统产生的。因此，没有结构的功能和没有功能的结构都是不存在的。结构决定功能，功能反作用于结构，它们之间互相作用又互相转化。系统的结构与功能之间的具体关系，存在着多种情况：

（1）一般来说，组成系统结构的要素不同，则系统的功能也不同，因为要素是形成结构与功能的基础。

（2）组成系统结构的要素相同，但结构不同，则功能也不同。如化学中所讲的同分异构体，又如同一个班组，人员不变，但劳动的组织、分工与合作方式改变了，就表现出不同的劳动效果。所以为了提高功能，不能只从提高单个要素着手，还得设法改进结构。

（3）组成系统的要素与结构都不同，也能得到相同的功能。这就启发我们为了达到同一目标，可以采用不同的方案。以计时为例，在人类历史上从古代的日晷到近代的机械手表、石英电子手表，虽然结构不同，但同样都有计时功能。系统工程为了实现最优化设计，往往设计多种模型来模拟同一功能，并从中选取出系统的最优结构。

（4）同一系统结构，可能不仅有一种功能，而是有多种功能，这是因为同一结构，在不同环境下发挥的作用不同。例如同一种药物，对不同疾病有不同的疗效。当然我们这里所谓的作用、功能，有的是有益的，有的是有害的（例如药品的毒副作用）。

结构和功能既有相对稳定的一面，又都可能发生变化。一般来说，系统的功能比结构有更大的可变性，功能变化又是结构变化的前提。例如一个企业，当市场对它的产品需求有所变化，也就是它的功能发生变化时，就必须调整生产，改变产品种类、品种，调整生产组织，这就引起了结构的改变。

功能是系统内部固有能力的外部表现，它归根到底是由系统的内部结构所决定的。系统功能的发挥，既有受环境变化制约的一面，又有受系统内部结构制约和决定的一面，这就体现了功能对于结构的相对独立性和绝对依赖性的双重关系。

1.1.4　系统的功效

功效是和系统的目的密切相关的，因此系统功效的概念只在目的系统中有意义。

1. 功效的定义

功效的概念可以定义为：功效是指系统为达到目的所具备的功能和效率。

功能的概念如上文所述，是指系统为达到目的所具备的能力。效率有两层含义，一是指趋向于目的的速度，即单位时间内系统所发挥的功能；二是指系统发挥单位功能时所需消耗的劳动。

功效对于无目的的系统就无意义了，但是在与目的系统直接有关的无目的系统中也会带有功效的含义，如在夏天、晴天，太阳的功效高。在人造系统中，人们常说某台仪器或设备的功效高等等，这是指这些无目的系统在被利用为协助人们完成目的时所起的作用而言的。

2. 功效的分类

功效可分为正功效、无功效、虚功效、负功效。

1）正功效

一切对于达到大系统目的起促进作用的子系统，所发挥的功效都是正功效。应该说在正常情况下，大多数子系统都发挥正功效，发挥正功效的前提条件是目的性明确。首先需明确大系统的目的，在此基础上明确本子系统在大系统中的作用地位，以便确定子系统的目的，然后在为完成目的的运动中随时注意反馈，修正与目的相违背的行动，这就能发挥正功效。在明确目的时不仅要了解高一层次大系统的目的，而且还需要了解更高的多层次大系统目的，以及总目的。

2）无功效

功效和能力的区别在于功效是能力的表现，只有能力在工作中表现出来才可以称之为功效。由于种种主观、客观的原因使能力无法表现时，则此系统便无功效可言。如停工的工厂就是无功效。

3）虚功效

虚功效和无功效不同。无功效是指由于不做功而对达到系统目的未起作用。虚功效是指虽然做功但对达到系统目的没有作用，即做了虚功。

4）负功效

虚功效向达到目的的反方向前进一步便是负功效。负功效是指所做的功对大系统的目的起破坏作用。负功效根据主观的动机不同分成两种情况，一是有意识的破坏，一是虽然主观上想做正功，但由于目的不明确或是管理失误，在客观上起了破坏作用。产生负功效的主要原因有：目的不明确、预测能力低、组织能力差和不注意反馈等。

3. 系统的性能功效不守恒定律

系统的性能与系统的功效既有联系，又有区别。系统的功效是指系统的功能和效率。系统的性能是在系统的功效中体现的，但系统的功效一般又不包括系统的全部性能。可以说，性能是功效的依据和潜在能力，而功效是系统部分性能的表现形式。

宇宙中万事万物非常复杂，复杂性表现为宇宙间不存在两个完全相同的系统。宇宙之所以变得如此复杂，就是因为系统的性能和功效的不守恒。

系统的性能功效不守恒定律是指当系统发生变化时，质量、能量守恒，但性能、功效不守恒。

（1）"变化"的涵义：

① 子系统构成大系统（部分组成整体）；

② 大系统分解为子系统（整体分解为部分）；

③ 系统内部组织结构的改变。

（2）"不守恒"的涵义：

① 产生新性能、新功效；

② 原有性能、功效的增强、减弱或消失。

系统性能、功效的不守恒是普遍的和无限的。其普遍性表现为任何系统都具有该属性。其无限性由系统性能和功效的变化过程的"发散"性质决定。所谓"发散"是指低级层次子系统构成高级层次大系统时，其性能和功效是复杂的。高层次具有低层次的基本属性，但又产生原低层次不具备的新属性。这些就是为什么宇宙是不断发展的，自然界是不断发展的，人类社会是不断进步的根本原因。

4. 影响系统功效的因素

我们知道，系统的功效依赖系统的性能，系统的性能取决于子系统的结构，系统的结构由系统中的联系及流通构成决定。所以，系统的功效最终就受各子系统的功效、子系统的结构、各子系统间的协调配合能力、各层次系统的积极性、系统的规模、环境因素、系统的控制能力等因素的影响。

1）子系统的功效

大系统的流通构成是该系统的各子系统的流通构成的组合，因此，子系统的流通构成必然在很大程度上影响大系统的功效。

要想使大系统具有优良的性能，发挥较高的功效，子系统也必须具有适当的性能、发挥应有的功效。比如，一个工厂的各个车间、各个科室工作的好坏直接决定着整个工厂的经营状况。铸造车间不能完成任务，则加工车间没有毛坯；加工车间管理不善，则装配车间缺乏零件；装配车间工作混乱，零件堆积如山也无产品产出。即使各个车间生产正常，任务如期完成，若销售工作做不好，则企业也无法实现利润。由此可见，子系统的优良与否，直接影响整个大系统的功效。

但不是要求所有的子系统都必须具备最优的性能。事实上，不同系统的性能、功效是各不相同的。因此，对有的子系统要求高一些，对某些子系统要求则可能低一些。日本的有些企业，生产出具有世界水平的产品，但在他们的车间中仍有几十年前的旧设备，不是买不起新设备，而是这些旧设备能够达到要求。

2）系统的结构

前面已详细介绍过系统的结构，而子系统在系统中所处的位置不同，可能发挥的功效也就不同，各子系统之间的物质、能量、信息可能发挥的功效也就不同。因此系统的结构直接影响着系统的功效。一个好的结构能使系统扬长避短，充分发挥其性能，从而提高整个系统的功效。反之，结构不佳，即使各子系统的性能优良，整个系统也无法得到预期的功效。对管理系统来说，主要是结构的设置、人员的安排是否合理。结构设置不合理，则办事效率不高；人员安排不当，则不能人尽其才。

　　3）各子系统间的协调配合能力

　　一般来说，各子系统的功效越高，组成大系统的功效也就越高，但也并非绝对如此。因为大系统的功效不等于各子系统功效的简单相加之和。为此，各子系统不仅要具有高功效，还必须能够根据大系统的目的，改变自己流通构成的能力，积极配合其他子系统的活动。只有这样，才能最终使大系统拥有较高的绩效。否则，即使各个子系统具有最优良的性能，整个大系统也不可能达到高功效。例如，A 地出产优质的烟草，B 地卷烟加工技术高超，他们各自都是优良的子系统。但 A 地一些地方政府不从全局考虑，竞相建立自己的烟厂，结果用优质的烟草却不能生产出优质的烟卷。从 A 地的局部利益来考虑，这样做会得到一定利益，但从全局来分析，经济效益会降低。

　　要提高各子系统之间的协调配合能力，不仅要求各子系统有协调配合的意愿，而且，还必须维护各子系统之间流通渠道的畅通。如果流通渠道不畅通，即使有协调配合的意愿，也无法达到有效的配合。正如上述烟草的例子，即使 A、B 两地愿意合作，如果运输设施不佳，烟草运不过去，也还是无法配合的。

　　4）各层次系统的积极性

　　目的系统的主要特点之一就是为达到系统的目的而努力。目的越明确，与个体的切身利益关系越密切，则积极性越高。大系统中所包含的各层次子系统的积极性越高，则大系统的总功效就越大。反之，若子系统的积极性很低，即使大系统的构成合理，系统的总功效也不可能很大。当多个子系统构成大系统时，大系统与子系统的目标虽然有共同之处，但也有矛盾，因此子系统会受到一定程度的制约。只有当构成大系统后使各子系统的利益都有所提高时，才不至于影响子系统的积极性。

　　但并不是要将各子系统的利益拉平，应当承认差别，允许差别。事实上，只有存在差别，才能够充分调动各子系统的积极性。由于各种因素的影响，各子系统对大系统总功效的贡献不可能完全一样，因此，我们必须根据其贡献大小来确定他们各自的利益。

　　5）系统的规模

　　系统的规模是指系统的总层次数以及各层次包含的子系统数。系统规模的大小对系统功效的影响不能一概而论，因为系统规模对功效的影响取决于三个相互制约的因素。一是构成系统的放大作用，二是流通效率，三是子系统的积极性。因此，在构成新的系统时，必须对具体情况作具体分析，确定适当的规模，而不应单纯追求扩大系统。

　　6）环境因素

　　凡是系统都处于一定的环境之中，环境是指与该系统发生一定物质、能量、信息流通的客观存在的状况，即，使系统的功效得以发挥的条件。外界环境是系统能够存在的客观依据，没有一定的环境，就不存在一定的系统，当环境变化时，系统为了维持自己的生存，也必然随之发生变化。

　　人类社会的子系统不能坐等环境的变化，然后去消极地适应它，而必须提前预见到社会发展的趋势，适时地改变自己的结构，才能够生存下去。例如，现代企业必须对消费者需求模式的变化做出预测，提前准备应对措施，才能占领市场，取得较高的经济效益。

7）系统的控制能力

系统作为一个整体，只有各子系统之间相互协调配合，整个系统才能发挥较高的功能。但是，系统的内部、外部条件会随着时间的推移不断地变化。而各子系统由于其所处的地位不同，不可能充分地认识到这种变化，各子系统之间由于各自利益的不一致，不可能自发地做到完全协调配合。因此，为使整个系统发挥较高的功效，必须加强大系统对其所属各子系统的控制能力，以便在内部、外部条件发生变化时，适时地对各子系统下达任务，调整它们的利益，协调它们的行动。

1.1.5　系统的分类

系统的分类源于系统的独立性，而独立性是因为系统具有不同的功能和结构。分类也是系统研究的基本方法，通常使用根据系统的相似性或相异性而进行的两分法。为了便于研究系统的性质，更深刻地认识系统类型的特点以及它们之间的联系，按照不同的标准，可以将系统进行如下分类。

1. 根据自然属性分类

根据自然属性，系统可分为自然系统和人工系统。

自然系统主要是由自然物（动物、植物、矿物、水资源等）所自然形成的系统，像海洋系统、矿藏系统等，这是在有人类以前就已经存在的。它们的特点是自然形成的。了解自然系统的形成及其规律，是人工系统的基础。

人工系统是根据特定的目标、通过人的主观努力所建成的系统，如生产系统、管理系统等。人工系统通常都具有经济活动，所以又常常称为社会经济系统。

实际上，大多数系统是自然系统与人工系统的复合系统。因为许多系统有人参与活动，由人们运用科学力量，认识、改造了的自然系统。如社会系统，看起来是一个人工系统，但是它的发生和发展是不以人的意志为转移的，是有其内在规律的。从人类发展的需要看，其趋势是越来越多地发展和创造更新人工系统。但是大量人工系统的发展，也打破了自然系统的平衡，使自然环境（大气、生态、海洋）系统受到极大破坏。近年来，系统工程愈来愈注意从自然系统的关系中，探讨和研究人工系统。

2. 根据物质属性分类

根据物质属性，系统可分为实体系统和概念系统。

凡是以矿物、生物、机械和人群等实体为基本要素所组成的系统称之为实体系统，就是说，实体系统的组成要素是具有实体的物质。这种系统是以硬件为主体，以静态系统的形式来表现的，如人—机系统、机械系统、电力系统等。系统不仅有实体部分，而且还必须有赖以形成的概念部分。

凡是由概念、原理、原则、方法、制度、程序等非物质要素所构成的系统称为概念系统。它是以软件为主、依附于动态系统的形式来表现的，如科技体制、教育体系、法律系统、程序系统等。

在实际生活中，实体系统和概念系统在多数情况下是相互结合的，实体系统是概念系统的物质基础，而概念系统往往是实体系统的中枢神经，指导实体系统的行动或为之服务。系统工程通常研究的是这两类系统的复合系统。例如机械工程是实体系统，而用来制造某种机械所提供的方案、计划、程序就是概念系统。实体系统是概念系统的基础和服务对象，而概念系统是为实体系统提供指导和服务的，两者是密不可分的。

3. 根据运动属性分类

根据运动属性，系统可分为静态系统和动态系统。

静态系统表征系统运行规律的模型中不含有时间因素，即模型中的量不随时间而变化，它没有既定的输入和输出，其在系统运动规律的表征模型中也不含时间因素，即模型中的变量不随时间而变化，如车间平面布置系统、城市规划布局等。静态系统属于实体系统。

动态系统就是系统的状态随时间而变化的系统，也就是把系统的状态变量作为时间的函数而表现出来的系统。它有输入输出及转换过程，一般都有人的行为因素在内，如生产系统、服务系统、开发系统、社会系统等。动态系统需要以静态系统为基础，需要有概念系统的配合。由于系统的特性是由其状态变量随时间变化的信息来描述的，因此在实际工作中，要以分析和研究动态系统为主要目的。

实际上多数系统是动态系统，但由于动态系统中各种参数之间的相互关系非常复杂，要找出其中的规律有时是非常困难的，这时为了简化起见而假设系统是静态的，或使系统中的各种参数随时间变化的幅度很小，而视同稳态的。静态系统可视作动态系统的一种特殊情况，即状态处于稳定的系统。也可以说，系统工程是研究在一定时期、一定范围内和一定条件下具有某种程度稳定性的动态系统。

4. 根据系统与环境的关系分类

根据系统与环境关系，系统可分为封闭系统、开放系统和孤立系统。封闭系统是指该系统与环境之间没有物质、能量和信息的交换，因而呈一种封闭状态的系统。一个封闭系统，由于它与环境之间不进行任何交流，故这个系统要能存在，首先是该系统内部的部件及其相互之间存在某种均衡关系。当然，这种均衡关系的意义是随着不同系统的层次以及系统的内容而确定的，但对系统内部的这种均衡关系的认识，将是了解封闭系统的最基本的步骤。

开放系统是指系统与环境之间具有物质、能量与信息的交换的系统。这类系统通过系统内部各子系统的不断调整，来适应环境变化，以保持相对稳定状态，并谋求发展。开放系统一般具有自适应和自调节的功能。如生态系统、工厂生产系统及商业系统等。

孤立系统是指系统与外界环境既不可能进行物质交换，也不可能进行信息、能量交换，换句话说，系统内部的物质和信息能量不能传至外部，外界环境的物质和信息能量也不能传至系统内部。系统工程研究有特定输入、输出的相对孤立系统。

5. 根据反馈属性分类

根据系统的反馈属性，系统可分为开环系统与闭环系统。

没有反馈的系统称为开环系统。具有反馈的系统称为闭环系统。系统的反馈主要是信息的反馈。开环系统可以用图 1-9(a)表示，闭环系统可用图 1-9(b)表示。在闭环系统中，系统的输出反过来影响系统输入的现象称为反馈。增强原输入作用的反馈称为正反馈；削弱原输入作用的反馈称为负反馈。负反馈使得系统行为收敛，正反馈使得系统行为发散。通常讲的"良性循环"与"恶性循环"，实际上都是反馈作用的表现。

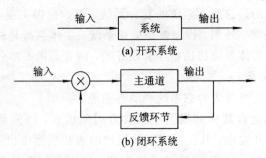

图 1-9　开环和闭环系统示意图

6. 根据人在系统中工作属性分类

人类的全部活动可以分为两大类：作业活动与管理活动。作业活动是人类在生活、生产中最基本的活动，即直接作用于外界或自身（例如吃饭、穿衣、走路、睡觉等）的活动，我们不妨称之为第一类活动；管理活动作用于作业活动，是对各种作业进行编排和组织的活动，不妨称之为第二类活动。第二类活动以第一类活动为活动对象，使得第一类活动能够有条不紊地进行，实现预定的目标。在任何一项工程中，作业系统与管理系统是紧密结合、难以截然分开的，即便在个人的日常生活里也是这样。

自然界和人类社会的许多系统是十分复杂的，上述的分类并不是绝对的。一个复杂的系统往往是多种系统形态的组合与交叉。系统工程所研究的系统，是动态的、开放的、具有反馈的社会系统，是包含实体系统和概念系统在内的复合系统；系统工程就是组织管理系统的技术。

1.2　系统的性质

明确系统的性质，是人们认识系统、研究系统、掌握系统思想的关键。千变万化的各种系统都具有某些共同特征，是系统的共性，而只是某些类型和层次的系统所特有的共性，相对于其他系统就是特性。

1.2.1　系统的共性

系统的共性包括系统的整体性、有序性、集合性、动态相关性、开放性、涌现性和成长性。

1. 整体性

1）整体性的概念

系统的整体性又称为系统的总体性、全局性。系统是若干个相互作用和相互联系的要素的有机结合，而形成的具有一定结构和功能的整体。虽然每一个要素都具有其各自不同的特征和功能，但通过要素之间的各种关系的相互影响，对外总是以系统的综合特性与功能显示出来。一个班级作为一个整体对外部表现出来的是它的学风、班风；一个学校对外部表现出来的是它的学风、教风、校风、学生素质；等等。

系统整体性体现在系统目标的整体性、系统规律的整体性以及系统功能的整体性。系统目标的整体性指系统建立目标时，要求系统整体的最优化。系统的规律是整体的规律，系统的运动规律只有从整体上才能显示出来，组成系统各要素间的联系和作用都不能离开整体的协调。系统功能的整体性指系统整体功能对要素功能的非加和性，人们很容易观察到这样的事实：即使不全是完善的要素也可以构成性能良好的系统，反之即全是性能良好的要素也不一定能构成一个完善的系统，这说明系统的功能不等于子系统功能之和，而系统功能大于、等于或小于各子系统功能之和与系统结构安排、系统法则设计密切相关。

2）系统整体性原理的基本内容

（1）要素和系统不可分割。凡系统的组成要素都不是杂乱无章的偶然堆积，而是按照一定的秩序和结构形成的有机整体。系统与要素、整体与部分，这种"合则两存"、"分则两亡"的性质，就是系统的有机性。

（2）系统整体的功能不等于各组成部分的功能之和。在系统论中1加1不等于2，这是贝塔朗菲著名的"非加和定律"。系统的这种非加和性又可以分为两种情况：一是"整体大于部分之和"，这种现象称为系统整体功能放大效应；二是"整体小于部分之和"，这种现象称为系统整体功能缩小效应。

（3）系统整体具有不同于各组成部分的新功能。这是从质的方面看，系统的整体效应表现为系统整体的性质或功能，具有构成该整体的各个部分自身所没有的新的性质或功能，也就是说，系统整体的质不同于部分的质。

2. 有序性（层次性）

系统都有结构，有结构不等于有序，只有经过组织的系统才能形成有序的结构。系统的有序性体现在系统的层次上，将系统的各组成部分按一定规则组织成若干个子系统，再将子系统分成若干个子系统，由于子系统在系统中的结构不同、所处的地位不同等原因，便形成了不同的层次，从而形成层次结构。该层次结构决定了系统内物质、能量、信息的流动，从而使系统能够作为一个整体发挥较高的功能和效率。例如，有机生命系统是按照严格的等级组织起来的，包括"生物细胞—大细胞—器官—生理子系统—个体—群体—生态系统"；高校系统包括"大学—学院—系—班级"。系统的层次性表明，研究分析一个系统应明确系统的等级及其内部结构，使系统具有合理的层次结构。

有序性表现在系统结构及系统发展两个方面。其一，是系统结构的有序性。构成系统时各个子系统处于不同的地位、形成不同的层次。若结构合理，则系统的有序程度高，有利于系统整体功效的发挥。其二，是系统发展的有序性。系统在变化发展中从低级结构向高级结构的转变，正体现了系统发展的有序性。系统的结构确定以后，系统中的物质、能量、信息的流通是以一定的渠道，有秩序地进行的。这是系统不断改造自身、适应环境的结果。系统结构的有序性体现的是系统的空间有序性，系统发展的有序性体现的是系统时间有序性，两者共同决定了系统的时空有序性。

3. 集合性

集合的概念就是把具有某种属性的一些对象看成一个整体。系统的集合性表明，系统是由两个或两个以上的可以互相区别的要素组成的。构成大系统的各子系统间存在着联系，形成结构，这就是系统的集合性。

集合性又说明系统是有边界的，集合之外的与集合中各要素相关联的一切事物构成了系统的环境 H，二者的界面就是系统的边界。在处理问题时，划清系统边界，可避免将研究范围扩大化。所以，我们在系统的五元组 $\{S, R, J, G, H\}$ 中加入环境这一要素，用以明确系统的边界，界定系统的范围。

4. 动态相关性

系统的相关性是指组成系统的各要素之间、系统与要素之间、系统与环境之间是相互影响、相互制约、相互作用，不可分割的。而且任何系统都处在不断发展变化之中，系统状态是时间的函数，这就是系统的动态性。以人体为例，每一个器官或小系统都不能离开人体这个整体而存在，各个器官和组织的功能与行为影响着人体整体的功能和行为，而且它们的影响都不是单独的、静态的，而是在其他要素的相互关联中动态地影响整体的。系统的动态性，取决于系统的相关性。

要素之间既存在正相关关系，也存在负相关关系，即系统要素对系统的作用和对其他要素的作用既存在正作用也可能存在负作用。各个要素之间不是孤立的，它们之间存在有相互制约或相互依赖的关系。如果有一个或一些要素变化了，则其他要素会做出相应的变化，牵一发而动全身。例如城市中的市政、交通、文化、卫生、商业系统等相互联系的系统，通过相互协调的运转去完成城市生活和发展的目标。以排球队系统为例，球队中主攻手和副攻手之间、主攻手和二传手之间、二传手与接应二传手之间存在着很多相辅相成的关系。

例1-4 莎士比亚的著名喜剧《威尼斯商人》记述这样一个故事：威尼斯商人安东尼奥为了帮助友人巴萨尼奥成婚，向高利贷者夏洛克转借现金。夏洛克处于忌恨，假意不收利息，但讲定到期不还要割掉安东尼奥身上的一磅肉。安东尼奥的货船到期未归，不能还债，夏洛克坚决要履行借约条款，割下安东尼奥身上的一磅肉。巴萨尼奥的未婚妻鲍西娅假扮律师出庭，也按条款要求夏洛克不准多割、少割、流血或伤害安东尼奥的性命。这样，夏洛克败诉，只好放弃割下安东尼奥身上的一磅肉的要求。

鲍西娅之所以能打赢官司就是由于她抓住了人肉、血与生命的紧密联系，从系统论的角度说，就是抓住了系统论的相关性原则。

5. 涌现性

系统的涌现性包括系统整体的涌现性和系统层次间的涌现性。系统的整体性反映系统要素与系统整体功能数量上的差异，而系统的涌现性则表现在质的差异上，即系统各个部分组成一个整体后，就会产生整体具有的而各个部分原来没有的某些东西(性质、功能、要素)，系统的这种属性称为系统整体的涌现性。系统层次的涌现性是指，当低层次的几个部分组成上一层次时，一些新的性质、功能和要素就会涌现出来。

例如俗语所说的"三个臭皮匠赛过诸葛亮"，就说明了单个个体和团体之间存在质的差异。

1.2.2 系统的特性

系统的层次是由低级向高级发展的，高级层次具有低级层次的共性，但又产生了低级层次所不具有的特性。生物系统比无机系统高一层次，它不仅具有整体性、有序性、集合性、相关性等共性外，而且又增加了无机系统所不具有的特性，这就是目的性、环境适应性和开放性等。社会系统比生物系统又高了一个层次，为此又增加了生物系统所不具有的环境改造性等。图1-10给出了系统的共性和特性的关系。所谓系统的共性是指对所有系统，包括无机系统、生物系统和社会系统都具有的性质；而特性则是相对的，比如，目的性和环境适应性是生物系统相对于无机系统的特性，而确是生物系统和社会系统的共性。

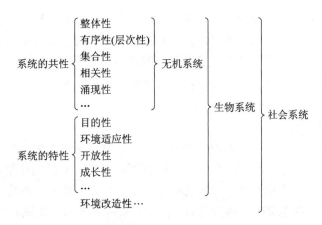

图 1-10　系统的共性与特性

1. 目的性

系统按照统一的目的将各组成部分组织起来的性质称为系统的目的性。除自然系统外，通常系统都具有某种目的，要达到既定目的，系统都具有一定功能，且各子系统(要素)直至元素都具有各自的中小目的。只有了解系统中不同层次各自要素的目的，才能合理地制定各项管理制度和章程，才能有效地管理好系统。系统的目的性原则要求人们正确地确定系统目标，从而用各种调节手段把系统导向预定的目标，达到系统整体最优的目的。

表 1-2　　系统的联系及联系的本质

系　　统	目　　的
生物系统	生存和繁衍(群体生存)
社会系统	与自然协调发展，以求人类的生存和发展。其子系统有其明确的分目标

具有目的的系统称为目的系统，它包括生物系统和社会系统。相应于系统的整体性，目的系统都有明确的总目的，系统中各子系统是为了完成大系统的既定目标而协同工作的。如表 1-2 所示，生物系统的目的在于生存和繁衍(群体生存)；社会系统是以个人为基本单元形成的多层次巨型系统。此外，由于系统具有层次性，各子系统在为大系统的总目的服务的过程中，还有自己更明确的分目标。

例 1-5　以社会系统中企业子系统和企业中的个人子系统为例。如表 1-3 所示，企业作为社会系统的一个子系统，必须生产出适合的产品满足社会的物质需要，这是其上级系统(社会系统)赋予它的任务，因此，对于整个社会系统来说这是企业的总目的。同时，企业还有其滋生的目的，就是争取更大的利润，以改善本单位的经济状况，维护本单位的生存和发展。企业中的工人一方面要为完成企业的生产任务而积极工作，另一方面，也是为了能够取得一定的报酬，用以养家糊口、改善自己的经济状况。

表 1-3　　企业及员工的目的

	总 目 的	分 目 标
企业	生产产品以满足社会的物质需要	争取更大的利润，维持本单位的生存和发展
企业中的个人	完成企业的生产任务	取得报酬，用以维持和改善家庭经济状况

综上所述，任何一个子系统，作为大系统的一部分，无论是有意的还是无意的，都有为大系统的总目的服务的一面，同时作为不同于其他子系统的独立系统，又有维护自身利益的一面，因此研究确定系统目的和子系统目的之间的关系是必要的。这样才能使各子系统在大系统总目的的引导下，协同配合，分工合作，在完成各子系统目的的同时，达到大系统的目的。

2. 环境适应性

任何一个系统都存在于一定的外部环境中，或者说它是一个更大系统的子系统，系统不能脱离环境而独立存在，而它的形成与发展在不同程度上会受到环境的制约。客观事物的发展要经过量变到质变的过程，当系统处于量变阶段时，系统与环境之间的关系是相对稳定的，这就表现为系统对环境的适应性。因此，从本质上讲，系统对环境的适应性可以说是系统稳定性在系统外部关系的表现。

一般来讲，一个系统在诞生之后，它会主动地适应环境的需要，调整自己，使自己适应环境，从而更加有利于自身的生长、发展、壮大。当外界环境的特性发生变化时，就会引起系统的特性发生相应的变化。环境的变化对系统有很大的影响，系统与环境是相互依存的，系统必然要与外部环境产生物质的、能量的和信息的交换。能够经常与外部环境保持最佳适应状态的系统，才是理想的系统，不能适应环境的系统是难以存在的。例如，一个企业，要了解同类型企业的动向、产业界的动向、国家和外贸的要求、市场的需要等一系列环境因素，及时地采取措施，以便能够适应环境的变化，从而达到预定的目的。

3. 开放性

生物系统本质上是开放系统，不同于封闭的物理系统，有其特殊性。贝塔朗菲认为，一切有机体之所以有组织地处于活动状态并保持其活的生命运动，是由于系统与环境处于相互作用之中，系统与环境不断进行物质、能量和信息的交换，这就是所谓的开放系统。正是由于生命系统的开放性，才使这种系统能够在环境中保持自身有序的、有组织的稳定状态。他提出等结果性原理，用一组联立微分方程对开放系统进行数学描述，从数学上证明了开放系统的稳态，并不以初始条件为转移，指出了开放系统可以显示出异因同果律。

4. 成长性

任何系统都是从无到有，从小到大的，期间经历孕育期、诞生期、发展期、成熟期、衰老期和更新期。在系统上升时期，要素在增长，层次性更分明，系统结构稳定性加强，系统与环境的联系紧密，且适应性好；反之在系统衰老期，要素在萎缩，层次性模糊，系统结构稳定性减弱，系统的生长曲线为 S 型，当系统发展到一定高度时，如果不进行及时的更新改造，就将进入衰老期，系统很难再上一个层次。

5. 环境改造性

所谓环境改造性，是指构成社会系统的人类具有改造无机系统和生物系统的能力。社会系统除了要适应环境的变化外，还需要适当地对环境进行改变，这是社会系统不同于生物系统所具有的特性。因为生物系统的基本单元是细胞，而社会系统的基本单元是人。系统的构造和运行必须考虑其对环境的影响，使系统和环境均维持良好的状态，才能实现两者的可持续发展。例如绿色制造系统就是考虑系统对环境的影响，尽量使制造过程的资源消耗和废弃物减少。

1.3　案　　例

我们身边的系统无处不在，而且系统思想在生活中的运用也随处可见，本节我们将列出一些成功的系统案例来深入体会系统的概念和性质。

1.3.1　成功物流系统案例

国美，一个在家电价格大战中脱颖而出的响亮的名字，仅仅用了13年的时间，就从街边一家小店发展成为今天在北京、天津、上海、成都、重庆、河北等地拥有40家大型家用电器专营连锁超市的大公司。它从一个毫无名气、只经营电视机的小商铺，发展到如今专门经营进口与国产名优品牌的家用电器、计算机、通信产品及发烧音响器材等，影响辐射全国的著名电器连锁企业。

2011年，国美凭借连番降价打破国内九大彩电厂商的价格联盟，并相继抛出千万元与上亿元家电订单等壮举，使自己声誉更隆，于是经济学家开始研究近乎商界神话的国美现象。日益强大的国美也加快了奋进的脚步，提出了建立全国性最大家电连锁超市体系的发展目标。国美电器凭借什么实现她的宏伟蓝图，支持国美高速扩张的物流系统是如何运作的？

从供应链的角度来看，国美的物流系统可分为三部分：采购、配送、销售，其中的核心环节是销售。正是在薄利多销、优质低价、引导消费、服务争先等经营理念的指引下，依托连锁经营搭建起来的庞大的销售网络，国美在全国家电产品销售中力拨头筹，把对手远远抛在身后。国美的成功有三方面的因素。

首先是统一采购，降低进价。国美几十家连锁店都由总部统一进行采购，门店每天都将要货与销售情况上报分部，分部再将各门店信息汇总，分销的优势直接转变为价格优势，国美的采购量远远超过一般零售商，使其能以比其他商家低很多的价格拿到商品，统一采购优势明显。国美刚成立时断货现象时有发生，经常是店里摆着空的包装箱权充产品。如今，随着连锁经营网络的逐渐扩大，规模效益越来越突出，给采购带来了更多优势。

其次，谈判能力增强。凭借遍布全国的销售网点和超强的销售能力，任何上游生产厂家都不敢轻易得罪国美，唯恐失去国美就会失去大块市场。因此，在与厂家谈判时，国美掌握了主动权。凭借较大份额的市场占有率，国美与生产厂家建立起良好的合作关系，创建了承诺经销这一新型供销模式，以大规模集团采购掌握了主动权，大大增强采购能力，能以较低的价格拿到满意的商品，反过来支撑了销售。而适应连锁超市需要的仓储与配送系统建设合理，管理严格，成为国美这一销售巨人永葆活力的血脉，使国美能够在市场上叱咤风云。

销售是国美物流系统的关键。1987年1月，国美在北京珠市口繁华的大街边开张，经营进口家电。谁也没有想到，当时仅有100平方米毫不起眼的小店，会发展成为全国家电连锁销售企业的龙头。如今，供销商层层加价转给下一层零销商是司空见惯的商业现象。而国美意识到，企业要想发展，必须建立自己的供销模式，摆脱中间商的环节，直接与生产商贸易，把市场营销主动权控制在自己手中。为此，国美经过慎重思考和精心论证，果断决定以承诺销量取代代销形式。他们与多家生产厂家达成协议，厂家给国美优惠政策和优惠价格，而国美则承担经销的责任，而且必须保证生产厂家产品相当大的销售量。

承诺销量风险极高，但国美变压力为动力，他们将厂家的价格优惠转化为自身销售上的优势，以较低价格占领了市场。销路畅通，与生产商的合作关系更为紧密，采购的产品成本比其他零售商低很多，为销售铺平了道路。

第三，通过信息沟通保持与厂商友好关系。国美与厂商相互信任，友好合作，共同发展，确保了所采购商品及时供应，及时补货，商品销售不断档。

国美通过对物流系统的优化改善了运营模式，使其成功地成为一家优秀的家电零售商。这个案例体现出系统思想的重要性。

（资料来源：http://info.china.alibaba.com/news/detail/v0－d1025194238.html，阿里巴巴冶金）

1.3.2　校园一卡通系统应用案例

截至 2012 年上半年，某学校的基本情况如下：有 46 个教学班，2200 名学生，200 名教职工，40 名留学生，学校校园面积为 17 000m^2。教学设备先进，有数字实验室、生态博物馆、多媒体教室、计算机教室、闭路电视系统、演播室、图书馆、大型电子阅览室等。经过需求分析，该校选择了一卡通应用的五个模块：门禁考勤管理系统、图书管理系统、售餐系统、机房计费和管理系统、自助消费管理系统。

1）方案简述

（1）门禁考勤管理系统。在两个校门处安装门禁控制器和读卡器，学生刷卡进入，自动记录考勤信息。如遇未授权的非法卡会发出报警音。可在后台软件中规定多种考勤规则，对 IC 卡进行不同权限设置，多种条件的查询等。

（2）图书管理系统。配备激光扫描器识别条形码，具有完善的采编、流通、典藏、期刊管理、公共查询、资产清查、压缩备份等功能。

（3）售餐系统。学生和教职员工只需在其 IC 卡中预先充值，就餐买菜时，在售饭机感应区的有效距离内出示其卡，由售货员在售饭机上预设或输入消费额，确认后便可完成本次交易。有详细的消费记录，并可设定消费限额。

（4）机房计费和管理系统。依靠软件实现对学生机房的监控和管理，学生持卡上机，学习上网，客户端上的读卡器按预先设定的卡型、费率、时段自动扣费。

（5）自助消费管理系统。该系统用于校内消费管理。在校园的某些指定地点配置 IC 卡自动售货机，二十四小时开放。可实现联网消费，也可脱机消费。刷卡后从该卡内扣除消费额，后台清分清算系统自动完成结算。

2）成功经验

（1）校园一卡通应用的实施使学校能够统一管理，合理地配置和共享资源。学生不再需要持有多张卡片，学校也不再需要操作多个不同的管理系统，大大节省了人力，提高了效率。

（2）自助消费管理系统的实施保障了学生在校学习与生活的方便、安全，同时又能够使学校获得较好经济收益。而且此消费系统专为学校设计，投入低，管理简单。

（3）门禁考勤管理系统可进行 IC 卡的发行、注销、挂失、黑/白名单、授权等操作，避免用户的 IC 卡因丢失而造成损失。使用几年来学校无一突发性事件，安全性、可靠性极强。系统的自动管理，自动生成报表等，为各项工作提供依据，且免除了师生值周、记录等工作。

（4）售餐系统免除了学校售票、收票、点票这样大量的工作，提高了工作效率。而且方便卫生，不会因为票证的流通而感染病菌、疾病。

（5）消费系统的收费方式灵活多样，如标准计算式、自动式、编号式、工作餐式等。为了防止有人捡到他人的卡后进行非法消费（在别人挂失之前），当一次消费额达到一个定值时（如 30 元），要求持卡人输入个人密码才能进行消费。

（6）机房计费和管理系统采用部门授权的灵活管理模式，各部门人员可以各自使用属于自己管辖的功能，责任分明。可以按用户身份、机房、上机时间段来进行上机费率设置。提供灵活的排课表，查询、修改机房安排情况、监控学生机、远程控制等功能，满足学校的多种不同需求。

（7）图书管理系统大大节约了学校老师和学生的时间，同时也简化了手续。原来学校需要 3～4 名学生帮助老师查找图书是否未借出，填写借阅卡，分类整理，整个借书过程需要 10～15 分钟。但现在学生在电脑上查询想要借阅的图书，确定未借出后，把编号报给老师。老师在电脑上输入出借的相关信息，系统到期会自动提示催还，整个借书过程只需要 3～4 分钟。

（8）所有的存款、消费等数据，均可根据具体需要按某月、某日、某分机、某人等方式进行查询和核算，并将结果绘制成报表打印出来。为学校各项工作提供依据，简单快捷，一目了然。

该校成功地运用了一卡通系统，不仅方便了学生的生活，更加便于学校进行日常的管理。这个案例突出了运用系统思想进行管理的便捷性。

（资料来源：http://www.qianjia.com/html/2012-04/101236.html，千家网）

课后习题

1. 在如下的某个系统中选一为研究对象或以自己熟悉的系统为对象，进行调查分析，讨论系统由哪些要素组成，画出系统的机构图，详细描述系统包括子系统的功能以及系统的工作流程：① 邮包投递系统；② 书籍出版发行系统；③ 海鲜产品的分发系统；④ 水果或蔬菜的分发系统；⑤ 食堂系统；⑥ 你所在学校构成的系统；⑦ 某个企业的物流系统；⑧ 自选系统。

2. 专家们从不同角度对系统进行定义，你认为组成一个系统应有哪些要点？并举例说明这些要点。

3. 请详细说明系统的共性和特性。

4. 什么是开放系统？系统为什么开放？

5. "整体大于部分之和"是什么意思？请举例说明。

参 考 文 献

[1] 廖名春.《周易》经传十五讲. 北京：北京大学出版社，2002

[2] 施维，邱小波.《周易》图释大典. 北京：中国工人出版社，1995

[3] 常秉义. 易经与大智慧. 北京：光明日报出版社，2003

[4] 祖行. 图解易经. 西安：陕西师范大学出版社，2006

[5] 李零. 孙子兵法注译. 成都：巴蜀书社出版社，1991

[6] 格里菲思. 孙子兵法：美国人的解读. 育委，译. 北京：学苑出版社，2002

[7] 孙东川，林福勇. 系统工程引论. 北京：清华大学出版社，2004

[8] 汪应洛. 系统工程. 北京：机械工业出版社，2003

[9] 袁旭梅，刘新建，万杰. 系统工程学导论. 北京：机械工业出版社，2007

[10] 高志亮，李忠良. 系统工程方法论. 西安：西北工业大学出版社，2004

[11] 吕永波. 系统工程. 北京：清华大学出版社，北京交通大学出版社，2005

[12] 程代展. 系统与控制中的近代数学基础. 北京：清华大学出版社，2007

[13] 喻湘存，熊曙初. 系统工程教程. 北京：清华大学出版社，北京交通大学出版社，2006

[14] 周德群. 系统工程概论. 北京：科学出版社，2007

[15] 王众托. 系统工程. 北京：北京大学出版社，2010

[16] 中国载人航天工程网 http://www.cmse.gov.cn/system/

[17] 上海铁道学院管理科学研究所，武汉大学经济管理系，《世界科学》社合编. 管理哲学：——系统学. 经营管理知识丛书之六，内部发行

[18] 董肇君. 系统工程与运筹学. 北京：国防工业出版社，2007

第 2 章 系 统 工 程

【案例导入】 中国载人航天工程

中国载人航天工程按照预定计划一步步走向成功。据报导：截至目前的"神舟"系列飞船中，"神舟"一号到"神舟"四号均为无人飞船，"神舟"五号为载人飞船，"神舟"六号为双人飞船，我国已实现将航天员安全送入近地轨道，并使航天员安全返回地面，这都标志着中国载人航天工程第一阶段圆满完成。2008 年 9 月 25 日"神舟"七号飞入了太空，是中国第三个载人航天飞船。实现了航天员首次出舱行走，并放飞一颗小卫星。"神七"的飞行任务属于中国载人航天发展的第二阶段，并且是第二阶段的第一步，即实现航天员首次"太空行走"。

2011 年 11 月 1 号，无人飞船"神舟"八号进入太空，实现了与天宫一号的自动对接。半年后，即 2012 年 7 月 16 日，"神舟"九号宇宙飞船的成功发射后，与天宫一号目标飞行器首次完美交会对接。载人航天是世界高科技领域中最具挑战性的领域之一，也是衡量一个国家综合国力的重要标志。其中，交会对接技术是载人航天领域的核心技术，很大程度上代表了一个国家航天技术的水平。除了中国外，目前掌握交会对接技术的还有美国和俄罗斯。其中，美国的交会对接技术在对接合拢阶段采取人工控制方式，而俄罗斯主要采用自动控制方式。我国同时掌握了这两种技术。"神八"、"神九"实现两个航天器的交会对接，为第三阶段——建立空间站，做技术准备和技术实验。而后，"神十"上天，这三艘飞船在一起，将形成一个小型空间站。这些步骤有望于 2020 年左右完成。

我国载人航天工程是中国航天史上规模宏大的系统工程。胡锦涛于 2003 年 11 月 7 日在庆祝我国首次载人航天飞行圆满成功大会上的讲话中说：载人航天是规模宏大、高度集成的系统工程，全国 110 多个研究所、3000 多个协作配套单位和几十万工作人员承担了研制建设任务，这项工程空前复杂。那么什么是系统工程呢？本章进一步就典型的一些系统工程应用实例、系统工程产生、发展和概念等进行详细阐述。

2.1 系统工程概述

我们经常会在报纸、电台、网络等媒体上看到如下的描述：XXX 是一项系统工程。而 XXX 可能是希望工程、三峡工程、某歌星演唱会、人口普查或奥林匹克运动会等；我们还常听到、看到这样的描述：……需要从系统的角度考虑，……需要利用系统工程的方法解决。为什么会有这样的描述？什么是系统工程？

在当今社会，随着经济和科学技术的迅速发展，生产的规模、社会活动的规模、科学研究以及人类文化活动的规模日益扩大，各部门之间的联系日益密切，逐渐形成了一个个有机整体。这些整体具有特定的功能或目的，例如现代化高速铁路的建设，跨越各省区的电力、电信网络的建设，大型水利工程的建设，更不用说像载人航天工程这样的大型项目，所涉及的技术、经济、社会、环境因素更多。在工程实践中,特别是在大型工程或经济活动的规划、组织、生产的管理,高技术项目的开发与使用过程中,发现除了各自专业的技术细节之外,还需要综合考虑系统整体所要解决的共性问题。为了完成规模庞大的复杂工程和科研、生产任务,需要运用系统观点和方法处理问题。通过总结实践经验,借鉴和吸收邻近学科的理论方法,逐步建立起一门新的考虑工程总体的学科——系统工程学。

古今中外,人们尽力将实践过程中形成的系统思想,运用到改造自然、造福人民的工程中去。下面列举了几个有关系统工程在现实中应用的具体例子,可以帮助我们从整体上认识系统工程。

例 2-1　库存管理实践

Thousands of items, hundreds of locations, all interrelated, along with records, forecasts, orders and vast amounts of other information—This is the usual situation. To cope with such complexity involves a substantial task of systems engineering. There is simply no substitute here for the engineering approach to problem solving, the application of basic principles through a process of careful, systematic analysis and design. (资料来源:Zipkin P H. Foundation of Inventory Management. McGraw-Hill Companies, 2000)

从上述描述可以看出,在库存管理中,经常要处理上千件物品如何合理存放在几百个存储位置的问题,再加相关数据记录、预测信息、订单信息和大量的其他信息,这是库存管理中通常遇到的情况。处理这么复杂的事情是系统工程最基本的任务。

例 2-2　中国载人航天工程

目前,中国载人航天工程由航天员系统、空间应用系统、载人飞船系统、运载火箭系统、发射场系统、测控通信系统、着陆场系统和空间实验室系统组成,如图 2-1 所示。每个系统由若干个子系统组成,这些子系统共同作用完成大系统的任务。比如,载人飞船系统神舟系列飞船由结构与机构、制导导航与控制、热控、电源、测控与通信、数据管理、着陆回收、环境控制与生命保障、推进、仪表照明、应急救生、航天员、有效载荷共 13 个分系统组成。其中,环境控制与生命保障分系统(简称环控生保分系统)是载人飞船研制中最关键、最复杂的分系统之一,主要任务是对飞船轨道舱、返回舱在正常状态下的环境控制,包括舱内气体总压、氧分压、二氧化碳分压,温度、湿度以及舱内通风;在故障及应急状态下的安全保证;保障航天员在微重力环境下的正常生活,包括饮用水供应、食品管理以及大小便的收集处理,共包括 9 个子系统。(资料来源:http://www.cmse.gov.cn 中国载人航天工程网)

例 2-3　阿波罗登月计划

阿波罗登月计划被人们认为是系统工程最成功的实例之一。该工程主要是在一场剑拔弩张的背景下产生的"空间站"。

1957 年 10 月,苏联首次发射了一颗人造地球卫星。虽然它的直径不过五十六厘米,却像一颗重磅炸弹,激烈地震撼了美国,举国哗然,民众纷纷指责国家在空间争夺战中的步子太慢。为扭转这一局面,美国加紧了导弹研究步伐,总算在 1958 年 1 月,美国把"探险者"一号卫星送上了轨道。

1961 年 4 月,苏联发射了载人的"东方"一号飞船,首次完成了人类的宇宙飞行。在这种咄咄逼人的形势下,1961 年 5 月 27 日,美国总统肯尼迪开会,强调一定要抢在苏联之前把人送上月球。于是开始了大规模的"阿波罗载人登月计划",为这项计划规定的总目标是

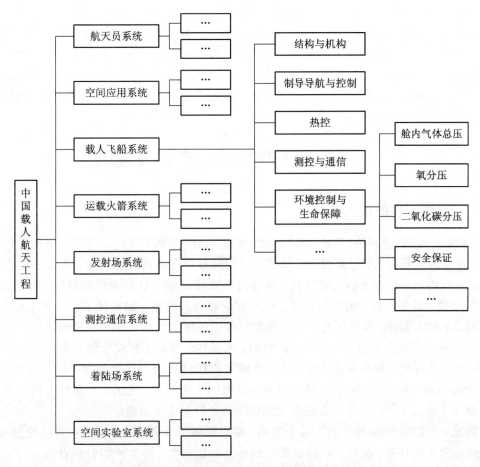

图 2-1　中国载人航天工程系统结构示意图

"在 60 年代末将人送上月球"。这项计划的规模：耗资 244 亿美元；2 万个工厂承担生产 700 多万个零部件(这些零件都要按规定日期集中到肯尼迪宇航中心进行组装)；有一百二十多个大学和研究所参加研究工作；历时 9 年，其中包括在 1967 年因飞船失灵 3 名宇航员被烧死而付出的代价，终于实现了总目标。

　　阿波罗载人登月计划是现代科学技术各个领域密切协作的成果。首先，要有先进的火箭技术。在提出阿波罗计划的 1961 年，美国只有推力为 170 吨的阿特拉斯火箭。这根本无法把重达几十吨的飞船送入轨道。经过 8 年多的时间，美国造出了威力更大的土星 5 号火箭，其推力达 3400 吨。制导技术是登月计划的另一个重要角色。阿波罗飞船上的大部分计划、判断、分析功能都是由地面上的大型计算机控制系统通过发出无线电指令操纵的。打个粗略的比喻，这就好像一个巨大无比的怪物，它的头脑在地上，而手脚却伸到了四十万公里远的月球上。显然，这需要精密的制导技术。通信也是登月计划中必须解决的重要问题。因为地面要与宇航员保持不断地联系，飞船上的各种遥测数据要不断送到地面，地上的指令不断发到飞船上，这些电信号都要经过四十万公里之外的长距离传输。除此之外，电子技术、飞船的结构、宇宙医学和经济合理性等科学技术问题，基本都涉及到了现代科学技术的各个领域。而这个庞大计划的实现是靠什么来组织指挥的呢？那就是系统工程。

从上面这些例子中，我们可以发现，在处理大规模复杂工程时，很多方法以及方法的合理使用都起到了至关重要的作用，我们把这些方法称为系统工程活动中所用的方法。这些方法及其使用的集合，是多代系统工程实践者智慧的结晶，逐步形成了系统工程学。随着时代的发展，处理系统复杂性的一些思路和方法使得系统工程学又多了一些方法和工具，扩大了它的应用范围和深度。随着人类对客观事物和本身的认识及思维能力的提高，系统工程学也在与时俱进地发展。

2.2 系统工程概念、产生及发展

2.2.1 系统工程的概念

"系统工程"这个词由"系统"和"工程"组成。我们在第 1 章中对"系统"进行了详细阐述；系统的观念是在人类认识社会、认识自然的过程中形成的整体观念，或者称之为全局观念。工程的观念是在人们处理自然、改造自然的社会生产过程中所形成的工程方法论，传统的工程是指生产技术的实践，而且以硬件为目标与对象，如机械工程、电气工程、铁路工程、水利工程等。系统工程将这一观念和方法应用于社会系统中，其所处理的对象不仅包含传统工程观念中的自然对象（即硬件），而且在传统的工程观念的基础上增添了新的内容，即以软件为目标与对象。实际上，系统工程所讨论的工程是泛指一切有人参与的、以改变系统某一特征为目标的，从命题到出成果的工作过程。系统工程使得人们在全局观念的指导下能以工程的观念和方法研究和解决各种社会系统问题。

因此，人们提到"系统工程"这个名词，是有着两重含义的。第一是指那些规模庞大、涉及因素众多的任务、项目，它们需要从整体上加以把握，跨学科综合地进行处理。第二种是指处理上述任务或项目的思想、方法所构成的学科。作为学科的系统工程（Systems Engineering），是人们在社会实践中，特别是在大型工程或经济活动的规划与组织、生产管理、自动化项目的开发与使用过程中，发现综合考虑系统总体时所要解决的共性问题，总结实践经验，借鉴和吸收了邻近学科的理论方法，逐步建立起来的。

由于系统工程的产生和发展比较晚，应用领域十分广泛且与其他学科的相互渗透、相互影响，使得不同专业领域的学者对它的理解不尽相同，所以对系统工程学科的定义还没有公认的一致说法。

1967 年，美国著名学者 H. Chestnut《系统工程学的方法》："系统工程学是为了研究由多数系统构成的整体系统所具有的多种不同目标的相互协调，以期系统工程的最优化，最大限度地发挥系统组成部分的能力而发展起来的一门科学。"

1967 年，美国通用电器公司 A. Morton 指出：系统工程学是用来研究具有自动调整能力的生产机械以及像通信机那样的信息传输装置、服务性机械和计算机器等的方法，是研究、设计和运转这些机械的基础工程学。

1967 年日本工业标准 JIS：系统工程是为了更好地达到系统目标，而对系统的构成要素、组织结构、信息流动和控制机理等进行分析与设计的技术。

1969 年，美国质量管理学会系统工程委员会：系统工程学是应用科学知识设计和制造系统的一门特殊工程学。

1971 年，日本寺野寿郎《系统工程学》：系统工程是为了合理开发、设计和运用系统而采用的思想、程序、组织和方法的总称。

1974 年，大英百科全书：系统工程学是一门把已有学科分支中的知识有效地组合起来用以解决综合性的工程问题的技术。

1975 年，美国科学技术辞典：系统工程学是研究许多密切联系的要素组成的复杂系统的设计科学；设计该复杂系统时，应有明确的预定目标与功能，并使各要素以及要素与系统整体之间有机联系，配合协调，以使系统总体能够达到最优目标；但在设计时，要同时考虑到参与系统中的人的因素与作用。

1976 年，苏联大百科全书：系统工程学是一门研究复杂系统的设计、建立、试验和运行的科学技术。

1978 年，钱学森、许国志、王寿云《组织管理的技术——系统工程》：系统工程学是组织管理系统的规划、研究、设计、制造、试验和使用的科学方法，是一种对所有系统都具有普遍意义的方法。

由于系统工程的思想和方法来自不同的行业和领域，又吸收了不同的邻近学科的理论，所以形成了系统工程定义上的多样性。但是，我们还是能从这些定义中归纳出系统工程学的若干特点，沿用以往人们对系统工程学的理解：系统工程学是一门从总体出发，合理开发、运行和革新一个大规模复杂系统所需要的思想、理论、方法论、方法与技术的总称，属于一门综合性的、跨学科的工程技术。

从而给出如下定义：系统工程学是用来解决大规模复杂系统问题需要用的系统思想、理论、技术和方法论的有机集合体。用数学语言解释，系统工程学是由系统集合、系统思想集合、理论集合、技术集合和方法论集合组成的一个开放的集合体。

$$SE = \{Systems, System\ thinking, Theiries, Technologies, Mothodologies, \cdots\} \quad (2-1)$$

其中，$System = \{S, R, J, G, H\}$ 表示系统集合，$System\ thinking$ 表示系统思想集合，$Theories$ 表示系统工程理论基础集合，$Technologies$ 表示解决系统问题需要的相关技术集合，$Methodologies$ 表示系统工程方法论集合，这 5 个集合相互作用，共同促进系统工程学的发展，并随着人类对宇宙的进一步认识，还会有其他可以帮助解决复杂大系统问题的集合出现。

2.2.2　系统工程的产生及发展

系统工程学的定义乃至相关知识体系不是一蹴而就的。和其他学科一样，社会实践的需要是系统工程学产生和发展的动因。系统工程学是人们在长期实践过程中逐步形成了系统思想，然后运用到改造自然、造福人民的工程中，有了系统工程思想的萌芽，逐步形成系统工程学的理论体系。了解系统工程的产生与发展过程，有助于加深对系统概念、系统工程和系统科学全貌的认识。

1. 萌芽阶段(1900—1956 年)

系统工程的萌芽时期可追溯到 20 世纪初的泰勒(F. W. Taylor)系统。泰勒从合理安排工序、研究和分析工人的动作，提高工作效率入手，研究管理活动的行为与时间的关系，探索管理科学的基本规律；20 年代逐步形成工业工程(Industrial Engineering)，主要研究生产空间和时间上的管理技术，因而也叫生产工程学。以后的工业工程扩展到社会领域，逐渐演变为系统动力学(Systems Dynamics)。

1930年，美国的发展与研究广播电视正式提出"Systems Approach"的概念。

1940年，丹麦哥本哈根电话公司的厄兰(A. K. Erlang)和美国贝尔电话公司的莫利纳(E. C. Molina)将研制自动交换机的工作划分为规划、研究、开发、应用和通用工程五个阶段，提出排队论。

第二次世界大战时期，一些科学工作者以大规模军事行动为对象，提出了解决战争问题的一些决策和对策的方法及工程手段，产生了运筹学；战后迅速扩展到一般经营管理方面，如20世纪40年代美国制造原子弹的"曼哈顿工程"。

1945年，美国军部建立兰德公司(Rand)，创建了许多数学方法用来分析大规模的复杂系统，后来借助电子计算机取得了不少显著成果。总结开发了许多系统数学分析法，奠定了今天系统工程的基础。

40年代后期到50年代初期，运筹学的广泛运用与发展、控制论的创立与应用、电子计算机的出现，为系统工程奠定了重要的学科基础。

2. 发展阶段(1957—1964年)

1957年，美国学者顾杰(H. Goode)和马可尔(R. Machol)合著《系统工程学》(Systems Engineering)出版，这门学科的名称从理论上首次得到总结，是系统工程学形成的标志。

1958年美国在北极星导弹的研究中，首先采用了计划评审技术(PERT)，有效地进行了计划管理，从而把系统工程学推进到管理领域。

20世纪60年代，电子计算机的普及，提供了强有力的运算工具和信息处理手段，系统工程在各领域开始形成独立的解决问题的体系，扩大了理论和实践的影响范围。与此同时，各国也出现了一些从事系统工程的机构，组织了有关的学会(或分会)，召开了专门的学术会议。可以说，到这个时期，系统工程作为一个专业、一个学科，已经正式形成了。由于一些大型工程如阿波罗登月计划的成功，包含水电、火电、核电在内的跨国的北欧电网的建成，显示了系统工程的威力，使得这门新兴的学科有了很大发展。

3. 初步成熟阶段(1965—1980年)

系统工程真正被人们接受还是从历时11年的"阿波罗登月计划"的成功开始的，引起了人们对系统工程的广大关注。

20世纪70年代以来，系统工程得到迅速的普及与发展，各大专院校陆续开设系统工程课程，各国成立系统工程研究所。如，1972年国际应用系统分析研究所(IIASA)的成立，标志着系统工程的发展进入了一个新的阶段。系统工程已远远超出了传统"工程"的概念，逐渐应用于社会、经济、环境、人口等方面。由于这类系统中人的因素占得比较高，原来以工程技术系统为对象的系统工程方法便显得无能为力，一些处理所谓"软系统"的方法应运而生。

各个国家系统工程学的发展有着各自不同的道路。例如，美国就是从运筹学的基础上发展起来的；日本则是从美国引进系统工程学的理论，通过质量管理发展起来的，而前苏联的系统工程学则是在控制论的基础上发展起来的。

我国系统工程学的发展主要是在这个阶段。20世纪60年代系统工程在国防武器装备研制方面取得显著成效。其主要标志和集中代表是钱学森的《工程控制论》、华罗庚的《统筹法》和许国志的《运筹学》。

我国大规模地研究与应用系统工程是从 70 年代末、80 年代初开始的。其主要标志和集中代表如下：(1)1978 年 9 月 27 日，钱学森、许国志、王寿云在《文汇报》发表题为"组织管理的技术—系统工程"的长篇文章；(2)从 1978 年起，西安交通大学、天津大学、清华大学、华中理工大学、大连理工大学等国内著名大学开始招收了第一批系统工程专业硕士研究生；(3)1980 年 11 月，中国系统工程学会在北京成立；(4)1980 年 10 月至 1981 年 1 月，中国科协、中央电视台会同中国系统工程学会、中国自动化学会联合举办"系统工程电视普及讲座(45 讲)"，取得了良好的社会效果。

20 世纪 70 年代末以来，应用系统工程理论和方法来研究与解决我国的重大现实问题，在许多领域和方面取得了较好的效果，如：人口问题的定量研究及应用(始于 1978 年)、2000 年中国的研究(1983 至 1985 年)、全国和地区能源规划(始于 1980 年)、全国人才和教育规划(始于 1983 年)、农业系统工程(始于 1980 年)、区域发展战略(始于 1982 年)、投入产出表的应用(始于 1976 年)、军事系统工程(始于 1978 年)、水资源的开发利用(始于 1978 年)等。随着中国系统工程学会的成立，一批高等院校也成立了系统工程研究机构并培养了系统工程专业研究生。全国掀起了研究和运用系统工程的高潮，结合中国的国情，创造性地开展了大量工作，取得了很好的成效，并受到各级领导与专业人员的高度重视。

1980 年成立中国系统工程学会，系统工程在各个领域得到了广泛应用并取得了许多成果。

4. 进一步的发展及新理论产生和应用(上世纪 80 年代后)

20 世纪 80 年代以来，系统工程在理论上得到了巨大的发展，已引起社会的广泛重视。当代系统工程理论的新发展主要有以下几个方面。

1) 系统工程作为一门交叉学科，日益向多种学科渗透和交叉发展

系统工程的大量实践，运筹学、控制论、信息论等学科的迅速发展，以及其他科学技术部门，特别是物理学、数学、理论生物学、系统生态学、数量经济学、定量社会学等，都有了新的发展和突破，这些不同领域的科学成就，除了具有本学科的特点之外，实际上都在不同程度上揭示了系统的一些性质和规律。

自然科学与社会科学的相互渗透日益深化。为了使科学技术和经济、社会得到最优协调发展，需要社会学、经济学、系统科学、数学、计算机科学与技术、控制理论与技术等众多学科的综合应用。比如，在社会经济系统中，由于其规模日益庞大，影响决策的因素日益复杂，在决策过程中有许多不确定的随机因素需要考虑。这样，在现代决策理论中不仅应用了数学方法，还应用了心理学和行为科学；而且一些复杂的决策问题已经无法离开计算机的辅助，必须依赖计算机的信息处理能力才能及时解决，这些均需用到系统工程的理论和方法，同时也促使系统工程向多种学科渗透和交叉发展。

2) 系统工程对复杂性问题的解决

20 世纪 80 年代中期，国际科学界兴起了对复杂性问题的研究。1984 年在美国新墨西哥州成立了以研究复杂性为宗旨的圣塔菲研究所(SantaFe Institute)。1994 年，霍兰正式提出复杂适应系统(Complex Adaptive System，CAS)理论。CAS 理论的提出对于人们认识、理解、控制、管理复杂系统提供了新的思路。由于其思想新颖和富有启发，它已经在许多领域得到了应用。在经济、生物、生态与环境以及其他一些社会科学与自然科学中，

CAS 理论的概念和方法都得到了不同程度的应用和验证。

复杂适应系统理论的提出，是从对系统演化规律的思考引起的。复杂性研究的一个重要方面，是对于复杂性的产生机制的研究。简单地说，其基本思想可以用一句话概括："适应性造就复杂性。"当然，适应性只是产生复杂性的机制之一，而不是复杂性的唯一来源。CAS 理论完全不排除还可能会有其他的产生复杂性的机制与渠道。然而，大量事实表明，由适应性产生的复杂性，即所谓复杂适应系统确实是一大类十分重要的、非常常见的复杂系统。它从一个侧面概括了生物、生态、经济、社会等一大批重要系统的共同特点。关于复杂适应系统的理论，无疑是现代系统科学的一个富有启发性、值得重视的领域。

CAS 理论包括微观和宏观两个方面。在微观方面，CAS 理论的最基本的概念是具有适应能力的、主动的个体，简称主体。这种主体在与环境的交互作用中遵循一般的刺激——反应模型，所谓适应能力表现在它能够根据行为的效果修改自己的行为规则，以便更好地在客观环境中生存。在宏观方面，由这样的主体组成的系统，将在主体之间以及主体与环境的相互作用中发展，表现出宏观系统的分化、涌现等种种复杂的演化过程。CAS 系统中的个体一般称为元素、部分或子系统。复杂适应系统理论采用了 Adaptive Agent 这个词，是为了强调它的主体性，强调它具有自己的目标、内部结构和生存能力。围绕主体这个核心概念，霍兰提出了研究适应和演化过程中特别要注意的 7 个概念：聚集、非线性、流、多样性、标识、内部模型、积木。

（1）聚集（Aggregation）：主要用于个体通过"粘着"（Adhesion）形成较大的所谓的多主体的聚集体（Aggregation Agent）。由于个体具有这样的属性，它们可以在一定条件下，在双方彼此接受时，组成一个新的个体——聚集体，在系统中像一个单独的个体那样行动。

（2）非线性（Nonlinearity）：指个体以及它们的属性在发生作用时，并非遵从简单的线性关系。特别是在和系统或环境的反复的交互作用中，这一点更为明显。CAS 理论认为个体之间相互影响不是简单的、被动的、单向的因果关系，而是主动的"适应"关系。在这种情况下，线性的、简单的、直线式的因果链已不复存在，实际的情况往往是各种反馈作用（包括负反馈和正反馈）交互影响的、互相缠绕的复杂关系。

（3）流（Flow）：在个体与环境之间，以及个体相互之间存在着物质流、能量流和信息流。这些流的渠道是否通畅，周转迅速到什么程度，都直接影响系统的演化过程。

（4）多样性（Diversity）：在适应过程中，由于种种原因，个体之间的差别会发展与扩大，最终形成分化，这是 CAS 的一个显著特点。霍兰指出，正是相互作用的不断适应的过程，造成了个体向不同的方面发展变化，从而形成了个体类型的多样性。而从整个系统来看，这事实上是一种分工。如果和前面提到的聚集结合起来看，这就是系统从宏观尺度上看到的"结构"的"涌现"，即所谓的"自组织现象"的出现。

（5）标识（Tagging）：为了相互识别和选择，个体的标识在个体与环境的相互作用中是非常重要的，因而无论在建模中，还是实际系统中，标识的功能与效率是必须认真考虑的因素。标识的作用主要在于实现信息的交流。流的概念包括物质流和信息流，起关键作用的是信息流。在以往的系统研究中，信息和信息交流的作用没有得到足够的重视。这是对于复杂系统行为的研究难以深入的原因之一。CAS 理论在这方面的发展就在于把信息的交流和处理作为影响系统进化过程的重要因素加以考虑。

（6）内部模型（Internal Models）：这一点表明了层次的概念。每个个体都是有复杂的内部机制的。对于整个系统来说，这就统称为内部模型。

（7）积木（building blocks）：复杂系统常常是在一些相对简单的构件的基础上，通过改变它们的组合方式而形成的。因此，事实上的复杂性往往不在于构件的多少和大小，而在于原有积木的重新组合。

但是 CAS 理论是一个很新的领域，距离成熟还有很大的历程。因此，和其他复杂性理论一样，CAS 理论还有待于进一步的发展和完善，为人类解决各个领域的复杂性问题作贡献。

3）系统工程对象系统的规模越来越大，朝着"巨系统"的方向发展

系统按其复杂程度的不同可以分成 4 类：简单系统、简单巨系统、复杂巨系统、特殊复杂巨系统（社会系统）。简单系统是指不需分层次或者说仅有一个层次的系统。

判断一个系统是否是简单系统的主要标准，在于此系统是否可以采用牛顿力学的方法来刻画系统的演化。牛顿力学描写系统的演化，要求系统满足叠加原理，通常把是否满足叠加原理作为能否应用牛顿理论的一个依据。简单系统不需层次概念，或者说，只进行一个层次的分析研究。所有子系统的运动状态的总和就是系统的运动状态，对系统整体的运动状态的描述，即要描述所有子系统的运动状态。真正的系统很少有符合简单系统的。许多系统必须在作了若干近似以后才能被看成简单系统。

简单巨系统是比简单系统复杂，人们研究也比较深入的一类系统。简单巨系统内子系统的数目一般很多，通常多到无法一个一个地描写每一个子系统的运动。简单巨系统内子系统之间的相互作用一般不太复杂，在多数情况下，相互作用是已知的，是确定的，人们可以用确定的规律来描写各子系统之间相互作用。但是简单巨系统的整体性质不能从子系统叠加得出，而会出现新的性质，对此我们称之为"涌现"出新的性质。这是简单巨系统和简单系统的根本区别。

由于简单巨系统整体要涌现出新的性质，在这类系统中也出现了层次概念。简单巨系统至少可以分成两个层次，即系统层次和子系统层次。简单巨系统也不再适用叠加原理，两个层次之间物理量不能通过叠加原理得出，通常是在各层次上独立进行分析，得到结果；在分析两个层次之间关系时，应根据具体系统的特点，逐一进行分析。在巨系统中，如果组分种类繁多（几十、上百、上千或更多），并有层次结构，它们之间的关联方式又很复杂（如非线性、不确定性、模糊性、动态性等），这就是复杂巨系统。

1990 年《自然杂志》第一期发表钱学森、于景元、戴汝为三人署名的一篇论文"一个科学新领域——开放的复杂巨系统及其方法论"，首次向世人公布了这一新的科学领域及其基本观点，它是用系统的观点研究了范围广泛的横跨自然科学和社会科学的问题后，从中提炼出来的。

钱学森提出的"开放的复杂巨系统"有三个层次的含义：（1）系统本身与系统周围的环境有物质的交换、能量的交换和信息的交换。由于有这些交换，所以是"开放的"；（2）系统所包含的子系统很多，成千上万，甚至是上亿万，所以是"巨系统"；（3）子系统的种类繁多，有几十、上百，甚至几百种，所以是"复杂的"。开放的复杂巨系统广泛存在于现实世界。例如，人脑系统、人体系统、社会系统、地理环境系统和星系系统等，开放的复杂巨系统涉及到生物学、医学、地理学、生态学、天文学和社会科学等学科领域。这些理论分属于不同的学科甚至不同的科学技术部门，而且都有较长的历史。过去也都或多或少用各自的语言表述过开放的复杂巨系统这一思想，但现在都可以将它们概括在开放的复杂巨系统

这个概念中，而且更加清晰，更加深刻了。

20世纪80年代初，结合现代作战模式的研究，钱学森提出处理复杂行为系统的定量方法学。这种定量方法学是半经验半理论的，是科学理论、经验和专家判断力的结合。与此同时，钱学森大力推行系统工程在社会系统中的应用。系统工程在工程中的应用已被实践证明是非常有效的，如美国的"阿波罗"计划，中国的"两弹一星"，都是成功的典范，但用这些方法解决社会系统工程问题显然是不够的。即使像数学这样广泛使用的理论和方法，也遇到严重困难，因为复杂巨系统特别是社会系统无法用现有的数学工具描述出来。当人们寻求用定量方法学处理复杂行为系统时，容易注重于数学模型的逻辑处理，而忽视数学模型微妙的经验含义或解释。但是这样的数学模型，看来'理论性'很强，其实不免牵强附会，从而脱离事实。

20世纪90年代以来，系统工程在与企业发展结合、与现代信息技术结合、与实施可持续发展战略结合、与思维科学结合等方面已具有初步结果和强劲势头，处理系统复杂性的一些思路和方法使得系统工程又多了一些方法和工具，扩大了它的应用范围和深度。随着人类对客观事物和本身的认识及思维能力的提高，系统工程学科也在与时俱进地发展。

进入新的世纪，系统工程在与经济转型、国际化及企业发展结合，与新一代信息及网络技术结合，与实施可持续发展战略结合，与思维科学结合等方面，将会有新的发展和较好的前景。系统工程会更加注意追踪国内外的"热点"问题，并力争取得适宜而满意的研究及应用结果。

2.3　系统工程学及其理论基础

系统工程学是以大规模复杂系统问题为研究对象，在运筹学、系统理论、管理科学等学科基础上，逐步发展和成熟起来的一门交叉学科。一方面是因为这套思想与方法适用于许多领域，每个领域都有一些带有整体、全局性的问题需要综合处理；另一方面，系统工程所使用的方法与工具又大多来自各门学科，需要把它们综合起来加以运用。系统工程的理论基础是由一般系统论及其发展、大系统理论、经济控制论、运筹学、管理科学等学科相互渗透、交叉发展而形成的。总体来看，系统工程既具有广泛而厚实的理论和方法论基础，又具有明显的实用性特征。

2.3.1　系统工程学的研究对象和内容

1. 系统工程学的研究对象

在了解系统工程学的研究对象之前，我们需要区分以下的两个概念：系统工程活动和系统工程学。系统工程活动是指实际计划、设计或建设一个系统的工程实践过程。广义而言，给定时空中的任何人类活动都可以看做是一项系统工程。不仅可以是人工物质等硬系统，也可以是科学理论和政治思想、规章制度等软系统。从实体研究对象来看，系统工程学是关于系统工程实践的一般规律和技术方法的知识体系；从本质研究对象看，系统工程学是关于系统工程实践中目标需求与资源供给的矛盾关系的一般规律及一般问题解决方法的知识体系。

在充分了解了系统工程活动与系统工程学这两个概念的区别之后，我们才能对系统工程学的研究对象有更深刻的认识和理解。系统工程学的研究对象从实体上看是各种系统的实践活动,从本质上看是系统工程实践中的目标与可供使用的资源之间的矛盾关系。

2. 系统工程学在科学技术知识体系中的位置

由系统科学的学科体系可以看出,作为一门科学的系统工程学,其理论和应用由四个不同层次的体系构成:哲学体系、理论体系、技术体系和工程体系。其中,不同的体系是由所要解决问题来源的方法、指导关系决定的,且不同层次的体系又由不同的内容组成,如图 2-2 所示。

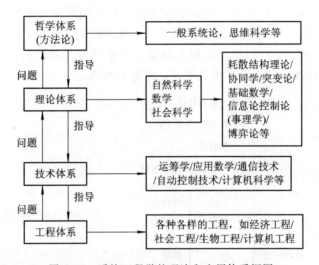

图 2-2　系统工程学的理论和应用体系框图

从工程体系到哲学,抽象的层次越来越高,抽象的程度越来越大。首先,哲学是关于宇宙(自然、社会、思维)中一般事物的普遍规律的知识体系,是人们对宇宙万物的最一般的看法。在这个知识体系中,表现事物之间作用和反作用规律的对立统一规律居于中心的位置。其次,自然科学、数学和社会科学是三大基础科学,构成了系统工程学的理论体系。它们是关于某类自然事物、以某一特殊矛盾关系为中心的客观规律的知识体系。再则,技术体系则是关于某一类工程技术的科学理论依据和知识体系。最后,工程体系是关于某类人工系统的建造的技术方法体系。

钱学森建议系统工程学属于工程技术层次,是一门组织管理的技术。作为科学技术体系中的最低层次,系统工程学有它的上层对应学科。运筹学是技术科学层次上系统工程学的主要学科基础,它在狭义上是应用数学,在广义上是事理学。博弈论是运筹学的一个分支,应该是属于技术体系的。但就经济学来说,博弈论应该是其基础理论了。因此,上述框图是一个大致的分类,具体技术和理论要看其实际的发展和应用情况而定。

系统工程是一门跨学科的边缘性交叉学科。它是根据不同的应用对象——各种各样的工程,并根据这些工程的特征,利用所需的多种方法,以达到这些工程系统的目的,从而实现对工程系统的最佳设计、最佳控制和最佳经济管理。而且,系统工程研究和处理问题应从整体着眼,要从不同的方面综合进行分析,借助于不同学科的思想与方法,特别要利用数学方法与计算机等工具。图 2-2 所示框架是开放性的,随着人类对宇宙的进一步认识,每个体系的具体内容会发生变化。

2.3.2 系统工程的理论基础

20 世纪 80 年代以来，系统科学有了新的发展，使系统工程学有了更宽广的理论基础。正如钱学森同志所说："我认为把运筹学、控制论和信息论同贝塔朗菲(一般系统论)、普利高津(耗散结构理论)、哈肯(协同学)、弗洛里希、艾肯等人的工作融会贯通，加以整理，就可以写出《系统学》这本书"，可见系统论、信息论、控制论和运筹学是系统科学的重要理论基础及工具。顾基发(2008)认为，系统动力学系统理论(包括分岔、混沌等)、自组织理论、随机性理论，以及简单巨系统、复杂适应系统、开放的复杂巨系统的理论都是系统学中较为重要的理论基础。系统工程的理论基础及工具的框架，如图 2-3 所示。下面主要就系统论、信息论、控制论、自组织理论和开放复杂巨系统等几方面内容进行简要阐述，部分理论在我们其他课程中已经做了重点学习，此处不再给出。

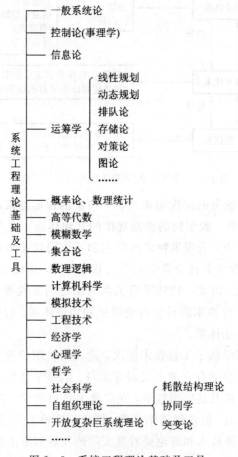

图 2-3 系统工程理论基础及工具

1. 一般系统论

19 世纪 20 年代美籍奥地利生物学家冯·贝塔朗菲在理论生物学研究中创立了一般系统论。1945 年《关于一般系统论》的发表，成为系统论形成的标志。一般系统论的基本观点：系统的整体性；系统的开放性；系统的动态相关性；系统的层次等级性；系统的有序性。

1）一般系统论产生过程

自然科学初期（实验科学时代）主要任务是分析事物内部细节，要收集、整理资料，客观上要求人们分门别类地进行研究，因而科学的主要趋势是分化，与之相适应的是分析解剖法。其方法论和主要观点是研究事物的基本单元因素，认为基本单元弄清了，因果量与因素弄清了，对象也就研究清楚了。这样的方法论和观点在古典自然科学中曾取得了很大成功，但这种方法没有领略到整体大于部分之和的系统思想。冯·贝塔朗菲在对生物学的研究中发现把生物分解的越来越多，反而会失去全貌，对生命的理解和认识反而越来越少；于是开始了理论生物学研究，创立了一般系统论。

2）系统方法论的启示

系统方法论告诉我们要以系统的观点去看整个世界，不能片面、孤立地看问题。系统方法论主张以思辨原则代替实验原则，不能机械地看问题，尤其是在处理复杂、有机程度高的系统时，这一点显得尤为重要。系统方法论主张以整体论代替还原论。对事物的层层剖析，弱化事物各部分间的联系，认为整体是部分的简单加和，这种思想不利于从总体把握事物，对事物的整体功效认识不清。系统方法论启示我们以目的论代替因果论。异因可以同果，为达到一定目的，可采取不同方式。人类经济社会不是偶然事件的产物，而是有目的性的复杂系统，研究问题的出发点是认识其目的、服务于目的。

3）系统方法

系统方法就是从系统的观点出发，在系统与要素、要素与要素、系统与外部环境的相互关系中揭示对象系统的系统特性和运动规律，从而最佳地处理问题。系统方法的特点是遵循整体性、历时性和最优化原则。

（1）整体性。从整体出发、从系统目标出发进行研究，注意各要素间的相关关系。整体不等于各部分之和。如解决环保问题，就要将环境、能源、生产、经济统为一体，不能以孤立的观点来认识环境问题。

（2）历时性（动态性）。从时间轴上看其产生、发展过程及前景。如开发新产品时要注意开发时间与技术更新。

（3）最优化。要求整体最优，而不拘泥于局部最优。

2. 控制论（事理学）

国内大多书籍和相关研究均将英文 Cybernetics 翻译为控制论。但钱学森等学者认为把 Cybernetics 翻译为事理学能够更全面地反映这个学科的内涵。本书编者也认同这一观点，因此暂时将二者等同。

1947 年由美国人维纳（Norbert Wiener）创立的控制论（Cybernetics）是一门研究系统控制的学科。钱学森认为控制论是 20 世纪上半叶最伟大的三项理论（相对论、量子论、控制论）之一。维纳于 1948 年出版的《控制论》中给出控制论的定义是：“关于动物和机器中控制和通信的科学。”明确地指明这门新科学既突破了动物和机器地界限，又突破了控制工程与通信工程的学科界限。因而维纳的控制论阐述着两个根本观念：①一切有生命、无生命系统都是信息系统。控制的过程也可以说是信息运动的过程。无论是机器还是生物，在构成控制系统的前提下，都存在着对信息进行接收、存取和加工的过程。②一切有生命、无生命系统都是控制系统。一个系统，一定有它的特定输出功能，而要具有这种输出功能，必须有相应的一套控制机制。控制必须要有目标，没有目标，则无所谓控制。通过一系列有目的的行为及反馈使系统受到控制。

控制论的发展大致经历了三个时期。从 20 世纪 40 年代末到 50 年代是第一个时期，即经典控制理论时期。在这一时期，主要的研究对象是单因素控制系统，重点是反馈控制，借以实现的工具是各种各样的自动调节器、伺服机构及其有关的电子设备，着重解决单机自动化和局部自动化问题。第二个时期为 60 年代，即现代控制理论时期。随着导弹系统、人造卫星、航天系统等科学技术的迅速发展，提出了多输入、多输出、高精度和参数时变系统的分析和设计问题，以往经典控制论已不能满足需要了。主要研究对象就成了多因素控制系统，研究重点是"最优控制"，研究借助的工具是电子计算机。美国科学家卡尔曼（Kalman）等人将量子力学等内容引入到了控制论中，将控制论从"经典控制论"推向"现代控制理论"，从单变量的自动调节发展到多变量的最优控制。70 年代后是大系统控制理论时期，主要研究对象是因素众多的大系统，重点是大系统多级递阶控制，借助的工具是电子计算机联机和智能机器，应用领域主要为社会系统、经济系统、生态系统、管理系统、环境系统等。分解与协调的方法是大系统优化的基本方法。

1）控制论的基本概念

（1）控制系统的构成。控制系统由施控器、受控器和控制作用的传递者三者组成，形成一个整体的控制功能和行为，但这又是相对于某种环境而言的。因而可以把施控器、受控器和控制作用的传递者三个部分所组成的、相对于某种环境而具有控制功能与行为的系统，称为控制系统。

控制系统按照有无反馈回路而分为闭环控制系统和开环控制系统两大类。没有反馈回路的控制系统叫开环控制系统。具有反馈回路的控制系统叫闭环控制系统。与开环系统相比，它不仅多了一条把输出回输到原来的控制器的反馈回路及反馈装置，还多了一个比较器。如图 2-4 所示。因为开环控制系统是由系统的输入直接控制着它的输出的，因而对环境的适应能力差，只有当外界干扰较小或干扰恒定时，这种控制系统才能正常发挥作用。闭环控制系统由于带有反馈回路，所以它的输出是由输入和输出的回输共同控制的，因而其对环境有较大的适应性。

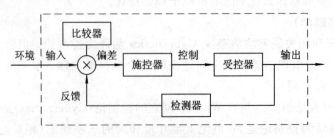

图 2-4　闭环控制系统框图

控制论研究的重点是带有反馈回路的闭环控制系统。控制论首要的观点是反馈，从反馈的观点看，反馈就是控制的调节行为，因而多把控制论系统局限于带反馈回路的闭环控制系统。控制论的另一个重要观点是信息。从信息的观点出发，可以认为控制论所说的反馈是指信息反馈。因而控制论系统是通过信息的传输、变换和反馈来实现自动调节的控制系统。

（2）系统的稳定性。系统处于环境之中，受到内、外部的干扰（即把系统从一种状态变迁到另一种状态的作用），要保证系统稳定的性质和功能，就必须具有抗干扰的稳定性。稳定性分为第一类稳定性和第二类稳定性。当外界的变化不致使系统发生显著变化时，称为第一类稳定性。当系统所受到干扰偏离正常的状态时，在干扰消失后能自动恢复其正常状态时，称为第二类稳定性。

（3）系统的稳定机制及控制方式。稳定机制中的基本机制是负反馈。"一切有目的的行为都可以看做需要负反馈的行为。"所以，机器和生物一般都通过负反馈来达到控制的目的的。这是控制论的基本理论观点。维纳等人指出：人的"随意活动中的一个极端重要的因素就是控制工程师们所谓的反馈作用。"技术系统与生物系统在结构上都具有反馈回路，在功能上则表现为它们都具有自动调节和控制功能。反馈有两类：正反馈与负反馈。如果输出量反馈回来放大了输入变化导致的偏差，这就是正反馈；如果输出量反馈回来弱化了输入变化导致的偏差，这就是负反馈。正反馈的作用是用来放大某种作用或效应；使有直接关联的系统相互促进，协调发展。负反馈的作用是保持系统行为的稳定；使系统的行为方向趋向一个目标。

此外，控制过程的实现，离不开系统要素间的信息联系和运动。所以，控制的过程也可以说是信息运动的过程。维纳提出了同构理论。这种理论认为，尽管机器与动物在质上相差甚大，但从机器控制的动作和人的行为过程来看，它们都具有一种共同的性质：同构性。在这种"同构理论"的基础上，维纳从伺服机构理论中引入了"反馈"概念，从无线电通信工程中引入了"信息"概念，提出依靠信息与反馈运动实现控制是在机器和动物中普遍存在的一种运动方式。

（4）系统结构除了具有一般系统结构特点之外，还有如下特点：

① 各层次都有其自身的最佳规模。层次可以按照系统中各要素联系的方式、系统运动规律的类似性、人类认识尺度的大小、能量变化的范围和功能特点来划分，不当的层次划分会影响人们对客观系统的正确认识。

② 结构具有稳定性。系统之所以能够保持它的有序性，就在于其各要素之间有着稳定的联系。结构的稳定性是指结构总是趋于保持某一状态，具有抗干扰力。结构中各要素稳定联系的类型有两种：平衡结构和非平衡结构。平衡结构如晶体，其结构稳定性是非常明显的；非平衡结构又有两种：一种组织严密、有机程度高，如生物体，它与外界经常交换物质、能量和信息，呈动态稳定，以维持自身生存；另一种是非严密组织的结构，如生态系统中的花粉传播结构，由蜜蜂—花蜜—花粉三者构成有机联系，这种方式虽然偶然成分很大，但隐藏着必然、有序的方面，正是通过这种传播结构，蜜蜂和花丛才得以繁衍后代。

（5）系统的能控性、能观性。一个系统若具有能控性和能观性，就可以对它实施最优控制，否则只能求其次优控制，甚至不能控制。

（6）闭环控制系统的动态过程。闭环控制系统按目标性质的不同可分为定常控制系统和随动系统两类。定常控制系统的目标固定，其输入的目标值是给定的。当干扰存在时，系统能自动地使输出保持在给定值上下的容许范围内。随动系统的目标是运动变化的，其输入的目标值是随时间变化的，其输出能以一定精度随输入的变化而变化。如导弹的自动追寻系统就是这类系统。

虽然这两类系统的目标性质不同，但它们都要具备检测、纠偏的功能，以达到系统目标的要求。当被控对象处于需要纠偏的过程中时，它处于动荡的、不平衡的状态，控制过程就是实现从动荡状态到稳定状态的转变过程，这也是一个过渡过程。

2）二阶控制论

早期研究者认为，只要符合下列 4 个条件的系统，就可以用控制论的方法进行研究：系统具有目标、系统朝向目标的运动受到环境的干扰、系统对目标和现况的偏差进行测量和系统采取纠正动作。为了研制和确保一个高性能的系统，需要建立系统的模型来进行仿真研究。模型的建立必须是客观、以必要维数的变量来表示的，因而是量化的，并且经得起重复验证的。这被二阶控制论学派称为一阶控制论[2]。

2010 年万百五在《控制理论与应用》发表"二阶控制论及其应用"一文，综述了二阶控制论学派的缘起和成就，以及主要论点和与前期控制论的差异，介绍了二阶控制论在对话和理解协议方面以及管理和经济系统方面的应用。下面就文中的主要内容进行介绍。

人在社会系统中既是观察者又是动作者，由此引出二阶控制论及其学派，或被誉为"新一代"控制论。国内学术期刊还没有对二阶控制论的论点及其应用进行过介绍。

（1）二阶控制论缘起和发展。1949 年，出生奥地利帝国的物理学家海因茨·冯·福尔斯特（H. von Foerster）博士的"记忆——以量子物理研究"（The memory—An investigation in quantum physics）德文小书被推荐给美国麻省理工学院（MIT）教授麦卡洛克（W. McCulloch），并得到了他的赏识。麦卡洛克以主席的身份邀福尔斯特参加了当年的"生物和社会系统中的循环因果关系与反馈机制"讨论会。会上他被许多顶级科学家指定为此次和前 4 次会议论文集和纪要的编辑。在编辑过程中福尔斯特要处理著名女人类学家玛格丽特·米德（M. Mead）的一篇无题发言稿，在无法联系上她时他将她稿中警句"以控制论的方法探讨控制论"改成为"控制论的控制论"（Cybernetics of Cybernetics）作为她发言的标题。

1951 年福尔斯特到伊利诺斯大学任教。6 年后他得到美国军方资助成立了生物计算机实验室（Biological Computer Iaboratory，BCL）。实验室存在期间（1957—1976 年），作为研究对象之一的控制论，从机器、生命系统发展到社会系统和认知科学，并理解观察者角色的重要性。20 世纪 70 年代中叶福尔斯特创导"二阶控制论"（"控制论的控制论"提法的变种），掀起了一场"革命"。BCL 一时成为控制论新思想的中心，对认知科学和哲学的构建主义有重要影响。后来团队和翁玻尔贝及美国控制论学会也花费近 20 年时间进一步推动了这方面的研究和举办系列讲座。1992 年起在英国出版季刊《Cybernetics&human knowing》。这是有关二阶控制论、自繁殖和赛伯符号学（Cyber-Semiotics）的一个杂志。对二阶控制论有贡献的学者有：英国著名控制论学家艾什比（R. Ashby）、美国乔治·华盛顿大学教授翁玻尔贝（S. Umpleby）、英国的帕斯克（G. Pask）、智利的生物学家马图拉纳（H. Maturana）及其合作者智利的瓦雷拉（F. Varela）和英国著名学者比尔（S. Beer）等。

（2）二阶控制论的主要论点。

① 将控制论发展分为 3 个时段。2002 年福尔斯特逝世后二阶控制论学派的领军人翁玻尔贝将控制论发展划分为一阶控制论时段（1940 中叶～1974 年）、二阶控制论时段（1974 年～1990 中叶）和社会控制论时段（1990 年至今）。二阶控制论时段聚焦于生命系统、社会系统，研究形态形成和正反馈而不是内稳态及负反馈，理解人类的认知及对理解的理解；社会控制论（Social Cybernetics）时段研究理念和社会的互动作用，思想运动的设计。

② 以控制论的方式探讨、研究控制论。福尔斯特这样通俗地解释二阶控制论的思想："一个大脑被要求写出大脑的理论"，也就是说大脑理论的作者必须考虑进他自己的大脑活动。这样控制论被应用到它自己，成为"控制论的控制论"，即二阶运作 —— 二阶控制论。图 2-5 为 1973 年人类学家贝特森（G. Bateson）和米德对两类控制论系统作的对比，其中上部为由检测及控制器组成的反馈，设计工程师在系统之外；下图中添加由维纳、贝特森、米德作为观察者—动作者形成的外反馈回路。二阶控制论系统将观察者—动作者的反馈包含在内。

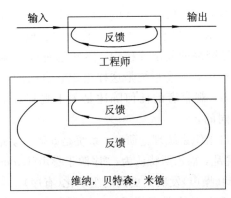

图 2-5　一阶控制论系统和二阶控制论系统的对比

③ 将控制论的原理运用于理解观察者的角色。观察者在试图研究和理解一个社会系统时，是无法将自己与系统分离开来的，也无法阻止自己对系统产生影响。翁玻尔贝列表总结了一阶控制论和二阶控制论的定义及要点的差别，如表 2-1 所示。

表 2-1　一阶控制论和二阶控制论的定义及要点

提出者	一阶控制论	二阶控制论
冯·福尔斯特	被观察系统的控制论	观察者的系统的控制论
帕斯克	模型的目的	建模者的目的
瓦雷拉	被控系统	自治系统
翁玻尔贝	系统中变量的互动	观察者与被观察系统的互动
翁玻尔贝	社会系统的理论	理念和社会间互动的理论

对社会系统和组织进行研究的控制论学者很容易理解观察者作用的重要性。表 2-1 中，第 2 行被观察系统指 Observed Systems，而观察者的系统是指 Observing Systems，表示从观察者的角度来看，它就是观察者（兼做动作者）加上被观察系统。二阶控制论学者认为在社会系统和组织中由于观察者自己的立场、观点和理念很难做到完全独立，也无法阻止自己对系统产生影响，而第 3 行的建模者也就是由观察者兼任；第 4 行：二阶控制论学者认为一阶控制论研究的是被控系统，它的目标、目的（如给定值）是由外界（观察者、建模者）施加上去的；而自治系统（Autonomous Systems）是自己定义目标的系统，观察者处在系统之内。建模者的目的这时就成为目的的"目的"了。引号中的目的正是二阶控制论强调要研究的要点，就是把建模者和被建模的系统结合在一起研究，提出"目的"的人就在系统之中，因此，系统才能是自治的或自设定的（Self-referential）；第 6 行：一阶控制论的一些论点和方法，如反馈调节、自组织系统和必需差异度律等可以应用到社会系统解决某些问

题，但二阶控制论的理论是观察者(管理部门、领导阶层)的理念和社会间互动的理论，即为达到目标一致、相互理解建成和谐社会的理论。

④ 认识论和哲学。二阶控制论基于生物学的认知论点。每人构建的"实在"是基于他的经验基础上的。独立于观察者特性外的观察实体上是不可能的，一阶控制论认为具有重复性、规律性和能预测的"实在"(自然过程)是客观的，是独立于观察者的，可以用科学定理加以解释的，二阶控制论学派的哲学则是构建主义(Constructivism)。二阶控制论学者认为人们对世界的知识是受到人们感觉的修整：与人沟通后，"实在"可以被增强或削弱，客观是不存在的，客观是本征行为的表现(Objects：tokens for eigen behaviors)。即人们对事物的感知，实际上是大脑认识系统的一个本征行为的表现，本征行为类似于映射中的不动点，不过出现于大脑神经网络的复杂连接中，感知是对世界描述的计算，认知是对世界描述的计算的计算……，神经系统是这样组织它自己的，以至于把外面的现实计算为一个稳定态，即本征行为，观察者的任何陈述是关于观察者本身的陈述。显然，一些观点与马克思主义哲学是不同的。

⑤ 序源于噪声原理。自组织系统理论研究，系统是如何自动地由无序走向有序，由低级有序走向高级，无序就是混乱，福尔斯特认为："序源于噪声(Order from noise principle)"。自组织系统可由其状态的摄动(噪声)发展到更高的组织化(有序)。

⑥ 自繁殖。马图拉纳和他的合作者瓦雷拉，把生命看做一个自我繁殖(Autopoiesis)的系统，即自己生产自己的一个自治动态系统，即将自治系统的理论引入于生命研究中。对自繁殖系统的一个更加明确的定义是：一个动态的系统，它是一个由部件生成的网络合成的实体，该实体满足：通过相互作用递归地再生产产生它们自己的网络；用一个空间上的实体来实现这个网络。生命系统的任何可观察现象都应该来源于纯粹的相邻内部组件之间的相互作用。而对于那些能够表现出某种与整体相关功能的观察仅能够被外界观察者，也就是能够描述部件、整体以及二者之间关系的人做出，后继研究者们将这些思想应用到社会系统。

⑦ 控制论的革命和科学的革命。二阶控制论学派认为从一阶控制论发展到二阶控制论，是一场控制论的"革命"，犹如爱因斯坦的相对论之对牛顿的古典力学一样。二阶控制论学派将观察者的理论应用到社会系统，这常常引起争论：如当代的科学的哲学是否适宜于处理社会系统等。翁玻尔贝声称要修改和扩充科学的定义使之能处理社会系统，其办法是应增加一维(Dimension)——"观察者和被观察者间的互动作用"，也就是说，系统科学沿着因果(Causality)、宿命(Determinism)、关系(Relationships)、整体(Holism)、环境(Environment)、自组织(Self-organization)、折回(Reflexivity)和观察(Observation)这 8 维迅速发展，控制论才能和科学的最大限度的基本传统相容，成为科学的一部分，这就是二阶控制论学派发起的"科学的革命"。

⑧ 伦理学观念。伦理学(ethics)是关于道德的科学，客观是不存在的，福尔斯特认为"伦理是观察者的财富，并不能作为论点而加于一般观察者"。"……很困难提出一个统一的伦理观点"。不是简单地"谁对"，"谁错"；不是真理(truth)在哪边，而是双方的彼此信任(trust)。因此，重要的是理解，对理解的理解，谋求共识来解决矛盾，要推动社会使之增加容忍、宽容。这些与马克思主义的伦理观、真理观不同。

(3) 二阶控制论的应用。

① 对话通讯、沟通、理解和共识协议的形成上的应用。二阶控制论学派认为系统内的不同观察者由于利益而形成立场、观点和理念的不同,对系统的建模和优化决策结果是不同的,不存在"共识"。研究理念对社会的互动作用,通过说服而不是强迫,改变社会的系统的概念、理念从而改变社会。帕斯克致力于这方面的研究并提出"对话理论"。对话理论涉及诸如符号、语言定向的系统,其中响应依赖于一人对于另一人行为的解释,以及其中通过谈话同意对方的意向。但是意向虽被同意了,而协议可能是虚幻的和暂时的,理论研究需要在人类处理事务中定出一个稳定的参考点,以便能复制对话成功的效果。它可以用来帮助人们之间有时是人与机器之间如何进行对话,以及帮助和测试学生学习某些事物或理论的能力,并有效地应用在家庭心理治疗上。

② 管理上的应用。比尔热衷于将控制论原理应用于组织、企业和机关。他创建了管理控制论,特别是活力系统模型(Viable System Model,VSM)和活力规律(The law of viability)。后者指出,一个有活力的系统必须能适应持续变动的环境,必须能保持它的特性和能吸收及利用它的经验,必须能学习和能继续发展。依据 VSM 理论,一个 VSM 组织有 3 个部分,如图 2-6所示:环境部分(不规则形状)、管理部分(矩形子系统 3,4,5;三角形子系统 2,3)和运作部分 1(圆形)。运作部分执行全部基本业务的功能(例如生产、分配、销售等),可以被划分成一些相互独立的子自组织系统(如各车间、部门,其中也有管理子系统),它们相互之间保持一种协调的关系。管理部分的功能是为运作部分提供服务,以确保整个组织以某种整合的方法协同工作,使整个组织在具有高度多样性和复杂性的环境中能够保持稳定发展,三角形管理子系统 2 和三角形子系统 3 构成了自主控制体系,它们之间的协同作用能够保持组织内部的稳定性。管理子系统 3 执行协调职能;子系统 4(观察者)执行优化控制职能,并观察外部环境的变化以及制定未来计划和预测未来环境的变化;子系统 5 执行决策的职能,并负责制定组织的整体政策(动作者)。由于吸收和利用环境部分的信息,管理部分是智能的,因而能向环境学习。

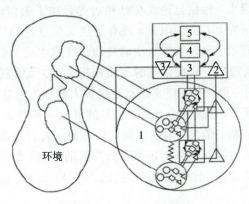

图 2-6 VSM 模型结构

基于二阶控制论的 VSM 模型就是一种为了使组织更好地适应环境的变化而维持自身发展的模型,它具有构建和诊断两大定性判断功能。构建功能是指在构建组织时必须按照VSM 模型的要求使组织具备 2 个部分和 5 个子系统,无论该组织是只有一个人的小公司还是超大型跨国公司都必须如此。诊断功能是指对已有组织作出诊断,判断组织在稳定性及活性方面所欠缺的元素,以便组织在结构及管理方法上进行及时调整。

③ 经济系统上的应用。20 世纪 90 年代末以来，经济学者们开始把经济当作一个由智能化微观模拟模型组成的演化的复杂系统，采用人工适应主体(artificial adaptive agent)技术来描述经济系统中的微观模拟模型。用主体行为的局部微观模型自底向上地产生社会的全局宏观规律，这样形成把经济看成由自主、相互作用的主体组成的演化系统——"复杂性研究法"。主体应具有自治性、通信感知能力、优化能力、目标驱动能力、推理和规划能力、协作协商能力和适应能力。二阶控制论的观点是：每一个主体就是一个观察者和动作者。二阶控制论学者强调对认识论、心理学对象和社会对象的研究中关注观察者的角色，这对于前期控制论研究者的观点是一个值得欢迎的补充。但对于二阶控制论的其余观点也有相当对立的不同意见甚至否定态度。

3. 信息论

1948 年申农(C. E. Shannon)发表《通信的数学理论》，1949 年发表《噪声中的通信》。这两篇重要文章成为信息论诞生的标志。在信息论的发展中，还有许多科学家做出了卓越贡献。例如，控制论的创始人维纳建立了滤波理论和信号预测理论，也提出了信息量的统计数学公式，有人认为维纳也是信息论创始人之一。

20 世纪 70 年代以后，信息概念和方法广泛渗透到各门科学领域，为了有效地开发和利用信息资源，迫切要求突破申农的信息论的范围，把它发展成为处理人类活动中所碰到的一切信息问题的理论。当前，信息的概念和方法已经广泛应用于物理学、化学、生物学、心理学、经济学、哲学等学科中。

1) 信息论的基本概念

(1) 信息论的概念。信息论是关于信息的本质和传输规律的科学理论，是研究信息的计量、发送、传递、交换、接受和存储的一门新兴学科。

客观世界是由物质、能量、信息三大要素组成的。研究世界的任何系统，都离不开信息。信息是系统工程的基本概念，信息论是系统工程的理论基础之一。虽然现代通信技术的发展导致了信息论的诞生，但信息论现在已经远远超越了通信的范畴。在经济、管理和社会的各个领域得到了研究和应用。因此，就有了狭义信息论和广义信息论之分。狭义信息论是关于通信技术的理论，她以数学方法研究通信技术中关于信息的传输和变换规律的一门学科。广义信息论则超出了研究信息的本质和特点，以及信息的获取、计量、传输、储存、处理、控制和利用的一般规律。广义信息论也被人们称为信息科学。

(2) 信息的定义。对于"信息(information)"的概念，不同学科有不同的解释。Information 的含义是情报、资料、消息、报道或知识的意思。人们常会把信息看做是消息的同义词，简单地把信息定义为能够带来新内容、新知识的消息。但后来发现，信息的含义要比消息、情报的含义广泛得多，比如，指令、代码、符号、语言、文字等一切含有内容的信号也都是信息。

申农的狭义信息论最先给出了信息的一种科学定义：信息是人们对事物了解的不确定性的消除或减少。从通信角度看，信息是数据、信号等构成的消息所载有的内容。消息是信息的"外壳"，信息是消息的"内核'。在同样一条消息中，对不同的人来讲，可能信息量很大，也可能信息量很小，甚至为零。从实用角度看，信息是指能为人们所认识和利用的，但事先又不知道的消息、情况等。也就是说，信息对于收信者来说，应该是有用的和未知的东西。维纳则认为：信息不是物质也不是能量，在信息与物质、能量之间划了一条界限；

信息是控制系统进行调节活动时，与外界相互作用、相互交换的内容；信息是系统的组织性的量度。

（3）信息、物质、能量的比较。下面对信息、物质能量的比较作了一个简要列表。

表 2－2　物质、能量、信息三者的比较

	表现形式	变化过程	守恒	熵
物质	电子、细胞等	扩散、传递	物质不灭	热力学第二定律
能量	引力、热等	能量转化	能量守恒	
信息	信号等	传递、存储	不守恒	信息熵

（4）信息的度量。不同信息所含有的信息量是有大小之分的，信息量就是用来度量信息大小的量。如，反常的事件比正常的事件所含信息量大，稀有事件比正常事件所含信息量大等。为了精确度量信息所含信息量的大小，申农提出了度量信息的科学方法，使通信理论由定性进入定量阶段，对信息的研究也得以广泛展开。

申农给出的信息是指人们对事物了解得不确定性的消除或减少。在申农寻找信息量的名称时，美国数学家冯·诺依曼建议称为熵（emtropy），理由是不确定性函数在统计力学中使用了熵的概念。维纳也认为："信息量的概念非常自然地从属于统计学的一个古典概念——熵。正如一个系统中的信息量是它的组织化程度的度量，一个系统中的熵就是它的无组织程度的度量，这一个正好是那一个的负数。"这说明信息量与熵是两个相反的量，信息是负熵，它表示系统获得信息后无序状态的减少或消除，即消除不确定性的大小。

如果事物只有一种可能性，是不存在不确定性的。在数学上，这些可用概率来度量。很自然，信息的定量描述就可用概率的方法来实现。各消息的信息量不一样，概率小的事件发生时所提供的信息量大，作为一个极端情况，如果事先知道某事情肯定会发生，此时其出现概率为 1，如果有消息告诉我们这件事的确发生了，对于我们来讲并没有消除任何不确定性，所得信息量为 0。采用对数作为信息的度量，在数学上比较合适。一般地讲，若某事件出现概率为 p，则这一事件所具有的信息量为

$$h = -\mathrm{lb}_2 p$$

这是以 2 为底的对数，单位为比特（bit），这是信息量最常用的单位。设某个信息 X 中得到的可能结果是 x_i，$i=1, 2, \cdots, n$，记 $X=\{x_1, x_2, \cdots, x_n\}$，各种 x 出现的概率分别是 p，则信息 X 中含有的信息量为各状态（$x_1, x_2, \cdots, x_n$）所具有的平均不定性数量就是 $h(x_i)$ 的数学期望，即

$$H = -\sum_{i=1}^{n} p_i \mathrm{lb}_2 p_i \tag{2-2}$$

这就是申农计算信源信息量的一般方法，即信息熵公式。申农信息熵的公式，与物理学中熵的计算公式仅差一个负号。信息熵与熵的这种关系并不是偶然的巧合，它们之间存在着非常密切的内在联系。熵是系统紊乱程度的表征，系统越"乱"，熵就越大，系统越有序，熵就越小。而信息是表示系统不定性的减少。一个系统不定性越大，则系统就越无序；不定性消除了，系统也就稳定了。一个系统所获信息量越大，系统就越有序，熵就越少。反之，所获信息量越小，系统就越无序，熵就越大。由此可知，信息与熵是互补的，它们的这种互补关系，表现在计算公式上仅差一个负号。它表明负熵与熵描述的是同一事物的两个相反方向。

2）信息论与管理

管理的全过程都有信息的流动，而且都需要对信息进行处理，因此，没有信息就没有管理。管理信息是指经过处理的数据，诸如生产图纸、工艺文件、生产计划、各种定额标准等的总称。要进行有效的管理，必须对信息提出一定的要求。管理对于信息的要求，可以归结为准确、及时、适用。

（1）信息必须准确。有了准确的信息，我们才能做出正确的决策。如果信息不准确，搞所谓的"假账真算"，就不能对系统运行发挥指导作用。尤其要反对弄虚作假、谎报军情，贻误工作。比如，在产品供应链管理中出现的"牛鞭效应"，就是因为需求信息从下游企业到上游企业逐级放大，造成过剩生产，从而导致产品的积压和浪费。

（2）所谓及时，有两层意思：一是对于时过境迁而不能追忆的信息要及时记录，二是信息传递的速度要快。如果信息不能及时提供给各级管理部门，就会失去它的价值，变成废纸一堆。

（3）所谓适用，是指信息的详简程度。现代化工业企业内部与外部的信息是大量而复杂的，各级管理部门所要求的信息就其范围、内容和精度来说各不相同。必须提供适用的信息，使各级部门的管理人员能及时看到与自己有关的准确信息，以便进行有效的管理。如果让各级领导人员去阅读长篇累牍的原始资料，势必浪费时间，不仅徒劳无功而且会贻误工作。反之，如果只向基层管理人员提供纲领性文件，他们也就无法开展实际工作。

管理需要信息，信息也需要管理，两者结合产生了管理信息系统。它是管理中用来进行信息处理、存储和调用的一种系统，其用途是向各级管理者迅速及时地提供有效的情报，以便作出正确的分析和决策。

4. 自组织理论

组织（Organization）也是一类系统，可以作为系统来研究。Organize 是指建立这个系统的行为或过程。比如，企业是一个由职工所组成的集体（组织），职工的活动以厂长所发出的指令为依据，形成一个整体，这个整体能够生产某种产品，或者完成某种特定的任务，也就是组织的特定功能。

1）自组织的定义

自组织理论对自组织的定义为：在系统形成空间、时间或功能结构的过程中，如果没有外界的特定干扰，仅是依靠系统内部的相互作用来达到的，我们便说系统是自组织的。这里的特定干扰是指外界施加的作用与影响，它与系统所形成的机构和功能之间存在直接的关系。

对应于自组织的概念是他组织（Hetero-organization）。他组织是指系统是由外部的组织者来组织的。例如，传统的国有企业完全是按照上级的计划建立和运作的，是他组织的形态；军队组织的形成在于上级（外界）的安排。自组织的某种组织结构形成的直接原因在于系统的内部，与外界无关。如，物种的进化，虽然会受到环境的影响，但直接原因是由系统内部的遗传和突变功能造成的。市场经济中的"无形的手"造成了市场均衡情况也可以看做是一种自组织现象。还有，现在出现的旅友、团购等均为自组织形式，而不是上级指令。

自组织是系统存在的一种形式，在研究系统与环境关系时，发现它是系统存在的一种好形式，是系统在一定环境下易于存在和稳定的状态。对于他组织的许多系统，也应该适当引入自组织机制。人类发展到目前的状态下，不论是在生态系统还是社会系统，均需把自己的行为限制在自组织许可的范围内，必须符合自然规律和经济规律，使系统处于自组织的状态。但是，就人类认识的现阶段水平，对于自组织现象和自组织机制还不能绝对化，需要将自组织和他组织二者适度结合。例如，对于人体这样高级的自组织结构，也不能排斥他组织行为：当人体生病的时候，就需要看病，吃药、打针、开刀等措施，即介入他组织机制。

2）自组织理论的形成与发展

耗散结构理论、超循环理论、协同学和突变论为自组织理论的形成奠定了理论基础。是对系统论的发展，下面对其进行简要阐述。

（1）最早发展起来的自组织理论是比利时布鲁塞尔学派的领导人伊利亚·普利高津（I. Prigogine）在 1967 年的"理论物理学与生物学"国际会议上提出的耗散结构理论（dissipative structure theory）。这一理论指出，一个远离平衡态的开放系统，如生物的、社会的、经济的文化的系统，可以通过不断地与外界交换物质、能量和信息，在外界条件达到一定的阀值时，从原有的混沌无序状态，转变为一种在时间、空间或功能上的有序状态。

耗散结构理论的意义在于它指出了化学、生态系统等许多复杂系统由无序转向有序的规律是一般的，沟通了生命系统与非生命系统之间的联系。事物要寻求发展，就得保持其系统是开放的，与外界有能量、物质、信息的交换，如现代企业管理系统必须是开放的，一个封闭、没有竞争机制的企业难以存活。耗散结构理论的提出结束了科学界对时间可逆与否，世界进化与退化的争论。它把经典力学与热力学，以及热力学与生物进化论结合了起来。普利高津认为时间不仅仅是力学方法中的一个运动参量，而且时间联系着事物的过去、现在和未来。通过对系统演化史的考察，时间不再是系统外界的参数，而成了非平衡系统内部进化的度量。这种认识为人类展现了一种全新的科学的自然观和系统的方法论。

（2）德国生物物理学家曼弗雷德·艾根（M. Eigen）1970 年提出了超循环思想，1971 年发表了《物质的自组织与生物大分子的进化》，建立了超循环理论。超循环思想与理论的提出是对核酸与蛋白质的相互作用关系、对生物学中多样性与统一性的相互关系深入思考的结果。核酸与蛋白质的相互作用构成了互为因果的封闭圈的作用链，这样才有不断丰富的循环正反馈的信息与能量耦合。艾根认为，在生命起源和发展中的化学进化阶段和生物学进化阶段之间，有一个分子自组织过程。这个分子自组织之所以采取循环的组织形式，是因为它既要产生、保持和积累信息，又要选择、复制和进化；既要形成统一的细胞组织，又要发展多样性。只有循环与超循环才能够最有效地达到上述要求。超循环组织和一般的自组织一样，起源于随机过程，然而只要条件具备，它又是不可避免的。

超循环理论深入地刻画了从非生命向生命进化的中间阶段，为生命起源的信息耦合、多样性展开提供了统一的基础，深刻地揭示了偶然性与确定性之间的关系。这样，它与其他关于非生命领域自组织的有关理论（如，耗散结构论）一起比较完整地提供了非生命向生命自组织演化的过程描述与本质解释。

（3）协同学（Synergetics）是另一支重要的自组织理论，是由西德理论物理学家哈肯（H. Haken）在 20 世纪 70 年代后期创立的。早在 60 年代初激光问世时，哈肯就积极从事激光理论研究，他发现激光能呈现出丰富的合作现象，从而得出了协同作用的重要概念。1977 年，哈肯编写了《协同学导论》一书，建立了协同学的框架。协同学是一种研究各种不同系统在一定外部条件下，系统内部各子系统之间通过非线性相互作用产生协同效应，使系统从混沌无序状态向有序状态，从低级有序向高级有序以及从有序又转化为混沌的机理和共同规律的理论。协同学所阐述的基本原理主要为支配原理（役使原理）、协同效用原理和自组织原理。

在自组织过程中，系统组分的状态属性变量很多，而且组分之间相互影响。在有限的研究中，显现出的现象不可能面面俱到。哈肯在协同学中提出序参量概念，为自组织系统过程描述提供了有效工具。系统中有些变量，在平衡态时，其值为0，随着系统向有序的非平衡态转化，这类变量由小向大变化，而且相对而言，它们的变化速率较慢，在协同学中称它们为序参量或慢变量，其他变量就称为快变量。

支配原理或役使原理（Slaving Principle）认为：在系统的相变过程中，若干状态变量形成系统序参量，序参量反过来又支配、主使系统的其他变量。所以在序参量和快变量之间形成一种役使服从关系。从役使原理出发，哈肯给出了求解系统演化方程组的快变量浸渐消去法。快变量浸渐消去法的基本思想是，快变量演化快，先期到达相变点，呈现相变后稳态值。其具体数学操作是：令演化方程中快变量的导数等于0，求出快变量与慢变量之间的关系，再代入原演化方程组，就可以研究仅包含慢变量的微分方程。由于慢变量的个数一般较少，这样就大大简化了求解过程。

例 2-5　设有一系统遵循下面的演化方程

$$\begin{cases} \dfrac{\mathrm{d}X}{\mathrm{d}t} = \alpha X - XY \,(\beta > 0) \\ \dfrac{\mathrm{d}Y}{\mathrm{d}t} = -\beta Y + X^2 \,(\beta > 0) \end{cases}$$

在一定的条件下，X 是慢变量，Y 是快变量。则令 $\dfrac{\mathrm{d}Y}{\mathrm{d}t} = 0$，由第二个方程可得：$Y = \dfrac{X^2}{\beta}$，代回第一个方程可得

$$\frac{\mathrm{d}X}{\mathrm{d}t} = \alpha X - \frac{X^3}{\beta}$$

解此单变量微分方程可得

$$X^2 = \frac{C\alpha\beta e^{2\alpha t}}{C e^{2\alpha t} - 1}$$

其中，C 是积分常数，由初始条件决定。

协同效用原理即"协同导致有序"，系统的有序性是由系统要素的协同作用形成的，协同作用是任何复杂系统本身所固有的自组织能力，是形成系统有序结构的内部作用力。系统的这种自组织现象，只能在含有大量子系统的复杂系统中才能实现，只有在大量子系统之间才会存在十分复杂的联系，才能产生系统整体的有序运动。自组织原理：系统在没有外部指令的条件下，其内部子系统之间能够按照某种规则自动形成一定的结构或功能，它具有内在性和自生性。在外部能量和物质输入的情况下，系统会通过大量子系统间的协同作用，在自身涨落力的推动下，形成新的时空结构。

哈肯认为，系统由无序到有序的关键不在于平衡非平衡或者离平衡态有多远，而在于系统的组分之间有非线性相互作用、相互协同与合作，从而自发产生有序结构，他强调协同现象具有普遍性和重要意义。协同学不仅研究开放系统从无序到有序的演化规律，而且也研究其从有序到无序的演化规律。

协同学是一门横断科学和边缘科学。由于它研究和揭示了在一定条件下，不同系统通过子系统间的协同作用与自组织，从无序向有序转变的共同规律和特征，因而它在自然科学和社会科学领域有着广阔的应用前景。

（4）突变理论是法国数学家勒内·托姆(R. Thom)于1972年创立的。它是一个新的数学分支，也是系统科学发展中的一个重要分支。已往的数学只能解决连续变化（离散连续）问题，渐变论是学术界的主导思想，对那些突然出现的非连续性变化显得无能为力，不能解释突变问题。突变理论从量的角度研究各种事物的不连续变化问题，进行从量变到质变的研究。它用形象而精确的数学模型来模拟突变过程，其要点在于考察这一过程从一种稳态到另一种稳态的跃迁。运用的数学工具主要为拓扑学、奇点理论和结构稳定性理论。

突变论以稳定性理论为基础，通过对系统稳定性的研究，阐明了稳定态与非稳定态，渐变与突变的特征及其相互关系，揭示了突变现象的规律和特点。托姆的突变论观点主要有以下几点：① 稳定机制是事物的普遍特性之一，是突变论阐述的主要内容，事物的变化发展是其稳定态与非稳定态交互运行的过程。② 质变可以通过渐变和突变两种途径来实现，如水在常压下的沸腾是通过突变来实现的，而语言的演变则是一个渐变过程。质变到底是以哪种方式来进行的，关键是要看质变经历的中间过渡态是不是稳定的。如果是稳定的，那么就是通过渐变方式达到质变的；如果是不稳定的，就是通过质变方式达到的。③ 在一种稳定态中的变化属于量变，在两种结构稳定态中的变化或在结构稳定态与不稳定态之间的变化则是质变。量变必然体现为渐变，突变必然导致质变，而质变则可以通过突变和渐变两种方式来实现。

5. 开放复杂巨系统

1）基本概念

（1）复杂性。任何系统都存在简单与复杂的概念。复杂性是建立在多样性、差异性之上的。从研究方法上区分简单性与复杂性是一个很有价值的新观念。至今，西方学者们已经提出四十多种复杂性的定义。钱学森指出，凡是不能用还原论方法处理的或不宜用还原论方法处理的问题，而要用或宜用新的科学方法处理的问题，都是复杂性问题。复杂巨系统就是复杂性问题。所谓复杂性，实际是开放的复杂巨系统的动力学，或开放的复杂巨系统学。

（2）巨系统。巨系统概念是钱学森和乌家培于1979年在论述社会系统工程时提出的。因为整个社会系统的范围之大和复杂程度之高是一般系统所没有的，所以，社会系统工程不只是大系统，而且是巨系统。巨系统的子系统数量极大，有可能是成万上亿、上百亿或上万亿个。巨系统中一般都有自组织现象，并且通常有宏观与微观的层次之分，系统在这两个层次上的行为特性有性质上的区别，这是巨系统与小系统和大系统不同的重要特点。

（3）复杂巨系统。巨系统在客观世界中是广泛存在的。划分巨系统的主要依据是微观组分的数量级。系统结构包含两个方面的内涵：一方面指系统组分和种类的多少，另一方面指系统组分之间关联关系的复杂程度和层次结构。在巨系统中，如果组分种类繁多（几十、几百、上千或更多），并有层次结构，它们之间的关联方式又很复杂（如非线性、不确定性、模糊性、动态性等），这就是复杂巨系统。

（4）开放复杂巨系统。"开放"不仅意味着系统一般地与环境进行物质、能量、信息的交换，接受环境的输入和扰动，向环境提供输出，而且还意味着系统具有主动适应和进化的含义。开放的复杂巨系统广泛存在于现实世界中。我们通常见到的社会系统、人体系统、人脑系统、地理环境系统和星系系统等都是开放的复杂巨系统。当代影响全球的因特网也是典型的开放复杂巨系统。开放的复杂巨系统涉及生物学、生态学、医学、地学、天文学和社会科学等学科领域。"开放"意味着系统不是既定不变的,而是动态的和发展变化的,不断出现新现象、新问题。因此,系统科学要求系统研究者必须以"开放的观点、开放的心态"来分析系统问题。

2) 方法论

研究开放复杂巨系统需要有新的方法论,既要吸收已有方法论的长处,又要有新的发展。从科学发展过程来看,自然科学属于用定量研究为主的精密科学,社会科学则属于以定性描述为主的描述科学。尽管科学家们为使社会科学从描述科学向精密科学过渡做出了巨大努力,并已在经济科学方面取得了成效,但因为社会系统作为一种开放复杂巨系统,又缺少相应的方法论,使得整个社会科学体系距离精密科学还有很大距离。

开放复杂巨系统的研究对系统科学系统中的技术科学起到推动作用。当前,生物控制论、经济控制论、社会控制论的研究对象都是复杂巨系统,研究和控制这类系统,完全靠已有的方法遇到了困难,需要有新的方法论。钱学森提出的综合集成法为解决这些问题提供了新的方法论。人们认为方法论的转变应包括以下几个重点。

(1) 把非线性系统当作非线性系统进行处理。经典的非线性问题的处理,通常把问题线性化,近似代替非线性原形。这样处理的结果往往把非线性的许多重要特性(如突变、混沌等)给简化掉了,失去了实际系统所具有的本质特征。因此,处理非线性系统问题,应该采取既能保证系统的非线性本质,又能描述和解决系统问题的新方法。

(2) 把非平衡态当作非平衡态处理。经典科学把非平衡态理解为干扰因素造成的非正常态,力求将平衡态下获得的结论线性地推广到非平衡态。但耗散结构理论说明了系统在平衡态及其附近只能表现出简单的行为,只能在离平衡态足够远处才能表现出各种非平衡态的复杂行为。因此,突破平衡态物理学观念的束缚,把非平衡态当作非平衡态处理在所难免。

(3) 把混沌(chaos)问题当作混沌问题处理。简单性研究往往把混沌性问题简化为非混沌性问题。例如,把混沌现象当作随机噪声处理。结果是把混沌运动固有的不规则性、复杂性当作表面现象忽略了,从而认为改变了原型的混沌特性。从描述系统行为的非周期性入手,把混沌问题当作混沌问题来处理,已成为混沌学的方法论原则。

(4) 把分形(fractals)当作分形来处理。分形一般有两个基础特征:不规则性(粗糙性)和自相似性(部分与整体相似性)。经典科学的处理方法是:选定一个适当的尺度,把小于这个尺度的一切曲折性、不规则性忽略掉,化复杂的分形图形为至少是分段光滑的规整图形。这种处理结果人为地消除了系统固有的不规则性和自相似性。全新的分形几何及其方法论,从分形固有的不规则性和自相似性出发,把分形当作分形来描述,使分形问题得以科学处理。

(5) 把模糊性(fuzziness)当作模糊性来处理。模糊性是指系统的不分明性或者亦此亦彼性。处理系统的模糊性时,经典方法是强行划定界限,人为地使每个对象都有明确的类属,即把模糊性简化为精确性来处理。当代,人们注意到应该承认系统固有的模糊性,用元素对集合的隶属度逐步变化来反映系统从属于某类到不属于该类的逐步变化。这就是说,把模糊性当作模糊性来处理。

非线性、非平衡性、混沌、分形、模糊都是复杂巨系统中复杂性的某种表现。通过这些表现，在保留这些因素的前提下进行简化，把复杂性当作复杂性来处理，才是复杂系统理论所要求的简化。当然，不进行简化，直接处理的方法论是我们最欢迎的方法了。

2.4 供应网络动态性的智能体模型

如今，用于工业生产的供应网络是高度复杂的系统，这个系统是随着时间发展而形成的，而不是在有意识的努力下被设计出来的。在供应网络中所观察到的动态性，来自于不断变化的网络结构中自主成员局部的交互作用。供应网络中的成员是原始设备生产商及其供应商，以及物流企业，它们通过订单流和物料流，以及被共享的生产设施的产能约束，被连接到一个网络结构中去。

供应链动态分析(Dynamic Analysis of Supply Chain，DASHh)是美国国防部资助的一个研究项目。在这个项目和相关项目研究的基础上，开发出了一个基于智能体的系统，用于供应网络建模。利用该系统所做的实验显示，会出现令人感兴趣的、最初是反直觉的系统层面的行为。

1. 模型结构

DASHh包括三种智能体。公司智能体表示在供应网络中相互进行交易的不同企业。它们消耗来自其供应商的输入，并将它们转化成送往其客户的输出。PPIC智能体模拟公司智能体所使用的生产计划和库存控制(Production Planning and Inventory Control，PPIC)算法，基于它们从其客户那里收到的订单，来决定要向它们的供应商订购什么输入。目前这些PPIC智能体支持一个简单的物料需求计划(Material Requirements Planning，MRP)模型。装运智能体模拟了贸易伙伴之间物料和信息的流动中所涉及的迟滞和不确定性。

最初的DASHh实验包含一条具有四个公司智能体的供应链。如图2-7所示，包含一个边界供应商、一个边界消费者，以及两个生产的产品既不包含装配件又不包含拆卸件的中间公司。每家中间公司智能体都有一个PPIC智能体。装运智能体在公司智能体之间运送物料和信息。它们不是装运部分的订单，而是只在订单被完全满足后，才从生产商向消费者那里运送物料。

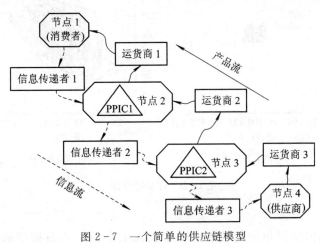

图 2-7 一个简单的供应链模型

2. 行为

DASHh 在各个公司智能体的订单和库存的变化性方面，显示了一系列令人感兴趣的行为：放大、相关性、滞后，以及在系统中订单和库存水平波动的产生。这种扰动使供应商看不清楚供应链终端处的消费者需求。

1）订单波动的放大和相关

随着终端消费者形成的需求向供应链上一层传播，它的方差增加了，因此上级供应商感受到比下级供应商高得多的波动性。这种放大现象在文献中得到了广泛讨论（Lee et al. 1997）。而由供应网络中 PPIC 算法给最初非相关的随机订单序列带来的相关性，则没有被同样地意识到。

为了研究这种动态性，我们把所有批量设成 1，因此经济订货批量不会引入非线性。消费者生成的是服从高斯分布的随机独立同分布（Independent, Identically Distributed, IID）订单，均值是每周 100，方差为 10。节点 2 和 3 的产能被设为每周 10 000，与订单水平相比，这个值几乎是无限大，从而又避免了阈值非线性。预测算法是加权平均方法，合乎供应网络时期的半衰分布。我们使用时间迟滞图来研究结果，在此图上，每个点的纵坐标是时间序列上的每个元素，横坐标为此前一个元素。

图 2-8(a)显示了消费者订单的迟滞图。正如预计的那样，对于 IID 数据，它们形成了圆形的一小块。图 2-8(b)显示了节点 3 为了响应 IID 的消费者订单而发出的订单。节点 3 的数据点形成的阴影更大，反映了订单变化在供应链上游企业处的放大。而且它在形状上也不再是圆形的了，而是沿着 $X=Y$ 这条直线拉伸。这种拉伸意味着一个大订单更可能是接在另一个大订单之后，而一个小订单跟在另一个小订单之后。换句话说，订单在时间上变得相关起来。与其供应链中上游节点相比，节点 2（未画出）在放大和它相关方面都显示了更低的水平。

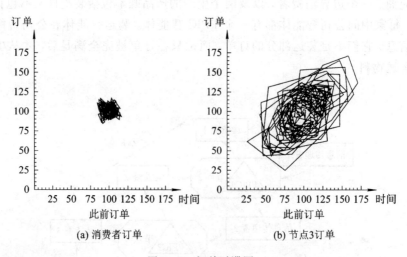

(a) 消费者订单　　　　　　　　(b) 节点3订单

图 2-8　订单时滞图

2）订单波动的持续影响

在供应链终端做出简单的适度变化，就会在上游的供应商那里形成订单序列的扰动，这种扰动在最初的变化之后仍然持续很长的时间。图 2-9 采用加权平均预测，显示了消费者订单中两个连续的阶跃函数（实线）对，即由节点 3 向供应商发出的订单（虚线）的影响。在两次阶跃中，消费者都是将其每时段的订单水平增加 10 个。尽管消费者订单的变化只是一次性的现象，但是它持续地影响着节点 3 向供应商发出的订单。持续的时间与预测窗口的长度一致，生产商正是在这个预测窗口上把过去的订单加以平均，来预测未来的需求。

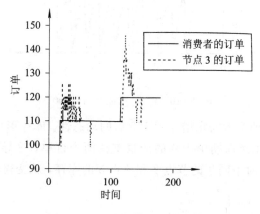

图 2-9 一次性扰动的持续影响

对于消费者订单的第一次阶跃增加，预测窗口长度是 39 周，而节点 3 的订单中的扰动在 31 周（高于新的需求水平的最后一次向上峰值）到 47 周（向下峰值）之间持续存在。节点 3 订单波动性的幅度最高达到 125，最低达到 100，或者说其总变化范围是 25。

在第二次需求增加之前，我们将两个 PPIC 模块的预测窗口从 39 减少到 20，波动性的周期持续的时间更短了（从最后一个高于 120 的订单所在的 22 时刻，到最后一个向下峰值所在的 29）。但是缩短预测窗口长度将影响幅度增加，从而第二组峰值要高于第一组（其变化范围从 110 到 145，总范围是 35）。因此，加权预测算法具有给系统带来记忆的效果。预测周期越长，记忆也就越长，但是会降低由此产生的波动幅度。

3）库存波动的形成

即使终端需求为常量，而且上游供应是完全可靠的，由于产能约束的原因，中间节点仍然会产生库存水平的复杂振荡，这包括相位相连和周期翻倍。

消费者以稳定的需求率发出一系列大小不变的订单，没有任何外加的噪声。低层的供应商完全按照承诺的时间和数量完成每次装运。生产批量仍然为 1，但是现在我们对节点 2 和节点 3 规定一个产能阈值：在每个时间步长，它们只能加工 100 件零件，这是一种阈值非线性。我们假设：只有等到订单能够完全被满足，否则它们不会被部分装运，这是另外一种阈值非线性。只要客户的订单大小低于生产商的产能，系统就会在整条链上迅速地稳定到平稳的订货水平和库存。当消费者订单超过生产商的产能时，那些节点的库存水平开始振荡。库存会在连续几个生产循环中不断累积，直到它多到足够满足一个订单，在这一点库存减少，减少量就等于订单需求的数量，不过这时又会开始下一次的库存累积。

图 2-10 显示了当需求超出产能 10% 时的库存振荡。节点库存相位相连振荡，振荡形式是锯齿形状，迅速增加，然后逐渐地下降。库存的波动范围从接近于零到需求的水平，这种波动远大于需求高于产能的程度。

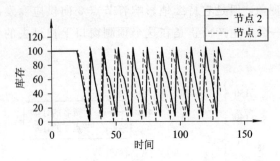

图 2-10　需求/产能＝110/100

图 2-11 显示了将消费者需求增加到 150 后的动态性。库存形成了周期更短的锯齿形变化。现在只能让一个生产周期中 100 的产量支持两个订单，这导致一个三周期的振荡。在需求/产能＝110/100 时不同步的节点 2 和节点 3 的库存，就变得同步而且同相了。

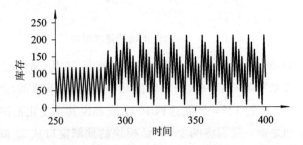

图 2-11　需求/产能＝110/100

过渡周期实际上要比图 2-11 中显示的更长。从 110 增加到 150 是发生在 133 时刻，但是其在节点 2 动态性中的第一次迹象是出现在 145 时刻。迟滞是由于在需求为 110 的水平下，超出产能的订单的延期交货，在对新的更大的订单进行加工之前，必须将过去的这些订单处理掉。

图 2-12 显示了进一步增加负载的结果。（考虑到动态性方面变得更为细微，我们只显示了节点 2 的库存水平。）现在消费者每周期订购 220 单位的产品。在前一个需求水平上的延期交货订单再一次推迟了新的动态性的出现，需求在时刻 228 发生变化，但是首次动态性出现则是在时刻 288，最终动态性在时刻 300 时稳定下来。

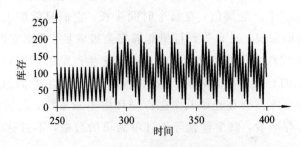

图 2-12　需求/产能＝220/100（节点 2）

在最后一个例子中，需求与产能的比值似乎是不现实的。任何一个系统，在需求比两倍产能都要高的情况下运行，都会遇到远比库存振荡更严重的问题：在这些图中列出的比值，是这些影响被初次发现时所处的比值。对于这些振荡的理论分析（Parunak 1999）显示，出现轻微得多的负载，也可能会出现如图 2-12 所示的双周期的振荡。消去需求与产能比值中所有的公因子，以 D/C 表示这个比值，并且令 H 表示 C 和 D-C 中的最小值。那么只要 H≠1，就会发生双周期的库存振荡。

例如，如果需求是 110，产能是 100，那么 D/C=11/10，从而 H=1。对于比值 150/100（=3/2），H 也等于 1，但是对于 220/100（=11/5，H=6），H 不是 1，而后者正是我们从中发现双周期效应的极端结构。另外一种展现了这一效应的更适度的结构是 107/100（H=7）。

这种程度的负载形成了性质全新的动态行为。节点 2 和节点 3 处的库存不是单一的锯齿形，而是展现出双周期的振荡，是以双周期振荡调制的具有 11 个周期的更宽的锯齿。这种行为在现象上类似于在诸如逻辑斯蒂映射（logistic map）这样的非线性系统中观察到的分叉，但是利用这里使用的参数设置，并不会在我们的模型中导致混沌。多重频率的产生并非是由需求与产能比值的绝对差异造成的，而是由该比值得到的不可约比值的差异造成的。

SNAP 显示，所有这些效应（放大、相关、延续和波动的形成）既会发生在供应网络中，也会发生在供应链中。在一个网络中，有可能不能很好地定义一个节点的深度，因为它可能有好几个客户。然而，可以递归地定义一个平均深度，将一个 OEM（网络中最高层的客户）的深度定义为零，对于任意其他节点，加上该节点的直接上游数量均值即得到其平均深度，这个平均深度不仅对于放大和相关（在一条链中也一样），而且对于一个阶跃函数之后的调整时间，也是一个很好的预报器。能够调整这些效应的其他因素是一个节点承受的实际负载，以及节点的结构组成（例如一个节点通过几条路径感受到来自 OEM 的需求，或者存在或者不存在一个中间的 MRP 流程，来集成多重的需求流）。

可以看出，我们观察到的系统动态性来自于供应网络中各个部分之间物理性和虚拟的交互作用。网络的复杂性使我们不可能对系统层面上的行为给出解析的描述。相反，我们不得不求助于个体动态性模型，然后利用仿真实验对其进行研究。

（资料来源：Harrison TP，Lee HL，Neale JJ. 供应链管理实务. 黄朔，译. 北京：中国人民大学出版社，2006）

课 后 习 题

1. 什么是系统工程？
2. 系统工程在我国的发展历程如何？
3. 系统工程与其他学科的关系如何？
4. 请简述系统工程的理论基础。
5. 简述耗散结构理论和复杂巨系统理论的基本理论观点。

参 考 文 献

[1] 顾基发. 系统科学、系统工程和体系的发展. 系统工程理论与实践，2008，6:10 - 19

[2] 万百五. 二阶控制论及其应用. 控制理论与应用，2010，27(8):1053 - 1060

[3] Harrison TP, Lee HL, Neale JJ. 供应链管理实务. 黄朔，译. 北京：中国人民大学出版社，2006

[4] Howard HL, Padmanabhan V, Whang S. Information distortion in a supply chain: bullwhip effect. Management Science，1997，43:546 - 558

[5] 汪应洛. 系统工程. 3 版. 北京：机械工业出版社，2003

[6] 吕永波，等. 系统工程(修订版). 北京：清华大学出版社，北京交通大学出版社，2005

[7] 杜瑞成，闫秀霞. 系统工程. 北京：机械工业出版社，1999

[8] 高志亮，李忠良. 系统工程方法论. 西安：西北工业大学出版社，2004

[9] 袁旭梅，刘新建，万杰. 系统工程学导论. 北京：机械工业出版社，2007

[10] 梁迪. 系统工程. 北京：机械工业出版社，2005

[11] 张晓冬. 系统工程. 北京：科学出版社，2010

[12] 王众托. 系统工程. 北京：北京大学出版社，2010

[13] 吴祈宗. 系统工程. 北京：北京理工大学出版社，2006

[14] 孙东川，林福勇. 系统工程引论. 北京：清华大学出版社，2004

第 3 章　系统工程方法论

【案例导入】　地震灾后重建

地震是威胁人类生存和发展的最可怕的杀手之一，会造成城市和农村建筑物严重破坏、人员大量伤亡、次生灾害、诱发灾害频发等一系列问题，使国家经济和人民生命财产遭受重大损失，使社会受到严重冲击。在灾难发生以后，立即开展恢复重建工作是当务之急。

在地震灾后重建的研究方面，Modi 和 Nigg 分别提出了印度古 Gujarat 和美国 Lorna Prieta 地震灾后恢复与重建的研究报告；Itsuki 对比研究了土耳其、中国台湾和日本城市地震灾后重建的程序；Hirayama 和 Martinez 分别研究和介绍了日本神户和 El Salvador 在地震灾后的房屋重建政策和规划方案；Wu 和 Lindell 对比研究了美国加州 Northridge 和中国台湾南投大地震后房屋重建的政策及措施；一些文献介绍巴基斯坦地震灾后恢复与重建管理委员会的功能和运作方式，以及该国是如何开展灾后恢复重建工作的；Hanes 研究了日本 Kanto 地震灾后重建东京的城市规划问题；Yasui 以两个比邻的小居民区 Mano 和 Mikura 在日本阪神地震灾后重建为例，对社区在地震中表现出的脆弱性及抗震性之间的关系进行了研究；Handrigan 等以 1988 年亚美尼亚大地震为例，研究了大地震灾后重建阶段的紧急医疗服务，提出紧急医疗服务成功运作须建立医疗救助体系，开展紧急医疗培训。这些研究，有的是提出灾后重建报告，有的是关注灾后房屋重建，还有的是关注重建工作管理机构建设，重建城市规划以及紧急医疗救助等。

总的来说，一次灾难性地震发生以后，来自政治、经济、社会和精神方面的压力要求我们尽可能快地重建家园。震后如何迅速救助受伤灾民、消除灾民恐慌心理，如何临时安置群众、恢复生活和生产，如何调查核实灾情、制定城市和乡村重建规划方案等一系列工作，都属于震后重建工作范畴。相关研究仍有待从地震灾后重建系统工程的系统性、复杂性等方面入手，用集成的理论和方法提出能适用于大型地震灾后重建的模式。

（资料来源：徐玖平，卢毅. 地震灾后重建系统工程的综合集成模式. 系统工程理论与实践，2008 - 07）

地震灾后重建是一项极为庞杂的系统工程，它涉及到经济、社会、自然等方方面面，以及社会学、管理学、地质学、规划学、工程学、环境科学等多学科的综合运用。人们在解决类似的综合性重大问题以及建造大型复杂系统时，常常把它们当作系统工程任务来看待，这时需要在系统工程方法论的指导下，使用系统工程方法合理地解决系统问题。

3.1　引　　言

1. 方法和方法论

"方法"（method）是指具体做法。"方法论"（methodology）是指研究、分析和处理问题的思想、程序和基本原则。两者在认识论上属于两个不同的范畴。方法是用于完成一个既定目标的具体手段；而方法论是进行探索的一般途径，它高于方法，是对方法使用的指导。

系统工程的方法论就是把设想付诸实现的过程，也就是处理系统问题过程中的一般分析问题和解决问题的途径、手段和方式，或者说是人们应用知识、观点去处理和解决系统问题的行为方式。系统工程的方法、工具体系自上而下可分为四层。

（1）方法论。方法论是指处理系统工程问题的一整套思想、原则，是运用方法的方法。这在系统工程工作中是最重要的，前面讲过一些系统思想，就是这一层次的。

（2）方法。方法是为达到目的而选择的技术方法，有定量方法、定性方法、解析方法、实验方法等。

（3）技术。技术是指处理问题的具体行动方式和方法，是使用工具的方法。例如：优化技术、预测技术、仿真技术等。

（4）工具。工具是指一些设备手段，或者概念上的手段，可以用来处理具体问题。如计算机、算法、程序等。

2. 处理复杂系统问题的方法论应有的基本观点

处理一个系统工程问题时，首先要对具体的对象进行科学的构思，以形成正确的思路。构思时一般遵循：由粗到细的原则，互相结合的原则，定性与定量分析相结合的原则，分解、协调和综合的原则。处理复杂系统问题要有对立统一的思想和一分为二的思想，同时，还必须具备整体观点、综合观点、层次观点、价值观点和发展观点。

（1）整体观点。整体观点是把系统内部所有要素看成一个整体。策划最优时，如果子系统最优与整体系统最优发生矛盾，子系统要服从于整体系统。协调子系统之间的关系，充分发挥各子系统的能动作用。

（2）综合观点。综合观点是指人们在思考、研究和解决问题时，要考虑系统的方方面面，协调各要素之间的关系。对系统某些问题进行决策时，尤其是遇到多目标多因素、关系纵横交错、环境千变万化的系统时，应对目标、因素进行综合分析或评价，分清主次。切忌只凭一时、一事、一地、一人进行决策。要做好系统内各要素之间的协调工作，实现系统的综合平衡、健康发展。

（3）层次观点。层次观点是指处理复杂问题时要抓住问题的主要矛盾，抓住主要矛盾的主要方面。强调在思考、研究和解决问题时，不要混淆父辈、子辈问题，不要搞平均主义，要根据系统层次和要素的重要性确定时间的前后、空间位置和资源的投入强度。

（4）价值观点。价值观点是指在设计、改造、管理和控制系统时，应考虑系统的投入与产出，用最少的投入创造出最多的价值。

（5）发展观点。发展观点是指在思考、研究、解决和处理问题时，用动态的观点、发展的观点去思考、研究和解决系统问题。由于系统永远处于变化之中，选优的标准也不断发展变化，并且系统的发展有阶段性，所以要用发展的观点看待问题。

3. 系统工程方法论发展概要

系统工程出现以后，在很大程度上改变了人们的思维模式，使人们逐渐实现了从传统的以"实物为中心"的模式过渡到以"系统为中心"的模式。系统工程研究的对象是复杂的大系统，即系统的结构复杂、层次较多，其元素种类多且相互关系复杂。系统既包含"硬件"元素，也包含"软件"元素，加之人的偏好和环境的不确定性，使系统更具复杂性和不确定性。因此，要有灵活独特的思考问题和处理问题的方法，要用多种技术和方案进行求解，以"系统"为中心的思维方式在方法论上的具体化便形成了系统工程方法论（Methodology of Systems Engineering）。

我们把偏重工程问题、机理明显的物理型的硬系统称为"良结构系统"，其相关问题需要用"硬方法"解决。把偏重社会问题、机理尚不清楚的心理和事理型的软系统称为"不良结构系统"，其相关问题需由"软方法"解决。

现代系统思想兴起后，学术界逐步将实践中用到的方法提升到方法论的高度。20 世纪 60 年代以来，许多学者在不同层次上对系统工程方法论进行了探讨。在这个过程中，系统工程方法论在不断发展、不断完善，可以有效地解决多样化和复杂化的问题，不但可以解决工程问题，而且可以解决社会问题。现代系统工程方法论代表的流派有：以 Hall 为代表的硬系统工程方法论（即 Hall 三维结构模式）、以 Checkland 为代表的软系统工程方法论（即"调查学习"模式）、以钱学森为代表的从定性到定量的综合集成方法论和我国学者提出的"物理-事理-人理（WSR）"系统方法论。

3.2　Hall 三维结构模式

在系统工程方法论中，出现最早、影响最大的是美国贝尔电话公司的工程师霍尔（A. D. Hall）于 1962 年提出的系统工程三维结构方法论。该方法论最初来源于硬系统工程，适用于良结构系统，具有较好的可操作性。这种思维过程对解决大多数硬的或偏硬的工程项目有很大成效，因此，受到各国学者的普遍重视。

Hall 的方法论适应了 20 世纪 60 年代系统工程的应用需要，当时系统工程主要用来寻求各种战略问题的最优策略，或用来组织管理大型工程的建设。该体系认为系统工程整个活动过程可以分为前后紧密衔接的七个阶段，每个阶段应遵循一定的思维程序，需各种专业知识和技能的支持，构成了时间维、逻辑维和知识维的"三维结构—Hall Three Dimensions Structure"。其内容反映在可以直观展示系统工程各项工作内容的三维结构图（如图 3-1 所示）中。Hall 三维结构集中体现了系统工程方法的系统化、综合化、最优化、程序化和标准化等特点，是系统工程方法论的重要内容。

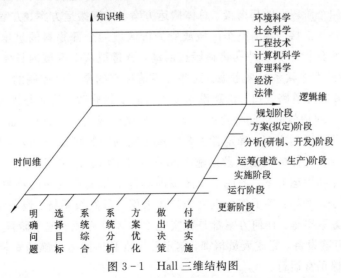

图 3-1　Hall 三维结构图

3.2.1 时间维

时间维表示系统工程的工作阶段或进程。任何一个系统都有一个生命周期，起始于规划，终止于更新、改造和报废。因此，依时间顺序把系统工程工作从规划到更新的整个过程或寿命周期分为七个阶段：规划阶段、方案阶段、分析阶段、运筹阶段、实施阶段、运行阶段、更新阶段。任何研究工作都可以包含在其中的某一阶段，且每一阶段都有对应的研究任务。由于这七个阶段是按照时间先后次序划分的，所以称为"时间维"。

（1）规划阶段：对将要开展研究的系统进行调查研究，明确研究目标，在此基础上，提出系统使用者自己的设计思想和初步方案，制定出系统工程活动方针、政策和规划。例如：阿波罗登月计划，1961 年开始准备，直到 1963 年才给出设计计划。

（2）方案（拟定）阶段：根据规划阶段所提出的若干设计思想和初步方案，从社会、经济、技术可行性等方面进行综合分析，提出若干具体计划方案。

（3）分析（研发、开发）阶段：对所设计的方案进行分析、比较。具体以计划为行动指南，把人、财、物组成一个有机的整体，使各个环节、各个部门围绕总目标，实现系统的研制方案，并制定出生产计划。

（4）运筹（建造、生产）阶段：方案的综合选优，确定最优实施方案。生产或研制开发出系统的零部件（软硬件），并提出系统的安排计划。

（5）实施阶段：系统的设计、安装及调试等。

（6）运行阶段：把系统安装好，完成系统的运行计划，使系统按照系统预定的用途工作。

（7）更新阶段：在现行系统运行的基础上，改进和更新系统，使系统更有效的工作，同时为系统进入下一个研制周期做好准备。

值得注意的是，规划、方案、分析、运筹、实施、运行、更新七个阶段是按时间的先后顺序排列的，但在实际工作中，不一定从规划开始，应从解决问题必须的最早阶段开始。

例 3 - 1 搬运系统分析——适用于一般物料搬运项目

对于一个分销中心来说，每个搬运项目都有一定的工作过程：从最初提出目标到具体实施完成，分为四个阶段：外部衔接、总体搬运方案、详细搬运方案、方案实施。

第Ⅰ阶段：外部衔接。弄清整个区域或所分析区域的全部物料的进出搬运活动。在这之前，先要考虑所分析区域以外的物料搬运活动，就是把这个区域内具体的物料搬运问题同外界情况或外界条件联系起来考虑。这些外界情况有的是可以控制的，有的是不可控制的。例如：对区域的各道路入口、铁路设施要进行必要的修改，从而与外部条件协调一致，使工厂或仓库内部的物料搬运同外界的大运输系统结合成为一个整体（如图 3 - 2 所示）。

第Ⅱ阶段：总体搬运方案。确定各主要区域之间的物料搬运方法，对物料搬运的基本路线系统、搬运设备大体的类型以及运输单元或容器作出总体决策。

第Ⅲ阶段：详细搬运方案。考虑主要区域内部各工作地点之间的物料搬运，要确定详细的物料搬运方法。例如：各工作地点之间具体采用哪种路线系统、设备和容器。

第Ⅳ阶段：方案实施。任何方案都是在实施之后才算完成。这个阶段要进行必要的准备工作，例如：订购设备，完成人员培训，制定并实现具体搬运设施的安装计划；然后进行调试等工作，确保正常运行。

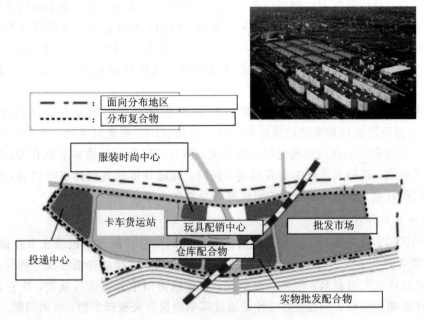

图 3-2　某个分销中心区域分布示意图

3.2.2　逻辑维

运用系统工程解决实际问题是一项整体性的工作，按照时间可划分为七个工作阶段，在每个阶段内都可以按照逻辑思维先后顺序分成七个步骤。逻辑维是指系统工程的每个阶段工作所应遵循的逻辑顺序和工作步骤，一般分为七个步骤：明确问题、选择目标、系统综合（方案汇总）、系统分析、方案优化、做出决策、付诸实施。

1. 明确问题

收集各种有关资料和数据，把问题的历史、现状、发展趋势以及环境因素搞清楚，把握住问题的实质和要害，做到心中有数。为了把问题的实质弄清楚，就要进行调查研究。调查研究工作主要从以下两个方面入手。① 环境方面的调查研究。新系统产生于特定的环境；新系统的约束条件决定于环境；领导的决策依据来源于环境；新系统试制所需的资源来自环境；最后，系统的品质也只能放在环境中进行评价。② 需求方面的调查研究。从广义来说，需求研究属于环境研究的一个方面，但是，由于需求研究具有特别的重要性，故有必要着重进行分析研究。

进行逻辑维的分析首先要明确问题性质，划定问题范围，即问题的界定。

1）明确问题的步骤

① 辨识主问题和子问题以及构成问题的因素；② 建立所辨识问题的层次结构；③ 把问题加以分解，分成要求、约束、可变更的因素、涉及的人与组织等；④ 辨识主要的主观考虑；辨明系统边界；⑤ 辨识影响主问题的未来条件。

2）系统边界的确定

问题的界定包括系统边界的确定和系统环境分析（在以后章节进行分析）。边界是把系统和环境分割开来的假想的线。环境通常是指存在于系统外的物质的、能量的、信息的相关因素的总称。分析所研究的问题中到底应包括哪些系统要素，即在众多的因素中究竟哪些因素属于特定研究问题的范围，哪些属于环境。例如：若以某企业及其活动作为一个经济系统，则对这一系统有作用的因素包括：劳动力、资金、厂房、设备、原材料、用户、竞争者和合作者、政府政策、社会舆论、技术水平等，这些因素究竟划归系统还是划归环境呢？

划入系统的要素一般具有如下性质：① 它对所研究的问题具有举足轻重的影响；② 要素能由系统的设计和系统的运营而得到控制调节；③ 要素对系统行为产生直接影响。

系统边界的确定不仅与所研究的问题有关，而且与研究问题的要求也有关。对所研究的问题要求越高，该归入系统的要素越多，同时，问题分析的复杂性也将增加，因为还需要了解系统的环境、目的，系统的各组成部分及其联系等。

3) 明确问题的方法

明确问题的方法有两种。一种是把与问题有关的信息片断逐个记录在卡片或纸条上，把它们摊在桌面上全面进行审视，将有关联的放在一堆，这样就逐渐形成一些局部情况和子问题，然后给它们再命名；作为一个单元，和其他类似单元再进行聚类，找它们之间的关联，这样就能逐步形成问题。另一种是通过写书面报告来梳理思想，明确问题。例如：在这一阶段的开始撰写问题剖析报告，结束时撰写阶段结果报告。

2. 选择目标

目标问题关系到整个任务的方向、规模、投资、工作周期、人员配备等，因而是十分重要的环节。细节的目标又称为"指标"。系统问题通常具有多目标，在摆明问题的前提下，应该建立明确的目标体系，作为衡量各个备选方案的评价标准。

1) 确定目标的步骤

① 辨识主要要求、目的、目标和子目标；② 对上述各因素建立一个层次结构；③ 辨明目标、约束、可变因素、涉及的人与组织等几方面的相互关联程度；④ 辨明主要前提与假设；⑤ 建立或确定目标的度量；⑥ 建立初步的评价准则。

2) 目标及其重要性

所谓目标就是系统所希望达到的结果。例如：学校希望培养优秀学生、员工希望个人收入提高等，都可以说是各有关系的目标描述。目标的确定将关系到整个工程的方向、范围、投资、周期、人员分配等决策。在系统工程的发展史上，有一个十分典型的例子说明了目标确定的重要性。

例 3 - 2　高射炮安装在哪里

第二次世界大战期间，英国要解决商船运输物资供应问题，可供选择的方案有两个：① 把有限的高射炮全部安装在陆地上；② 把一部分高射炮安装在商船上。此时，如果把目标确定为"提高高射炮命中率"，那么高射炮在地面上的命中率是 15%，在商船上的命中率只有 4%，显然应该选择方案①；但是，如果把目标确定为"提高商船保存率"，那么商船上装了高射炮后保存率可从 75% 提高到 90%，对确保运输物资大有好处，应该选择方案②，同时进行武器系统的全局性调整。

实践经验告诉我们，许多方案决策的难产往往是由于目标不明确或目标的评价标准不一致而引起的，而方案的变更也往往是由于目标不明确或变化而造成的。

3）确定目标的原则

① 长远性：选择对于系统的未来有重大意义的目标和指标；② 总体性：着眼于系统的全局利益，必要时可以在某些局部做出让步；③ 可行性：目标应该是经过努力可以实现的，要注意实现目标的约束条件；④ 明确性：目标务必具体、明确，力求用数量表示；⑤ 多目标时注意区分主次、轻重、缓急，以便加权计算综合评价值；⑥ 标准性：注意标准化，以便与同类系统进行比较，争取实现先进水平；⑦ 指标不宜过多，不要互相重叠与包含；⑧ 指标计算宜简不宜繁，尽量采用现有统计口径的指标或者利用简单换算可以得到的指标。

4）指标

我们知道，目标一旦确定，则需要确定考核目标最终实现的指标体系。所谓指标，就是衡量目标达到程度的评价标准。因此，我们必须尽可能地对各个（子）目标赋予指标，进而实现指标的统一化。一般工程项目从四个方面给出相应的指标体系。① 运行目标：给出战术技术指标；② 经济目标：给出直接的与间接的经济效益指标；③ 社会目标：给出项目与国家方针政策符合的程度和社会效益指标；④ 环境目标：给出环境保护与可持续发展指标。

3. 系统综合

系统的目标确定后，接下来就是探讨如何实现目标，即探讨实现目标的途径、方法、方式和措施，从而形成系统方案。系统综合是一个创造性过程，需要决策者、分析者共同努力，并要反复进行多次。为实现预期目标，拟定所需的策略和方案。没有分析便没有综合，系统综合是建立在明确问题和选择目标这两个分析步骤上的。没有综合便没有分析，系统综合又为后面的系统分析步骤打下基础。

1）系统综合步骤

① 寻找能达到目标与子目标所有可能的方案；② 确定方案中活动与措施的度量；③ 把方案联到目标结构中去。

2）方案及其制定原则

所谓方案，就是实现系统目标的办法和方式。例如：打通上海浦东、浦西的目标，可以用"造大桥"、"造隧道"、"造渡轮"等办法来实现，这就是三个不同的方案。但作为实现系统目标的方案，上述方案太笼统，还需要细化。实际上，制定方案时必须考虑如下原则：① 目的性：方案要服从于目标；② 可行性：方案应满足客观约束条件，并经过努力可以实现；③ 详尽性：方案应该是多样的，即要把所有可能的备选方案尽可能地枚举出来；④ 排斥性：方案之间应该是互相排斥的，不能允许某一个方案全部包含于另一个方案之中，也不能出现决策的结果是某两个方案一起采用；⑤ 可比性等原则：方案之间应该是可以比较的。即，方案应该在性能、费用、时间等指标上互有长短并能进行对比。

3）制定方案的方法

由于系统类型、系统功能和系统目标的多样性，使得实现目标的办法和方式也具有多样化。下面介绍两种常用的制定系统方案的方法。

（1）目标－手段法。如图 3-3 所示，企业可以通过"提高销售量"或"降低成本"来实现"提高利润"的目标，此时"提高销售量"或"降低成本"就可以作为实现"提高利润"这一目标的两个手段(方案)。然后,分别以"提高销售量"和"降低成本"为分目标继续进行方案的寻找。这样可以派生出一系列的方案。

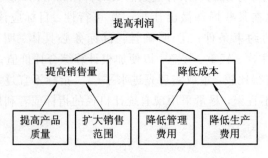

图 3-3　寻找"提高利润"的方案

(2)形态结构法。首先列出各设计目标,例如供残疾人员乘坐的三轮车,各设计目标有:动力、传动、制动等。然后列出各设计目标可能有的设计方案,例如"动力"可通过人力、蓄电池、小汽油机等实现。然后列出如表 3-1 的形态矩阵。最后,可以在不同行中各取一个元素,就可以构成一个设计总方案,例如人力、齿轮、脚闸等方案。

表 3-1　形态矩阵

目标　＼　方案	1	2	3	4
A 动力	人力	蓄电池	小汽油机	其他
B 传动	链条	齿轮	皮带	其他
C 制动	脚闸	手闸	身体	其他

4. 系统分析

系统分析是指演绎各种备选方案。通过对每一种方案建立各种模型,进行计算分析,得到可靠的数据、资料和结论。所谓系统的模型,就是对于系统某一方面的特征的概括描述。系统分析主要依靠模型来代替真实系统,利用演算和模拟等方法代替系统的实际运行,选择参数,实现优化。系统模型化可以深入了解所提出的政策措施和解决方法,分析这些措施方法在实施中的预期效果。

模型化的主要步骤:① 为每一方案建立描述型或预测型的模型,或者为整个系统建立模型,以便对各种方案下的整个系统进行分析;② 对模型进行鉴定;③ 改进并且合并模型;④ 寻求模型运行的结果。对于数学模型来说,建模的一般步骤为:① 明确目标;② 找出主要因素,确定主要变量;③ 明确系统的约束条件;④ 根据有关的工程技术或学科的知识,用数学符号、数学公式来明确表达变量之间的各种关系,完整地反映出目标和约束的内容。

5. 方案优化

在一定的约束条件下,我们总希望选择最优方案。用数学规划等定量的优化方法去判别各种方案的优劣,以进行方案选择。也就是说,根据系统分析结果对各方案进行评价,并进行必要的改进,筛选出满足目标要求的备选方案集合,交给决策部门。这一阶段在有些教材上归到了系统分析阶段。

最优化过程是处理模型的过程,是对所建立的模型求解。该过程经常使用各种单目标或多目标最优化方法。优化的主要步骤有:按照主要准则(包括效果、风险、成本),对各方案在各种条件下进行评价；估计各种条件出现的概率。

6. 做出决策

决策部门参考上一步给出的最优解，根据使用者的实际情况，以指标体系为评价准则，在考虑决策者的偏好等基础上，选择最适合的方案。由于各方面的考虑，领导选择的方案不一定是最优方案。应该注意：什么也不干，维持现状，也是一种方案，称为零方案。在确认有别的方案比它优越之前，不要轻易否决它。决策的主要步骤有：① 客观地或主观地对每个准则的重要性进行排队，给出权重；② 把评价信息集中起来；③ 评选出一个方案。

7. 付诸实施

决策之后，需把方案的详细实施步骤和内容变成切实可行的计划，并形成文件，然后下达执行。实施的主要步骤有：根据所选方案拟订实施计划；制订意外情况下的应急措施。

应当注意，在决策或实施中，有时会遇到送交决策的各个方案都不满意的情况。这时就有必要回到前面所述的逻辑步骤中认为需要的某一步开始重新做起，然后再提交决策。在实践工作中，系统综合、系统分析和系统优化存在循环、不断递进的过程，即在系统分析和系统优化的过程中可能产生系统方案，或者多模型进行修正。

以上逻辑步骤的进行，对时间先后要求并不是很严格。步骤的划分也不是绝对的，有的把一个步骤分成几个步骤来做；有的则相反，这根据需要而定。

把上述七个时间阶段和七个逻辑步骤结合起来，便形成一个二维矩阵，这个矩阵叫做霍尔管理矩阵或者活动矩阵，如表 3-2 所示。说明：① 矩阵元素 a_{ij} 代表时间维和逻辑维对应的某个具体活动，如 a_{24} 代表方案阶段的系统分析工作。② 霍尔管理矩阵可以提醒人们在哪一个阶段该做哪一步工作，使资源合理安排，提高工作效率。

表 3-2　霍尔活动矩阵

逻辑维（步骤） 时间维（阶段）	1 明确问题	2 选择目标	3 系统综合	4 系统分析	5 方案优化	6 做出决策	7 付诸实施
1 规划阶段	a_{11}	a_{12}	a_{13}	a_{14}	a_{15}	a_{16}	a_{17}
2 方案阶段	a_{21}	a_{22}	a_{23}	a_{24}	a_{25}	a_{26}	a_{27}
3 分析阶段	a_{31}	a_{32}	a_{33}	a_{34}	a_{35}	a_{36}	a_{37}
4 运筹阶段	a_{41}	a_{42}	a_{43}	a_{44}	a_{45}	a_{46}	a_{47}
5 实施阶段	a_{51}	a_{52}	a_{53}	a_{54}	a_{55}	a_{56}	a_{57}
6 运行阶段	a_{61}	a_{62}	a_{63}	a_{64}	a_{65}	a_{66}	a_{67}
7 更新阶段	a_{71}	a_{72}	a_{73}	a_{74}	a_{75}	a_{76}	a_{77}

在使用霍尔活动矩阵时需要注意两点：① 要从整体上达到最优效果，必须是各阶段活动的反复进行。反复性特点反映了从规划到更新的过程需要控制、调节和决策；② 系统工程过程的每一阶段都有自己的管理内容和管理目标，它们相互联系，再加上具体的管理对象，组成一个有机整体。

例 3-3　"Hall 三维结构活动矩阵"在物流一体化实施步骤中的应用

物流一体化(Integrated Logistics)是指企业内的不同职能部门之间或不同企业之间通

过在物流上的合作，提高物流效率、降低物流成本，以达到实现整个物流系统最优化配置的目的。它以物流系统为核心，从物流功能一体化到对生产企业、销售企业、物流企业直至消费者的整个供应链内部和外部进行整体化和系统化。

因此，可以运用系统的思想，结合霍尔三维结构活动矩阵，对物流一体化的实施步骤进行研究。根据霍尔三维结构理论，并且借鉴业务流程重组实施的步骤，物流一体化实施可分为展望阶段、启动阶段、诊断阶段、设计阶段、重建阶段和监控阶段。参考文献[2]提出研究物流一体化实施的步骤和活动的思路是，根据业务流程重组研究人员和咨询公司提出的步骤和活动，结合物流流程重组案例分析，提出一个尽量全面的步骤——活动框架，然后分析影响物流一体化实施活动和步骤取舍的因素，以便物流一体化的实施项目可以根据实际情况选用。参考文献[2]提出物流一体化的实施步骤，并给出每一步大致应该包含的活动，构成物流一体化实施步骤——活动矩阵，如表 3-3 所示。

表 3-3　物流一体化实施步骤——活动矩阵

步骤 \ 活动	活动 1	活动 2	活动 3	活动 4	活动 5	活动 6
步骤 1 展望新流程	S_1A_1 建立管理承诺	S_1A_2 发现重组机会	S_1A_3 利用 IT 技术	S_1A_4 选择重组流程	S_1A_5	S_1A_6
步骤 2 项目启动	S_2A_1 重组动员会议	S_2A_2 组织重组团队	S_2A_3 进行项目计划	S_2A_4 确定流程客户需求	S_2A_5 确定目标	S_2A_6
步骤 3 流程诊断	S_3A_1 现有流程描述	S_3A_2 流程分析	S_3A_3 撰写分析报告	S_3A_4	S_3A_5	S_3A_6
步骤 4 流程创新	S_4A_1 头脑风暴	S_4A_2 创新仿真	S_4A_3 提交创新流程报告	S_4A_4	S_4A_5	S_4A_6
步骤 5 新流程设计	S_5A_1 定义和分析流程概念	S_5A_2 模型化和详细设计	S_5A_3 人力资源结构设计	S_5A_4 信息系统分析设计	S_5A_5 设计文档制作	S_5A_6
步骤 6 新流程实施	S_6A_1 组织重组团队	S_6A_2 信息系统实施	S_6A_3 培训使用者	S_6A_4 新旧流程切换	S_6A_5 形成文档	S_6A_6
步骤 7 评估	S_7A_1 评价指标确定	S_7A_2 评价流程绩效	S_7A_3 建立持续改进机制	S_7A_4 制作评估报告	S_7A_5	S_7A_6

在该矩阵中，每一行反映了物流一体化实施中某一个具体的步骤及其所包含的活动，即该阶段要完成的主要活动任务。这些活动大致也表现出一定的层次性，例如：准备活动、主要活动和阶段总结等。每一列表示某一步某个次序要完成的活动。

（资料来源：刘舒燕，涂建军. 基于霍尔三维结构理论的物流一体化实施步骤与方法. 武汉理工大学学报，2006-10）

3.2.3　知识维

三维结构中的知识维是指在完成上述每阶段的各步骤时所需要的各种专业知识和管理知识，包括自然科学、工程技术、经济学、法律、管理科学、环境科学、计算机技术等方面。由于系统工程本身的复杂性和多科学性，综合的多学科知识成为完成系统工程工作的必要条件。在上述各阶段、各步骤中，并非每一阶段、每一步骤都需要全部学科的知识内容，而是在不同阶段有不同的侧重。

Hall 提出的知识维仅仅是一种概念上的，他没有就如何组织相关知识做出进一步的说明。其实，我们还可以用系统的方法有效地获取上述各个阶段、各个逻辑步骤所必需的知识，并对其进行开发、利用、规划和控制，从而更好地实现系统工程目标。随着 20 世纪 90 年代知识经济概念的提出，知识管理（Knowledge Management）已经引起了各国管理学家的密切关注，如何用系统的方法实现、理解和使用知识也成为系统工程项目能否有效开展的决定性因素。在系统的开发和运行中，知识管理意味着把正确的知识在正确的时间交给正确的人，使之能做出最满意的决策。

系统工程中知识管理的过程一般划分为以下几个阶段：① 知识辨识阶段：根据系统工程的总体目标要求，制定知识来源战略，划定知识管理范围，辨识知识。② 知识获取阶段：将现存知识（信息库、文件或人脑中）正式化。③ 知识选择阶段：评估知识及其价值，去除相互冲突的知识。④ 知识存储阶段：通过适当、有效的方式储存所选择的知识。⑤ 知识共享阶段：将正确的知识传输给每一个阶段的使用者。⑥ 知识使用阶段：在各个阶段的工作中使用所获取的知识。⑦ 知识创新阶段：通过科研、实验和创造性思维发现新知识。

Hall 提出的基于时间维、逻辑维、知识维的三维结构，标志着硬系统工程方法论的建立。硬系统工程方法论的特点是强调明确的目标，认为对任何现实问题都必须尽可能弄清其需求，其核心内容是优化。1971 年，Hill 和 Warfeild 为克服约束条件复杂的多项目大系统组织方面的困难，在 Hall 三维结构的基础上提出了统一规划法。其实质就是对 Hall 活动矩阵中规划阶段的具体展开，利用它可以较好地实现对大型复杂系统的全面规划和总体安排。

3.3　"调查学习"模式

随着应用领域不断扩大和系统工程不断发展，系统工程方法论也需要发展和创新。从 20 世纪 70 年代中期开始，由于解决社会系统等问题的需要，许多学者进一步提出了各种软系统工程方法论。其中，英国的切克兰德（P. Checkland）教授提出的方法比较系统且具有代表性。

3.3.1　"调查学习"模式的产生背景

在 20 世纪 50 年代到 60 年代末，由于定量方法的发展和电子计算机的广泛应用，使不少社会经济问题和管理问题有了科学计算的具体方法，并可以具体求出它的最优解决方案，极大地推动了运筹学和系统工程的发展。但是进入 20 世纪 70 年代以来，系统工程越来越多的应用于研究社会经济的发展战略和组织管理问题，涉及的人、信息和社会等因素相当复杂，这使得系统工程的对象软化，并导致其中的许多问题难以量化，Hall 三维结构不再适用。一些有远见的学者感觉到"过分定量化"、"过分数学化"会给运筹学、系统工程的应用带来副作用，有些人满足于数学公式的推导，而忽视了最有生命力的源泉——实际问题。

过分的定量化和单靠数学模型难以解决一些社会实际问题。如，日本计划的第五代计算机遇到的困难就有此症。从 20 世纪 80 年代开始，日本、美国和欧洲纷纷进行第五代计算机的研制工作。第五代计算机的主要功能将从信息处理上升为知识处理，使计算机具有人类的某些智能，所以又称为人工智能计算机。日本 1982 年开始了"第五代计算机研制计划"，即其目的是使逻辑推理速度达到数值运算的速度，但此计划最终失败。

类似事件出现后，人们开始反思过去的系统工程方法论。1984 年，国际应用系统分析研究所专门组织了一个讨论会，名为"运筹学和系统分析过程的反思"，与会者给出如下分析：① 这些学科之所以在某些问题上不能很好的应用，主要是他们的方法论不对，处理一些问题的方法太硬，定性考虑不够。② Hall 三维结构不适用于以建立和管理"软系统"为目标的社会科学、管理科学等科学领域，而适用于以研制"硬件系统"为目标的自然科学、工程技术等"硬科学"领域，故有人称霍尔三维结构为"硬科学"系统工程方法论。

参考文献[7]指出，用硬系统方法论处理软系统问题，存在如下局限性：

(1) 硬系统方法论认为在问题研究开始时定义目标是很容易的，因此没有为目标定义提供有效的方法。但大部分系统管理问题目标不清楚，目标定义本身就是需要解决的首要问题。

(2) 硬系统方法论没有考虑系统中人的因素，把系统中的人与其他物质因素等同起来，忽视人对现实的主观认识，认为系统的发展是由系统外的人为控制因素决定的。

(3) 硬系统方法论认为只有建立数学模型才能科学地解决问题，但是对于复杂的社会系统来说，建立精确的数学模型往往是不现实的，即使建立了数学模型，也会因为建模者对问题的认识不足而不能很好地反映其特性，因此通过模型求解得到的方案往往不能解决实际问题。

用 Hall 系统工程方法处理软系统问题，存在局限性：① 大部分管理问题目标不清楚，需要研究、定义；② 霍尔系统工程方法针对硬系统，没有考虑人的因素，忽略人的主观认识；③ 实际中很多问题无法建立模型。

切克兰德在他的著作《软系统方法论》一书中给出，基于系统的目标、结构、机理特征等将系统分为两种，即目标明确、结构清晰、机理清楚、可用数学模型表达的硬系统和目标不明确、结构不清晰、机理不清楚、难以应用数学模型表达、偏社会、经济、文化、生物的软系统。并将处理前者的问题称为问题，处理后者的问题称为"议题"(Issues)；将解决这两种问题的方法分别称为"硬"系统方法和"软"系统方法。

软系统工程方法是针对不良结构系统问题而提出的，这类问题往往很难用数学模型表示。软系统的主要目标是它吸取了人们的判断和直觉，因此解决问题时更多地考虑了环境因素与人的因素。到目前为止，已提出一些解决软系统的方法，如专家调查法(德尔菲法，Delphi)、情景分析法(Scenario)、冲突分析法(Conflict Analysis)等，但从系统工程方法论角度看，切克兰德的"调查学习"模式具有更高的概括性。

3.3.2 "调查学习"模式的步骤及核心

"调查学习"模式用概念模型代替数学模型，使思路更为开阔，用可行满意解代替最优解，是价值观方面的重要变化。其核心不是寻求"最优化"，而是"调查、比较"或者说是"学习"，从模型和现状比较中，学习改善现存系统的途径，有很明显的反馈调节思想。

"调查学习"模式解决问题的步骤包括：认识问题、根底定义、建立概念模型、比较及探寻、选择、设计与实施、评价与反馈七个步骤，其相互关系如图 3 - 4 所示。

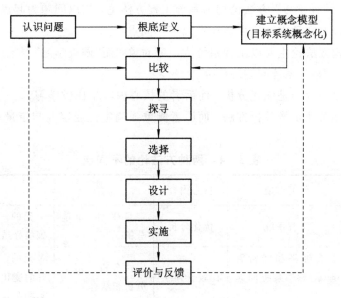

图 3 - 4　切克兰德系统方法论步骤

1. 认识问题

收集与问题有关的信息，描述问题现状，寻找构成或影响因素及其关系，以便明确系统问题结构、现存过程及其相互之间的不适应之处，确定有关的行为主体和利益主体。

2. 根底定义

根底定义是该方法中较具有特色的阶段，其目的是弄清系统问题的关键要素，为系统的发展及其研究确立各种基本的看法，并尽可能地选择出最合适的基本观点。根底定义所确立的观点要能经得起实际问题的检验。

3. 建立概念模型

概念模型来自于根底定义，是通过系统化语言对问题抽象描述的结果，其结构及要素必须符合根底定义的思想，并能实现其要求。

4. 比较及探寻

将第一步所明确的现实问题（主要是归纳的结果）和第三步所建立的概念模型（主要是演绎的结果）进行对比。有时通过比较，也需要对根底定义的结果进行适当修正。

5. 选择

针对比较的结果，考虑有关人员的态度及其他社会、行为等因素，选择出切实可行的改善方案。

6. 设计及实施

通过详尽和有针对性的设计，形成具有可操作性的方案，并使得有关人员乐于接受和愿意为方案的实现竭尽全力。

7. 评价与反馈

根据在实施过程中获得的新的认识，修正问题描述、根底定义及概念模型等。

3.3.3 三维结构与"调查学习"方法论比较

三维结构与"调查学习"方法论均为系统工程方法论，均以问题为起点，具有相应的逻辑过程。在此基础上两种方法论主要存在以下不同点：

（1）三维结构方法论主要以工程系统为研究对象，而"调查学习"方法更适合于对社会经济和经营管理等"软"系统问题的研究。

（2）前者的核心内容是优化分析，而后者的核心内容是比较学习。

（3）前者更多关注定量分析方法，而后者侧重强调定性或定性与定量有机结合的基本方法。

表 3-4 两种方法论的不同点

	研究对象	核心内容	方法	价值观
Hall 三维结构	工程系统	优化分析	定量模型，定量分析	一元的，要求优化，有明确的好结果出现
Checkland "调查学习"模式	社会经济和经营管理等"软"系统问题研究	比较、学习	定性分析与定量分析相结合	多元的，满意解，系统有好的变化或者从中学到了某些东西

例 3-4 基于"调查学习"方法论的农产品品牌建设方法

"调查学习"方法论的工作思路是首先认清问题实质、明确根底定义、构建概念模型，然后进行概念模型与现实状况的比较，最后针对存在的主要问题进行合理化设计，形成可操作的方案。参考文献[8]在分析了农产品品牌建设的实质后，给出了农产品品牌建设的概念模型。

1. 农产品品牌建设的根底定义

农产品品牌建设是为了满足消费者对高品质农产品的需求，同时也为了实现农业增效和农民增收，在政府规划与引导下，农产品生产经营者使用标准化生产技术和品牌管理策略，塑造农产品品牌形象的活动。以标准化生产技术为纽带来规范分散农户的生产活动，保证了农产品品质统一。品牌管理策略主要有价格、渠道、促销和人才策略。合理而灵活的价格策略既能保证合理利润及阻击竞争者，又能维护品牌高端形象；通畅而规范的渠道策略既能保证产品的市场占有率，又能及时把握市场需求动态；丰富而变化的促销策略既能扩大销量，又能展示品牌的文化属性；规范而人性化的人才策略既能调动员工的积极性，又能丰富品牌的文化内涵，整合以上策略会极大地提升品牌形象。

2. 农产品品牌建设的概念模型

根据农产品品牌建设的根底定义可知，推广标准化生产技术离不开政府规划与引导，离不开农产品品种改良、新技术推广与培训；使用品牌管理方法包括合理使用价格策略、促销策略、渠道策略和人才策略。农产品品牌建设的六个关键要素归纳为农产品品牌建设 6P 模型，见图 3-5。

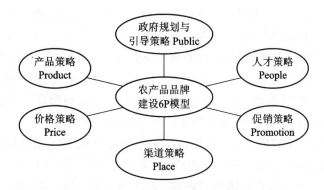

图 3-5　农产品品牌建设 6P 模型

　　然后，文章给出了基于农产品品牌建设概念模型的现实考察。发现现实情况与理想模式存在较大差距，归纳为以下六个方面问题：① 政府规划与引导策略有待规范；② 农产品产品策略有待完善；③ 农产品价格策略有待改进；④ 农产品渠道策略有待提高；⑤ 农产品促销策略有待丰富；⑥ 农产品经营者素质有待提升。针对上述差距，综合分析政府、社会、科技、从业者、资源、营销组合等因素，提出具体实施方案。

　　3. 农产品品牌建设方案设计

　　（1）政府要科学规划和规范引导。① 做好产业规划，提升农业产业化与集约化程度。② 加强农业产业化经营主体的培育。③ 完善农产品质量安全管理及品牌权益保护，营造品牌运作的外部环境。

　　（2）改进农产品产品策略。① 突出品牌农产品发展的重点品类。② 改进品牌农产品包装策略。③ 农产品品牌命名要体现营养、品质、绿色、文化的要求。④ 适当延伸农产品产品线，提高生产经营者收入。

　　（3）制定合理而灵活的价格策略。品牌农产品要依据成本、产品属性、市场需求来定价。由于生产成本高、分销费用大，所以品牌农产品定价要比普通农产品高。品牌农产品面临着同类普通农产品的价格竞争，后者较低的价格会对一些消费者产生很大吸引力，品牌农产品企业在维持生存的前提下，通过定价来展现质量领先和品牌高端，使企业持续发展；由于使用高标准的生产技术、没有或者很低农药残留、营养价值较高，品牌农产品品质要优于普通农产品，所以定价要比普通农产品高。普通农产品（如普通蔬菜）作为生活必需品，它的需求价格弹性很小；品牌农产品（如有机蔬菜）作为生活选择品，它的需求价格弹性就大一些，品牌农产品的需求曲线斜率就相对平缓一些，可以适当使用价格折扣与折让进行促销，以增加销量。

　　（4）实施通畅和规范的渠道策略。为了提升农产品流通规模和效率，要把"地头收购"整合为产地批发市场，加强信息体系、质量检测体系、结算系统等设施建设。要对现有农产品批发市场进行升级，对合作社进行兼并与联合，强化流通合作组织的规模优势，促进农产品大流通格局的形成。

　　（5）设计丰富而变化的促销策略。由于电视及报纸广告的传播成本高，多数农产品品牌可以采用网络广告、户外广告、售点广告、终端促销、积分卡销售等形式进行推广。农业企业可以建立网站或在一些大型门户网站及政府农业网站上做宣传。积分卡销售、会员制等形式适合农产品反复购买的特性，易于形成稳定的消费群体。农业生产企业可以无偿为灾民捐赠食品，为一些大型会议活动提供产品，这样既能树立企业关心社会的形象，又能展示农产品的高品质。此外，还可以让顾客参与品牌评选活动，让他们发表使用感受；也可以让顾客体验某些工艺过程，既丰富了顾客的生活，又拉近了企业与顾客之间的感情距离。

（6）建立规范而人性化的新型农民培训体系。培养新型农民是一项长期复杂的系统工程，要不断完善政府组织推动、农民需求拉动、社会参与互动的多层次农民培训体系。坚持实际、实用、实效的原则，不断更新培训内容，由以种养业为主，转向种、养、加、销并重；由以产中培训为主，转向产前、产中、产后的整体培训。除了文化科技方面的培训，还要加强对农民经营管理、卫生健康、思想道德、民主法制等方面的培训。培训工作要机动灵活，按照农民喜好和农时来安排培训内容、形式和时间。加大培训经费投入，完善政策法规，把农民培训工作纳入规范化和制度化轨道。

（资料来源：章军. 基于切克兰德方法论的农产品品牌建设方法. 市场周刊，2009 - 03）

3.4　综合集成方法论

3.4.1　综合集成方法论的产生

系统工程方法论一直是系统工程研究开发及应用的重要内容。人们以霍尔、切克兰德等方法论及系统分析方法为基础，以东方文化与西方文明等多方面的结合为重要特征，对系统工程方法论的研究与应用在国内外取得了不少新的成果，值得关注。

1. 综合集成方法论的提出

20世纪80年代初，结合现代作战模式的研究，钱学森提出处理复杂行为系统的定量方法学。这种定量方法学是半经验半理论的，是科学理论、经验和专家判断的结合。

80年代中期，在钱学森的指导下，系统学讨论班又进行了方法论的探讨，考察了各类复杂巨系统研究的新进展，特别是社会系统、地理系统、人体系统和军事系统4个方面。

在社会系统中，为解决宏观决策问题，运用由几百个变量和上千个参数描述的模型、定性与定量相结合的一系列方法来开展研究；在地理系统中，用生态系统、环境保护以及区域规划等方法开展综合研究；在人体系统中，把生理学、心理学、西医学、中医学和其他传统医学综合起来开展研究；在军事系统中，运用军事对阵方法和现代作战模型综合开展研究。

在对这些研究进展进行提炼、概括和抽象的基础上，80年代末，钱学森提出处理开放的复杂巨系统的方法论是"从定性到定量综合集成方法"。1992年，钱学森提出从定性到定量综合集成研讨厅体系（Hall for Workshop of Metasynthetic Engineering，HWMSE）。这套方法论和体系是从整体上研究和解决问题，采取人机结合、以人为主的思维方法和研究方式，对不同层次、不同领域的信息和知识进行综合集成，达到对整体的定量认识。它是如下成功经验的汇总和升华：① 学术讨论的 Seminar 经验；② 从定性到定量综合集成法；③ C^3I（Communication，Control，Command，Information）及作战模拟；④ 情报信息技术人工智能；⑤ 虚拟现实技术（Virtual Reality）；⑥ 人机结合的智能系统；⑦ 系统学；⑧ 第五次产业革命中的其他技术。

2. 综合集成的含义

综合(Synthesis)与集成(Integration)是系统工程中出现频次很高的术语。集成一词在其他学科出现也很频繁,例如集成电路(Integrated Circuit)。此外,Integration/lntegrate 还常常翻译为整合。综合高于集成,综合集成(Meta-Synthesis)的重点是综合。集成比较注重物理意义上的集中和小型化、微型化,主要反映量变;综合的含义更广、更深,反映质变。

钱学森院士提出的综合集成对应的英文术语是 Meta-Synthesis(而不是 Meta-Integration),其前缀 Meta -的含义是"在……之上"、"在……之外",这里当取"在……之上"之意,那么,Meta-Synthesis 的字面意义就是"在综合之上"。这说明:综合集成的重点在综合,目的是创造、创新("综合即创造",这是系统工程领域的一句名言)。综合集成是在各种集成(观念的集成、人员的集成、技术的集成、管理方法的集成等)之上的高度综合(Super-Synthesis),又是在各种综合(复合、覆盖、组合、联合、合成、合并、兼并、包容、结合、融合等)之上的高度集成(Super-Integration)。

综合集成考虑问题的视野是系统之上的系统(the System of Systems),它包含本系统而比本系统更大的系统(the Bigger System)、更大更大的系统。综合集成的反义是单打一、拆散、零乱等。在方法论上,综合集成是与还原论相对应、相对立,又相补充的,即所谓相反相成、对立统一。还原论仍然有它的用处,它会继续存在、长期存在,但是,光有还原论是不够用的。综合集成也需要还原论的研究成果,两者应该结合起来,相互取长补短。离开了还原论,系统论就可能退化为古代的整体论。钱学森院士认为:Meta - Synthesis 高于西方学者提出的统计研究中的 Meta - Analysis。"集大成,出智慧",综合集成法是"大成智慧工程"的方法论。我们用图 3 - 6 来表示综合集成的丰富含义。

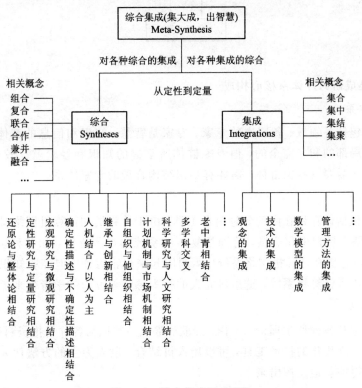

图 3 - 6　综合集成概念图解

3.4.2 综合集成研讨厅体系的框架

在综合集成研讨厅体系方法论概念中，综合集成是方法特征，研讨厅体系是组织形式。综合集成研讨厅体系可以看做由三部分组成：机器体系、专家体系和知识体系。这三个体系构成高度智能化的人机结合体系（如图3-7所示）。它把人的思维、思维的成果、人的经验、知识、智慧以及各种情报、资料和信息等全部集成在一起，从多方面定性认识上升到定量认识。它不仅具有知识与信息采集、储存、传递、调用、分析与综合的功能，更重要的是具有产生新知识和智慧的功能，发挥这个系统的整体优势，既可用来研究理论问题，又可用来解决实践问题。

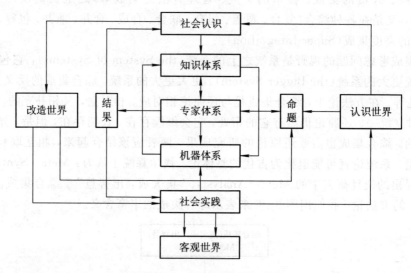

图3-7 研讨厅体系框图

1. 综合集成研讨厅体系核心构成

1）专家体系

专家体系包括各领域、各层次的专家。专家是智慧、知识和信息的载体。一个专家的知识和经验是局部的和非完全的，但专家群体所掌握的知识和经验就比较全面了。因此，在综合集成法中需要有专家群体，需要有知识结构合理的专家体系。

2）机器体系

机器体系包括计算机在内的各种信息工具。由于计算机和计算机网络具有海量的存储能力，可以存储大量知识和信息，特别是复杂巨系统的观测资料，如各种统计数据、各种信息资料，都可存储在计算机网络系统中，调用起来也很方便。但经验知识和不成文的感受目前还难以进入计算机系统，这给研究人的行为感知等方面的学者带来了困扰。

3）知识体系

知识体系包括各种科学理论、工作、经验、常识性知识与各种情报资料等。

由于使用了现代化的技术工具，可以用人机结合、以人为主的方法使人的智慧和信息工具的威力相得益彰地发挥出来。

2. 综合集成研讨厅体系的建设和应用

建设研讨厅按照分布式交互网络和层次结构组织起来，就成为一种具有纵深层次、横向分布、交互作用的矩阵式研讨厅体系，为解决开放的复杂巨系统问题提供了规范化、结构化的形式。

1）指导思想

开放的复杂巨系统具有科学与经验的本质，综合集成方法和研讨厅体系实际上是根据科学和经验相结合、智慧与知识相结合的途径，去研究和解决开放的复杂巨系统问题。从这个角度看，综合集成研讨厅体系本身就是个开放的、动态的体系，也是个不断发展和进化的体系。钱学森曾指出："关于开放的复杂巨系统，由于其开放性和复杂性，我们不能用还原论的办法来处理它，不能像经典统计物理以及由此派生的处理开放的简单巨系统的方法那样来处理，我们必须依靠宏观观察，只求解决一定时期的发展变化的方法。所以任何一次解答都不可能是一劳永逸的，它只能管一定的时期。过一段时间，宏观情况变了，巨系统成员本身也会有其变化，具体的计算参数及其相互关系都会有变化。因此对开放的复杂巨系统，只能作比较短期的预测计算，过了一定时期，要根据新的宏观观察，对方法作新的调整。"

这个思想对综合集成方法的应用，对综合集成研讨厅体系的建设和应用，都有重要指导意义。

2）实体机构

应用综合集成方法（包括综合集成研讨厅体系）必须有总体设计部这样的实体机构。如果说综合集成方法是研究开放的复杂巨系统的方法论，那么总体设计部是实现这个方法论所必须的体制和机制，两者是紧密结合在一起的，不同于传统科学研究中的个体研究方式。正如钱学森指出的："我们把处理开放的复杂巨系统的方法定名为从定性到定量综合集成方法，把应用这个方法的集体称为总体设计部。"

从应用角度看，总体设计部由熟悉所研究系统各个方面的专家组成，并由知识面比较宽广的专家负责领导，应用综合集成方法（或综合集成研讨厅体系）对系统进行总体研究。总体设计部设计的是系统的总体方案和实现途径。它把系统作为它所属的更大系统的组成部分来进行研究，对它们所有要求都首先从实现这个更大系统相协调的观点来考虑；总体设计部把系统按照若干分系统有机结合的整体来进行设计，对每个分系统的要求都首先从实现整个系统相协调的观点来考虑，对分系统之间、分系统和系统之间的关系，都首先从系统总体协调的需要来考虑，进行总体分析、总体论证、总体设计、总体协调、总体规划，提出具有科学性、可行性和可操作性的总体方案。

3）综合集成的方法

综合集成有方法论层次上和工程技术层次上两种综合集成方法。

方法论层次上的综合集成方法直接诉诸实践经验，特别是专家的经验、感受和判断力。把这些经验、知识和现代科学提供的理论知识结合起来，通过建模、计算把这些定性知识和各种观测数据、统计资料结合起来，使局部性的知识达到整体定量的认识。将人和计算机结合起来，充分利用知识工程、专家系统和计算机的优势，同时发挥人脑的洞察力和形象思维能力，取长补短。

工程技术层次上的综合集成方法的操作步骤：① 针对提出的实际问题，充分收集有关信息资料，调用有关方面的统计数据，为研究工作做基础性准备；② 请各方面有关专家对系统进行分析研究，明确问题的症结所在，对系统做定性判断，确定系统建模思想；以经验假设为前提，对系统进行定量表示，建立数学模型；把数学模型有关的数据、信息输入计算机，对系统做仿真模拟试验，获得系统的定量数据资料；③ 组织专家群体对仿真结果进行分析评价、检验；④ 依据专家们的新见解、新判断，对系统模型进行修改，然后再仿真，再分析评价，如此反复循环，直到结果符合实际系统的理论描述。

3.4.3 综合集成方法的步骤

用综合集成法解决开放复杂巨系统的问题，大致可分为以下几个步骤：① 明确任务、目的。② 尽可能多地请有关专家提出意见和建议。专家的意见是一种定性的认识，肯定不完全一样。此外还要搜集大量有关的文献资料，认真了解情况。③ 通过上述两个步骤，有了定性的认识，在此基础上建立一个系统模型。在建立模型过程中必须注意与实际调查数据相结合，统计数据的个数决定参数个数等问题。然后用计算机进行建模操作。④ 模型建立后，通过计算机运行得出结果。但结果可靠性如何，需要通过有关专家对结果反复进行修改、检验，直到专家认为满意，这个模型才算完成。

这个方法综合了许多专家的意见和大量数据资料的内容，是专家群体的意见。把定性的、不全面的感性认识加以综合集成，达到定量的认识。根据系统分析的思想，结合复杂系统问题的特点，综合集成方法过程可分解为以下三部分。

1. 系统分解

在分析任务的基础上构成问题，把关于整体目标的、高度概括但又相当含糊的陈述转变为一些更具体的、便于分析的目标。根据问题的性质和要求达到的总目标，将复杂的决策问题分解成若干子问题，并按系统变量间的相互关联及隶属关系，将因素按不同层次聚集组合，形成一个递阶层次结构指标体系。

2. 模型集成

首先，建立模型。构造一组合适的模型，描述子系统组成变量及其之间的关系以及决策者的偏好。然后，资源集成。将各种定性、定量分析方法，以及领域专家、信息等一切可以利用的资源，利用分布式计算机网络有机地结合起来，供分析问题时使用。最后，进行系统分析。用集成的资源进行分析评价，利用各种模型方法，计算所有可行方案对指标体系的满意度，得出各种指标的分析结果。

模型集成涉及资源广泛，使用算法理论复杂，需要利用大量的、多样化的数据，实现使用技术更新。因此，它是实现综合集成方法重要难点所在。

3. 系统综合

系统综合就是利用多目标决策的方法综合各子系统的分析结果，以反映整个系统行为的结论。根据系统分析和综合的结果，对所列的备选方案进行比较、排序，确定出一定意义下的最佳方案，供决策者参考。如果决策者对分析结果不满意，还可以利用在分析和反馈过程中获得的新信息，对问题进行重构和分析。

例 3-5 地震灾后重建建立综合集成模式框架

如本章的案例导入所述，地震灾后重建作为一个非常复杂而艰巨的系统工程，必须借助于综合集成方法来进行系统管理。地震灾后重建综合集成模式包括灾后重建全过程集成管理和灾后重建保障体系构建两方面，分别从纵向和横向两方面实现对地震灾后重建的综合集成管理，如图 3-8 所示。

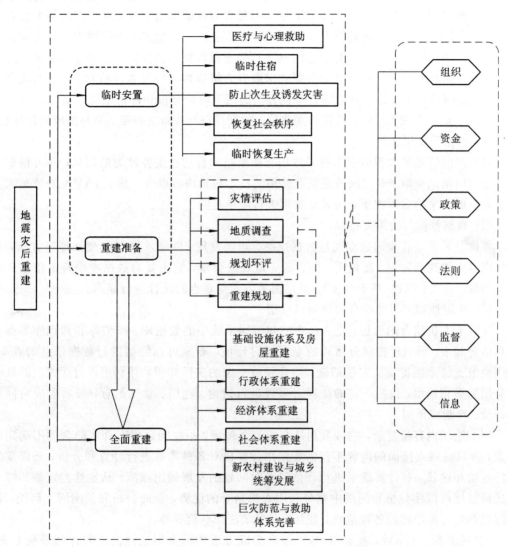

图 3-8　地震灾后重建建立综合集成模式框架

从纵向来看，地震灾后全过程集成管理大体可分为"一"个前提"三"个阶段：以科学评价为前提，分临时安置、重建准备和全面重建三个阶段，每个阶段间都有互相交叉和耦合。其中临时安置和重建准备几乎同时进行，它与科学评价一起构成了全面重建的基础和前提，历时较短。全面重建阶段历时最长，又可分为两个阶段：前一个阶段以恢复重建为主，如基础设施与房屋的重建，行政体系、经济体系、社会体系的恢复与重建；后一个阶段以发展提高为主，如改革体制，推进城乡全面统筹发展，完善巨灾防范与救助体系，提高灾区和全国抗灾能力等。从横向来看，每一个重建程序，都必须由组织、资金、政策、法制、监督和信息等来保障。

（资料来源：徐玖平，卢毅. 地震灾后重建系统工程的综合集成模式. 系统工程理论与

实践，2008－07)

例 3－6 基于综合集成方法的网上舆论分析和评估系统方案

今天的互联网对人际交往和信息传递模式产生了巨大影响。在网络虚拟空间的交流，往往会涌现出新的群体性的认知变化，容易引起大规模的聚集效应，在一定条件下会转变为现实世界的突发事件，造成严重后果。因此需要建立一个能实时跟踪网上舆论走向，准确把握网上舆论动态，并且能对事态的发展趋势进行评估和预测的一个体系，保证政府及时准确地了解社情民意，做出科学决策和采取有力措施预防突发事件的发生。针对这个问题，以论坛网站为例设计了基于综合集成方法的网上舆论分析和评估系统方案。

系统主要分为三大层次：数据的采集层、数据挖掘与决策支持层、综合集成研讨厅层。

（1）数据采集层。

对不同的网站采取搜索引擎技术或信息抓取技术自动搜集各种类型信息，并可根据要求进行定向信息获取。对定向信息获取使用的技术包括内容融合、基于 JAVA 的分布式计算及先进的全文检索等技术，同时对数据进行简单过滤。

（2）数据挖掘与决策支持层。

将信息采集层收集的数据通过数据挖掘、知识发现、问题求解与模型推理等方法，在论坛内容中发现新知识、新规则。核心部分是观点引擎，它主要对数据库中特定信息进行观点抽取、分类、综述（基于语义），及用图表方式对观点的统计进行显示。

（3）从定性到定量的综合集成研讨厅层。

体现了人机结合的思想，把人脑中的知识同系统中的数据库、模型库和知识库等有关信息结合起来。研讨厅提供分布式的专家研讨环境，专家可在终端进行数据信息的查询，利用决策支持系统提供的定量结论，结合领域专家的定性知识，并利用研讨厅提供的统一的公用数据和模型，按照一定的流程对事件进行讨论、建模、意见汇总，最后形成对问题的评价、判断或预测。

网上论坛内容很复杂，它涉及到社会的各个领域，一些问题中有许多隐含的不确定的因素，所以对观点倾向的内容不仅需要使用计算机对各种参数进行计算和分析，还需要专家的经验和建议，对计算结果进行评估以及对问题的发展做出预测。从定性到定量的综合集成研讨厅可以使分析和测试中充分利用人机结合的优势，全面分析和预测网上舆论，评估问题背后可能隐藏的各种危机，如社会危机、法律危机等等。

（资料来源：叶惠敏，戴冠中.基于综合集成方法的网上舆论倾向析与评估系统方案.计算机工程与应用，2005 年）

3.5 物理-事理-人理系统方法论

20 世纪 90 年代，日本系统科学学者提出西那雅卡那系统方法论，吸取了切克兰德等思想，针对日本文化特点形成了一种软硬结合、刚柔相济的系统方法论。对于难度自增值系统，王浣尘提出了"旋进原则"，即不断地跟踪系统的变化，选用多种方法，采用循环交替结合的方式，逐步推进问题的深度和广度。朱志昌与顾基发共同提出了物理-事理-人理（简称 WSR）系统方法论。这些方法论都是在东方系统思维的指导下提出的，是对系统工程方法论的完善与补充。

在中国科学家钱学森、许国志及美国华裔专家李耀滋等人的工作基础上，中国系统工程专家顾基发和英国华裔专家朱志昌于 20 世纪 90 年代中期提出了物理-事理-人理（WSR）系统方法论。主要观点是系统工作研究者在处理复杂系统问题时，不仅要明物理，懂自然科学，还应通事理，通晓各种科学的方法，各种可硬可软的解决问题的方法；更应知晓人理，掌握人际交往的艺术。只有把这三方面结合起来，利用人的理性思维的逻辑性和形象思维的综合性和创造性，去组织时间活动，才可能产生最大的效率与效益。

3.5.1　WSR 系统方法的内容及工作程序

1. WSR 系统方法的内容

WSR 方法论的主要内容如表 3-5 所示。该方法论已在水资源管理、商业标准体系制定、商业综合自动化评价、海军武器系统评价、新疆地区可持续发展、高技术开发区评价、飞行器安全性、劳动力市场评估、科研周转金评价等系统分析问题中得到应用。

表 3-5　WSR 系统方法论内容

	物　理	事　理	人　理
道理	物质世界法则、规则的理论	管理和做事的理论	人、纪律、规范的理论
对象	客观物质世界	组织、系统	人、群体、关系、智慧
着重点	是什么（功能分析）	怎样做（逻辑分析）	应当怎样做（人文分析）
原则	诚实、追求真理，尽可能正确	协调、有效率，尽可能平滑	人性、有效果，尽可能灵活
需要的知识	自然科学	管理科学　系统科学	人文知识　行为科学

物理主要涉及物质运动的机理，通常要用到自然科学知识，主要回答这个"物"是什么，它需要的是真实性。其内涵是：物理象征本体论的客观存在，包括物质及其组织结构；阐述自然客观想象和客观存在的定律、规则；物质运动和技术作用的一般规律是一种客观存在，不以人的意志为转移；管理过程和管理对象中可以并应该有自然科学、工程技术和处理的层面。

事理是做事的道理，主要解决如何去安排这些事物，通常用到管理科学方面的知识，主要回答怎样去做。其内涵是：人们办成办好事情应该遵循的道理、规律；也指方法，帮助人们给予客观存在有效处理事务的方法；管理者介入和执行管理事务的方式和规律。

人理是做人的道理，处理任何事和物都离不开人去做，以及由人来判断这些事和物是否得当，通常要用到人文社会科学的知识，主要回答应当如何。其内涵是：关注、协调系统中所有团体互相之间的主观关系；把事务组织在一起有效开展工作的方法；管理主体之间相互沟通、学习、调整、谈判等技巧。

2. WSR 系统方法实施步骤

WSR 作为一个统一的工作过程，可由理解意图、调查分析、形成目标、建立模型、提出建议、实施方案和协调关系等七个步骤来构成，如图 3-9 所示。

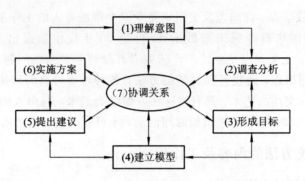

图 3 - 9　WSR 系统方法的工作程序

（1）理解意图。在进行任何工作之前，都要明确解决的问题、理解决策者的意图。明确问题、理解意图是解决问题的起点和基础。这需要决策者之间彼此的沟通与协调。

这一步骤体现了东方管理的特色，强调与领导的沟通，而不是一开始就强调个性和民主等。这里的领导是广义的，可以是管理人员，也可以是技术决策人员，也可以是一般的用户。在大多数情况下，总是由领导提出一项任务，他们的愿望可能是清晰的，也可能是相当模糊的。愿望一般是一个项目的起始点，由此推动项目。因此，传递、理解愿望非常重要。在这一阶段，可能开展的工作是愿望的接受、明确、深化、修改、完善等。

（2）调查分析。调查分析是系统工程活动的重要组成部分，是一个物理分析过程。任何结论只能在仔细地调查情况之后，而不应在之前。这一阶段开展调查分析需要协调好与被调查者的关系，以免引起不必要的问题。一般总是深入实际，在专家和广大群众的配合下，开展调查分析，有可能出具"情况调查报告"一类的书面工作文件。

（3）形成目标。作为一个复杂的问题，往往一开始问题打算解决到什么程度，领导和系统工程工作者都不是很清楚。在领会和理解领导的意图以及调查分析，取得相关信息之后，这一阶段可能开展的工作是形成目标。这些目标会有与当初领导意图不完全一致的地方，同时在以后大量分析和进一步考虑后，可能还会有所改变。目标的确定需要协调，使形成的目标得到共识。

（4）建立模型。这里建立的模型可以是数学模型、物理模型、概念模型、运作程序、运行规则等。一般通过与相关领域的主体讨论、协商，在思考的基础上形成。在形成目标之后，在这一阶段，可能开展的工作是设计、选择相应的方法、模型、步骤和规则来对目标进行分析处理，称之为建立模型。建立模型时，应与相关领域的人员讨论、协商，要运用物理和事理。

（5）提出建议。运用模型，分析、比较、计算各种条件、环境、方案之后，可以得到解决问题的初步建议。提出的建议一要可行，二要尽可能使相关主体满意，最后还要让领导从更高一层次去综合和权衡，以决定是否采用。要使建议被决策者采用，协调工作相对其他阶段更加重要。

（6）实施方案。建议的实施，在实施过程中也需要与相关主题进行沟通，以取得满意的效果。

（7）协调关系。协调关系是整个系统工程活动的核心，在整个活动中发挥作用。协调关系在建议阶段最为重要。协调关系体现了东方方法论的特色，属于"人理"的范围。

3. WSR 系统方法的实施原则

参考文献[7]认为，在应用 WSR 方法论时通常还需要遵循参与、综合集成、人机结合且以人为主、迭代和学习等主要原则。

（1）参与：在整个项目过程中，除了系统工程人员外，领导和有关的实际工作者都要经常参与。只有这样，才能使系统中的工作人员了解意图，吸取经验，改正错误想法。

（2）综合集成：由于问题涉及各种知识、信息，因此经常需要将它们与讨论的专家意见进行综合，集各种意见、方案之所长，互相弥补。

（3）人机结合且以人为主：把人员、信息、计算机、通信手段有机结合起来，充分利用各种现代化工具，提高工作能力和绩效。

（4）迭代和学习：不强调一步到位，而是时时考虑新信息，对极其复杂的问题，还要摸着石头过河。

（5）区别对待：尽管物理、事理、人理三要素彼此不可分割，但是不同的理必须区别对待。

（6）开放性：项目工作的各方面、各环节必须开放。

4. WSR 系统方法的特点

（1）它是自然科学、工程技术与社会科学的综合集成。这种综合集成不是简单的综合，而是贯通自然科学技术科学与社会科学，使它们更深层更复杂地交叉、渗透与综合。这种方法试图应用现代科学理论和技术手段，以计算机为工具，以专家群体为媒介构成高度智能化开放系统。它高度综合人类的知识，充分运用社会信息，为更科学、更主动地去实践人类社会活动，提高人类认识世界改造世界的能力服务。

（2）它以计算机为核心工具，利用计算机建立数据信息库、模型库、知识库、方法库，不断吸收新的数据、模型、方法充实系统本身，并随着时间环境等条件变化分析调整模型，以更有效地指导人类的社会实践活动。

（3）它是专家群体合作工作，发挥专家群体综合研究的优势，使产生的结果不是局部之和等于或小于整体，而是局部之和大于整体。

（4）它是一个包含许多方法的总体方法。它所采用的模型方法不是运筹学或系统工程中的某一具体单个模型方法，而是方法群、模型库。它包括已有的"软"、"硬"方法及模型以及新建立的任何具体模型、方法。它汇江河成大海，将所有可利用的方法均充实到"事理"中去以丰富它的内容，拓宽它解决问题的方法范围，提高它的科学性、系统性。

（5）它通过专家群体和决策者及系统内有关人员之间的联系、沟通和协调，了解决策者的目的、目标、要求、价值观、偏好、背景及系统内有关人员个人状况及相互之间的关系、背景、价值取向和所处环境等。它将对实践活动主体的认识提高到与客体并列的高度，并运用行为科学、社会学、人际关系学、心理学等管理社会科学知识，将其尽可能地反映在模型方法的建立选取分析上。由专家给决策者及系统内有关人员以有关的具体指导。

（6）它是在现代科学技术条件下，从实践到认识，再实践，再认识，如此循环，螺旋上升的实践论观点的具体化。

（7）它面对具体问题时可以根据当时具体问题所处的环境状态，对"物理"、"事理"和"人理"三个方面选取重点，有所侧重，使其成为一个较"硬"或较"软"的方法，或既"硬"又"软"的方法，这完全可由专家及决策者运用软系统方法论中的 CATWOE 分析确定。因此，它是非常灵活而方便的。

（8）它与 20 世纪 90 年代在欧美等国兴起的以计算机为工具、以人为中心、以顾客满意为目标为对付竞争激烈变化迅速的国际、国内市场而进行的"企业再造工程"不谋而合。"企业再造工程"的目的是使企业高效地对变化的市场做出快捷灵活的反应，以使顾客满意而赢得市场。而让顾客满意，有效性及灵活性正是"物理-事理-人理（WSR）系统方法"的基本特征。

物理-事理-人理系统方法是一个包含许多方法的总体方法，它充分体现了系统工程的思想。为了用好它首先在方法库中应当将各种方法按其适用范围也分为两个层次，并指明各方法的原理、功能、地位和作用，使方法库系统化、层次化、规范化和科学化。对认识、控制和改造自然社会的最具活力的主体——人，即与系统有关人员特别是决策者的研究是比较困难的。在现实中一般人特别是具有一定权力的领导者，其内心世界是一块儿禁区，研究人员很难真正了解他们的真实背景和目的，而这又往往关系到实践活动的成败。因此，研究人员一定要运用社会学、心理学、行为科学等知识把握具体真实情况以充分调动人的主观能动性，实现设定的目标。这几年 WSR 方法在信息系统、水资源管理、项目评价和航天安全性分析等领域的研究和应用中采用了这个方法，总体效果还是不错的。物理-事理-人理（WSR）系统方法将科学技术知识、社会科学知识、决策者及系统内有关人员以计算机和专家为媒介有机地结合起来，实现系统科学的总体分析、总体规划、总体设计和总体协调。

（资料来源：顾基发，高飞. 从管理科学角度谈物理-事理-人理系统方法论. 系统工程理论与实践，1998-08）

3.5.2 应用 WSR 的案例分析

1. 物理-事理-人理系统方法论出现的实践背景

1）第 1 个案例：地区发展战略研究

20 世纪 80 年代中期，资料来源的笔者在从事北京地区发展战略研究时沿用了过去硬系统思考的方法，考虑到毕竟是社会系统，因此尽量采用一些半定性、半定量的方法，如 Delphi 法、统一规划计划法（UPP 法）等，特别是在北京地区搞了一个 400 人的大调查，但汇总结果却得不到市领导认可。从事理角度看，北京市科技部门认为我们做得还不错，后来也评了科技进步奖。我们心理却不踏实，因为看到软系统方法论的观点，所以为我们没有选对方法论而遗憾；顺便也就在国内宣传起软系统方法论。同时，我们对 400 张调查表作了聚类分析，发现了一些有趣的现象：北京市基层干部和科研机构的人很快就聚在一起，而高层领导却聚不进来，这说明高层市领导与基层想法在很多问题上观点不一致。另外，高校的教师也难聚进来，因为他们总是从自己感兴趣的理论出发。这是我们第一次领略了"人理"——领导意图。

我们应该在项目开始和进行中更多地去听取领导的意图，而且在加工数据时应该对领导的数据适当加权，然后再取平均数。当然在项目研究过程中我们也要注意其他与项目有关人员的希望与意图。由此可知，战略项目进行中一定要有高层领导的参与。后来北京又提出要搞新的战略规划，笔者第一个关心的是有没有高层领导参与，回答是仍然没有，笔者就不愿再参加这类项目。1986 年，我们参加中国科协组织的吕梁地区发展战略的制订工作，课题组制订出战略规划准备召开鉴定会时，课题组成员却与当地领导发生了矛盾。笔者作为课题组秘书长不得不提前赶去现场，仔细了解双方的矛盾所在，特别是与地区领导进行了坦率交流，了解了他们的意图，最后适当地修改了方案，被双方接受。正是由于妥善地将物理、事理、人理综合地考虑在一起才解决了矛盾。

2）第 2 个案例：全球气候变暖

20 世纪 90 年代初，我们参加了一个有关全球气候变化的课题。在应用常规系统工程方法进行研究时，很快发现一些"事理"难以理清。更重要的是，由于问题涉及太多的学科，因此首先是要做到具有不同学科背景的专家们互相学习、互相了解，共同进行交叉性研究，把各种知识综合起来；其次是如何才能真正理解问题的本质所在。在该课题中，我们提出的气候变化模型没有得出气候明显变暖的趋势，为此受到了某种程度的批评。为此，笔者开始关注同意气候变暖的论据，发现这个结论是在一个有关气候研究的《白皮书》中提出的，而当时持不同意见的人并不少，并不是压倒多数通过的。

事实上对全球气候变化问题各国研究者有不同的理解。例如，英国科技记者考尔德认为"温室理论"是由于过多燃烧矿物燃料引起的理论是错误的，并进一步抨击英国科学家和英国气象局所起的作用。2004 年法国研究人员在英国"NATURE"杂志上发表文章称，通过对 600 多年的葡萄收成数据的分析，他们发现了气候变化规律，并发现全球气候变暖是周期性气候变化的结果，近年来的气温升高可能与工业社会中的人类活动没有太大关系。近两年，有关质疑气候变暖的各种新闻更是不绝于耳。2009 年 12 月在哥本哈根举行的世界气候大会期间，爆发了使全球科技界都格外震惊的"气候门事件"。

事件中，一些被泄露的邮件揭露了联合国政府为气候变化专门委员会（IPCC）报告编写的资料汇集单位——英国东英吉利大学 JONES 教授的小组，在汇总有关全球气候变化的材料时，凡是不利于气候变暖的材料都被扣压下来。2010 年 1 月份，IPCC 承认，该机构 2007 年发布的一份报告——《如果全球变暖持续，喜马拉雅冰川可能在 2035 年前后完全消失》这一表述是错误的。西方媒体评论，这一次"认错"恐引发外界对全球变暖数据测算的质疑。

事后，IPCC 的科学公信力及关于全球变暖结论的真实性开始受到更多质疑，许多科学家针对气候变暖等问题展开了更为科学的研究。北京大学承继成等学者发布了一份关于全球气候变化问题争论的报告，用详实的科学数据对 IPCC 报告的科学性提出了质疑。他们经过系统、科学的研究后认为，IPCC 报告中关于 CO_2 的排放导致气候变暖以及目前频繁发生的极端天气由全球气候变暖所致等结论均缺乏充分的科学依据。这些议论反映了人们站在不同的知识立场、观点对同一物理现象可以选取不同的数据和用不同的事理去解读。更有人认为"错误"背后有利益动机……这些都是"人理"要研究的问题。还有一个事关国家利益的问题：即使气候变暖，对不同地区和国家所造成的利弊也是不一样的，并且对"发展中国家和发达国家应承担的责任"这一问题的看法也不一样。原来大多数国家已取得共识的《京都协议书》，后来却遭到美国的拒签。当然，人们为了自省由于人类本身不当行为而导致对地球的人为破坏，而采取种种自觉和联合的行动，我们无意反对。只是想说只考虑"物理"和"事理"是不够的，必须看到"人理"在其中的作用，那就是人们在认识自然规律时，有其一定的认知局限性。人们都会从自身利益去考虑和解决问题，因此要达到对全球气候变暖这类复杂问题要求得全球共识是相当困难的。

2. 物理-事理-人理系统方法论提出后的案例：中日两国大学评价

20 世纪 90 年代中后期，自从形成 WSR 方法论以后，我们进行了很多实际课题。其中最多的是一系列评价的课题，如内贸部商业管理信息系统的评价、海军武器系统评价、中国劳动力市场监测、评估与经验传播项目和科研项目的选择与评价等。

21世纪初，笔者在日本的一个硕士生用WSR方法论做了中日两国大学的评价，以区别于其他大学评价的方法。

（1）物理层指标（强调事实）：① 基本情况：学生总数、教师总数、经费（主要指科研费来自政府、社会）、工科重点学科数、理科重点学科数、文科重点学科数。② 学术成就：在SCI、E1、ISTP、CSCD上发表文章数（在评中国大学时用）；在CA、SSCI、NATURE上发表文章数（在评日本大学时用）。

（2）事理层指标（强调效率）：① 人均效率：平均每个教员的学生数；平均每个教员的经费；平均每个教员在SCI、E1、ISTP、CSCD发表文章数，平均每个教员的论文总数。② 投资效率：每万元的SCI、E1、ISTP、CSCD，发表文章数，每万元的论文总数。

（3）人理层指标（强调效果）：校长评价、院长评价、院士评价、公司评价（日本大学用）、学生评价。

首先，在选择评价方法时该硕士生没有采用一般的加权和方法，而是采用了统计方法（主成分方法、主因子分析法和聚类方法），这些方法有利于分析一些指标间的内在联系。例如，校长评价、院长评价和SCI指标非常靠近，这说明中国的校长、院长们太看重SCI。在具体对大学排名时我们用了各种排序方法，特别是运用多目标非劣解的思想。

其次，由于评价本身毕竟不可能那么精确，也没有必要过分区分谁比谁差1名或是优1名，因此又提出序数解和宽容解的思想来粗略分出各大学所属级别或档次，类似5星级、4星级等，在同一星级中就不再排先后。由于当时在日本做这个评价，因此原始数据主要取自互联网上公开的数据，对中国的36所重点大学在1999年和2000年按物理、事理及人理层次进行了多种统计方法的实际计算，对日本的21所主要大学也进行了相应的评价。

现就国内重点大学部分计算评价过程进行举例。这里用前10的宽容解，即同一指标中前10位的都算作得1分，其他不得分，等等。利用序数解把大学按得分多少分成了几个等级（档次）。在同一档内的大学不再分先后。为了比较起见，将在1999年按6个指标最后综合排序后最前面的36所大学与用WSR法的排序结果加以对比，结果显示：36所大学中有14所与WSR法的排名在同一档次；14所差1个档次；4所差2个档次及以上，还有4所在网大36所的名单中有而在我们收集的36所名单中没有，所以无法比较。另外，我们对部分大学排序时也可看出它们某种优先次序和适当的聚类情况，例如一些好的综合性工科大学都在第一象限，而著名的综合性理科大学都在第四象限，等等。

（资料来源：顾基发.物理－事理－人理系统方法论的实践.管理学报，2011，8（4））

课后习题

1. 什么是霍尔三维结构？它有什么特点？
2. 霍尔三维结构与切克兰德方法论有何异同点？
3. 从定性到定量的综合集成方法论的实质是什么？
4. 什么是结构性问题？什么是非结构性问题？
5. 什么是物理？什么是事理？什么是人理？

6. 举例说明系统工程方法论的应用。

参 考 文 献

[1] 徐玖平, 卢毅. 地震灾后重建系统工程的综合集成模式. 系统工程理论与实践, 2008
[2] 刘舒燕, 涂建军. 基于霍尔三维结构理论的物流一体化实施步骤与方法. 武汉理工大学学报, 2006, 28(10): 97 - 102
[3] 汪应洛. 系统工程. 3 版. 北京: 机械工业出版社, 2003
[4] 张晓冬. 系统工程. 北京: 科学出版社, 2010
[5] 郁滨, 等. 系统工程理论. 合肥: 中国科技大学出版社, 2009
[6] 高志亮, 李忠良. 系统工程方法论. 西安: 西北工业大学出版社, 2004
[7] 孙东川, 林福永, 林凯. 系统工程引论. 2 版. 北京: 清华大学出版社, 2009
[8] 章军. 基于切克兰德方法论的农产品品牌建设方法. 市场周刊·理论研究, 2009(3)
[9] 叶惠敏, 戴冠中. 基于综合集成方法的网上舆论倾向分析与评估系统方案. 计算机工程与应用, 2005
[10] 顾基发, 高飞. 从管理科学角度谈物理-事理-人理系统方法论. 系统工程理论与实践, 1998, (8)
[11] 顾基发. 物理-事理-人理系统方法论的实践. 管理学报, 2011, 8(3)
[12] 王众托. 系统工程. 北京: 北京大学出版社, 2010
[13] 周德群. 系统工程概论. 北京: 科学出版社, 2007
[14] 袁旭梅, 刘新建, 万杰. 系统工程学导论. 北京: 机械工业出版社, 2007
[15] 吕永波. 系统工程. 北京: 清华大学出版社, 北京交通大学出版社, 2005
[16] 张晓冬. 系统工程. 北京: 科学出版社, 2010
[17] 顾基发. 系统科学、系统工程和体系的发展. 系统工程理论与实践, 2008

第4章 系统分析

【案例导入】 阿拉斯加原油的输送

美国阿拉斯加北海岸的 Prudhoe Bay 盛产石油，不久前，几家公司的钻探证明，这个 Prudhoe Bay 大油田是北美最大的油田，原油可采储量在 80 亿吨以上。因此，为了满足美国本土对原油的需要，就需要将阿拉斯所生产的原油向美国本土运送。

阿拉斯加 Prudhoe Bay 油田与美国本土中间有加拿大相隔，需要将原油从 Prudhoe Bay 运送到阿拉斯加南海岸的瓦尔迪兹，并且要求每天运送原油 200 万桶。然而，油田处在北极圈内，Prudhoe Bay 常年处于冰封状态，陆地更是常年冰冻，最低气温达零下 50 摄氏度。原油运输可以经由 Prudhoe Bay 通过油轮向美国本土运送，也可以通过加拿大陆地借助管道运输。这两个方案对一般的原油运输问题而言均为可行方案，油轮运输与管道都是成熟的原油运输方法。然而，在这个具体案例中由于地处北极圈内，使得问题变得复杂。

（资料来源：杜玠. 系统工程原理. 湖南省系统工程学会农业系统工程研究会等单位编印，1982-06）

那么如何将阿拉斯加东北部 Prudhoe Bay 油田盛产的原油向美国本土运输呢？哪种方法更好呢？我们可以通过系统分析这章内容的学习找到答案。

4.1 系统分析概述

系统分析（System Analysis）是兰德（RAND，Research and Development）公司在 20 世纪 40 年代提出的一套解决复杂问题的方法和步骤，他们称之为"系统分析"。早期系统分析主要应用在军事武器系统的研究与开发等领域中。二战后，系统分析逐步由武器系统分析转向国防战略和国家安全政策的系统分析。20 世纪 60 年代以来，开始将系统分析方法广泛地应用于各类系统的分析，并在实践中逐步认识到仅有定量分析是不够的，还必须同时对众多的相互影响的社会因素进行定性分析。70 年代，欧美 12 个国家的有关部门组成国际应用系统分析研究所（IIASA）。目前系统分析已经广泛应用于社会、经济、能源、生态、城市建设、资源开发利用、医疗、国土开发和工业生产等方面。

4.1.1 系统分析的定义

从系统工程方法论中可以看出，系统分析是系统工程的一个逻辑步骤，这就是狭义上的系统分析。也就是说，认为系统分析是系统工程的一项优化技术，或者是系统工程技术在非结构化问题决策中的具体应用。广义的解释是把系统分析看做系统工程的同义语，认为系统分析就是系统工程。无论是从哪种角度去定义，无论哪种解释，系统分析的重要性都是显而易见的。

兰德公司的 E. S. Krendel 给出的系统分析定义是："所谓系统分析，就是在体系上探讨决策者的真正目的，对用于达到此目的的替代政策和战略所伴随的费用、有效度以及风险等在可能的限度内进行比较，当探讨的替代方案存在缺陷时，通过做成其他的替代方案帮助决策者进行行为选择的一种方法。"

在科学技术高度发达的现代化社会里，随着系统分析在各个领域和各类问题中的广泛扩展和应用，所涉及的专业内容和运用领域的侧重点不同，给出的系统分析定义也不同。下面我们按照时间顺序介绍不同学者和专家给出的系统分析的定义和概念。

（1）在 20 世纪 50 年代，人们将系统分析与运筹学作对比，认为系统分析是运筹学应用的扩展，两者之间的关系犹如战略之于战术的关系。

兰德公司曾提出：系统分析对于运筹学的关系犹如战略对于战术的关系。

希契（C. Hitch）认为：系统分析是运筹学的扩展，系统分析提供了利用各个领域专家的知识来综合解决问题的途径。运筹学用于解决目标明确、变量关系简单的近期问题，系统分析用于解决更为复杂和困难的远期问题。但系统分析和运筹学分析在基本内容上有共同点。

（2）在 20 世纪 60 年代，认为系统分析是一种研究方法。它有本身的内容，可以通过目标、可行方案集、模型、效用和评价准则等连成一体，由数学模型和计算机仿真来实现，从而可以处理一些较大规模的事件或问题。

奎德（E. Quade）认为：系统分析是一种研究战略的方法，是在各种不确定条件下帮助决策者处理好复杂问题的方法。具体来说，就是通过调查全部问题，找出目标与可供选择的方案，按它们的效果进行比较，利用恰当的评价准则，发挥专家们的见解，帮助决策者选择一系列方案的一种系统方法。

尼古拉诺夫（S. Nikoranov）认为：系统分析要解决的基本问题是选择一个最适合的替代方案来实现使高层决策者更有效地控制和利用资源。这种替代方案（往往含有大量的变量和不确定因素）的选择必须保证完整性和可测性，为此必须采用数学模型和计算机技术。该定义的具体内容有 11 项，分别是：问题的提出、对问题各相关因素的估计、目标和约束系统的确定、制定评价准则、该问题所特有的系统结构的确定、分析系统中的关键因素和不利因素、选择可能的替代方案、建立模型、提出求解过程的流程、进行运算并求得具体结果、评价结果和提出结论。

科弟科特（P. Coldicott）认为：系统分析是了解系统在有效利用各类资源时产生的有效变化或可能的替换，而这些有价值的信息是借助于计算机技术实现的。

克罗（R. Krone）认为：系统分析可被视为由定性、定量或者两者相结合的方法组成的一个集合，其方法论源于科学方法论、系统论及为数众多的涉及选择现象的科学分支。应用系统分析的目的，在于改进人类组织系统的功能。

切克兰德（P. Checkland）认为：系统分析是系统观念在管理规划功能上的一种应用。它是一种科学的作业程序或方法，考虑所有不确定的因素，找出能够实现目标的各种可行方案，然后，比较每一个方案的费用—效益比，通过决策者对问题的直觉与判断，以决定最有利的可行方案。

（3）在 20 世纪 70 年代，将系统分析与决策相联系，作为解决层次较高、难度较大的大系统问题的手段。

菲茨杰拉德（J. Fitzgerald）认为：系统分析方法用于分析和评价系统中各个决策点对系

统的效果所产生的各种影响和制约。所谓决策点，就是系统中那些能对输入数据做出反应和能做出决策的点(可以是人或自动装置)。因此，在系统分析中，一个系统的设计是以各种决策点为依据的。

(4) 在20世纪80年代，系统分析不但应用于多层次、大规模的复杂系统，而且还考虑以人为中心的系统行为。系统分析与决策紧密相连，强调研究系统的整体结构和行为过程。它通过各种方法来减少决策者对问题不清楚或无把握的程度，力争使之达到尽可能清晰的认识，以便于决策。系统分析已成为当今决策分析的核心内容。

唐明月认为：系统分析是一种对系统进行信息处理的方案。系统分析的过程是希望对所研究的问题尽可能缩减信息量，并保证能充分反映该系统的信息品质。在理想状况下，一个系统在决策时最后所剩下的信息量(亦即决策者必须面对的信息量)应等于次系统不可知的信息量。

宋健认为：系统分析是研究系统结构和状态的变化或演化规律，即研究系统行为的理论和方法。

汪应洛在《系统工程(3版)》中给出的定义是：系统分析是在对系统问题现状及目标充分挖掘的基础上，运用建模及预测、优化、仿真、评价等方法，对系统的有关方面进行定性与定量相结合的分析，为决策者选择满意的系统方案提供决策依据的分析研究过程。

系统分析作为一种研究解决复杂问题的方法，仍在发展和完善，到目前为止都没有统一的定义。我们可以从上述定义中抽取出适合处理现代社会各类系统问题的系统分析的定义。

系统分析是在对系统目标充分挖掘的基础上，确定系统的要素、结构、功能和环境，运用建模及预测、优化、仿真、评价等方法，对系统的有关方面进行定性与定量相结合的分析，给出系统行为的演化规律，为决策者选择满意的系统方案提供决策依据的分析研究过程。

从上述定义看出：

(1) 目标导向是解决问题的开始。即使有些工作是以问题为导向的，但目标导向是根本。因为如果以问题为导向，只能解决当前出现的问题，而目标导向会使系统更能向长远发展，不仅仅是解决当前的问题。

(2) 在进行系统分析时，系统分析人员需要对与问题相关的要素进行研究、探索和展开，需要对系统的目的、功能、结构、环境、费用与效果等进行周密而充分的分析、比较、考察和试验，结合以往的经验广泛收集数据和资料，并分析处理有关的资料和数据，从而可以获得对问题的综合的和整体的认识，制定一套经济有效的处理步骤和程序，或提出对原系统的改进方案。

(3) 建模及预测、优化、仿真和评价等科学技术方法与运筹学有共同之处。需要对若干备选的系统方案建立必要的模型，进行优化计算或仿真实验，把计算、实验、分析的结果同预定的任务或目标进行比较和评价，最后把少数较好的可行方案整理成完整的综合资料，作为决策者选择最优或满意的系统方案的主要依据。

(4) 系统分析对系统问题的解决不应该是静态的，因为环境是变化的，系统是变化的。在当前对各个备选方案进行评价后，还要给出系统行为演化规律，包括演化的环境、条件和机制，这样对决策者具有更长远的意义。

（5）系统分析的目的是帮助决策者对所面临的问题逐步进行清晰、透彻的分析，并为其提供可能的解决问题的依据，起到辅助决策的作用；其方法就是通过采用系统的观点和方法，对系统的结构和状态进行定性和定量的分析，提出多种可行的备选方案，并对可行方案进行比较、评价和协调，从而得出最优的解决方案；其任务就是向决策者提供系统方案和评价意见，并提出建立新系统的建议，便于决策者选择方案。这里的"选择"不是一个动作，而是一个过程。

系统分析是系统工程处理问题的核心内容，也是运用系统工程解决问题过程中的一个不可或缺的环节。系统分析对于整体问题的目标设定、方法选择、有限资源的最佳调配和行动策略的决定，都是有效的工具。

4.1.2　系统分析的要素

在所遇到的实际问题中，我们所接触到的系统都处于不断的动态变化之中，而且系统所处的环境都各不相同。即使是同一系统，由于不同的阶段所要分析的目的不同，所采用的方法和手段也不相同。因此，要找出技术上先进、经济上合理的最佳系统，系统分析时就必须要先确定系统当前组成要素具体是什么，进而分析其功能、结构、演化规律等，从而达到分析的要求。

美国兰德公司曾对系统分析的方法论做过如下概述：① 期望达到的目标。② 分析达到期望目标所需要的技术与设备。③ 分析达到期望目标的各种方案所需要的资源和费用。④ 根据分析，找出目标、技术设备、资源环境等因素间的相互关系，建立各种方案的数学模型。⑤ 以方案的费用多少和效果优劣为准则，依次排队，寻找最优方案。以后把这五条归纳并补充为系统分析的七个基本要素，七个要素间的关系如图 4 - 1 所示。

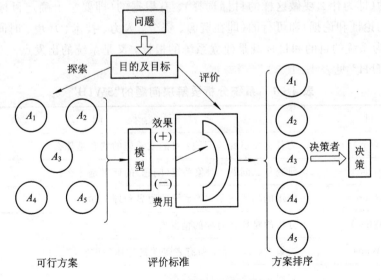

图 4 - 1　系统分析概念结构图

1. 问题

在系统分析中，问题包含以下两个方面：① 研究的对象，或称对象系统，需要系统分析人员和决策者共同探讨与问题有关的要素及其关联状况，恰当地定义问题。② 问题表示现实系统与目标系统的偏差，为系统改进方案提供线索。例如，我们在本章案例导入中的问题，美国阿拉斯加北海岸的 Prudhoe Bay 盛产原油，而为了满足美国本土原油的供应，就必须将阿拉斯加盛产的原油通过某种渠道或办法运输到美国本土，为了平衡美国不同地区原油供应上的偏差，我们就要解决将阿拉斯加北海岸的 Prudhoe Bay 盛产的原油运输到美国本土的问题。还有，运筹学中目标规划就是应用这一思想，解决系统实际目标函数与预期指定目标值的偏差问题，从而得到系统的满意解。

2. 目的及目标

目的是对系统的总要求，具有整体性和唯一性，这是系统存在的根源，是建立系统的根据，是系统分析的出发点。

目标是系统目的的具体化，目标具有从属性和多样性。目标是系统所希望达到的结果或完成的任务。前面讲过，如果没有目标，方案将无法确定；如果对目标不明确，匆忙地做出决策，就很可能导致失败。

目的和目标的重要性可用谚语"If you have a goal, everybody can help you, or a map fails."来说明。对某一系统进行分析的时候，系统分析首先要明确系统所要达到的目的，明确系统的若干个子目标，并说明这些确定的目标是有根据的、是可行的。一般来说，系统的目的是具有多重属性的，可以用若干个具体目标来表达。例如，就本章案例导入来说，其目的就是高效地将阿拉斯加盛产的原油运送到美国本土。那么为了完成这一目的，就要满足每天运送 200 万桶原油的目标，还要克服北极圈长年处于冰封的状态等环境的阻力。对于系统所要达到的目的一般是一个反复分析的过程，可以用反馈控制法，逐步地明确问题，选择手段，确定目标。

对于系统分析人员来说，首先要对系统的目的和要求进行全面的了解和分析，确定目标是有必要的（即为什么要做这样的目标选择）、有根据的（即要拿出确定目标的背景资料和各个角度的论证和论据）和可行的（即在资源、资金、人力、技术、环境、时间等方面是有保证的），因为系统的目的和目标既是建立系统的根据，又是系统的出发点。系统分析要解决问题的"5W1H"见表 4-1。

表 4-1　系统分析要解决问题的"5W1H"

项　目	提　问
目的（Why）	为什么要研究该问题？目的或希望的状态是什么？
对象（What）	研究什么问题？对象系统（问题）的要素是什么？
地点（Where）	使用的场所在哪里？系统的边界和环境如何？
时间（When）	分析的是什么时候的情况？
人员（Who）	决策者、行动者、所有者等关键主体是谁？
方法（How）	如何实现系统的目标状态？

3. 可行方案（替代方案）

一般情况下，为了实现某一目标，可以采取多种手段和措施，这些手段和措施在系统分析中称为可行方案或备选方案。可行方案首先应该是可行的，或经过努力后是可行的，同时还应该是可靠的。由于条件的不同，方案的适用性也不同，因此，在明确系统的目的之后，就要通过系统分析，提出各种可能的方案，供决策时选择。

我们知道，好与坏、优与劣都是在对比中发现的。因此，只有拟定出一定数量和质量的可行方案供对比选择，系统分析才能做的合理。这些还是以本章案例导入来进行说明。

例 4-1 就本章的案例导入来说，为了解决由于气候带来的影响，最初提出如下两个解决方案：

方案 I 由海路用油船运输原油；

方案 II 用带加温系统的油管输送原油。

方案 I 的优点是每天仅需四至五艘超级油轮就可满足输送量的要求，似乎比铺设油管省钱，但存在的问题是：第一，要用破冰船引航，既不安全又增加了费用，因为油轮触及冰山或者被冰块撞击很可能导致沉船或原油泄漏造成环境污染；第二，起点和终点都要建造大型油库，这又是一笔巨额花费，而且考虑到海运可能受到海上风暴的影响，油库的储量应在油田日产量的十倍以上。归纳起来这一方案的主要问题是：不安全、费用大、无保证。

方案 II 的优点是可以利用成熟的管道输油技术，管道输油已广泛应用于世界上的其他地区。然而，由于北极圈内常年低温，存在的问题是：第一，要在沿途设加油站，这样一来管理复杂，而且要供给燃料，而运送燃料本身又是一件相当困难的事情；第二，加温后的输油管不能简单地铺在冻土里，因为冻土层受热后会引起管道变形，甚至造成断裂。为了避免这种危险，有一半的管道需要用底架支撑和作保温处理，这样架设管道的成本要比铺设地下油管高出三倍。

两个方案各有千秋，经过初步的系统分析与评价，做出如下决定：① 考虑到安全和供油的稳定性，暂把方案 II 作为参考方案并做出进一步的细致研究，为规划做准备。② 继续拨出经费，广泛邀请系统分析人员提出相对完善的新方案。

方案 II 的主要问题是由于管道加温带来的成本增加问题。有什么方法可以解决原油在低温状态下的流动性呢？利用创新思维方法，提出了竞争方案 III。其原理是把含有 $10\%\sim20\%$ 氯化钠的海水加到原油中去，使在低温下的原油成乳状液，从而降低原油在低温下的粘性，使原油在低温下仍能畅流，这样就可以用普通的输油管道运送了。这一原理并非创新，因为在此之前，在寒冷的地区，汽车防冻液就是利用这一原理来实现汽油防冻的，并取得了专利。但把这一原理运用到输油工程中来，并断定它能解决问题，这就是一个有价值的创造。

正当人们在称赞方案 III 的时候，地质工程师马斯登和胡克又提出了竞争方案 IV。作为专业人员，这两人对石油的生成和变化有丰富的知识，他们注意到石油埋在地下是油气合一的，这时它们的熔点很低，经过漫长的年代以后，油气才逐渐分离。他们提出将天然气转换为液态以后再加到原油中去以降低原油的熔点，增加流动性，从而用普通的管道就可以同时输送原油和天然气。

从这个例子我们看到了系统分析的实际价值。如果当初仅在方案 I、方案 II 上搞优化，即确定最好的管道直径、壁厚、加压泵站的压力和距离等，是无论如何也得不到方案 IV 所达到的巨大效益的。

对于简单的问题，可以很快地设想出几个备选方案，这些方案的内容一般比较简单。但对于复杂的问题，就很难立即设计出包括细节在内的备选方案，一般要分成两个步骤：

第一步先进行轮廓设想，第二步再精心设计。

1）轮廓设想

要从不同的角度和途径设想出各种各样的可行方案，以便为系统分析人员提供尽可能多的方案。这一步的关键是要打破框框，大胆创新。拟定备选方案的人员能否创新，取决于这些人员扎实的知识基础和创新能力，更重要的是具有敢于冲破习惯势力与环境压力的精神。

2）精心设计

轮廓设想的特点在于可以暂时撇开细节，减少对创新设想的束缚，得到的方案比较粗糙，需要进一步精心地设计之后才有使用价值。精心设计主要包括两项工作，一是确定方案的细节，二是估计方案的实施结果。

方案的细节包括的内容要根据分析问题的性质而有所不同，很难确定出一份不变的清单。方案实施结果的估计要通过预测得出，预测是否准确，既取决于过去的经验和资料是否丰富可靠，还与所采用的预测技术有关。

4. 模型

模型具有帮助人们认识系统、模拟系统和优化与改造系统的作用。在系统分析中，模型是用来对前面给出的备选方案进行对比、分析和评价的手段；模型用来预测各个替代方案的性能、费用和效益，以定量分析为主。因为模型可将复杂的问题简化为易于处理的形式，用简便的方式，在决策制定出来以前预测出它的执行结果，所以说模型是系统分析的主要工具。

模型具有如下三个最基本的特征：

（1）模型是现实系统的抽象描述。模型是对原系统特性的简化描述形式，是对实际系统问题的描述、模仿或抽象。

（2）模型是由一些与所分析问题有关的主要因素所构成的。

（3）模型表明有关因素之间的关系。

在系统分析中，常常根据目标要求和实际条件，建立相应的结构模型、数学模型或计算机仿真模型等来表示系统中需要考虑的因素和因素间的关系，从而告诉人们系统的本质所在，规范分析各个备选方案。因此，模型是研究与解决问题的基本框架，也是人们在理论和应用研究中普遍使用的一个工具。

在实际使用时，各种模型经常交错使用，用以发挥其各自的长处。使用模型的意义在于能摆脱现实的复杂现象，不受现实中非本质因素的约束，模型比现实容易理解，便于操作、试验、模拟和优化。特别是改变模型中的一些参数值，比在现实问题中去改变要容易得多，从而节省了大量人力、物力、财力和时间。模型不能弄得很复杂，既要反映实际，又要高于实际。因此，模型既要反映系统的实质要素，又要尽量做到简单、经济和实用。下面用一个例子来说明如何发现一个系统要解决问题的本质，从而对其建立模型，体现这一本质。

例 4-2 竞争环境下的网络供应链中企业定价问题。

（1）问题描述。在供应链网络内部的竞争中，上下游企业存在竞争的同时更多地表现为合作，但同级企业为了保持稳定的竞争力，只有在市场上确立更加独立的地位，才能保证持久的竞争力。本例首先给出图 4-2 所示的由 m 个生产商和 n 个零售商组成的供应链网络，对此网络中成员间的单周期竞争问题进行研究。

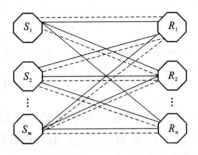

图 4-2　供应链网络结构模型

图 4-2 所示的供应链网络结构中，m 个生产商 $(S_1，S_2，\cdots，S_m)$ 和 n 个零售商 $(R_1，R_2，\cdots，R_n)$ 进行某种产品的交易。用实线表示"交易关系"，虚线表示存在"竞争关系"。生产商都采用定制生产策略，对不同的零售商制定相同的批发价格，不同生产商制定的批发价可同可不同；如果生产商的多余备料可折合为成品，则销售季节末剩余产品以低于成本的价格处理。零售商的决策为制定零售价格和订购量。零售商都可向 m 个生产商订货，批发价格可以不同。需要考虑零售商的经营成本，如广告费等；考虑缺货损失、季末剩余产品以残值处理。零售商的需求为价格敏感型的随机需求，同时受到多个零售商定价的影响。

（2）模型建立。在定制生产方式下，生产商按订单生产，但是生产商需要根据自己的生产能力来接收定制订单，所以假设零售商的订单都能实现，但为了这个目的，生产商需要有一些零部件的库存，以备急需。假设一件成品需要每种零件都是一件，则销售期末剩余的零件可折合成成品来计算，因此在期末生产商可能有产品剩余，但不会太多。我们为集中精力分析竞争问题，不考虑存储成本。如果考虑存储成本，可以增加一个固定参数，不影响模型求解。要建立数学模型，需要作如下的变量和参数的记号说明：

S_i、R_j 分别表示生产商 i 和零售商 j，同时将生产商 i 生产的产品称为产品 i 或品牌 i，$i=1，2，\cdots，m$；$j=1，2，\cdots，n$；

Q_i 为生产商 i 的生产数量（单位：件），Q_{-i} 表示其他生产商的生产数量向量；

w_i 表示生产商 i 不使用价格歧视策略，对不同的零售商制定相同的批发价格（单位：元/件）；

c_i、u_i^S 分别表示生产商 i 的单位产品成本和销售期末单位产品残值（单位：元/件），且 $c_i > u_i^S$；

q_{ij} 表示零售商 j 向生产商 i 订购产品的数量（单位：件），即生产商 i 向零售商 j 实际供应的产品数量；

p_{ij} 为零售商 j 对产品 i 制定的零售价格（单位：元）；$p_{i-j}=(p_{i,1}\ p_{i,2}\cdots\ p_{i,j-1}\ p_{i,j+1}\cdots p_{i,n})$ 为其他零售商对产品 i 制定的零售价格向量；

v_j 表示零售商 j 的单位产品运营费用（单位：元/件）；

u_{ij}、h_{ij} 为产品 i 在各个零售商处单位缺货成本和期末单位产品残值（单位：元/件），假设 $u_{ij} > h_{ij}$；

D_{ij} 表示零售商 j 对产品 i 的消费需求（单位：件）；

$$D_{ij} = d_{ij} + \varepsilon_j = a_{ij} - b_{ij}p_{ij} + \sum_{k \neq j, k=1}^{n} b'_{i,k}p_{i,k} + \varepsilon_j \qquad (4-1)$$

即，同一个生产商提供的产品在不同零售商处的零售价对自己和其他零售商的需求都有影响。参数 b_{ij}，$b'_{i,k} \geqslant 0(k \neq j)$。其中 ε_j 是随机变量，其分布函数和分布密度分别为 $F_j(\cdot)$、$f_j(\cdot)$。现实中有很多与此相似的例子，比如那些可替代的同类产品在不同超市的需求变动应该是不一样的。

这时，我们就可以分别给出零售商和生产商构成的这个供应链系统的模型，然后对模型进行求解分析即可。如果用 U_i^S、V_j^R 分别表示生产商 i 和零售商 j 的最大期望利润（单位：元），则零售商 j 要解决的问题是

$$V_j^R(w_i, p_{i(-j)}) = \max_{p_{ij}, q_{ij}} E \sum_{i=1}^{m} ((p_{ij} - v_j) \cdot \min(q_{ij}, D_{ij}(p_{ij}, p_{i(-j)})) -$$

$$u_{ij}(D_{ij}(p_{ij}, p_{i(-j)}) - q_{ij})^+ + h_{ij}(q_{ij} - D_{ij}(p_{ij}, p_{i(-j)}))^+ - w_i q_{ij}) \qquad (4-2)$$

其中第一项为销售收入和运营费用之差；第二、三项分别为缺货成本和期末剩余产品残值；第四项是给生产商支付的费用。

生产商 i 要解决的问题是

$$U_i^S = \max_{Q_i} E\left((w_i(Q_i, Q_{-i}) - c_i)\sum_{j=1}^{n} q_{ij} + u_i^S(Q_i - \sum_{j=1}^{n} q_{ij})\right) \qquad (4-3)$$

其中第一项为从零售商 i 处来的转移支付减去其成本；第二项为销售季节末剩余产品的残值。假设其中的批发价格为生产数量的函数。

5. 费用和效果

1）费用

费用是一个方案，用于实现系统目标所需消耗的全部资源（如资金、劳动力、材料、能源等）的价值，可用货币表示。这里的费用是广义的，包括失去的机会与所做出的牺牲（即机会成本）。但是在一些对社会具有广泛影响的大型项目中，还有一些非货币支出的费用。例如，影响生态的因素、污染环境的因素、影响旅游行业的因素等。系统分析中需要从系统的生命周期角度考虑费用的构成和数量。

费用是以下四种费用的总和。

（1）货币费用与非货币费用。例如，为生产某种产品而购买的原材料、投入的人力和设备等都是货币费用；而火车站和机场周围居民所遭到噪声污染的损失是没有办法用货币度量的，这构成了非货币费用。

（2）实际费用与机会费用。实际费用是指为了达到某个目的所实际支付的费用。机会费用就是当一项资源用于某个用途时，也就失去了该项资源本来可以用于其他方面的用途和由此带来的利益价值，在失去了的用途中的最优用途所带来的价值，就是该项资源的机会费用。例如，某个厨师在一家高级酒店工作，每月可获得 5000 元的工资，而他辞去酒店的工作自己开小餐馆，对于他来说，自己开店而失去在酒店获得的 5000 元月薪就是机会费用。

当对各替代方案进行权衡时，仅仅用实际费用所产生的价值还不能评价替代方案的价

值。例如，在桥梁建设和房屋建设方面存在着关于水泥资源的权衡，比较用于两者的价值孰大孰小后，才能得到合理的评价。

（3）内部费用与外部费用。既要考虑到系统内部的费用，还必须考虑系统外部所发生的费用。例如，某市减少公共交通工具可以减少公交公司的内部费用，但系统外部必须增加自行车费用或企事业单位自派的交通车的费用。

（4）一次投资费用和日常经营费用。既要考虑一次性投资费用的大小，还要考虑日常经营费用的大小等。例如，复印店新购进一台喷墨式打印机，这时为购买打印机所支付的费用就是一次投资费用，然而我们都知道，打印机的墨盒随着使用的推进是要更换的，每更换一次墨盒、维修的费用等都属于日常经营的费用。

2）效果

效果就是达到目标所取得的成果，衡量效果的尺度是效益和有效性。效益是指用货币尺度来评价达到目标的效果；而有效性是指用非货币尺度来评价达到目标的效果。效果可以分为好、较好、较不好和不好，也可以进行排序。好和较好的可以采用。较不好的，需要再进行系统分析，找出较好的解决方案，再看方案的效果。不好的，就应该及时放弃，并建立新的系统。在分析系统的效果时，必须注意直接效果，但是也不能忽略间接效果。例如，在本章案例导入中，将方案Ⅳ与方案Ⅲ相比，不仅不需要运送无用的附加混合剂——浓缩海水，而且也不必另外铺设输送天然气的管道了。这一方案的出现使得人们赞赏不已。由于采用这一方案，仅铺设费就节省了近60亿美元，比方案Ⅲ需要的费用省了一半，即用较少的费用达到较好的效果。

3）效益

当某个工程项目或企业的目的实现后，即开发的系统运行以后，就可以获得一定的效果。其中能换算成货币价值的那部分效果就称做是效益。效益又分为直接效益和间接效益（次生效益）。直接效益包括使用者所付的报酬，或由于提供某种服务而得到的收入。间接效益则指直接效益以外的那些增加社会生产潜力的效益。后者比较难以衡量，但需要考虑到。

4）有效度

评价系统的效果，虽然通过一定方法可以将效果进行数量化，但并不是所有的效果都能换算成货币。因此，就产生了有效度的概念。用货币以外的数量尺度所表示的效果称为有效度。

无论是用效益还是有效度来测定效果，都需要把效果作为替代方案的价值属性和外部环境的评价属性的函数而公式化。替代方案的价值属性表现为价值要素，例如，系统功能和可靠性等。外部环境的属性则表现为各评价项目对于系统价值的权重。

6. 评价标准

衡量可行方案优劣的指标，即为评价标准。由于可以有多种可行方案，要想对这些可行方案进行比较和评价，就要制定统一的评价标准，对各种方案进行综合评价，比较各种方案的优劣，确定对各种方案的选择顺序，这样才能保证得出的结果是最优的可行方案，从而为决策提供依据。评价标准必须具有明确性、可计量性和敏感性。明确性是指评价标准的概念要做到明确、具体、尽量单一，而且还要对方案达到的指标能够做出全面的衡量。

可计量性是指确定的评价准则,应力求是可计量的和可计算的,尽量用数据来表达,使分析的结论有定量的依据。敏感性是指在多个评价准则的情况下,要找出标准的优先顺序,分清主次。

评价标准常用的指标有:劳动生产率指标,成本指标,时间指标,质量和品种改善指标,劳动条件改善指标以及特定效益指标等。

7. 决策者

决策者是系统问题中的利益主体和行为主体,他们在系统分析中从头到尾都起着重要作用,是一个不容忽视的重要因素。决策是决策者根据系统分析结果的不同侧面、不同的角度、个人的经验判断以及各种决策原则进行综合的整体考虑,最后做出优选决策。决策的原则包括:当前利益与长远利益相结合;整体效益与局部效益相结合;外部环境与内部环境相结合;定性分析与定量分析相结合。实践证明,决策者与系统分析人员的有机配合是保证系统工作成功的关键。

4.1.3 系统分析的步骤

系统分析是一个有目的、有步骤的探索和分析过程,在此过程中既要按照系统分析内容的逻辑关系有步骤地进行,也要充分发挥分析人员的经验和智慧。通常按照系统分析的定义、内容及要素,参照系统工程的基本工作过程,将系统分析的基本过程归结为如图4-3所示的几个步骤。

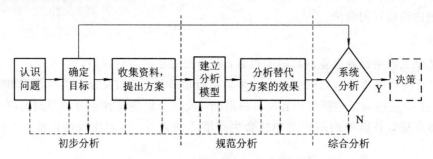

图4-3 系统分析的基本过程

系统分析处理问题的方法是指从系统的观点出发,充分分析系统各种因素的相互影响,在对系统目标进行充分论证的基础上,提出解决问题的最优可行方案。系统分析对问题的处理已经形成了一套完整的处理问题的思维步骤和逻辑框架。但需要知道,有些系统分析是以目标为导向的,以目标分析为出发点,而不仅仅是从问题出发的。

1. 认识问题

在进行系统分析时,首先要认识所面临的问题,明确问题本质,划定问题范围。问题一般产生于一定的外部环境和系统内部因素的相互作用之中,它不可避免地带有一定的本质属性和存在范围。当一个有待研究的问题确定以后,我们要对这个问题进行一个明确的阐述,说明其重点和范围,以便于进一步的研究和分析。其次,要进一步研究所涉及的因素之间的联系和外部环境的联系,把问题界限进一步划清。

例如,一个企业长期亏损,可能涉及产品的品种、质量、销售价格、上级的政策界限、领导班子、技术力量、管理不善等多方面的问题。

2. 确定目标

为了解决问题，要确定具体的目标。系统的目标可通过某些指标表达，制定的标准则是衡量目标达到的尺度。系统分析是针对所提出的具体目标而展开的，由于实现系统功能的目的是靠多方面因素来保证的，因此系统目标也必然有若干个。

例如，经营管理系统的目标就包括品种、产量、质量、成本、利润等。其中，利润又是一个综合性目标，要增加利润，就要扩大盈利产品的销售量和降低单位产品成本，而要增加销售又要做好广告、组织网点、服务等工作，采取正确的销售策略等。在探寻目标的过程中，还要注意目标的整体性、可行性和经济性。

3. 收集资料，提出方案

资料和数据是系统分析的基础和依据。根据所确定的系统的目的和各个目标，集中收集必要的资料和数据，为后续的分析工作做好充分的准备。收集资料通常多借助于调查、实验、观察、记录及引用相关文献等方式。收集资料时切记盲目性，不能一味追求数量和规模的庞大，而要注重数据和资料的实用性、价值性和有效性。有时能说明一个问题的资料很多，但这些对于分析人员并不都是有用的资料，因此，选择和鉴别资料是收集资料过程中所必须注意的问题。收集资料还必须要注意数据和资料的可靠性，说明重要目标的资料必须经过反复核对和推敲。

所拟定的可行方案至少应具备先进性、创造性、多样性的特色。先进性是指应采纳当前国内外最新科技成果，符合世界发展趋势，前瞻未来若干年，当然也要结合国情和实力；创造性是指应有创新精神，新颖独到，有别一般，不同于传统的方法，包括设计人员的一切智慧结晶；多样性是指所提方案应从事物的多个侧面提出，解决问题的思路是使用多种方法计算模拟的方案，避免落入主观、直觉的误区。此外，可行方案还往往具有强壮性、适应性、可靠性和可操作性等特点。

4. 建立分析模型

为了便于对可行方案进行分析比较，应该建立分析模型。建立分析模型之前，首先要将显示问题的本质特征抽象出来，化繁为简，找出说明系统功能的主要因素及其相互关系，即系统的输入、输出、转换关系以及系统的目标和约束等。由于表达方式和方法的不同，有图示模型、仿真模型、数学模型、实体模型之分。通过模型的建立，可确认影响系统功能目标的主要因素及其影响程度，确认这些因素的相关程度、总目标和分目标达成途径及其约束条件等。

5. 分析替代方案的效果

通过对已建立的各种模型的运作和分析，揭示系统的内在运动规律，及其与环境之间的因果关系和交互情况。利用模型对替代方案可能产生的结果进行计算和测定，考察各种指标达到的程度。例如，费用指标，则要考虑投入的劳动力、时间、设备、资金、动力等。不同方案的输入、输出不同，得到的指标也会不同。当分析模型比较复杂、计算工作量较大时，应充分应用计算机技术，根据模型产生的各种结果，系统分析人员可以采用定性或者定量的方法来分析各个方案的优劣与价值。

6. 综合分析与系统评价

在上述分析的基础上，再考虑各种无法量化的定性因素，考虑到各种相关的无形的因素，如政治、经济、军事、科技、环境等因素，对比系统目标达到的程度，用标准来衡量，从而获得对所有可行方案的综合分析与评价。评价结果，应该能够推荐出一个或几个可行方案，或列出各方案的优先顺序，以供决策者参考。鉴定方案的可行性，系统仿真往往是一个经济有效的方法。

上述分析步骤适用于一般情况，但并非是一成不变的固定规则。在实际运用的过程中，要根据具体情况而定。在处理实际问题时，应懂得灵活变通，有些项目可平行进行，有些项目可改变顺序。对于有些复杂的系统，系统分析的上述步骤并非进行一次就可以完成。根据完善修订方案中的问题需要，有时根据分析结果需要对提出的目标进行再探讨和再分析，甚至重新划定问题的范围。

此外，进行系统分析时尽量避免发生原则性错误和避免造成资源浪费，具体实施时应注意以下问题：

（1）忽视明确问题。前面已经说明，系统分析有可能是目标导向，也有可能是问题导向。在问题导向中容易出现这类问题。即在阐明问题阶段，没有足够重视明确问题的重要性和复杂性，没有对问题进行充分透彻的理解和分析，以至于还没有弄清问题是什么，就急于进行分析，这样就很容易走上偏路，误入歧途，造成资源浪费。

（2）过早得出结论。系统分析是一个反复优化的过程，仅进行一次循环就得出结论和提出建议，往往有失周密和妥当。只有进行几次循环分析，当得出的分析结果趋于一致的时候，再得出结论和提出建议，这样才能得到准确周密的分析结果。

（3）过分重视模型而忽略问题本身。任何模型都有一定的假定条件和适用范围，超越了这些条件和范围，都将失去意义。在很多情况下，我们为了研究的方便，将模型的假设条件设定得比较理想化。在这样的情况下，一定要注意结合实际问题的情况。有人热衷于定量计算和分析，认为把模型搞得愈大愈好，愈深奥愈表示水平高，而忽视了问题本身，以至于所得到的结果，费时费力，还对解决问题没有多大帮助。模型不要复杂，只要能解决所面临的问题就好，这样既经济又高效。

（4）抓不住重点。有人做事追求尽善尽美，不必要地扩大分析范围，贪大求全，希望所建立的模型能面面俱到，不忽视每一个细节，不管该细节是否是要解决问题的重点，以至于过分注意细节，反而忽视了问题的重点所在，这样会给系统分析工作带来很大的资源上的浪费。

（5）数据不准确。样本不足会掩盖真相，造成假象。当样本容量较小的时候，比较容易受到异常数据的影响，而曲解了研究的结果；选错考察对象，数据就无法反映实际问题；分析方法有错，会得出错误的数据等。这一点在管理及社会系统研究中尤其要注意。

（6）忽视定性分析。很多时候分析人员往往集中注意数量化的分析结论，而忽视不便量化的因素和主观判断，导致未预料的损失。在这样的情况下，一定要注意将定性分析和定量分析相结合，进行综合分析和评价。

4.1.4　系统分析的方法

系统分析没有一套特定的、普遍适用的分析方法，一般是根据不同的分析对象及其特点，选择合适的定性与定量方法。定量分析方法适用于系统结构清楚、收集到的信息准确、可以建立数学模型的情况。例如，投入产出分析法、效益成本分析法、统计回归方法等。定性分析方法适用于系统结构不清，收到的信息不太准确，或是由于评价偏好不一，难以形成常规的数学模型等情形。例如，目标-手段分析法、因果分析法、Delphi 法、Technique 法、KJ 法等。当然，现在还有各种仿真方法，如人工神经网络方法、遗传算法和一些智能算法等。这里详细介绍两种定性的分析方法。

1. 目标-手段法

目标-手段法就是将要达到的目标和所需要的手段按照系统来展开，一级手段等于二级目标，二级手段等于三级目标，依次类推，从而便产生了层次分明、相互联系又逐渐具体化的分层目标系统（如图 4-4 所示）。在分解过程中，要注意使分解的目标与总目标保持一致，分目标的集合一定要保证总目标的实现。分解过程中，分解的目标绝不能背离总目标。分目标之间可能一致，也可能不一致，甚至是矛盾的，这就需要细致分析、反复地调整和论证，最终使之在总体上保持协调。图 4-5 是发展能源的目标-手段分析图。

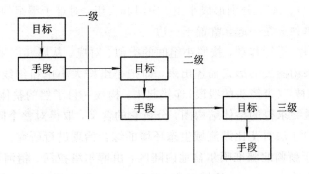

图 4-4 目标-手段系统图

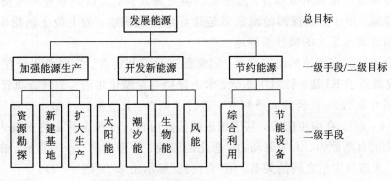

图 4-5 发展能源的目标-手段分析图

要发展能源，其手段主要有加强能源生产、开发新能源和节约能源，而加强能源生产的主要手段有加强资源勘探、新建能源基地和扩大现有的能源基地生产；开发新能源的主要手段有开发太阳能、潮汐能、生物能和风能等；节约能源的主要手段是综合利用能源和开发节能设备。

2. KJ 法

KJ 法是一种比较直观的定性分析方法，它是由日本东京工业大学的川喜田二郎 (K. Jir)教授发明的。其基本原理就是：把一条一条信息做成信息小卡片，将全部的小卡片平平地铺摊在桌子上进行仔细观察并对其进行思考，把内容相似、有"亲近性"的卡片集中到一起合称为子问题，然后依次做下去，最后便可以求得问题的整体构成。显然，这是一种从很多具体的信息中归纳出问题整体含义的系统分析方法。它集合人体直觉的综合能力与人体对图形的仔细思考功能，它并不需要多么特别、多么专业的手段和知识，不管是单独一个人或者几个人组成的小团体都能简便地实施这种分析方法，因此，这是一种分析复杂问题的有效方法。

KJ 法的实施步骤如下：

（1）尽量广泛收集与问题相关的各种信息，并用关键的词句简洁、概括地描述出来。

（2）每条信息做成一张小卡片，小卡片上的标题记载要做到简明、易懂。

（3）将全部的小卡片铺摊在桌子上通观全局，充分调动人的直觉综合能力，把内容相似、有"亲近性"的小卡片集中起来并组成为一个小组。

（4）给每个小组取个新的名称，其注意事项同步骤（1），并把它作为子系统登记，记录上发现该小组的意义所在。

（5）重复步骤（3）、（4），分别形成小组、中组和大组，对难于编组的小卡片先不要勉强编组，可以把它们单独放在一起，留置于一边。

（6）把小组（卡片）进行移动，按照小组间的类似、对应、从属和因果关系等进行排列。

（7）将排列结果用图表的形式描述出来，即把小组按大小用粗细线框起来，把一个个有关系的框用"有向枝"（带箭头的线段）连接起来，构成一目了然的整体结构图。

（8）仔细观察最终求得的整体结构图，分析它的含义，取得对整个问题的明确认识。

例 4-3 基于 KJ 法对艾比湖流域生态环境的综合治理进行研究。

艾比湖流域位于新疆北疆准噶尔盆地内陆区，由博尔塔拉河、精河和奎屯河三个二级流域组成，湖水面积约 $680\ km^2$，流域面积 $50621\ km^2$，是新疆最大的咸水湖。该流域是新疆天山北坡经济带的重要组成部分，近年来经济发展较快，人口和农业用地快速增加，导致入湖水量锐减。由于干涸裸露的湖底多是盐等细微沉积物，加上位于阿拉山口主风道，致使它成了西北地区最大的风沙策源地。

为了整合不同研究领域的研究成果，同时促进政策制定者、管理者和研究者之间的交流决策，研究采用了 KJ 法。针对生态学、水土保持与荒漠化防治、土地资源管理、地理信息工程等不同专业的 30 位研究人员和专家进行了调查，其意见经过初步整理后形成 59 张小卡片（见表 4-2）。在编组阶段，基于相近的信息内容，59 张卡片最终被编入 5 个大组：生态环境恶化的自然原因、人为驱动力、恶化的表现、治理措施、治理目标。在图解阶段，组与组之间，次组与次组之间的关系，用"有向枝"标示出来（见图 4-6）。

研究结果表明，艾比湖流域生态恶化是由于自然变化再加上人为过度垦荒和灌溉，导致了入湖水量减少、流域内植被破坏而造成的。此外，由于艾比湖地处阿拉山风口的下风向，大风使裸露的湖底及周边沙尘和盐尘飞扬，成为西北地区最大的风沙策源地和撒盐场。

通过层层分析得到的综合治理措施主要有 2 大方面：一方面在体制改善上，加强水资源统一管理，建设节水型社会。通过改造灌溉的工程、技术、制度等实现农业节水；通过改造工艺设备、限制高耗水项目、提高循环用水等实现工业节水；通过普及节水器具、调节水费、提高市政管网效率、发挥妇女作用等实现生活节水；通过加强水情预报、水量调配、水质控制与保护等实现流域水资源统一管理。另一方面是辅以必要的工程措施，如修建水库和跨流域调水等水利工程；进行湿地规划、主风道治理、植树种草、发展人工草地、保障生态环境用水、提高全民生态环保意识等生态环境建设工程；开发风能、水能、太阳能，运用 3S 系统建立监测管理体系等其他工程措施。

表 4 - 2 与艾比湖流域生态环境治理问题有关的卡片信息

编号	内 容	编号	内 容	编号	内 容
1	阿拉山风口的下风向	21	农牧业损失巨大	41	治理荒漠化面积 66 万多 km^2（1000 多万亩）
2	浅水盐湖	22	注入艾比湖的流量锐减	42	湖水面积增加到 1500 km^2
3	全球性的气候变暖	23	严重制约经济发展	43	天山北坡生态环境显著改善
4	开发大西北	24	裸露的干涸湖底	44	改进作物灌溉制度
5	草场沙化、碱化	25	艾比湖湿地规划	45	淘金挖沙
6	312 国道 3 次改道	26	绿色天然屏障	46	过度樵采
7	流沙埋压亚欧大陆桥铁路	27	提高全民生态环境保护知识	46	农业发展、灌溉用水量大
8	流域水土资源统一管理	28	改造配套灌区工程	47	农业发展、灌溉用水量大
9	水资源浪费严重、利用率低	29	开发湖周矿物资源	48	危害无穷的扬盐场
10	大规模垦荒	30	开发水能、风能、太阳能	49	阻滞风沙
11	修建水库、增加调蓄能力	31	荒漠植被衰败	50	限制建设高耗水工业项目
12	湖面水位下降	32	生物多样性降低	51	保障生态环境用水
13	沙尘暴策源地	33	实施跨流域调水	52	发展人工草地置换天然草场
14	湖水面积逐年缩小	34	艾比湖主风道治理工程	53	恢复湖滨湿地
15	周边地区地下水位下降	35	加强用水管理,科学调配水量	54	运用 3S 技术
16	周边地区荒漠化加快	36	植树种草工程	55	流域水质控制与保护
17	危害居民生活、健康	37	固定流动沙丘 150 万亩	56	保障地区经济发展
18	推广先进灌水技术,加强田间节水	38	改造工业设备和生产工艺,实现节水	57	工业内部循环用水,提高水的重复利用率
19	普及节水型器具	39	调整水费政策,建立节水有偿机制	58	加强市政管网建设,减少跑、冒、滴、漏等现象
20	河流水情预报	40	增加生物多样性	59	支持公众参与决策,特别要提高妇女在水资源规划中的作用

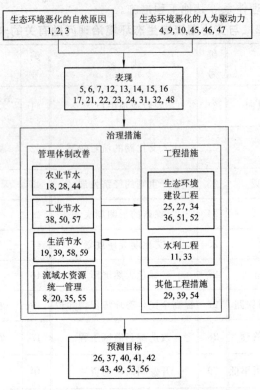

图 4-6 艾比湖生态环境综合治理结构模型

（资料来源：唐海萍，陈海滨，李传哲，徐广才. 干旱区地理. 北京师范大学资源学院资源科学研究所，中国水利水电科学研究院水资源研究所，2007-03）

4.2 系统分析主要内容

系统分析的主要内容包括收集与整理资料和数据，并根据这些资料和数据，对系统展开环境分析、目标分析、结构分析和功效分析。

4.2.1 系统环境分析

系统环境是存在于系统之外的，系统无法控制的自然、物质、经济、信息和人际的相关因素的总称。系统工程所研究的对象是开放系统，开放系统和外部系统之间存在着密切的联系和相互影响。系统环境因素的属性变化和状态变化一般通过对系统的输入来实现。这些因素的属性或状态的变化，通过输入使系统发生变化。比如，某种材料或能量出现短缺；来自环境中的资源、裁员、交通、人力、时间等方面的限制；还有政策对输出的制约；国际环境的影响。如，美国次贷危机(Subprime Crisis)金融风暴的发生对某些企业和个人的影响是毁灭性的。次贷危机发生后，我国义乌小商品城向国外的发货量从每天几个车皮减少到每个月几车皮；世界500强的企业有的倒闭或被合并，这些影响都是非常严重的。反过来，系统本身的活动，也可使环境相关因素的属性或状态发生改变，这就是环境因素的开放性。

1. 环境分析的意义

环境分析的主要目的是认识和了解系统与环境之间的相互关系、相互影响,以及二者相互作用时可能产生的后果。系统与环境是相互依存、相互作用、相互影响的。任何一个方案的实施结果都和将来付诸实践时所处的环境有关。离开未来实施环境去讨论方案后果是没有任何实际意义的。

从系统分析的角度研究环境因素的意义在于:

(1) 环境变化是提出系统新问题的根源。环境发生某种变化,如某种材料、能源出现短缺,或者发现了新材料、新油田以及国家政策的变化等,都将引出系统的新问题。

(2) 问题边界的确定要考虑环境因素,如有无外界要求或技术引进问题。

(3) 系统分析的资料包括环境资料,如市场动态资料、企业的新产品发展情况等对一个企业编制产品开发计划起着重要的作用。

(4) 系统的外部约束就是来自环境的资源、财源、人力、时间等方面的限制。比如,对于系统 {S, R, J, G, H} 来说,可建立如下模型:

$$\text{Optimal 系统的整体}$$
$$\text{subject to 来自 H 的约束} \tag{4-4}$$

其中,H 表示系统的环境。

(5) 系统分析的质量要根据系统所在环境提供评价资料。从系统分析的结果实施过程来看,环境分析的正确与否将直接影响到系统方案实施的效果,只有充分把握未来环境的系统分析才能取得良好的结果。这说明环境是系统分析质量好坏的评判基础。

弄清楚重要的环境因素对系统的影响和可能产生的后果,可使系统具有较强的环境适应能力。当在有利的环境条件下,及时采取手段或措施加以利用;当外部环境出现不利的条件时,及时采取相应的对策,规避风险,避免可能造成的损失,使系统得以生存和发展。

2. 环境因素的分类

对于环境因素的分类,由于分类标准不一致,分类结果也多种多样。按照环境对系统影响的层次,可分为宏观环境因素和微观环境因素;按照环境对系统影响的方式,可分为直接环境因素和间接环境因素;按照环境对系统因素产生影响的程度区分,可分为可控的环境因素和不可控的环境因素;按照环境的范围来分,有国际环境、国内环境和区域环境等。实际系统涉及的环境是十分具体的,如企业系统的环境有市场环境、技术环境、资金环境、投资环境、信息环境和劳动力环境等。

一般来说,从系统观点看,全部环境因素可分为物理和技术环境、经济和经营环境与社会环境三类,各类所包含的主要因素如图 4-7 所示。

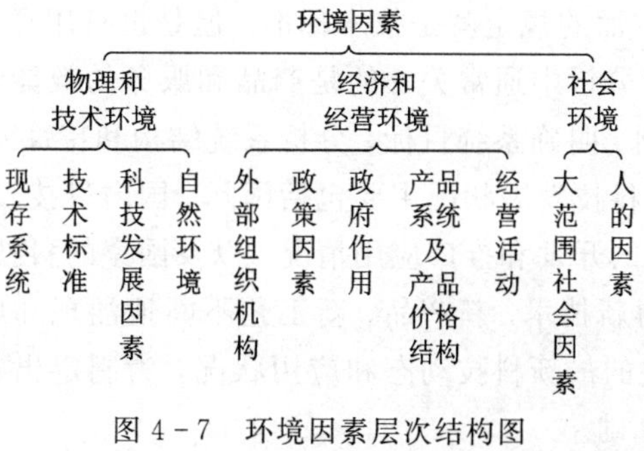

图 4-7 环境因素层次结构图

1）物理和技术环境

物理和技术环境因素是指由于事物属性所产生的联系构成的因素和处理问题中的方法性因素，包括：现存系统、技术标准、科技发展因素和自然环境。

（1）现存系统。现存系统是指现实生活中正在运行着的工程技术和物理系统。大量实践表明，对现存系统现状的分析和对相关知识的了解是系统分析过程所不可缺少的步骤。对系统进行分析时，主要从以下几个方面入手：

① 现存系统的并存性和协调性。将规划中的任何一个新系统同某些现存系统结合起来工作是系统环境分析必不可少的环节。因此，系统分析人员要从产量、容量、生产能力、技术标准及物流等多个方面来考虑它们之间的并存性和协调性。例如，要分析筹建一个物流园区，首先选址时就要考虑地理位置、交通状况和效益等现存系统的并存和协调关系。

② 现存系统的各项指标。在分析论证新旧系统交替的时候，现存系统及其技术经济指标是绝不能忽视的。这将涉及新旧系统的技术指标、经济指标、使用指标、技术方法的先进实用程度等方面。如果没有现存系统的大量数据和以往的经验，评价工作是很难开展的。例如，不了解某种家用微型轿车的效率、耗油量及各种技术性能，就无法分析、设计和评价新车型。

③ 利用现存系统技术推广新技术。在系统的技术分析中，这显然是不可缺少的一个方面。利用现存系统的技术方法，包括设备、工艺和检测技术、操作方法和安装方法，来推断未来可能成功使用的技术。例如，现代产品制造业中在单一生产的基础上发展出敏捷制造技术就是成功推广新技术的例子。

④ 现存系统是各种数据资料的来源。现存系统是系统分析中收集各种数据资料的重要来源之一，如有关系统分析、实验数据、成本资料、材料类别、市场价格等，只有通过现存系统的实践才能获得，并为以后新系统的开发、分析与设计提供有力可靠的数据资料。

（2）技术标准。技术标准是对各类工程和物理系统的设计、制造、安装，以及各类产品的规格、型号、指标的规范化要求。由于技术标准对系统分析和系统设计都具有客观的约束性质，因此，它被归属为物理技术环境因素。

遵守技术标准可以提高系统分析和系统设计的质量，节约分析时间和提高分析的经济效果。反之，如果不遵守技术标准，不仅会使系统分析和系统设计的结果无法实现，而且还会造成多方面的浪费。此外，技术标准又是行业之间在产品技术上协调的依据，没有标准化就没有大量生产和生产的分工与协作。

技术标准一般由国家、部门或行业以国标、部标或行标的代号加编号的形式公布。用技术语言表达有关技术方面的规定就是技术标准。但是也有用经济学、工业设计等专用名词表达的技术标准。系统分析中通常关心的是产品和服务的效能性标准。如表 4-3 所示，这些标准是制定系统规划、明确系统目标、分析系统结构和特性时所遵循的约束条件。

（3）科技发展因素。科技发展状况主要包括国际、国内科技发展水平及动态，新科技、新材料、新设备、新工艺的开发和推广应用情况，以及国家的科技政策和科技人才状况等。科学技术的迅速发展使得新技术、新产品、新工艺不断地涌现和应用，掌握科技的发展动向，及时了解和把握有关的最新科技动态和应用状况，为制定出实用性强、活力旺盛的措施和战略打下了坚实的基础。

表 4 - 3 技术标准举例

用代号加编号的形式表示	如我国国标（GB）、科学院标准（KY）、机械行业标准（JB）、日本的国际（JIS）等
用技术语言表达有关技术方面的规定	如结构标准、器件标准、零件标准、公差标准等
用经济学、工业设计等专用名词表达的技术标准	如产品寿命、回收期、设备完好率、一等品率等
产品和服务的效能性标准	如汽车的油耗、发动机的功率，以及自动电话接通时间标准、乘车和购物的最长排队时间标准等

在进行新老系统设计或改造的系统分析中，对科技发展因素特别是工艺条件因素的估量，有着重要的意义。在这类系统分析中，必须明确三个问题：① 在新系统充分发展之前，是否有可用的科技成果或新的发明出现；② 是否有新加工技术或工艺方法出现；③ 是否有新的维修、安装、调试、操作方法出现。

只有明确了这三个问题，才能避免新系统在投产之前就已经过时，其次必须要根据已有的文献资料、调研情况和各种情报来源，将上述问题逐一地从"否"到"是"排序，排除模糊不清的地方，做到心中有数，然后做全面的工艺估量。要得到恰当的工艺估量结果，就必须充分了解和掌握已知工艺方法的优缺点、应用范围、与给定目标的适用程度、投资和费用情况等。在工艺估量过程中，还应正确地听取专家的意见。此外，恰当的工艺条件估量要求辨明以下三种情况：① 使用过时的工艺可能比使用新工艺成本还高；② 使用新工艺可能导致不良效果；③ 选取相同环境下拥有更大协调性的工艺。

科技因素估量还要考虑国内外同行业的技术状态，如装备技术、设计工艺人员、员工技术水平的总体状况。技术状态反映企业的实力水平，它影响着产品质量、品种、成本等多方面因素。在进行新老系统设计或改造的系统分析中，充分了解和掌握国内外同行业的技术状态是必不可少的前提条件。

（4）自然环境。任何系统都处于它所属的自然环境之中，并受到自然环境的影响和约束。这种影响和制约通常可被称为系统的约束条件，是我们进行系统环境分析时首先应考虑的因素。

自然环境包含的因素较多，其中主要包括自然资源、地理条件、气候条件和生态环境等因素（举例如表 4 - 4 所示）。此外，自然因素的属性如距离、高度、时间、水位、流量等，自然灾害也属于自然地理环境因素。

表 4 - 4 自然环境因素举例

自然资源	如土地、森林、草原、水资源、海洋资源、金属和非金属、石油、煤炭等矿产资源等
地理条件	如河流、山脉、地势、地质、位置、道路等
气候条件	如气温、气压、光照、湿度、降雨量、风力等
生态环境	如植物、动物、光、水分、大气、土壤等

上述各种因素对任何系统都有着直接或间接、明显或隐蔽的影响和约束，是系统分析和系统设计的前提条件和出发点。如地理位置、原料产地、水源、能源、河流对水电站厂址选择具有明显的影响。又如，在海拔 2000m 处建火药厂，气压对引火帽的击发会产生影

响，湿度对保管条件会产生限制等。气温、风力及降水量对系统设施及运行有着直接影响，如森林、绿色植被等对水土流失的防范作用等。环境分析时不仅仅要分析自然环境的现状，还要研究自然环境、资源方面的发展动向，如某些自然资源的短缺及替代品难以寻求，环境污染加剧都将会对系统产生重大的影响和制约。在进行系统分析时，必须充分估计到有关的自然环境因素可能产生的作用和影响，做好调查统计工作，还要考虑到自然因素极端情况出现的频率，例如自然灾害多发区。

2）经济和经营环境

经济和经营环境是影响系统经济过程和经营状态的因素。任何系统的经济过程都不是孤立进行的，是全社会经济过程的重要组成部分。因此系统分析只有将系统与经济和经营环境相联系，才有可能得出正确的结论。经济和经营环境包括外部组织机构、政策因素、政府作用、产品系统及其价格结构和经营活动五个方面。

（1）外部组织机构。未来的系统的行为将会与外部组织机构发生直接或间接的联系。外部组织机构主要包括同类企业、供应商、用户、合作单位、科研咨询结构、上级组织机构等。联系主要包括合同关系、财务关系、指导关系、技术转让、技术协作、咨询服务、情报交流等。正确地建立和处理这些关系对企业系统的生存和发展是举足轻重的。

系统分析人员应当掌握：各类组织的社会功能、结构设置、经营策略及动向、现存状态，有关机构间的纵横向联系，信息渠道，相应机构内执行各种工程的人物和决策人物的特点，有关各类组织的内部情况及效率。

（2）政策因素。从某种意义上来说，政策指出了企业发展经营的方向，影响着企业管理人员的决策和企业对追求目标的判断。它一般可分为两大类：一类是政府的政策，对系统起控制、调配、监督等约束作用；另一类是企业或组织系统内部的政策，是系统正常运行的基础，是在适应政府的政策的前提下求取生存和发展的重要手段。它包括：① 合理分配政策；② 各种资源的绝对数量和总预算政策；③ 选题研究和发展项目方面的政策；④ 对用户承担责任方面的政策；⑤ 保护学术自由、专利和保密方面的政策；⑥ 产品质量方面的政策；⑦ 有关行政工作制度、标准和程序的政策，这项政策是实现上述 6 种政策的保证。

（3）政府作用。通过政府政策的制定和实施，以实现政府一级对更大系统的最佳管理和最佳控制。政府可以通过下达计划、投资和订货等方式，支持或限制某经济组织的产品和发展方向。因此，进行系统分析时，还必须充分认识和考虑到由于政府作用所产生的支持和约束、有利和不利等方面的因素。

（4）产品系统及其产品价格结构。产品系统来自社会需求及其发展。产品价格结构决定于政府的政策和市场供求关系，即经济和经营环境是确定产品系统和产品价格结构的出发点。在对某一产品或服务系统进行相关分析时，① 要清楚该产品或服务的社会需求，需要了解这类产品的顾客种类、这类产品的未来使用领域或未来服务领域等；② 了解该产品或服务的工艺过程和技术经济要求；③ 搞清它的价格和费用的构成，形成产品或服务费用的程序和原则；④ 掌握产品或服务的价格和利率结构参数在不同经济和经营环境下的变化趋势等。这几个方面的信息对确定产品系统及其价格结构有着重要意义。对产品价格结构的分析，是经营决策的重要问题，产品能否在市场上立足，价格是重要的经济杠杆。

（5）经营活动。经营环境主要指与市场和用户等直接有关因素的总体。经营活动通常是指与原材料采购、商品生产、市场销售、资金流通等相关的全部活动。经营活动必须遵守经营环境的要求，其目的主要是增强企业实力，搞好经营决策和提高竞争能力。在产品需求量比较稳定的情况下，经营的目标主要是提高市场占有率和资金利用率。在市场需求量不稳定的情况下，则以研发新产品和提高经济指标为主。

3）社会环境

社会环境是系统得以生存的基础，它主要包括以社会作为一个整体考虑的大范围的社会因素和以人作为个体考虑的小范围的作用因素。

（1）大范围社会因素。大范围社会因素主要考虑人口潜能和城市形式两个方面的因素。

人口潜能是社会物理学（Society Physics）的一个重要概念，它将物质质点间具有引力的概念引入到人类系统的研究中，提出了"人口引力场"和"人口势"的概念，这也是人口具有明显的群居和交往倾向的基本表现。人口引力场的大小同人群的大小成正比，同人群之间的相互距离成反比。人口势可以做功，表明人口势大小的测度就是"追随"量。一个人（或集团）具有的追随者越多，他（或它）的人口势就越大，反之则越小。人口势在人口引力场内做功，这个功可以用集体或个体的成果来表示，这些成果意味着人们之间交换的结果。这一点可以从一个影视明星"粉丝"的数量考察他/她的人口势及其做功的效果。从人口潜能得出的"聚集"、"追随"和"交换"的测度，能说明城市、乡村发展的趋势和速度，可用于产品和服务的市场估计及预测未来各种系统开发的成功因素。

城市是现代社会中物质文明和精神文明的发源地，它的本质特征是规模、密度、构造、形状和格式，这些均在住宅、商业、生产、文化、仪式、游览等规划上体现出来。研究城市形式可以为城市规划、建筑、交通、商业、供应、通信、供水、供能等系统的分析与设计提供参考数据，是总体优化研究的一个重要方面。

（2）人（个体）的因素。在系统分析中，人的因素主要考虑以下两个方面：一是通过人对需求的反应而作用于创造过程和思维过程的因素，这一组因素需要系统分析人员在解决问题中创造性地应用心理学范围知识；二是人或人的特性在系统开发、设计、运用中应予以考虑的因素，这类因素属于"人因工程学"的范畴。人因工程学的实质是探讨人的能力、生理学和心理学的局限性，以及在人操纵的设备中如何最有效地考虑这些因素，使整个人-机系统的运行达到最高效率。

人的因素很复杂，包括人的主观偏好、文化素质、道德水准、社会经验、能力、生理和心理的因素等；人的因素对社会系统或管理系统来说也很重要。那么如何在管理决策过程中充分地考虑人的因素是相关领域中的重要的新课题。

上述各类环境因素之间存在着相互联系和相互影响，对系统的作用是综合的，而不是孤立的。有些环境因素之间具有特定的因果联系，使得各类环境因素的变化往往是交替发生的，而不是同步的。通常社会环境相对稳定时经济环境的变化也较平缓，如果某些社会因素与自然因素发生突变，则会影响到社会、政治、经济环境相应地发生变化和动荡。因此进行环境分析时，既要看到环境因素稳定发展的一面，又要看到动荡和突变的可能，善于分析不同环境因素的特点和发展的趋势，有效迅速地调整系统自身的状态，以适应复杂而多变的环境。

3. 环境因素的确定与评价

环境因素的确定就是根据实际系统的特点，通过考察环境与系统之间的相互影响和作用，找出对系统有重要影响的环境要素的集合，划定系统与环境的边界。环境因素的评价，就是通过对有关环境因素的分析，区分有利和不利的环境因素，弄清环境因素对系统的影响程度、作用方向和后果等。

在确定和评价环境因素时，需要注意以下几点：

(1) 对于所考虑的环境因素，要抓住重点，分清主次。

(2) 选取适当的因素，把与系统联系密切、影响较大的因素列入系统的环境范围中，不必追求面面俱到，过于吹毛求疵。如果环境因素列举过多，会使分析过于复杂；如果过分简化环境因素，又会使方案的客观性变差。

(3) 不能片面地、静止地去考察环境因素，要全面、动态地考察环境因素，清楚地认识到环境是一个动态发展变化的有机整体，应以发展变化的观点来研究环境对系统的作用和影响。

(4) 不能忽略某些间接、隐蔽、不易被察觉的、可能会对系统产生重要影响的环境因素，对其也要进行细致、周密的考虑和分析。对于环境中人的因素，其行为特征、主观偏好以及各类随机因素都应有所考虑。

例如，对企业经营管理系统进行环境分析，列举出的主要因素如图4-8所示。

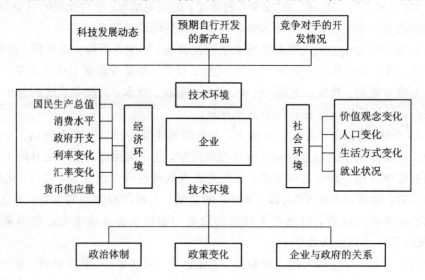

图 4-8 企业经营管理系统环境分析

在对系统的环境因素进行分析时，还不能忽略自身的条件，也就是说，要综合分析系统内部条件和外部环境，一般会采用 SWOT 分析法（Strengths，Weaknesses，Opportunities，Threats），SW 是指系统内部的优势和劣势，OT 是指外部环境存在的机会和威胁。这是一种广泛应用的系统分析和战略选择方法，基本过程如图4-9所示。SWOT分析表主要用于系统因素调查和分析。以企业为对象的 SWOT 分析表如表4-5所示。

在分析企业内部条件时，既要找出自身的优势，又要找出劣势，优势和劣势是相对的，主要应与竞争对手的状况相比较。对于外部环境因素的分析，主要是对可能存在的机会和威胁进行分析。但是，要清楚地认识到有些环境因素对本行业内的企业的影响是一致的，

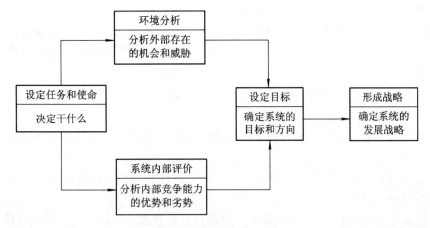

图 4-9　SWOT 分析过程

表 4-5　SWOT 分析表

企业内部条件		企业外部环境	
优势	1. 产品销路好 2. 产品质量好 3. 基础管理好	机会	1. 需求量扩大 2. 引进先进技术 3. 引进人才
劣势	1. 企业规模小 2. 企业负担重 3. 资金不足	威胁	1. 原材料价格上涨 2. 利率过高 3. 竞争激烈

也就是说,有利的条件对大家都有利,不利的条件对大家的影响也会大致相同,解决问题的关键是怎样发现新的、好的机会,利用好有利条件来规避不利因素带来的影响和威胁,扬长避短,以求发展。进行 SWOT 分析时要根据实际情况,比较企业自身和竞争对手所处的环境中的相同的、类似的以及不同的甚至存在很大差异的方面。

4. 未来环境预测

未来环境预测是根据当前所掌握的资料和数据对环境因素的发展变化、对系统生命周期内未来环境的可能状态以及对系统可能产生的后果进行预测和估计。

在对环境进行预测时,对于那些变化较缓慢、处于相对稳定状态的一类环境因素,如风俗习惯、人口发展等,只需作一般性的探讨,但要注意缓慢变化的累积效应;对于平稳发展,具有明显趋势、带有一定规律性或周期性变化的环境因素,可采用调查预测法、德尔菲法等定性分析方法,时间序列分析、回归分析、投入-产出法、灰色预测法等定量分析方法;对随机性很强、动荡不定的环境因素,通常采用定性分析方法,如情景分析法。

情景分析(Scenario Analysis)法是一种常用的对未来环境进行预测的方法,又称情景描述法、脚本法。情景分析法以逻辑推理为基础,通过构想出未来行动方案在实施的时候所处的几种可能的环境状态及其特征,预测和估计出行动方案的社会、技术和经济后果,这是一种常用的分析、预测方法。

在情景分析法中,主要通过情景设定和描述来考察和分析系统,描述可能出现的状况和获得成功所必需的条件等。简单地说,情景设定和描述就是对每种备选方案设定未来环境的集中状态——正常的、乐观的和悲观的环境状况，并给出相应的特征和条件。通过对环境现状的分析，再依据事件的逻辑连贯性，对一系列的因果关系，以逻辑推理、思维判断和构想为基础，并结合定量分析方法，弄清从现状到未来情景的转移过程，进而判断可能出现的情况及其特征。应用情景分析法的大致步骤是：

（1）明确情景描述的目的、基本设想和范围（如预测时间、关联因素、环境范围等）以及所持观点（如乐观、悲观和现实的观点等）。

（2）对预测对象的历史状况和现实状况进行分析，在此基础上对其发展趋势和未来状态进行分析和预测。

（3）结合相关的数据资料，采用定量方法进行估计和预测，从而得出一个对未来发展前景更为科学的描述。

（4）根据之前的结果，制定出实现未来战略目标的备选方案以及主要问题和课程，估计和预测备选方案在多种设定情景下的社会、经济和技术后果，以制定适应性强的战略规划。

情景分析法迫使人们对变化着的现实环境和未来环境进行细致的分析和严密的思考，弄清环境的发展趋势、可能的状况和演变过程，以及容易疏忽的细节。这种方法带有充分自由设想的特色，但又具科学性。由于它不存在固定的模式，所以较难把握，在实际应用中须注意下面的问题：

（1）在情景描述时，要弄清从现状到未来情景的转移变化历程，要具有合理性和连续性。无论变化如何曲折和剧烈，都须注意因果关系上的合理性。

（2）对于未来的前景（Prospect），人们存在不同的看法，应充分表达他们的分歧点，以及研究这点看法和根据。

（3）在情景描述时，要处理好各种矛盾，既要考虑事物量的变化，又要考虑事物质的变化。

（4）注意定性和定量分析相结合，增强分析的科学性。

例 4 - 4 情景分析法在荷兰皇家壳牌公司的战略规划中的应用。

壳牌公司以重视战略规划著称。其战略规划有两个特点。第一，高度参与。不是由高层专家孤立地提出没有弹性的 10 年计划，而主要是为各经营单位提出课题。第二，采用情景分析法，提出一系列的"如果怎样"的或然课题。该公司 20 世纪 70 年代成功地预测了因 OPEC 的出现而导致的原油价格上涨和 80 年代由于 OPEC 石油供应配额协议的破裂而导致的原油价格的下跌。

80 年代初，每桶原油价格在 30 美元左右，该产业的成本是每桶 11 美元，因此多数石油公司是盈利的。对未来的分析，一般看好，有的公司预测到 90 年代将上涨到每桶 50 美元。壳牌公司分析了未来情景。其中之一是：OPEC 石油供应配额协定破裂，石油充斥，每桶降至 15 美元。1984 年，公司对各下属公司提出的课题是，如果这一情况发生，该怎么办？

壳牌公司根据自己认定的或然情况，围绕核心业务实施了以下降低成本的变革，包括采用领先的开采技术，大量投资于提炼设备，该设备具有提高成本效率和取消低利润的服务站等。其他石油公司（如 Exxon 公司等）未改善核心业务的效率，而是实施多样化。到 1986 年 1 月壳牌公司完成上述变革时，原油价格为 27 美元/桶。但 OPEC 生产配额协议失败，北海和阿拉斯加出现新的石油产量，与此同时，需求下降。2 月 1 日，原油的价格为 17 美元/桶，4 月则降至 10 美元/桶。

1988 年，壳牌公司的资产净收益率为 8.4%，该产业主要公司（Exxon，BP，Chevron，Mobil，Texaco 等）的平均收益率为 3.8% 。至 1989 年，壳牌公司的主要变革方向是低成本、改进精炼，原油开采成本低于 2 美元/桶，同时强化市场营销。

情景分析法在研究复杂系统问题时十分有用。这种方法可以描述远期可能出现的多种情景，以及对抽象的事物作尽可能具体的描述；还可以同时考虑社会、政治、经济和心理因素的状况及其相互间产生的联系和影响。

5. 系统环境分析案例

现以西安国际港务区为例说明在系统分析中是如何分析和计量环境因素的。西安国际港务区项目是陕西省西安市"十一五"规划物流龙头项目，已被省政府列为争取国家"十一五"规划重大建设项目；西安市人民政府同意西安国际港务区由西安浐河经济开发区规划、设计，整体开发建设。

西安国际港务区的选址直接涉及经济、地理、技术、交通、环保、城市建设等环境因素的总体效果。为此，西安市汇集了社会政治、经济、技术、交通、环保各方面的专家学者，围绕工程目标提出了各种可能的环境因素，经过反复研究，系统工程分析人员对工程选址的环境因素做出如下归纳。

1）影响选址的环境因素

（1）政策环境。

① "十一五"和"十二五"规划的支持。2010 年 11 月 4 日，西安国际港务区规划已获得国家发改委批复。建成后，西安国际港务区将成为中国西部最大的现代服务业示范园区。② 国民经济发展需求和当今商业运行模式中物流的重要性。③ 陕西省政府、西安市政府的积极引导和支持。2008 年开始陕西省委、省政府和西安市委、市政府决定在不沿江、不沿海、不沿边的西安发展建设中国大型国际陆港，打造特大商贸物流新城和全球商贸物流中心。④ 西安物流行业的发展。

（2）物理和技术环境。

① 地理位置优越。地处西安市东北部灞渭三角洲，西沿灞河，北至铁路北环线，东至西韩公路，南接城市三环和西安绕城高速，规划建设范围为 44.6 平方公里，是西安经济社会发展和城市建设"北扩、东拓、西联"的前沿区域。西安国际港务区的地理位置如图 4-10 的所示。

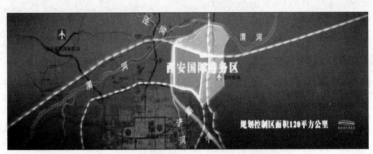

图 4-10 西安国际港务区的地理位置

② 西安是新亚欧大陆桥中国段的心脏。与绕城高速公路和城市三环路相连，核心区距西安市新的行政中心 5 公里，距西安咸阳国际机场 28 公里、窑村机场就位于国际港务区内，通往园区的西安绕城高速公路与京昆高速、连霍高速、陕沪高速、包茂高速等全国高速公路网紧密相连，形成"米"字型高速公路网络（见图 4-11）。此外，还以沿海国际港口

合作为基础，在内陆形成海陆联运的聚集地和结合点。

图 4-11　西安国际港务区所在的"米"字型高速公路网络

③ 西安是科技开发和信息中心，科研机构水平较高，人才密集、科研开发能力较强，通过经济技术合作，可为沿桥地带不断提供先进的科技成果。

④ 西安是国际交流中心。西安利用亚欧大陆桥连接欧洲的优势，增加国际交流活动，积极承办一些大中型的国际经济文化活动和会展活动。

（3）经济和经营环境。① 西安地区是西部大开发优先发展的重点经济区。② 陕西省和西安市在"十五"规划期间已经取得了较快的发展。③ 西安将"国际化"作为首要发展理念。④ 陕西省和西安市的对外贸易增长较快。⑤ 西安是西北五省最大的商贸中心和金融中心。⑥ 陕西省和西安市鼓励发展现代物流业。陕西省和西安市的现代物流业虽然起步比较晚，但是发展比较快。西安市规划要建设立体的综合物流体系。

（4）对西安市及周边地区的规划与发展：依托西安市区位优势、交通优势、产业基础和物流市场需求，形成以 B 型保税物流中心为核心、以国际物流区为支撑、以国内综合物流区和物流产业集群区为两翼的物流体系战略格局。它是沿海国际港口多种港务功能在西安的延伸，是沿海国际港口在西安的集中服务区，也是国际物流与国内物流的结合部。不仅具有普通物流园区的基本功能，还具有保税、仓储、海关、边检、商检、检疫、结汇银行、保险公司、船务市场及船运代理等国际港口所具有的多种功能。

（5）与全国交通网络的联系因素。① 联通铁路、公路和机场的便利交通条件。② 货物流向的合理性。③ 与其他物流中心的联系。

（6）资源环境因素。① 符合国家能源政策的程度；② 对西安市能源的影响；③ 需要投入的能源；④ 电力供应能力；⑤ 需要征用的土地；⑥ 征用土地的可能性；⑦ 建筑材料的供应；⑧ 项目的施工力量；⑨ 副食的供应。

（7）环境保护因素。① 废水排放；② 废气排放；③ 对生态的影响；④ 对风景区、名胜古迹的影响。

（8）带来的新的发展契机。① 中国进出口贸易在欧盟地区的比例是相当高的。如果新亚欧大陆桥建成，将改写过去国际物流的运输线路。这很有可能改变中国对外贸易的格局。② 为西安集装箱中心站的建设带来发展良机。西安铁路集装箱中心站作为全国八十个集装箱中心站之一，是首批建设的重点项目，将在国家的铁路运输网络中起到重要的区域枢纽作用。西安铁路集装箱中心站的建设和运行，将有效提高西部地区铁路集装箱的运输能力，实现港口到西部地区的集装箱联运，这将极大提高西部地区与全国和世界之间物流通道的便利性和快捷性。

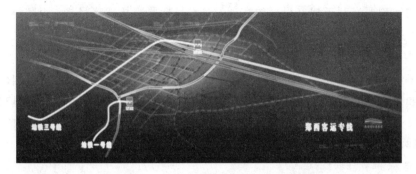

图4-12 西安国际港务区与客运线的联结

2）环境因素量化法

为了说明各种环境因素对工程选址的重要性及各种因素综合的需要，须采用各种量化方法。从定量难易程度来看，上述环境因素量化大致可分为三类。

（1）因素本身可以直接量化的：如距离机场、公路、铁路的距离，物流的运输量等。

（2）可间接量化的环境因素：如科技条件等。

（3）定性环境因素的量化：对这类因素是通过各种途径制定定量依据，然后借用模糊理论和方法使其量化，也可使用评分的方法进行估量。

（资料来源：焦中晋.西安国际港务区发展战略研究.西北大学硕士论文）

4.2.2 系统目标分析

目标分析是系统分析和设计的出发点。通过制定目标，把系统应达到的各种要求落到实处。目标分析是整个系统分析工作的关键，是系统目的的具体化过程。系统目标一旦确定，系统就将朝着系统所规定的方向发展。系统目标关系到系统的全局和全过程，它对系统的发展方向和成败起着决定性作用。系统目标分析的目的，一是论证目标的合理性、可行性和经济性；二是获得分析的结果——目标集。系统目标分析的主要研究对象包括系统目标的分类、目标集的确定以及目标冲突和利害冲突。

1. 系统目标的分类

目标是要求系统达到的期望的状态。人们对于系统的要求往往是涵盖多个方面的，这些要求和期望在系统目标上反映出来就形成了不同类型的目标。

1）总体目标和分目标

总体目标集中地反映对整个系统总的要求，通常具有高度抽象性、概括性、全局性和总体性的特征。系统的所有活动都应以总体目标为中心而展开，系统目标的各组成部分都应为实现总目标服务。分目标是总目标的具体化分解，包括各子系统的子目标和系统在不同阶段上的目标。将总目标进行具体化分解称为一个个大大小小的分目标是为了更好地落实和实现系统的总体目标。

2）战略目标和战术目标

战略目标是关系系统的全局性和长期性战略发展方向的目标。它规定了系统发展变化所要达到的预期的成果，指明了系统的发展方向，使系统能够协调一致地朝着既定的方向发展下去。战术目标是战略目标的具体化和定量化，是实现战略目标的各种手段和方法。

战术目标的实现要有利于战略目标的实现,战术目标要服从战略目标,否则将制约和阻碍战略目标的实现。

3)近期目标和远期目标

根据系统的总目标分别制定出系统在不同时期或阶段上的目标,包括短期内要实现的近期目标和未来要达到的远期目标。例如,我国要在 2000 年国民生产总值的基础上实现到 2010 年翻一番的近期战略目标,到 2050 年基本实现现代化,达到中等发达国家水平的远期战略目标。

4)单目标和多目标

单目标是指系统要达到和实现的目标只有一个。它具有目标单一、制约因素少、重点突出等特点。但在实际中,只追求单一的目标,往往具有很大的局限性和危害性。例如,DDT(滴滴涕)的发明和使用,虽然实现了消灭害虫,促进了农业丰产丰收这一目标,但是长期大面积使用 DDT 也消灭了很多益虫,还造成环境的污染和生态平衡的破坏。多目标是指系统同时存在两个及以上的目标。多目标追求利益的多面性,符合实际要求。在制定对系统的多目标要求时,既要充分总结单目标系统决策的失败教训,也要符合利益日趋多元化、综合化和全面化的客观要求,符合从单一目标决策向多目标决策的时代发展的必然趋势。

大型复杂系统往往都是存在多目标的。例如,企业的目标一般包括:一定的利润率和投资回报率,新产品的开发,有效利用资金,在国际市场上推销产品,在行业中占据优势地位,确保产品质量,保护自然环境,坚持各种社会价值观等。如果仅追求单一的经济增长目标,即使得到一时的实惠,也不会长久,甚至给国家、集体、个人带来无法挽回的损失。所以企业的目标必须是经济、社会、文化等协调发展的多目标体系。

5)主要目标和次要目标

在系统的众多目标中,有些目标相对要重要一些,是具有重要地位和决定性作用的主要目标;而有些目标则相对次要一些,是对系统整体影响较小的次要目标。因此,要审时度势地分清当前的主要目标和相对次要的目标。将系统的目标分为主要目标和次要目标,是因为不可能同时实现所有的目标,同时,也是为了避免由于过分重视次要目标,而忽视了系统的主要目标。主要目标和次要目标不是一经确定就不能改变的,而是可以随着系统的内部条件和外部环境条件的变化及时调整的。

2. 目标集的确定

各级分目标和目标单元集合在一起便形成了目标集。建立相对稳定的目标集是逐级逐项落实系统总目标的结果。总目标通常具有高度的概括性,但缺乏具体性和直观性,而且不宜直接操作,因此,要把总目标逐步分解为各级分目标,直到具体、直观、便于操作为止。在分解过程中,一定要注意使分解后的各级分目标与总目标保持一致,分目标的集合一定要能够保证总目标的实现。分目标之间有时会一致,也可能不一致,还有可能是相悖的,但是一定要在整体上做到协调一致。

1)目标确定的方法

对总目标进行分解后会形成一个目标层次结构,我们把这个层次结构就称为目标树,如图 4-13 所示。目标树就是采用树的形式,将目标以及目标间的层次关系直观、清晰地表达出来,同时便于目标间的价值衡量。建立目标树的过程就是把目标逐步分解、细化、展开的过程。由目标树就可以了解系统目标的体系结构,掌握系统问题的全貌,进一步明确问题和分析问题,在总体目标的指导下统一地组织、规划和协调各分目标,使系统整体功能得到优化。

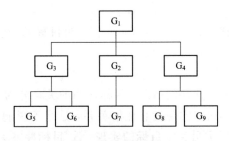

图 4-13 目标树

建立系统的目标集不是随便、想当然、靠想象力来完成的,而是一个细致分析、反复调整和论证的过程,不仅需要严谨的逻辑推理和创造性的思维,还需要丰富的社会、经济、科学技术知识和实践经验,以及对系统的深刻认识和理解。现在我们通过举例来加深对系统目标树的理解。

例 4-5 国家教育系统规划中分析系统的目标如图 4-14 所示。总目标是提高我国全民的文化素质,为达到此目标就要加强基础教育、发展职业教育、提高高等教育、发展成人教育等,加强基础教育就要发展学前教育、普及九年义务教育、注重特殊教育等。

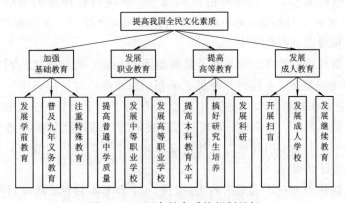

图 4-14 国家教育系统规划目标

2) 建立目标集的基本原则

(1) 一致性原则。在目标分解的过程中,要注意每一级目标都应与上一级目标保持一致,这样才能保证总目标的实现。各分级目标之间、目标与目标之间不是孤立的,而是相互关联的,应在上一级目标指导下,做到纵向目标关系和横向目标关系的协调一致。

(2) 全面性和关键性原则。越是复杂系统分目标就会越多,就越容易分不清主次、忽视重点,因此必须强调和突出对实现总目标起关键性作用的分目标。可以通过设置权重来表示目标之间的相对重要程度,从而达到衡量目标重要性的目的。在突出重点目标的同时,还应考虑目标体系的完整性、全面性。

(3) 应变原则。做任何事情都没有一成不变的规律和套式。当系统自身的条件或其所处的环境条件发生变化,或寻求方案出现阻碍,或有新的观点和见解被提出时,就必须对之前已经制定好的目标加以调整和修正,以适应新的要求。

（4）可检验性与定量化原则。系统的目标必须是可检验的，否则将没办法对其效果进行衡量。要使目标具有可检验性，最好的办法就是使用可以量化的指标来表示有关目标。例如，企业明年盈利要增长 10％，税后利润要达到 1000 万元，净资产收益要达到 15％以上等。然而，并不是所有的目标都能够定量表示，目标的层次越高，则定量化表示的难度越大。对于不方便定量化描述的目标，必须详细说明目标的重要特征和实现目标的日期等，从而使其在一定程度上具有可检验性。

3. 目标冲突和利害冲突

一般来说，对于多个目标并存的情况，目标之间的关系分为三种：① 两个目标相互独立，也就是说两个目标的存在与实现没有任何关系，是互不影响的。② 目标互补关系，也就是说一个目标的实现将促进另一个目标的实现。③ 目标冲突关系，也就是说一个目标的实现将会制约或阻碍另一个目标的实现。在目标分析过程中，系统分析人员经常会发现，许多关键情况往往是目标之间存在着目标冲突关系造成的。

根据涉及的范围，目标冲突可以分为以下两种情况：

一种是纯属专业技术性质的，即目标冲突问题。这种目标冲突无碍于社会，其影响范围是有限的。在面临这种情况时，对于互相冲突的两个目标，可以去掉一个目标，也可以设置或者改变约束条件，或按实际情况增加某一个目标的限制条件，这样使得另一个目标充分实现，从而达到协调目标冲突的目的。例如，在进行产品设计时，可能强调的两个目标：一是尽可能低的成本；二是尽可能高的质量。解决目标冲突的方法包含以下两种：① 建立一个没有矛盾的目标集，把引起矛盾的分目标剔除掉；② 采用所有分目标，寻求一个能达到冲突目标得以并存的方案。

另一种是社会性质的，由于涉及到了某些集团的利益，通常称之为利害冲突问题。这类目标冲突问题比较复杂，不像前一种那么简单，在处理的时候应该谨慎考虑合适的方法和对策。例如，企业在减员增效的过程中就至少有如下两个目标：一是提高企业的效益；二是保证工作岗位不减员。相应地，处理利害冲突的方法是：① 目标方之一放弃自己的利益；② 保持其中一个目标，用其他方式补偿或部分补偿受损方的利益；③ 通过协商调整目标系统，使之达到目标相容。

目标冲突还往往表现在不同层次的决策目标上，即基本目标、战略目标和管理目标之间的不协调和冲突。其中基本目标是系统存在的理由；战略目标是指导系统达到基本目标的长期方向；而管理目标则是把系统的战略目标变成具体的、可实现的形式，以便于形成短期决策。这三个层次上的目标冲突还反映了长期利益与短期利益之间的矛盾。因此，要想有效地实现系统的基本目标就必须协调好不同层次上的目标冲突。

在实际的管理和决策问题中，由于多个主体对系统的期望和利益要求有差异，就会产生目标冲突。不同的主体，如组织管理系统中的各部门及其主管等，分别有着各自的利益要求，通常称做是利益集团。而目标冲突往往反映出不同主体在利益上的不同要求。因此要协调好目标冲突的根本任务就在于，把各方面因价值观、道德观、知识层次、经验和所依据的信息等方面存在的差别而造成的矛盾和冲突，加以有效地疏通和化解。

4.2.3 系统结构分析

任何系统都是以一定的结构形式存在的，所谓系统结构，是指系统的构成要素在时空连续区上的排列组合方式和相互作用方式。系统结构分析是系统分析的重要组成部分，也是系统分析和系统设计的理论基础。

1. 系统结构分析的基本思想

系统结构是系统保持整体性和使系统具备必要的整体功能的内部依据，是反映系统内部元素之间相互联系、相互作用的形态化，是系统中元素秩序的稳定化和规范化。

系统结构分析用以保证系统在对应于总目标和环境约束集的条件下，系统组成要素、要素间的相互关系集以及要素集在阶层分布上的最优结合，并在给出最优结合效果的前提下，能够得到最优的系统输出的系统结构。系统结构分析就是寻求系统合理结构的分析方法。

2. 系统结构分析的主要内容

系统是由多个要素组成的一个集合体，在系统工程中所要分析的系统大多是社会系统，因此常常包含成百上千的组成要素。这时就很有必要对系统内部各组成要素之间的相互关系进行分析。系统结构分析通过分析系统的要素集和要素间相互关系集在各种环境约束的条件下的阶层分布从而得到最优组合，进而得到最优输出。

为了达到系统给定的功能要求，即达到对应于系统总目标具有的系统作用，系统必须具有相应的组成部分，即系统要素集 $S=\{s_i, i=1, 2, \cdots, n\}$。系统要素集可以在已确定的目标树的基础上进行确定，还可以借助价值分析技术使所选出的要素、功能单元的构成成本最低。当系统目标分析取得了不同的分目标和目标单元时，此时也将会产生相应的要素集。然后，对已经得到的要素集进行价值分析。这是因为实现某一目标可能有多种要素，因此存在着择优问题，其选择的标准是在满足既定的目标的前提下，实现构成要素成本的最低化。

经过要素集的确定和对要素集的价值分析两项工作之后，就可以得到满足目标要求和功能的要素集，由于此要素集经过必要性和择优分析，因此它是合理的。但是这个要素集也不一定是最优的，也不是最差的，因为还有许多相关联的环节需要分析与协调。

系统结构分析的上述内容可表示为

$$\Pi^{**} = \max_{\substack{P \longrightarrow M \\ P \longrightarrow H}} P(S, R, F)$$

$$S_{\text{OPT}} = \max\{S \mid \Pi^{**}\}$$

(4-5)

其中，Π^{**} 表示系统的最佳结合效果，S_{OPT} 表示系统最大输出，$R=\{r_{ij}, i, j=1, 2, \cdots, n\}$ 表示系统组成要素的相关关系集合，F 表示系统要素及其相互关系在阶层上的可能分布形式，P 表示 S, R, F 的结合效果函数，M 为目标集合，H 为环境集合。

3. 系统的相关性分析

1）相关关系的概念

系统要素集的确定只是说明已经根据分目标集的对应关系选定了各种所需要的系统结构组成要素或功能单元。然而，它们是否达到总目标的要求，还取决于它们之间的相关关系，这就是系统的相关性分析问题。

系统的属性不仅取决于它的组成要素的质量和合理化，还取决于要素之间应保持的某些对应关系。例如，同样符合标准的手表零件，可以装出质量高档、外表美观的手表，也可以做出质量下乘的手表。同样的砖、瓦、砂、石、木、水泥可以盖出高质量漂亮的楼房，也可以盖出低劣质量的楼房。

由于系统的属性的差异，其组成要素的属性也是多种多样的，因此，要素间相关关系的表现形式也是千差万别的。比如，空间结构、排列顺序、因果关系、数量关系、位置关系、松紧程度、时间序列、数量比例、力学或热力学特性、操作程序、管理方法、组织形式和信息传递等方面。这些关系组成了一个系统的相关关系集，即

$$R = \{r_{ij}, \ i, j = 1, 2, \cdots, n\} \tag{4-6}$$

由于相关关系只能发生在具体的要素之间，因此任何复杂的相关关系，在要素不发生规定性变化的条件下，都可变换成两要素之间的相互关系，即二元关系是相关关系的基础，其他更加复杂的关系都是二元关系的推广。

在二元关系分析中，首先要根据目标的要求和功能的需求来明确系统要素之间必须存在和不存在的两类关系，同时要必须消除模棱两可的二元关系。当 $r_{ij}=1$ 时，要素间存在着二元关系；当 $r_{ij}=0$ 时，要素间不存在二元关系。

2）相关关系的确定（因果关系分析）

相关关系的确定方法有两种：相关矩阵分析法和因果关系分析法。

（1）相关矩阵分析法。相关矩阵分析法是分析系统要素之间相互影响和相互作用常用的一种简便易行的方法。设系统要素包括 n 个要素 s_i，$i=1, 2, \cdots, n$，两两要素间的关系可用如下矩阵表示：

$$
\begin{array}{c}
\begin{array}{ccccccc} & s_1 & s_2 & \cdots & s_j & \cdots & s_n \end{array} \\
\begin{array}{c} s_1 \\ s_2 \\ \cdots \\ s_i \\ \cdots \\ s_n \end{array}
\left[
\begin{array}{cccccc}
r_{11} & r_{12} & \cdots & r_{1j} & \cdots & r_{1n} \\
r_{21} & r_{22} & \cdots & r_{2j} & \cdots & r_{2n} \\
\cdots & \cdots & \cdots & \cdots & \cdots & \cdots \\
r_{i1} & r_{i2} & \cdots & r_{ij} & \cdots & r_{in} \\
\cdots & \cdots & \cdots & \cdots & \cdots & \cdots \\
r_{n1} & r_{n2} & \cdots & r_{nj} & \cdots & r_{nn}
\end{array}
\right]
\end{array}
\tag{4-7}
$$

其中，

$$r_{ij} = \begin{cases} 1, & \text{当 } s_i \text{ 对 } s_j \text{ 有影响时} \\ 0, & \text{当 } s_i \text{ 对 } s_j \text{ 无影响时} \end{cases} \tag{4-8}$$

例 4-6 影响人口问题的因素及其相关关系矩阵如下：

	人口总数	出生率	死亡率	国民素质	国民收入	污染程度	食物营养	国民风俗	计生政策	生育能力	医疗水平	期望寿命
人口总数	0	0	0	0	0	0	0	0	0	0	0	0
出生率	1	0	0	0	0	0	0	0	0	0	0	0
死亡率	1	0	0	0	0	0	0	0	0	0	0	0
国民素质	1	1	0	0	0	0	0	1	1	0	0	0
国民收入	1	1	1	0	0	0	0	1	1	1	0	1
污染程度	1	0	1	0	0	1	0	0	0	0	0	1
食物营养	1	1	1	0	0	0	1	0	0	0	0	1
国民风俗	1	1	0	0	0	0	0	0	0	0	0	0
计生政策	1	1	0	0	0	0	0	0	0	0	0	0
生育能力	1	1	0	0	0	0	0	0	0	0	0	0
医疗水平	1	1	1	0	0	0	0	0	0	0	0	1
期望寿命	1	0	1	0	0	0	0	0	0	0	0	0

$$\tag{4-9}$$

从这个庞大的矩阵中可以看出，人口总数这个组成要素和出生率、死亡率、国民素质、国民收入、污染程度、食物营养、国民风俗、计生政策、生育能力、医疗水平、期望寿命诸多要素之间存在着相关关系。

（2）因果关系分析法。因果关系分析法的工具是因果关系图。因果关系图可以描述系统中元素的因果关系、系统的结构和系统的运行机制。系统动力学中常常用因果分析图来表示系统的运行机制。制作因果关系图可以分为以下几个步骤：

① 确定系统的主要元素。通过这些元素能够明确地描述出系统的状态。

② 找出元素间的因果关系。元素间的因果关系分为正因果关系和负因果关系。例如，元素 A 和元素 B 之间存在着因果关系。A 的增长导致 B 的增长，A 的减少导致 B 的减少，这即为正因果关系；若 A 的增长导致 B 的减少，而 A 的减少导致 B 的增长，这即为负因果关系。

③ 绘制因果图。

用因果关系分析法描述系统要素间相关关系使用的基本概念主要有因果箭、因果链和因果关系反馈环。

① 因果箭。元素间的因果关系用带箭头的实线（即因果箭）来表示。若为正因果关系则在箭头旁注上"＋"号；若为负因果关系则在箭头旁注上"－"号。因果箭表示如下：

$$A \xrightarrow{+} B，正因果箭$$

$$A \xrightarrow{\ -\ } B，负因果箭$$

例如，技术进步$\xrightarrow{+}$经济发展，此因果关系就表示，在现代社会经济的发展中，技术的进步将会促进经济的发展。

需求$\xrightarrow{+}$价格，此因果关系表示，在市场经济的条件下，消费者对某种产品或服务的需求增加，就会导致厂家提升该产品或服务的价格。

货币供应量$\xrightarrow{+}$通货膨胀，此因果关系表示，在金融市场上，我们可以简单地认为，货币的供应量的增加将会带来一定的通货膨胀。

成本$\xrightarrow{\ -\ }$利润，此因果关系表示，在价格一定的情况下，如果产品的成本增加，那么商家得到的利润将会减少。

人口$\xrightarrow{\ -\ }$人均资源，此因果关系表示，在一定的时间范围内，国家的总资源数量是不变的，而人口数量的增加，将会导致人均资源的减少。

医疗水平$\xrightarrow{\ -\ }$人口死亡率，此因果关系表示，在现代社会发展中，随着医疗水平的不断提高，人口的死亡率在逐渐降低。

② 因果链。要素间的因果关系具有相互传递影响和作用的特性，即若 A 影响 B，B 又影响 C，从而形成 A 到 C 的链状结构：$A \longrightarrow B \longrightarrow C$。因此，用因果箭对具有传递性质的元素关系加以描绘即得到因果链。

因果链具有极性，在同一因果链中，若含有奇数个极性为负的因果箭，则整条因果链是负的因果链。否则，该因果链的极性为正。

因果链表示如下：

$$A \xrightarrow{\quad - \quad} C \xrightarrow{\quad - \quad} D，正因果关系$$

$$A \xrightarrow{\quad + \quad} C \xrightarrow{\quad - \quad} D，负因果关系$$

例如：国民收入 $\xrightarrow{+}$ 营养水平 $\xrightarrow{+}$ 期望寿命，在这条因果链中我们可以看出，国民收入的增加使得我们现在的生活水平、营养水平不断提高，从而增加了我们的期望寿命。

对某商品的过度投资 $\xrightarrow{+}$ 商品供给 $\xrightarrow{-}$ 商品价格 $\xrightarrow{+}$ 商品利润率，在这条因果链中我们可以看出，如果某个行业内对每种商品过度投资，扩大生产规模和数量，就会使商品的供给急剧攀升，市场竞争压力增加，势必会导致商品的价格下降，商品的利润率下降。

③ 因果关系反馈环。当原因和结果相互作用时，就形成了因果关系反馈回路，也称因果关系反馈环。它是一种特殊的（即封闭的、首尾相接的）因果链。其中，本身具有加强其变化效果能力的闭合回路称为正因果关系回路，如图 4-15 中(a)所示。自身具有抑制变量变化和调节能力的闭合回路称为负因果关系回路，如图 4-15 中(b)所示。

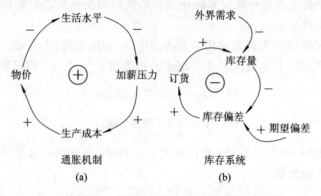

图 4-15　因果关系反馈环图例

图 4-15(b)中的因果关系反馈环反映了一个简单的库存系统。外界需求的不断增加将使库存量不断减少，当库存量减至某一水平时，库存管理人员就会向生产厂家发出订货通知以使库存恢复。由于库存偏差等于期望库存与库存量之差，因此期望库存的增加会使得库存偏差增大，而库存量的增加会使得库存偏差减少。

如果某一因果关系反馈环中全是正因果关系或有偶数个负因果关系，那么说明这个系统是正因果关系反馈环，是系统自身增强的，这种系统往往是不稳定的。

社会经济系统的发展最终总是受到资源的限制，因而一般所考虑的社会经济系统都是负因果关系反馈环，均不同程度地存在着负反馈机制，具有系统的自调节功能，形成稳定的系统。所以要正确认识系统的结构和运行机制，才能建立高质量的模型，得到正确的结果。

3）系统的阶层分析

在实际的研究中，大多数系统都是以多阶层递阶形式存在的。系统阶层分析的主要内容包括：哪些要素应归属于同一阶层，阶层之间应保持何种关系，以及阶层的层数和层次内要素的数量等。阶层性分析的合理性可以从以下两个方面来考虑：

（1）传递物质、能量和信息的效率、费用和质量。例如，信息理论已经证明，当消息通过多级处理器时，随着处理器数目的增多，输入消息和输出消息间平均交互信息量趋于变小，即所谓信息的不增性。在实际中采用减少处理器数目的办法减少信息的丢失。对于组织管理系统，层次多，人员多，头绪多，因而费用大，效率低。因此，从提高效率的角度来说，系统层次不应过多。而且，任何系统的阶层幅度不能太宽，否则不利于集中。比如，车间的小组长最能照看 30 人左右，再多了就不太好管理了。

（2）功能单元的合理结合与归属。为了实现既定的系统目标，系统或分系统必须具备某种相应的功能，这些功能是通过系统要素的一定组合和结合来实现的。某些功能单元放在一起能起到相互补益的作用，有些则相反。在管理机构系统内，不同阶层放哪些机构合适，关系也很重要。功能单元归属问题也影响很大，工人、质检人员归属不同阶层，效用发挥是不同的。时间表明，监察功能一般不应放在同阶层内管理。

4）系统整体分析

系统整体分析是系统结构分析的核心，是解决系统协调性和整体性最优化的基础。在某种程度上，上述的系统要素集、关系集、系统的阶层的分析，都是研究问题的一个方面，它们的合理化或优化还不足以说明整体的性质。整体性分析则要综合上述分析的结果，从整体最优、满意或合理上进行概括和协调，这就使系统要素集、相互关系集和系统阶层分布达到最优组合，以得到系统效应的最大值和整体的最优输出。系统整体优化和取得整体的最优输出是可能的，因为构成系统的要素集、关系集、系统的阶层分布都有允许变动的范围，在对于既定的目标要求下，它们三者可以有多种组合方案，我们可以通过分析比较、综合评价选出最优的方案。

4.3　系统分析工具

系统分析是系统工程的重要组成部分，系统分析没有一套特定的、普遍适用的技术方法。系统不同，分析的问题也不同，所使用的分析技术也可能很不相同。系统分析中经常要用到一些定性与定量的分析方法，以解决系统结构、系统层次关系、系统因素间相关关系等问题。解决上述各类问题的所有实用而有效的防范，统称为系统分析的工具和方法。

一般而言，系统分析可分为定性分析和定量分析两大类。定性分析技术适用于系统结构不很清楚、收集到的信息不太准确、或是由于评价者的偏好不同对于所提方案评价不一致等情况。定量分析技术适用于系统结构清楚、收集到的信息准确、可以建立数学模型的情况。本节重点介绍因果分析图法、Pareto 分析法、费用效益分析法、故障树分析法、熟练性分析法等系统分析技术。

4.3.1　因果分析图

因果分析图又被称为鱼刺图、特性因素图或树枝图。因为该方法是日本的石川馨发明的，故还称为石川图。该方法在 1953 年首次应用于日本川崎制铁厂，之后推广到世界许多国家，当时用在全面质量管理方面，后来逐渐在其他方面开始应用，现已成为一种重要的定性分析方法。用这种方法分析系统行为或结果，可以使复杂的原因系统化、条理化、明朗化，把造成结果的主要原因搞清楚，也就明确了预防对策。

系统中某一行为或结果的发生，往往是由于多种复杂因素影响所致。因果分析法就是利用因果分析图来分析影响系统的主次因素，将对系统有影响的各种重要因素加以分析，找出产生的原因和结果,在图上将原因和结果的关系用箭头表示出来的方法,直观简单,一目了然。

1. 因果分析图的结构

因果分析图作为一种系统分析方法,其适用范围较广,其结构如图4-16所示。

(1) 主干表示结果,即系统行为或结果。

(2) 主要因素表示影响系统行为(结果)的主要原因。可以根据人—机—环境系统工程的有关原理将要因确定为系统的要素人、机、环境、管理等。

(3) 支干表示中、小、更小的原因,如图4-16所示分层次画出。

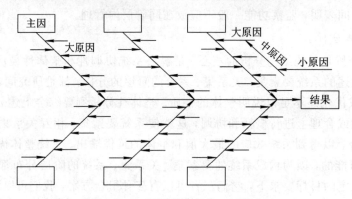

图4-16 因果分析图的一般模式

2. 因果分析图的作图步骤

(1) 确定分析对象,找出要分析的问题(指系统行为或结果)。

(2) 了解和确定影响问题的主要特征。要解决系统中的问题,首先要了解问题的特征。这除了根据有关部门提供的资料外,还要征求有经验的工程技术人员以及作业人员的意见,加深对问题本质的了解。

(3) 分析产生系统行为(结果)的原因。作为系统分析,应从各个方面找出直接和间接的产生原因和影响因素。

(4) 整理各个原因(因素),按其逻辑关系排列,从大到小画在图上,使之成为一幅完整的因果分析图。

(5) 主要原因应做出标记。确定主要原因可用公认法、投标法、排列图法和评分法等,并将其做出标记。

(6) 检查是否有原因遗漏,如有遗漏,应立即补充。

(7) 因果分析图必须有标题、日期、制图者、制作单位以及其他有关事项,以便查考。

3. 作因果分析图时需要注意的问题

(1) 提出的系统行为(结果)要非常具体和明白,不能过于笼统。

(2) 对每一种系统行为(结果)必须作一个图形,不能把集中系统行为(结果)混到一起,否则便失去了分析的效果。

(3) 主干线的箭头方向一定要从左到右,不能颠倒。

(4) 因果分析图要尽可能深入细致并追查到底,才能得出结果,也就是说,分析原因应细致到能采取具体措施为止。

(5) 分析原因时,不能混进处理意见,以免互相混淆,造成不能对主要原因进行深入正确分析的局面。

（6）分析的原因应具体而容易理解，这样可以找出真正的原因，并进行处理。在某些时候，大原因不一定是主要原因。

（7）对重要原因要标出符号和次序，有助于按照次序采取措施。作因果分析图，定出主要因素之后，还应到现场去落实主要因素的项目，然后采取措施，解决问题。

（8）因果分析图制作过程中，必须听取他人的意见，让各方面的人员畅抒己见，把各种不同意见均记录下来。

例 4 - 7 某企业连续几年经营状况不佳，经济效益比较差，因此组织有关专家和管理人员一起分析企业效益差的原因，他们利用因果分析法很快找到了企业效益差的原因，如图 4 - 17 所示即为分析过程所用的因果分析图。

有关专家和管理人员组成的工作小组对企业的方方面面进行深入调查后，经过深入讨论，大家一致认为导致企业效益差的主要原因有：生产成本高、产品质量差、管理水平低、销售不利等四个方面。他们对每个方面的原因进行了深入的分析，找出了更深层次的原因，然后将这些主次原因绘制成因果分析图（见图 4 - 17），以供企业领导决策使用。

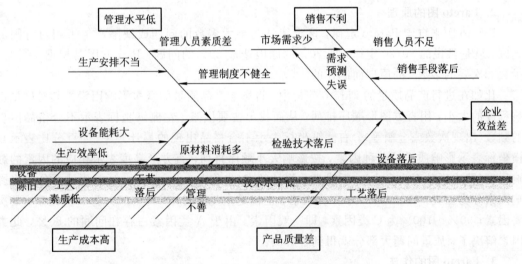

图 4 - 17 某企业效益差的因果分析图

4.3.2 Pareto 分析

Pareto 分析法，又称为 ABC 分析法、排列图法、帕雷特法、主次因素分析法等，它是找出影响产品质量主要因素的一种简单而有效的图表方法。这种方法通过统计数据，发现产生某个问题（如产品质量）的主要（关键）因素。

1. Pareto 图的结构

Pareto 图由两个纵坐标，一个横坐标，几根柱状条和一条折线组成，如图 4 - 18 所示。左纵坐标表示频数，右纵坐标表示频率，横坐标表示影响问题的各种因素，按影响程度大小从左向右排列，柱状条高度表示某因素影响大小，折线表示各影响因素大小的累计百分数。

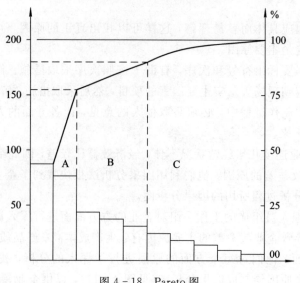

图 4－18　Pareto 图

2. Pareto 图的原理

Pareto 图来自于 Pareto 定律，该定律认为绝大多数的问题或缺陷产生于相对有限的起因。就是常说的 80/20 定律，即 20％的原因造成 80％的问题。Pareto 图是根据"关键的少数和次要的多数"的原理而制作的。

比如在进行产品质量的 Pareto 分析中，将影响产品质量的众多影响因素按其对质量影响程度的大小，用直方图形顺序排列，从而找出主要因素。左侧纵坐标表示不合格品出现的频数（出现次数或金额等），右侧纵坐标表示不合格品出现的累计频率（如百分比表示），横坐标表示影响质量的各种因素，按影响大小顺序排列，直方形高度表示相应的因素的影响程度（即出现频率为多少），折线表示累计频率（也称 Pareto 曲线）。通常累计百分比将影响因素分为三类：0％～80％为 A 类因素，也就是主要因素；80％～90％为 B 类因素，是次要因素；90％～100％为 C 类因素，即一般因素。由于 A 类因素占存在问题的 80％，此类因素解决了，质量问题大部分就得到了解决。

3. Pareto 图的作法

（1）依不良原因，分别算出不良类别的数目，整理成可用资料，同项目的数量集计。

（2）以不良数大小按项目自左至右排列，即将集计资料的金额或件数的多少，顺位排列。

（3）横坐标为不良项目，纵坐标为不良损失金额等。

（4）依数据大小将数据画成柱形，纵坐标之最高点为 100％。

（5）绘累积线。顺位各项目占全体总数之比率。

4. 画 Pareto 图应注意的事项

（1）尽可能按原因或状况加以层别。

（2）尽量把不良品或不良原因换算成金额。

（3）所取时间数量的长短，应按目的详加改善。若时间太短，则得到数据不可能正确。

（4）尽可能按时间作图。

（5）重大的原因，要做进一步分析并做成 Pareto 图。

(6)其他项目放在最右端。

例 4 - 8 某卷烟车间 1994 年第四季度对成品抽样检验后得到外观质量不合格项目的统计资料，如表 4 - 6 所示。

表 4 - 6 外观质量不合格项目的统计

项目	切口	贴口	空松	短烟	过紧	钢印	油点	软腰	表面
缺陷数	80	297	458	35	28	10	15	12	55

首先，明确排列项目，即列出一些影响质量的因素；收集数据，作缺陷项目统计表，如 4 - 7 所示。然后，绘制出 Pareto 图，如图 4 - 19 所示。

表 4 - 7 缺陷项目统计

序号	项目	频数(支)	累计频数(支)	累计百分比(%)
1	空松	458	458	46.3
2	贴口	297	755	76.3
3	切口	80	835	84.3
4	表面	55	890	89.9
5	短烟	35	925	93.4
6	过紧	28	953	96.3
7	其他	37	990	100
合计			990	

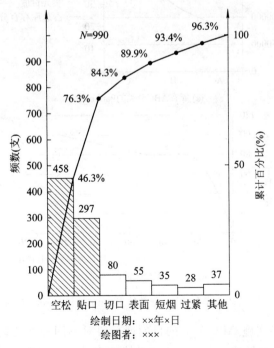

图 4 - 19 卷烟外观质量不合格的 Pareto 图

可以看出,"空松"和"贴口"占全体质量缺陷的76.3%,为A类,是质量方面需改进的主要对象。

例4-9 表4-8为某家电器零售商店中ABC分类方法的库存物品统计。根据ABC分类的结果可以绘制出Pareto图和Pareto曲线,如图4-20(a)和(b)所示。

表4-8 电器零售店库存物品ABC分类

类别	库存商品	单位价值 (美元)	月销售量 (以单位估计)	美元价值 (美元)	美元价值 百分比(%)	占总库存 百分比(%)
A	计算机 娱乐中心	3000 2500	50 30	150000 75000	74	20
B	电视机 冰箱 显示器	400 1000 200	60 15 50	24000 15000 10000	16	30
C	单放机 照相机 软件 计算机软件 CD	150 200 50 5 20	60 40 100 1000 200	9000 8000 5000 5000 4000	10	50
总计				305000	100	100

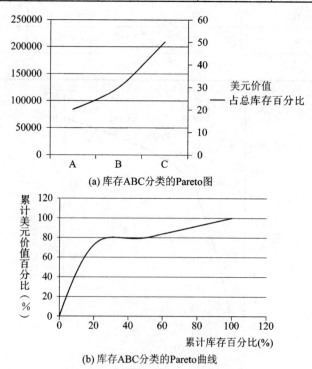

(a) 库存ABC分类的Pareto图

(b) 库存ABC分类的Pareto曲线

图4-20 库存ABC分类的Pareto图和Pareto曲线

综上所述,对物品实施ABC分类的目的就是要对不同种类的物品进行轻重有别的管理。一般来说,对于价值低的C物品,应该维持较高的库存以避免缺货,对于价值高的A

物品,则应利用剩下来的资源(时间、资金等),集中力量进行分析与控制以减少库存。具体来说,对于 A、B、C 三类物品,在确定控制松紧程度、赋予优先权、订购和做存量记录等方面都应区别对待。

A 类物品应尽量施以紧密控制,包括完整、精确的记录,最高的作用优先权,高层管理人员经常检查,使用有效的控制措施以使库存时间最短。

B 类物品应正常的控制,包括做记录和固定时间的检查;只有在紧急情况下,才赋予较高的优先权;可按经济批量订货。

C 类物品尽可能简单控制,如设立简单记录或不设记录,可通过半年或一年一次的盘点来补充大量的库存,给予最低的优先作业顺序。

4.3.3　费用效益分析

费用效益分析,是在多个备选方案之中,通过费用与效益的比较来选择最优方案。当费用和效益都可以用货币或其他某个尺度度量时,使用费用效益分析就比较简单了。

1. 费用和效益的关系

费用和效益之间,一般存在着如图 4-21(a)所示的 S 形曲线关系。由图 4-21 可知,当费用 C 达到一定程度后,效益才能明显表现出来,当费用 $C < C_L$ 时,效益几乎为零(见图 4-21 (a))。此后,效益随着费用增加而迅速增加,这是非常值得研究的一个阶段。但当费用超过 C_H 之后,效益趋于不变,曲线呈平稳现象。此后边际效益 $(\partial V / \partial C)$ 过小,形成浪费。边际效益可用偏导数表示,以便进行多目标分析。

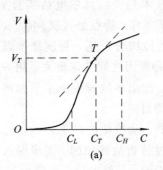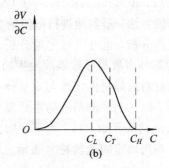

图 4-21　费用和效益的关系

边际效益曲线如图 4-21 (b)所示。由图 4-21 可知,若出现 $C_L = 0$,边际效益就会在整个费用范围内呈下降趋势,在图 4-21(a)中的 T 点上,费用 C_T 与效益 V_T 之比为最小,因此,用这个费用建立系统的投资效率为最大。对多目标的系统进行费用效益分析时,可以做到合理的预算分配和目标达成度的最佳组合。

2. 费用效益标准分析评价基准

常用的评价基准有三种:效益性基准、经济性基准和纯效益基准。

1) 效益性基准

效益性基准,即在费用一定的条件下,效益大的替代方案其价值就高。这可以作为当能负担的费用有限时选择替代方案的手段。图 4-22 中,当 $C = C_1$ 时,效益 $E(A_2) > E(A_1)$;当 $C = C_2$ 时,效益 $E(A_1) > E(A_2)$;当 $C = C_0$ 时,$E(A_2) = E(A_1)$。

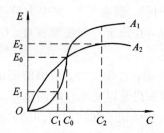

图 4-22　不同基准的费用和效益关系

2) 经济性基准

经济性基准，即在一定的效益条件下，费用小的替代方案其价值高。当事先给定的收益目标达到时，应从可以达到目标的若干替代方案中选取费用最小的方案。如图 4-22 中，当 $E = E_1$ 时，$C(A_2) < C(A_1)$；当 $E = E_0$ 时，$C(A_2) = C(A_1)$；当 $E = E_2$ 时，$C(A_2) > C(A_1)$。

3) 纯效益基准

所谓纯效益就是效益减去费用后的余额。纯效益基准就是指纯效益大的方案价值高。这种评价基准适用于费用不加限制的情况。如例 4-2 中，式(4-2)和式(4-3)分别是求解零售商和生产商的利润(利润＝收益－成本)最大来进行模型建立的。

4.3.4　故障树分析

故障树分析(Fault Tree Analysis，FTA)技术是美国贝尔电话实验室于 1962 年开发的，它采用逻辑的方法，形象地进行危险的分析工作，特点是直观、明了，思路清晰，逻辑性强，可以做定性分析，也可以做定量分析。故障树分析是一种演绎推理法，这种方法把系统可能发生的某种事故与导致事故发生的各种原因之间的逻辑关系用一种称为故障树的树形图表示，通过对故障树的定性与定量分析，找出事故发生的主要原因，为确定安全对策提供可靠依据，以达到预测与预防事故发生的目的。

故障树分析从结果开始，自上而下逆向分析。从故障的结果开始，把不希望发生的事件作为顶事件，并用规定的逻辑符号表示。通过分析故障原因，逐步深入，直至找出故障树的底事件。它主要考虑基本事件对顶事件的影响，最终的分析可将中间事件去掉。

1. 故障树的编制

故障树是由各种事件符号和逻辑门组成的，事件之间的逻辑关系用逻辑门表示。这些符号可分为逻辑符号、事件符号等。

1) 故障树的符号及意义

(1) 事件符号。

① 矩形符号：代表顶事件或中间事件，如图 4-23(a)所示，是通过逻辑门作用的、由一个或多个原因而导致的故障事件。

② 圆形符号：代表基本事件，如图 4-23(b)所示，表示不要求进一步展开的基本引发故障事件。

③ 屋形符号：代表正常事件，如图 4-23(c)所示，即系统在正常状态下发挥正常功能的事件。

④ 菱形符号：代表省略事件，如图 4-23(d)所示，因该事件影响不大或因情报不足，因而没有进一步展开的故障事件。

⑤ 椭圆形符号：代表条件事件，如图 4-23(e)所示。表示施加于任何逻辑门的条件或限制。

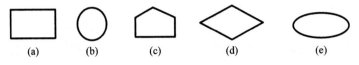

图 4-23 事件符号

（2）逻辑符号。

① 或门：代表一个或多个输入事件发生，即发生输出事件的情况。或门符号如图 4-24(a)所示，或门示意图如图 4-25 所示。

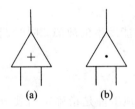

图 4-24 逻辑符号

② 与门：代表当全部输入事件发生时，输出事件才发生的逻辑关系，表现为逻辑积的关系。与门符号如图 4-24(b)所示，与门示意图如图 4-26 所示。

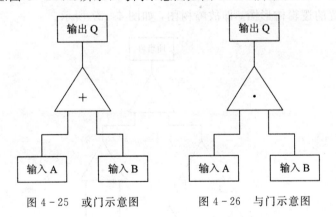

图 4-25 或门示意图   图 4-26 与门示意图

2）建树原则

故障树的树形结构是进行分析的基础。故障树树形结构正确与否，直接影响到故障树的分析及其可靠程度。因此，为了成功地建造故障树，要遵循以下基本规则。

（1）逐步思考法则。编制故障树时，首先从顶事件分析，确定顶事件的直接、必要和充分的原因，应注意不是顶事件的基本原因。将这直接、必要和充分原因事件作为次顶事件（即中间事件），再来确定它们的直接、必要和充分的原因，这样逐步展开。

（2）基本规则Ⅰ。事件方框图内填入故障内容，说明什么样的故障，在什么条件下发生。

（3）基本规则Ⅱ。对方框内事件提问："方框内的故障能否由一个元件失效构成？"如果对该问题的回答是肯定的，把事件列为"元件类"故障。如果回答是否定的，把事件列为

"系统类"故障。"元件类"故障下，加上或门，找出主因故障、次因故障、指令故障或其他故障。"系统类"故障下，根据具体情况，加上或门、与门等，逐项分析下去。主因故障为元件在规定的工作条件范围内发生的故障。

（4）完整门规则。在对某个门的全部输入事件中的任一输入事件作进一步分析之前，应先对该门的全部输入事件做出完整的定义。

（5）非门规则。门的输入应当是恰当定义的故障事件，门与门之间不得直接相连。在定量评定及简化故障树时，门门连接可能是对的，但在建树过程中会导致混乱。

2. 故障树分析步骤

1）确定所分析的系统

确定分析系统即确定系统所包括的内容及其边界范围。熟悉所分析的系统的整个情况，包括系统性能、运行情况、操作情况及各种重要参数等，必要时要画出工艺流程图及布置图。

2）调查系统发生的事故

调查分析过去、现在和未来可能发生的故障，同时调查本单位及外单位同类系统曾发生的所有事故。

3）故障树的建立

首先，确定故障树的顶事件。顶事件是指确定所要分析的对象事件。对所调查的事故进行全面分析，从中找出后果严重且较易发生的事故作为顶事件。然后，调查与事故有关的所有原因事件和各种因素。最后，按建树原则，从顶事件起，一层一层往下分析各自的直接原因事件，根据彼此间的逻辑关系，用逻辑门连接上下层事件，直到所要求的分析深度，形成一株倒置的逻辑树形图，即故障树图，如图 4-27 所示。

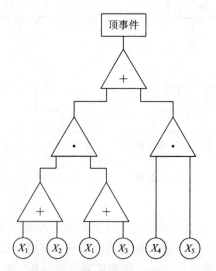

图 4-27　故障树图例

4）故障树定性分析

定性分析是故障树分析的核心内容之一。其目的是分析该类事故的发生规律及特点，通过求取最小割集和最小路集，找出控制事故的可行方案，并从故障树结构上、发生概率上分析各基本事件的重要程度，以便按轻重缓急分别采取对策。

最小割集——设故障树中有 n 个基本事件，X_1，X_2，…，X_n，C 是部分基本事件的集合。若 C 中的全部事件都发生时，顶事件必然发生，则称 C 是故障树的一个割集。如果 C 是一个割集，在 C 中任意去掉一个事件，C 就不是故障树的割集，则 C 是故障树的一个最小割集。图 4-27 所示的故障树中的最小割集为 (X_1)，(X_2, X_3)，(X_4, X_5)。

最小路集——设故障树中有 n 个基本事件，X_1，X_2，…，X_n，D 是部分基本事件的集合。D 中的每一个事件都不发生时，顶事件才不发生，则称 D 是故障树的一个路集。如果 D 是一个路集，在 D 中任意去掉一个事件，D 就不再是路集，则 D 是故障树的一个最小路集。图 4-27 所示的故障树中的最小路集为 (X_1, X_2, X_4)，(X_1, X_2, X_5)，(X_1, X_3, X_4)，(X_1, X_3, X_5)。

5）定量分析

定量分析包括：确定各基本事件的故障率或失误率；求取顶事件发生的概率，将计算结果与通过统计分析得出的事故发生概率进行比较。

6）安全性评价

根据损失率的大小评价该类事故的危险性。这就要从定性和定量分析的结果中找出能够降低顶事件发生概率的最佳方案。

3. 故障树分析法的优缺点

1）故障树分析法的优点

（1）故障树的因果关系清晰、形象。对导致事故的各种原因及逻辑关系能做出全面、简洁、形象的描述，从而使有关人员了解和掌握安全控制的要点和措施。

（2）根据各基本事件发生故障的频率数据，确定各基本事件对导致事故发生的影响程度——结构重要度。

（3）既可进行定性分析，又可进行定量分析和系统评价。通过定性分析，确定各基本事件对事故影响的程度，从而可确定对各基本事件进行安全控制所应采取措施的优先顺序，为制定科学、合理的安全控制措施提供基本的依据。通过定量分析，依据各基本事件发生的概率，计算出顶事件发生的概率，为实现系统的最佳安全控制目标提供一个具体量的概念，有助于其他各项指标的量化处理。

2）故障树分析法的缺点

（1）故障树分析事故原因是强项，但应用于原因导致事故发生的可能性推测是弱项。

（2）故障树分析是针对一个特定事故作分析，而不是针对一个过程或设备系统作分析，因此具有局部性。

（3）要求分析人员必须非常熟悉所分析的对象系统，能准确和熟练地应用分析方法。往往会出现不同分析人员编制的故障树和分析结果不同的现象。

（4）对于复杂系统，编制故障树的步骤较多，编制的故障树也较为庞大，计算也较为复杂，给进行定性、定量分析带来困难。

（5）要对系统进行定量分析，必须事先确定所有各基本事件发生的概率，否则无法进行定量分析。

4. 故障树分析法的应用范围

（1）在故障树分析中顶事件可以是已经发生的事故，也可以是预想的事故。通过分析找出事故原因，采取相应的对策加以控制，从而可以起到事故预防的作用。

（2）查明系统内固有的或潜在的各种危险因素，为安全设计、制定安全技术措施和安全管理提供科学、合理的依据。

例4-9 火灾爆炸故障树分析（油库静电）。许多石油化工产品都属于高绝缘物质，这类非导电性液体在生产和储运过程中，产生和积聚了大量的静电荷，静电荷聚积到一定程度就可发生火花放电。如果在放电空间还存在爆炸性气体，有可能会引起着火和爆炸。油库静电引起火灾爆炸是一种恶性事故，因此，如何安全有效地管理油库，提高油库的安全可靠性，已是当前油库安全管理工作所面临的一个重大课题。通过油库静电故障树分析，可找出系统的薄弱环节，及时进行整改，从而提高油库系统的安全性。

1）油库静电火灾爆炸故障树的建立

油库静电火花造成油库火灾爆炸的故障树的建立过程如图4-28所示。

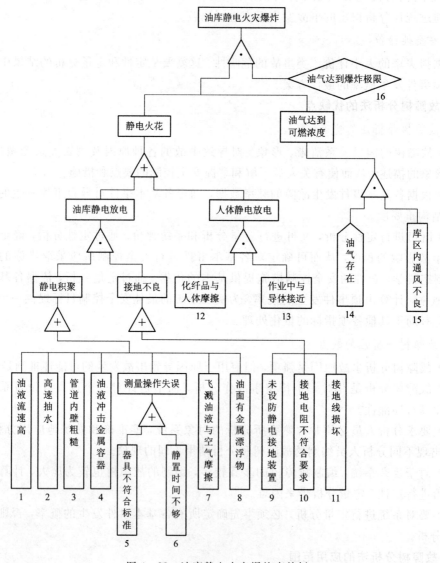

图4-28　油库静电火灾爆炸事故树

（1）确定顶事件——"油库静电火灾爆炸"（一层）。

（2）调查爆炸的直接原因事件、事件的性质和逻辑关系。直接原因事件："静电火花"和"油气达到可燃浓度"。这两个事件不仅要同时发生，而且必须在"油气达到爆炸极限"时，爆炸事件才会发生，因此，用条件"与门"连接（二层）。

（3）调查"静电火花"的直接原因事件、事件的性质和逻辑关系。直接原因事件："油库静电放电"和"人体静电放电"。这两个事件只要其中一个发生，则"静电火花"事件就会发生，因此，用"或门"连接（三层）。

（4）调查"油气达到可燃浓度"的直接原因事件、事件的性质和逻辑关系。直接原因事件："油气存在"和"库区内通风不良"。"油气存在"这是一个正常状态下的功能事件，因此，该事件用房形符号。"库区内通风不良"为基本事件。这两个事件只有同时发生，"油气达到可燃浓度"事件才会发生，故用"与门"连接（三层）。

（5）调查"油库静电放电"的直接原因事件、事件的性质和逻辑关系。直接原因事件："静电积聚"和"接地不良"。这两个事件必须同时发生，才会发生静电放电，故用"与门"连接（四层）。

（6）调查"人体静电放电"的直接原因事件、事件的性质和逻辑关系。直接原因事件："化纤品与人体摩擦"和"作业中与导体接近"。同样，这两个事件必须同时发生，才会发生"人体静电放电"，故用"与门"连接（四层）。

（7）调查"静电积聚"的直接原因事件、事件的性质和逻辑关系。直接原因事件："油液流速高"、"管道内壁粗糙"、"高速抽水"、"油液冲击金属容器"、"飞溅油液与空气摩擦"、"油面有金属漂浮物"和"测量操作失误"。这些事件只要其中一个发生，就会发生"静电积聚"，因此，用"或门"连接（五层）。

（8）调查"接地不良"的直接原因事件、事件的性质和逻辑关系。直接原因事件："未设防静电接地装置"、"接地电阻不符合要求"和"接地线损坏"。这 3 个事件只要其中 1 个发生，就会发生"接地不良"，因此，用"或门"连接（五层）。

（9）调查"测量操作失误"的直接原因事件、事件的性质和逻辑关系。直接原因事件："器具不符合标准"和"静置时间不够"。这 2 个事件其中有 1 个发生，则"测量操作失误"就会发生，故用"或门"连接（六层）。

2）结构重要度定性分析

故障树分析的任务是求出故障树的全部最小路集和最小割集。如果故障树中与门很多，最小割集就少，说明该系统较为安全；如果或门多，最小割集就多，说明该系统较为危险。最小路集就是顶事件不发生所必需的最低限度的路集。一个最小路集中的基本事件都不发生，就可使顶事件不发生。故障树中有几个最小路集，就有几种可能的方案。故障树中最小路集越多，系统就越安全。

3）故障树分析的结论

通过定性分析，可以得出最小割集为 25 个，最小路集为 7 个。也就是说，油库发生静电火灾爆炸事故有 25 种可能性。但从 7 个最小路集可得出，只要采取最小路集方案中的任何一个，由于静电引起油库火灾爆炸事故就可避免。第一方案（X_{14}，X_{15}，X_{16}）的方案，由于油气的挥发是一个自然过程，即只要有挥发的空间，油气就存在。油气达到爆炸浓度，是一个浓度的大小问题，因此，只要库区内保持通风畅通就可以预防。其次是第二方案(X_9，X_{10}，X_{11})，为了保证库区内导体的接地良好，应使防静电接地装置、接地电阻及接地线等处于正常的工作状态。第三方案(X_{12}，X_{13})应尽量避免进入库区的人员通过人体静电放电，特别是作业人员应穿上防静电的服装，把人体作业时产生的静电及时导走。第四方案(X_1，X_2，X_3，$\cdots$，X_8)可使库区内产生的静电不发生积聚，或尽量减少静电产生和积聚。因此，从控制事故发生的角度来看，要想从第四方案入手是比较困难的。所以，可从第一方案和第二方案采取预防事故对策。当然，并不是说第三方案和第四方案不重要，也应该加以重视，不能掉以轻心。

4）措施

静电放电引起火灾爆炸必须具备以下四个条件：

（1）有产生静电的来源。

（2）使静电得以积聚，并具有足够大的电场强度和达到引起火花放电的静电电压。

（3）静电放电的能量达到爆炸性混合物的最小引燃能量。

（4）静电放电火花周围有爆炸性的混合物存在，其浓度必须处于爆炸极限内。

防止静电事故的措施是从控制这四个条件着手。控制前三个条件实质上是控制静电的产生和积累，是消除静电危害的直接措施。控制第四条件是消除或减少周围环境爆炸的危险，是防止静电危害的间接措施。

4.3.5 熟练性分析

作业系统中，有"人"的存在，因此需要考虑工作的熟练性问题。在一般的机械系统中是不存在"人"的。由于作业系统中"人"的存在，这就要考虑工作的熟练性的问题。熟练性分析是动态地分析和研究作业系统工时的一门技术，也称为工时动态评价分析。

例如，设某电器装配工在器材事先全部备好的条件下，装配简单家用电器，首先装配第一件，待完成后装配第二件，像这样完全相同的产品按顺序依次完成。

现在我们假设装配第一件电器所需要的时间为 t_1，装配第二件电器所需要时间为 t_2，$\cdots$，t_n，依此类推，其中 $t_1 \geq t_2 \geq \cdots \geq t_n$。因为随着装配的电器的数量的增加，装配工在装配过程中不断地重复着相同的装配步骤和顺序，对装配的过程越来越熟悉，对装配操作越来越了解，这是一个不断积累装配经验的过程，使得装配一件电器所需要的时间越来越少。那么，我们把已完成装配工作的所有电器在装配过程中需要的时间相加后累计平均，就得到了工件累计平均时间，用 A_c 表示。其中，$A_c = \dfrac{1}{n}\sum_{i=1}^{n} t_i$。那么，把所有累计平均值连接起来形成的曲线就成为累计平均熟练曲线，如图 4-29 所示。

我们还是以装配电器为例来说明，假设装配第一件电器所需要的时间为 100 分钟，第二件需要时间为 60 分钟，那么，装配工人装配前 2 件电器的工件累计平均时间为

$A_c = \dfrac{100+60}{2} = 80$ 分钟。

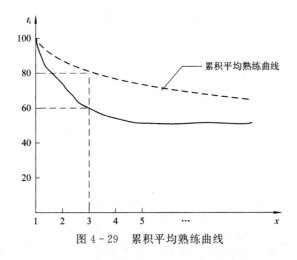

图 4 - 29　累积平均熟练曲线

1. 熟练率

由上面的累积平均熟练曲线图可以看出，随着加工的件数的不断增多，每加工一件产品所需要的时间逐渐缩短，这就表明装配人员装配电器的熟练性在不断提高。我们用熟练率来衡量熟练性，所谓熟练率就是当前加工完成的所有产品的累积平均时间相对于安装第一件产品所需的时间的比率。

熟练率的计算公式如下：

$$熟练率 = \frac{A_c}{t_1} \times 100\% = \frac{累计平均时间}{安装第一件产品所需时间} \times 100\% \tag{4-10}$$

2. 熟练系数

在对数坐标上，以熟练率为纵坐标，生产件数为横坐标得到一直线，此直线的斜率就称为熟练系数。假设熟练系数为 n，那么累积平均时间就可以表示为

$$A_c = \frac{t_1}{x^n} \tag{4-11}$$

即加工第一件产品所需要的时间与加工所有的产品的总数的熟练系数次方的比值，这就是我们所得到的熟练性的数学模型。

对于上述的熟练性数学模型两边分别取以 10 为底的对数，即得到

$$\lg A_c = \lg t_1 - n \lg x \tag{4-12}$$

那么熟练系数 n 可表示为

$$n = \frac{\lg t_1 - \lg A_c}{\lg x} = \left| \frac{\lg \dfrac{A_c}{t_1}}{\lg x} \right| \tag{4-13}$$

以装配电器为例，其中加工两件电器的累积平均时间 $A_c = 80$ 分钟，加工的总件数为 $x = 2$ 件，那么就可以计算出此时的熟练系数 n：

$$n = \left| \frac{\lg 80 - \lg 100}{\lg 2} \right| = 0.3219 \tag{4-14}$$

在日常管理实践中，一般可以通过查表获得熟练系数，部分熟练系数如表 4 - 8 所示。

表 4-8 熟练系数表

熟练率(%)	n	熟练率(%)	n	熟练率(%)	n	熟练率(%)	n	熟练率(%)	n
51	0.971	61	0.713	71	0.494	81	0.304	91	0.136
52	0.943	62	0.690	72	0.474	82	0.287	92	0.121
53	0.910	63	0.667	73	0.454	83	0.269	93	0.105
54	0.889	64	0.644	74	0.435	84	0.252	94	0.090
55	0.862	65	0.622	75	0.415	85	0.235	95	0.074
56	0.837	66	0.600	76	0.396	86	0.218	96	0.059
57	0.811	67	0.578	77	0.377	87	0.201	97	0.044
58	0.786	68	0.557	78	0.359	88	0.185	98	0.030
59	0.761	69	0.536	79	0.340	89	0.169	99	0.015
60	0.737	70	0.515	80	0.322	90	0.152		

3. 总时间

在已知熟练系数和加工第一件产品所需要的时间时，生产前 x 件产品所需时间为 T_c 可用如下公式求出：

$$T_c = A_c x = x^{(1-n)} t_1 \qquad (4-15)$$

进一步可以求出生产前 $(x-1)$ 件产品所需时间为 T_{c-1}，从而便可以求得生产第 x 件产品所需时间 T_x，即

$$T_x = T_c - T_{c-1} \approx \frac{t_1(1-n)}{x^n} \qquad (4-16)$$

例 4-10 生产一批电子仪器，设熟练率为 68%，生产第一台仪器共用 412 小时，该产品从研制到正式投产共用 9 个月。求：(1)生产累计台数到 500 台时每台平均所需时间；(2)生产第 100 台时所需要的时间；(3)生产前 500 台所需要的总时间。

解：查表 4-8，找出熟练率为 68% 的熟练系数 $n=0.557$。根据上述公式可得出

(1) 生产累计台数到 500 台时每台平均所需时间

$$A_c = \frac{t_1}{x^n} = \frac{412}{500^{0.557}} = 12.03 \text{ 小时}$$

(2) 生产第 100 台时所需要的时间

$$T_{100} = \frac{t_1(1-n)}{x^n} = \frac{412(1-0.557)}{100^{0.557}} = 14 \text{ 小时}$$

(3) 生产前 500 台所需要的总时间

$$T_c = t_1 x^{1-n} = 412 \times 500^{1-0.557} = 6465 \text{ 小时}$$

4.4　案例：A 集团物流系统分析

1. 案例背景

A 集团成立于 1985 年，是中国铜工业的领跑者。A 集团的生产及经营范围涉及有色金属、精细化工、机械制造、物流运输、期货经纪、井巷工程、地质勘探、国际贸易等多个行业，主要产品有阴极铜、黄金、白银、硫酸、铜杆、电线、铜箔、硒、碲、铼、氧化砷等 100 多个品种。2000—2008 年，A 集团实现了长足的发展：产能从 10 万吨上升到 80 万吨；资产从 110 亿元上升到 200 亿元，利润从 6000 万元上升到 30 亿元。

2. A 集团的物流系统的现状及面临的问题

A 集团的物流系统管理现状与目前 A 集团的跨越式发展不相适应。A 集团的物流系统管理现状如下：

（1）分散运输。集团物资进出的铁路运输由股份公司营销部运输科负责；公路运输由 C 运输公司、D 运输公司、材料设备公司储运部等分别对外负责；进口铜原料的转运、堆存和进口材料、设备、备件的接货、转运由材料设备公司负责。

（2）分散仓储。集团下属各单位都建立了自己的仓库，仅 A 集团材料设备公司储运部用于基建物资储备的仓库就有 14 座，且这些仓库分别由所在单位管理，仓库的使用率很低。

（3）分块管理。集团内部没有整体的物流概念，把物流与运输相等同。物流的实际活动分散在集团各单位和部门，各自独立运作，相互之间缺乏能动的衔接，没有形成整体供应链。

（4）资源浪费严重。由于对物流资源分块管理，多头对外，互不通气，使集团在物流方面无法发挥整体优势，内部资源闲置，人力、物力、财力浪费巨大，物流成本居高不下。

（5）物流效率低，整体竞争力差。由于分散管理，集团物流系统管理不够，时间、空间浪费大，物料流混乱，重复搬运，流动路径不合理，产品供货周期长。废物回收不力，不仅直接阻碍了集团生产效率的提高，而且还占用了大量资金，成为集团发展的包袱。

（6）缺乏现代物流是获取竞争优势重要源泉的理念。没有把物流看成优化生产的过程、强化市场运营的关键，而把物流活动置于附属地位，被动地接收供应、生产、销售服务。

3. A 集团物流系统管理的目标

A 集团的物流系统管理还停留在"大而散"、"小而全"的小作坊式传统经营状态，物流组织形式分散、高耗、低效，各种物流方式互不关联，物流过程中的资源浪费严重，物流成本高。物流管理水平已经成为影响 A 集团整体效益的重要因素之一。A 集团要实现大发展，整合物流资源、实现物流资源的集中统一管理、组建专业化综合物流机构势在必行。

4. A 集团实施物流战略的 SWOT 分析

1）Strength（优势）

（1）A 集团的品牌效应。A 集团是其所在省的工业的排头兵，是中国铜工业的领头羊，经过 20 多年的发展，铜的综合生产能力在全国名列前茅。"B"已成为了全国的知名品牌，在世界铜工业中也有较大的影响。这种品牌效应对 A 集团实施物流战略十分有利。

（2）A 集团在全国范围内有较完善的网络。A 集团在深圳设立了华南营销中心，在北京设立了华北营销中心，在上海设立了华东营销中心，在南昌、杭州、广州、天津等地都设立了销售网点，在全国主要城市形成了较完善的网络。

（3）A 集团物流业务规模大。2003—2009 年 A 集团的铁路运输量如表 4 - 9 所示。A
集团汽车运输量也十分巨大，现以 A 集团旗下的 GX 冶炼厂为例进行分析。GX 冶炼厂汽
车运输量如表 4 - 10 示。

表 4 - 9　2003—2009 年 A 集团的铁路运输量（单位：万吨）

年份	运出量	运入量	总量
2003	230	120	350
2004	250	130	380
2005	260	120	380
2006	315	170	485
2007	280	175	455
2008	280	180	460
2009	490	380	870

表 4 - 10　GX 冶炼厂汽车运输量（单位：吨千米）

年　份	外　运　量	内部倒运量	公路运输总量
2005	137 460	5 047 000	5 184 460
2006	141 930	5 702 650	5 844 580
2007	444 730	11 301 080	11 745 810
2008	1 811 830	16 625 490	18 437 320
2009	1 245 520	16 092 150	17 337 670

GX 冶炼厂无论是公路运输总量还是内部倒运量都是十分巨大的。A 集团旗下有 50 余
家企业，总的公路运输量相当大，并且内部倒运业务是无法外包给其他的物流公司的。除
了供应物流、销售物流业务量大以外，A 集团的生产物流、废弃物流和回收物流量也很大。

（4）A 集团拥有一定的物流资源。① 运输设备情况。材料设备公司有铁路运输专线，
并配备有大型吊装设备，有运输车辆 10 台（其中 10 吨以上 4 台）、起重机械 12 台（其中
20 吨以上 2 台）。下属铜矿运输部各有车辆 178 台，C 运输公司现有各种车辆 150 台。A 集
团还有自备硫酸罐车 700 余辆。② 内部仓储资源。材料设备公司有储运场地 330 余亩、库
区总面积 200 000 平方米、建有室内仓库 14 座（面积 13 977 000 平方米）、室外堆场 5 个
（面积 62 400 平方米）。另外，各厂矿建有用于存放材料、设备、备件的仓库，有的厂矿还
有多个仓库。③ 物流人力资源。原料部有从事商运工作的员工 15 人，这部分员工学历比
较高，对进口物资的港口接运、通关、保险、卸货、转运、堆存、装车运输和出口产品的备
货、发运、商检、办理许可证、租船订仓、委托代理及货物通关等业务比较精通，有一定的
商运经验。材料设备公司储运部有一批具有多年实践经验的大车司机、起重工、行车工等。
C 运输公司现有员工 320 人，平均年龄小于 40 岁，大多数都是驾驶员和维修工。这部分员
工经过整合可以满足公司物流发展的基本需求。

（5）规模优势带来成本的降低。A 集团已经形成 40 万吨铜综合生产能力，按照《某省铜业集团公司 2005—2010 年发展规划》，在 2010 年 A 集团的综合生产能力还将大幅度地提高，表 4-11 是 A 集团 2005 年实际产量和 2010 年预计产量。如此巨大的生产规模，在带动物流总量增加的同时，也将降低物流的单位成本。

表 4-11　A 集团 2005 年实际产量和 2010 年预计产量

产品名称	2005 年	2010 年
阴极铜（万吨）	45	80
加工铜材（万吨）	20	50
黄金（吨）	10	25
白银（吨）	300	450
硫酸（万吨）	100	240
稀散金属（吨）		8 604
黄金深加工（千克）		10 000

2）Weakness（劣势）

（1）物流资源分散，整合难度大。A 集团旗下的成员单位众多，并且分散在其所在省的多个地方，在上海、北京、深圳、杭州、厦门等地也有企业和分支机构。A 集团目前的物流资源也分散在各成员单位中，要把物流资源进行整合并实行集中统一管理有较大的难度。

（2）集团旧的作业流程不利于新形势下物流业务的开展，流程再造困难多。由于长期受计划经济的影响，在对集团的作业流程设计时没有充分考虑物流作业因素，集团现有的流程不适应物流业务的正常开展，固化的流程要进行再造存在很多困难。

（3）物流人才不足。A 集团虽然有一部分从事物流的人员，但基本未经过现代物流知识的专门训练，学习过物流专业的人员几乎没有，而物流是一门跨学科的综合性新学科，不只是运输、仓储那么简单。要真正实施物流战略，A 集团的物流人才还不足，需要大量引进和培养物流人才。

（4）物流基地设施不完善，前期投入比较多。A 集团目前的物流基础设施还很不完善，要组建专业化的综合性物流公司，必须首先对物流基础设施进行完善，这需要大量的前期投入。

3）Opportunity（机会）

（1）我国的物流行业还不成熟，对外开放刚刚开始，国内物流的发展空间巨大，易形成企业新的利润增长点。

（2）以物流来强化 A 集团的品牌，更能强化 A 集团在精品铜生产领域特别是高档加工领域的竞争力和地位。

（3）以"创建世界一流的铜业公司"为战略目标发展物流，为 A 集团进一步实施物流战略创造了条件。

4）Threat（威胁）

（1）随着中国对 WTO 承诺的兑现，中国的物流市场全面对外开放，国外的大物流公司纷纷在我国设立独资子公司或分公司，国外成熟的物流服务也相应进入我国，A 集团刚刚进入物流行业必然受到冲击。

（2）涉足物流使 A 集团的经营战线拉长，可能会影响 A 集团在铜产业延伸领域的投入，机会成本比较大。

（3）要与国内外管理先进的物流企业合作，文化的冲突难以解决，如何培养自己的物流特色，以高起点、新机制、大规模、严要求来树立 A 集团自己的物流品牌也成了一个亟待解决的问题。

（4）如何把自己的物流业务定好位，避免兵力过于分散，在物流业务上集中突破、重点突击。

5．A 集团物流战略选择的方案

A 集团实施物流战略的目标是解决发展过程中的物流瓶颈问题。因此，A 集团应最大限度地利用自身的物流资源，发挥其整体优势，提高物流体系的市场竞争力和整体实力，按照现代物流理论，结合自身的实际情况来实施物流战略的构想。

1）组织机构

适应企业目标的组织机构能使组织有效地运用资源，以最小的投入求得最大产出，因此组织机构具有提高效率的功能；良好的组织机构具有沟通的渠道并能发挥沟通的作用。A 集团物流战略的实施应先从建立良好的组织机构开始。

A 集团应注册设立物流总公司，将公路运输职能及集团内部的生产物流、废弃物物流、回收物流管理和运作职能交由物流总公司承担，在保证对集团搞好服务的同时，不断拓展对外业务，逐步向第三方物流公司过渡，最终发展成为 A 集团的另一核心产业和新的利润增长点。物流总公司下设货代公司、仓储公司和运输公司三个子公司(见图 4－30)。根据物流公司的特点，为减少组织层次，实现组织结构扁平化，在设立物流总公司时要尽可能少用人，减少中间管理层及其人员数量，以便使物流总公司能更快地应对客户的要求，有效地解决经营过程中的问题。

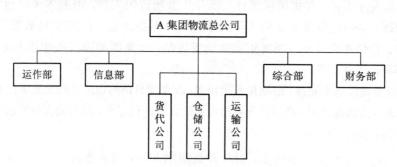

图 4－30　A 集团物流总公司的组织结构

2）企业体制和机制改革

物流总公司作为 A 集团的控股子公司，采用合资的方式，设立初期即可实行股权多样化，可以吸收私人或外资入股，特别是要与国内外大的物流公司合作，引入先进的现代物流管理理念。设立总公司必须真正按现代企业制度的要求和市场经济的需要，否则不仅谈不上发展，甚至连生存都会成为问题。物流总公司实行新的用工制度，实现全员聘任制和劳动代理制，取消固定工资，实行以岗定薪，按贡献、资本进行。

3）建立物流信息系统平台

现代物流企业应具有反应快速化、服务系列化、作业规范化、目标系统化、手段现代化、组织网络化的特征。现代物流是商流、资金流和信息流的有机结合。要实现从传统物流向现代物流的转变，建立科学的物流信息系统是前提。物流信息系统构建了现代物流的中枢神经，通过信息在物流系统中快速、准确和及时的流动，物流总公司能动地对市场做出积极的反应，从而实现商流、资金流、信息流的良性循环。

4）逐步树立现代物流经营理念

首先要增强现代物流企业的市场意识，摒弃过去封闭经营的官商作风，以客户需求为己任，紧贴市场，明确物流总公司的市场地位，根据需要并结合自身实际，对集团内部资产、人员、业务进行整合，形成与客户需求相适应的服务体系；其次要增强开放意识，加强国际、国内物流合作，积极引进外来资金、技术、经验为我所用。

6. A 集团物流模式的选择

A 集团适宜的物流模式是自营物流，即在整合集团内部物流资源的基础上选择与国内外先进的物流公司合资或通过兼并收购物流公司，组建由 A 集团控股的物流总公司，以 A 集团内部物流业务为基础，积极面向社会拓展第三方物流业务。A 集团选择自营物流模式，主要出于以下考虑。

（1）物流对 A 集团成功的重要度很高，而且 A 集团处理物流能力也比较强。

A 集团是集采、选、矿、加工、化工为一体的特大型综合企业，特别是 2000 年以后，A 集团以铜的提取与加工为龙头，加快了贵金属提取与加工、稀散金属提取与加工及硫化工产业的发展，铜的深加工产品（如高档铜箔和高档漆包线等）、贵金属加工产品（如金加工产品和银加工产品等）、稀散金属（如钯和铋等）等产品都是高价产品，而且对于运输、储存的要求都非常高，硫化工产品对运输要求更严格。可以说，A 集团的主要产品都无法委托其他的物流公司来承担；A 集团内部的工厂物流更是不能承包给其他的物流公司。另外，A 集团有一定的物流处理能力，有相当的物流资源，因此 A 集团应该选择自己来控制物流，建立自己的物流总公司。

（2）我国的第三方物流发展水平不高，A 集团所在省的物流也比较落后。

A 集团巨大的物流业务无法找到有相当实力的第三方物流公司来承担。2004 年，第三方物流在整个物流市场份额中的比重为：日本为 80%，美国为 57%，中国仅为 18%。中国的第三方物流占整个物流市场的份额是很低的，并且第三方物流公司主要分布在沿海和经济发达的几个内陆省份，像 A 集团所在省这样欠发达地区大型的第三方物流公司非常少，能承担 A 集团这样特大型企业大部分物流业务的几乎没有。企业物流仍是我国现阶段乃至今后相当长的一个时期物流活动的主体。从发达国家及地区的实际情况来看，其物流的社会化和现代化的初级阶段也是从制造业物流的高度发展开始的。因此 A 集团应首先考虑选择自营物流。

（3）A 集团规模大、实力雄厚。

A 集团有能力建立自己的物流系统，制定合适的物流需求计划，保证物流服务质量。另外，还可以利用过剩的物流网络资源拓展外部业务。

（4）A 集团对物流控制力要求逐年提高。

A 集团的主产品大多数是市场价格变动异常频繁且价格波动很大的。如果物流保障跟不上，对 A 集团来说，损失是十分巨大的，因此，把 A 集团的物流交由其他的公司显然是不合适的。

（5）A 集团需要外部物流的帮助。

A 集团有一定的物流资源，也有相当雄厚的资金实力，只是对现代物流的管理经验不够，需要借助其他物流公司的帮助。因此，要与国内外先进的物流公司合资或通过兼并收购物流公司，用较短的时间从中获取物流管理技能、管理经验、人力资源等，从而为新组建的物流总公司能迅速走上正常经营轨道提供保障。

（6）A 集团营销网络体系覆盖面广。

A 集团有覆盖全国的营销网络体系，为建立大的物流信息网络提供了条件，也为 A 集团的物流向外拓展业务提供了平台。

7. 案例评价

1）物流战略制定应重视企业外部环境和内部环境的分析

企业战略环境是适应性因素，环境的变化不仅要求企业与其相适应，同时也会引起关键资源和竞争能力的变化。企业战略环境包括政治经济环境、技术环境、行业市场环境等，它们是影响当前企业经营与前途的变量。任何一家企业的生存和发展都要受到其所在环境的影响和制约，战略管理与日常管理的一个重要区别在于战略管理更关注广泛的环境变量对企业生存和发展的影响，希望通过对环境变化的分析来发现企业发展的新机会和避免这些变化可能带来的威胁。企业内部环境是企业经营的基础，是制定战略的出发点、依据和条件。充分分析企业内部能力和资源，能够掌握企业资源、能力状况，了解企业的优势和劣势，进而使选定的战略最大限度地发挥企业优势，避开企业的劣势。

2）物流战略实施可能遇到的阻力

A 集团实施物流战略，整合企业内部物流资源，引进国内外物流管理经验，组建物流总公司，实现企业物流整合涉及跨职能部门的作业，可能遇到来自组织结构和信息技术等方方面面的阻力。

（1）组织结构。企业的物流战略只是企业整体战略的组成部分。企业整体战略带动各职能部门的战略，职能部门的战略支持企业整体战略的实现。物流战略与企业整体战略的关系如图 4-31 所示。企业传统的业务组织结构会影响到任何一项跨职能部门作业的运行，因为传统的业务组织结构反映出来的是相对独立的部门运作，而企业物流整合则要求在各职能部门之间进行高效的合作与协调。

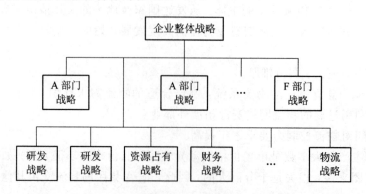

图 4-31　物流战略与企业整体战略的关系

（2）信息技术。物流系统是一个非常复杂的系统，它是在一定的时间、空间里，由所要运转的物流产品、包装设备、装卸搬运机械、运输工具、仓储设备、运输道路、流通加工和废弃物回收处理设施等组成的物质、能量、人员和通信网络（信息）若干相互作用、相互依赖和制约的动态要素构成的，具有包装、装卸搬运、运送、储存保管、流通加工、废弃物回收处理，以及信息的收集、加工、整理等功能的有机整体。物流系统各要素之间的相互作用、相互依赖和相互制约的关系要求 A 集团在制定和实施物流战略时要在充分调研的基础上统一规划。如果只考虑其中部分要素的优化，就可能因为"背反效应"而造成其他要素的劣化，从物流整体来说，可能存在"正"与"负"相互抵消的问题。

信息技术是实现物流整合的关键因素。传统上企业的信息系统也是按照组织结构的思路来分别进行设计的，这就使得企业的许多数据库仅限于在特定的职能部门内使用，在涉及跨职能部门时，信息难以共享。因此，实现信息共享是物流整合的又一大阻力。

（资料来源：田凤权，沈向东主编.物流管理案例分析.北京：电子工业出版社，2008）

课 后 习 题

1. 何谓系统分析？系统分析包括哪些环节？请画出系统分析的步骤流程图。
2. 请用一个实例说明系统分析的原理。
3. 简述目标分析的作用。
4. 简述环境分析在系统分析中的重要作用。
5. 试述建立目标集的基本原则。
6. 试举现实生活中的一个例子，说明目标冲突的问题。
7. 试分析某系统的环境因素，并用 SWOT 分析法进行综合分析。
8. 系统结构分析的基本思想是什么？它在系统分析中的作用是什么？
9. 试分析系统环境、系统目标和系统结构之间的关系。
10. 举例说明系统分析的方法。

参 考 文 献

[1]　郁滨等.系统工程理论.合肥：中国科学技术大学出版社，2009

[2]　袁旭梅，刘新建，万杰.系统工程学导论.北京：机械工业出版社，2007

[3]　卢永波.系统工程（修订版）.北京：清华大学出版社，北京交通大学出版社，2005

[4]　汪应洛.系统工程.3 版.北京：机械工业出版社，2003

[5]　张晓冬.系统工程.北京：科学出版社，2010

[6]　吴祈宗.系统工程.北京：北京理工大学出版社，2006

[7]　张晓冬.系统工程.北京：科学出版社，2010

[8]　喻湘存，熊曙初.系统工程教程.北京：清华大学出版社，北京交通大学出版社，2006

[9]　焦中晋. 西安国际港务区发展战略研究，西北大学硕士论文

[10]　梁迪. 系统工程. 北京：机械工业出版社，2005

[11]　白思俊等. 系统工程. 北京：电子工业出版社，2006

[12]　田凤权，沈向东. 物流管理案例分析. 北京：电子工业出版社，2008

第5章 系统结构模型化

【案例导入】 太湖水华爆发

2007年5月29日,太湖无锡流域突然爆发大面积蓝藻水华,现场虽进行了打捞,但因蓝藻爆发太严重而无法控制。受蓝藻污染的、散发浓浓腥臭味的水进入自来水厂,通过管道流进千家万户,严重影响了人们的正常生活。

水华爆发是多种因素共同作用的结果,且各因素不是同时起作用,而是随时间不同逐个连锁状相互作用。根据太湖水华爆发特点及文献资料检索,从气象、水动力、化学和物理等4个方面筛选出太湖水华爆发的17个要素。而这些因素之间有什么关系,是我们讨论与研究的重点。

解释结构模型(ISM)法是研究复杂大系统结构和构成的简单、实用和有效的方法,应用广泛,其研究结果可为确定系统内部结构和影响结构的诸要素(子系统)间的层次关系提供依据。研究人员采用ISM法对太湖水华爆发原因进行整体结构分析,从众多因素中找出最直接的因素,为预防、治理水华爆发提供了理论依据。

(资料来源:周健,曾诚,王玲玲.基于解释结构模型法的太湖水华爆发要素分析.环境污染与防治.2009,30(5))

系统是由许多具有一定功能的要素(如设备、事件、子系统等)所组成的,而各个要素之间总是存在相互支持或相互制约的逻辑关系。在这些关系中,又可分为直接关系和间接关系。因此,在开发或改造一个系统的时候,要了解系统中各要素间存在怎样的关系,是直接的还是间接的关系等等,也就是要了解和掌握系统的结构,或者说,要建立系统的结构模型。本章将对系统建模技术,特别是解释结构模型建模原理与方法以及系统结构模型化的应用进行介绍。

5.1 系统建模

任何系统都是由两个以上有机联系、相互作用的要素组成的,是具有特定功能与结构的整体,而各功能要素之间总是存在着互相支持或者制约的逻辑关系。研究这样的复杂系统需要借助于模型,用模型来刻画系统要素及要素间的内在关系。从而,模型建立——系统建模或系统模型化就成为系统工程的基本方法。本节就从系统模型的定义、特征和分类,系统建模的原则、步骤和方法展开分析。

5.1.1 系统模型

一般来说,系统模型的应用可以帮助人们用较少时间和费用来对实际系统进行研究和实验,利用模型可以重复演示和研究,更易于洞察系统的行为。人们在生活和生产实践中摸索出了多种形式(如文字、符号、图表、实物、数学公式等)的系统模型,以对一个系统某一方面或某些方面的本质属性进行描述，从而揭示系统的功能和作用，提供关于该系统的知识。

1. 系统模型的定义

系统模型是对现实系统的主要组成部分、各部分的相互作用，以及在运用条件下的因果作用及相互关系的描述、模仿和抽象，是对系统本质及其主要特征的反映。

虽然对于系统模型的定义仁者见仁，智者见智，但总的来说，系统模型需要简洁地表示现实系统，是对现实系统的理想化抽象；系统模型一般不是系统对象本身，而是对现实世界部分的描述或模仿，是一切客观事物及其运动形态的特征和变化规律的一种抽象，是在研究范围内更普遍、更集中、更深刻地描述实体特征的工具。

现实系统，特别是社会系统，是复杂的，其系统属性也是多方面的。我们需要根据研究目的的不同来确定研究需要包含的系统属性，没有必要考虑实际系统的全部属性。也就是说，对同一个系统，根据不同的研究目的，可以建立不同的系统模型。另一方面，同一种模型也可以代表多个系统。比如，同一个数学模型，对它的参数和变量赋予具体不同的物理意义，可以用来描述不同的系统。

一般来说，系统模型由以下几个部分组成：

（1）系统，模型描述的研究对象。

（2）目标，系统所要达到的目标。

（3）子系统，构成系统的各个组成部分。

（4）约束，系统所处的客观环境及限制条件。

（5）变量，表述系统组成的要素，包括内部变量、外部变量和状态变量（空间、时间）等。

（6）变量关系，表述系统不同变量之间的数量关系或定性关系。

弄清上述各组成部分后才能构造系统模型。

2. 系统模型的特征

系统工程的方法是通过对系统的了解和观察建立模型，对模型进行计量、变换及试验，分析研究其中重要因素及其相互关系，然后提供决策支持。如果没有一个恰当的模型，是不可能做出正确决策的。

一个系统模型应具备一些基本特征，比如，模型必须反映系统的实质因素，尽量简单、准确、可靠、经济、实用。系统模型反映了实际系统的主要特征，但它又区别于实际系统而具有同类问题的共性。一个通用的系统模型应具有以下特征：

（1）系统模型是对被研究对象的合理抽象和有效的模仿。

（2）系统模型与研究目的有关，是由那些与分析问题有关的因素构成。

（3）系统模型反映被研究对象（系统）内主要因素间的相互关系，能体现系统的行为特征。

模型必须能反映被研究对象的本质，这对研究人员的抽象能力提出了较大的挑战；模型需要以某种方式表达出来，例如概念模型，符号模型等；除此之外，建立系统模型还需要科学的模型描述方法，也就是系统建模方法或系统模型化方法。

3. 系统模型的分类

系统模型的分类方法很多。可以按模型的形式、变量的性质、变量间的关系和学科性质等标准加以分类。从定量模型、定性模型以及定性定量相结合的模型的角度对管理系统模型进行分类，如图 5-1 所示。随着科学技术的发展，越来越多定性描述的内容可以进行定量化。因此，这个分类不是固定的状态。另外，定性变量定量化过程中，要求定量变量能较真实地反映定性变量的内涵，如果确实不能定量化的变量，仍需要以定性的形式保留在模型中。因此，就目前的发展状态来说，人们仍在研究是否可以建立既包含定量变量也包含定性变量的系统模型以及相应的模型求解算法。所以，在实际的应用过程中，通常需要将三种定性模型、定量模型和定性定量模型结合使用。

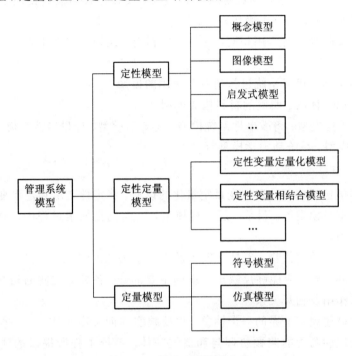

图 5-1 管理系统模型分类

1）定性模型

在系统分析过程中，特别是对社会系统的分析过程中，常常需要首先对问题或事物的表象进行全面地、深入细致地考察和分析，进而揭示出决定这一事物运动、变化和发展的内在规律。这一过程我们称其为定性研究。如果定性研究过程采用某种模型的方式进行，这种模型就称为定性模型；定性模型也被称为定性分析模型。常见的定性模型有概念模型、图像模型、启发式模型、结构模型等。

概念模型是通过人们的经验、知识和直觉形成的，在形式上可以是思维的、字句的或描述的。当人们试图系统地想象某一系统时，就用到这种模型。思维模型通常不好定义，不容易交流（传送）；字句模型在结构上比前者好些，但仍难于传送；描述性模型表示则高度概念化，并可以传送。

图像模型是客体的图像，这种模型是描述性的而不是解释性的。

启发式模型是运用直观观察、推理或经验，并联系已知的理论与已构成的模型知识建立的模型。

结构模型是一种现代系统工程广泛应用的分析方法，将复杂的系统分解成为若干子系统要素，利用人们的实践经验和知识以及计算机的帮助，最终构成一个多级递阶的结构。

该模型能把模糊不清的思想、看法转化为直观的具有良好结构关系的模型。

2）定量模型

定量模型有符号模型、类比模型、仿真模型、物理模型等。

符号模型用符号来代表系统的各种因素和它们间的相互关系，是一种抽象模型，符号模型通常采用图示或数学形式，一般分为结构模型和数学模型。结构模型多采用图（如有向图）、表（如矩阵表）等形式，其优点是比较直观、便捷。数学模型使用数学表示式的形式，其优点是准确、简洁和易于操作。

类比模型和实际系统的作用相同，这种模型利用一组模型参数来表示实际系统的另一组对应参数。

仿真模型是用计算机对系统进行仿真时所用的模型。

物理模型是以具体的、明确的材料构成模型。

此外，还有优化模型、离散事件系统模型、运筹学模型、计量经济学模型、投入产出模型、经济控制论模型、系统动力学模型等。

3）定性定量模型

定性定量模型包括将部分定性变量定量化的模型、将定性变量和定量变量同时纳入到模型中的纯定性定量模型等。目前，后一种模型，人们仍在探索过程中。前一种模型已有一些应用于实际中。

模型是现实系统的替代物，更是对现实系统抽象表达的结果。它描绘了现实世界，因此它必须反映实际。模型应能够反映出系统的主要部分、各部分之间的相互作用以及在应用条件下的因果作用及相互关系。

由于模型是描述现实世界的一个抽象，它反映实际而又高于实际。一个好的模型，应是现实性和易处理性两者的兼顾协调与和谐统一体。系统工程所提供的建模方法非常丰富，针对不同的系统问题，应采用适当的系统建模方法。无论采取哪种具体的建模方法，都应遵循一定的基本原则与步骤。

5.1.2 系统建模

系统建模是系统分析的基础，是以数学表达式或具有理想特性的符合组合图形来表征系统特性的过程，也被称为系统模型化。模型化的具体过程为了描述系统的构成和行为，需要对实体系统的各种因素进行适当筛选后，用一定方式（如数学、图像等）表达系统实体的方法。建立模型是科学和艺术的结合，不仅需要科学理论和工程技术知识，也需要实践经验和技艺。正是由于实际系统在不同的条件下具有不同的特性，而且不同科学技术条件和历史环境下对系统的表达也不尽相同，因而系统模型只在一定条件下成立。

1. 系统建模应遵循的原则

1）建立方框图

一个系统是由许多子系统组成的。建立方框图的目的是简化对系统内部相互作用的说明。用一个方框代表一个子系统。系统作为一个整体，可用子系统的连接来表示。这样，系统的结构就很清晰。图 5-2 所示的工厂系统，就是用方框图表示的一个例子。图中将每个车间（子系统）用一个方框来表示。每个方框有自己的输入和输出。图 5-2 清楚地表明了工厂系统的各个子系统的相互关系。

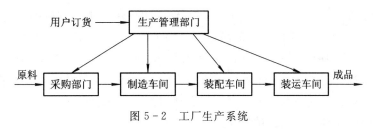

图 5-2　工厂生产系统

2）考虑现实性

建模的目的是抽象现实系统和改进现实系统，所以建模必须立足于现实系统，否则建立模型是没有意义的。

3）考虑准确性

所谓准确性是指模型中所使用的包含各种变量和数据公式、图表等的信息要准确，因为这些信息是求解模型和研究模型的依据；另一方面模型要能准确反映系统的本质规律。

建模时，对所收集的用以构模的信息应考虑其准确性。例如，在飞机系统中，飞行的精度是靠机身运动的表达式来描述。建模时，可以充分地认为机身是刚体，这样就可在控制翼面运动和飞行方向间推导出很简单的关系，并可利用这一关系估算燃料的消耗量。但如果要考虑旅客舒适的要求，就需要考虑机身振动，需要对机身进行更详细的描述。

4）考虑可靠性

模型既然是实际系统的替代物，它必须能反映事物的本质，且有一定的精确度。如果一个模型不能在本质上反映实际系统，或者在某个关键部分缺乏一定的精确度，那就存在着潜在的威胁。

5）考虑简明性

模型的表达方式应明确、简单，变量的选择不能过于繁琐，模型的数学结构不能过于复杂。对于复杂的实际系统，若建立的模型也很复杂，则构造和求解模型的费用太大，甚至由于因素太多，模型难以控制和操纵，这就会失去了建模的意义。

模型中只应包括系统中与研究目的有关的那些信息。例如，在工业管理中，研究工艺流程对生产效率的影响时，就不需要考虑工人的工资。虽然，与研究目的无关的信息包括在模型中不会有什么害处，但它会增加模型的复杂性。

6）考虑实用性

模型必须方便与用户沟通、易于处理和计算。因此要努力使模型标准化、规范化。尽量采用已有的模型，可以节省时间和精力，又可以节约建模费用。

7）考虑反馈性

人们对事物的认识总是一个由浅入深的过程，建模也是一样。首先可以构建系统的初步模型，然后逐步对模型进行细化，最后达到一定的精确度。

8）考虑敏感性

由于系统环境等因素的多边性，不可能不断对系统进行建模，要求模型对现实问题的变动有一定的敏感性。

9）考虑结集性

建模时需要进一步考虑的因素是把一些个别的实体组成更大实体的程度。例如，在工厂系统中，图 5-2 所示的描述形式能满足厂长的工作需要。但是，不能满足车间管理人员的需要，因为车间管理人员是把车间的每个工段作为一个单独的实体。对于活动的表示，也应考虑到结集性。例如，在导弹防护系统的研究中，有的项目并不需要每次对导弹发射进行详细计算，只要用概率函数表示多次发射所得到的结果就够了。

2. 系统建模的本质、作用及地位

1）本质

利用模型与原型之间某方面的相似关系，在研究过程中用模型来代替原型，通过对模型的研究得到关于原型的一些信息。这里的相似关系是指两事物不论其自身结构如何不同，其某些属性是相似的。

2）作用

（1）直观和定量。系统建模不但能对现实系统的结构、环境和变化过程进行定性地推理和判断，而且可以通过图形及实物等直观的形式比较形象地反映出现实系统的结构、环境和变化过程的规律，尤其重要的是还可以用数学模型对现实系统进行定量分析并得出问题的数学解。

（2）应用范围广、成本低。系统模型不必直接对现实系统本身进行研究，可以减少大量的研究经费，更便于在实践中推广应用。特别是有些庞大的工程项目，即使花费大量人力、物力、财力也难以或根本无法直接进行实验研究，在这种情况下，只有使用系统模型才能解决问题。

（3）便于抓住问题的本质特征。现实系统中的有些因素要经过很长时间才能看出其变化情况，但用模型时，可以很快看出其变化规律。而且通过对模型进行灵敏度分析，可以看出哪些因素对系统的影响更大，从而迅速地抓住问题的本质特征。

（4）运用系统模型便于优化。使用系统模型有利于系统优化，可以用统一的判断标准比较方案的优劣，从而选出最优方案。

（5）模型能够实验模拟。模拟就是用模型做实验。模拟的先决条件是建立模型。特别是用计算机进行数学模拟，首先要建立数学模型，这在系统工程中是十分重要的。

模型本身是人们对现实系统一定程度研究结果的表达，这种表达是简洁的、形式化的，并且模型提供了脱离具体内容的逻辑演绎和计算的基础，这会促进对科学规律、理论、原理的发现。利用模型可以进行"思想"试验。

现实生活中的系统较复杂，内部结构和外部联系头绪繁多，并且人们用眼睛观察事物，容易停留在表面现象上，找不到事物的本质。现实的需要总是促使人们不断地深化和精确地描述现实系统，这个系统只能借助系统建模的方式得以实现，最终得到期望的结果。

总之，利用模型进行研究具有经济、方便、快速和可重复的特点，使得人们可以对某些不允许进行试验（如社会、经济）的系统进行模拟试验研究，并能快速反映其在各种条件下漫长的过程。

当然，系统模型也有它的局限性。例如，系统模型本身并不能产生理论概念和实际数据，模型也不是现实系统本身，因此仅靠模型并不能检验出系统分析的结论是否与实际相符，最后还要用实践来检验。

需要指出的是，对不同的问题和系统开发的不同阶段，一般需要使用不同的模型。例如，在系统开发的初始阶段，可用粗糙一些的模型，如简单的图式模型等；而在后期，则可能需要使用严格定量的数学模型。

3）地位

模型的本质决定了它的作用的局限性。它不能代替对客观系统内容的研究，只有在和对现实系统内容的研究相配合时，模型的作用才能充分发挥。模型是对客体的抽象，由它得到的结果，必须再回到现实中去检验。

系统建模的作用与地位如图 5-3 所示。

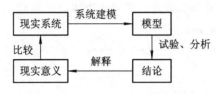

图 5-3　系统建模的作用与地位

5.1.3　系统建模的一般步骤和方法

1. 建模的一般步骤

系统建模过程是一个学习过程，需要系统分析人员与有关专业人员协同进行。一般来说，专业人员有非常丰富的专业知识，但对系统分析的具体要求不太明确，而系统分析人员常常不熟悉专业，因此，两者必须互相配合。

对于建模，很难给出一个严格的步骤。建模主要取决于建模人员对问题的理解以及他们的洞察力、训练方法和技巧。一般而言，建模的基本步骤如下：

（1）明确建模的目的和要求，使所建模型满足实际需要。此时可以采用工业工程的 5W1H 提问技术，即 What：研究什么问题？对象系统（问题）的要素是什么？Why：为什么研究该问题？研究的目的或希望的状态是什么？Where：系统边界和环境如何？When：分析的是什么时候的情况？Who：决策者、行动者、所有者等关键主体是谁？How：如何实现系统的目标状态？

（2）对系统进行一般语言描述，形成初步的系统概念模型。这是进一步确定模型结构的基础。

（3）分清系统中的主要因素及其相互关系。无关因素和次要因素，可以考虑去除和简化，以便使模型准确、清晰地表示现实。

（4）采用适当的模型方法确定模型结构。这是关键的一步，它基本上决定了具体的建模方法和定量方面的内容。这一步主要采用理论分析法，并可适当采取模型的简化方法，如减少系统层次、去除次要变量、简化变量性质、合并实体或变量、简化函数关系和约束条件。

（5）估计模型中的参数，进一步用数量来表示系统中的因果关系。对于不明确的参数，可用数值分析法和 Delphi 法来获取。

（6）实验研究。有些情况下，系统的结构因素不是很确定，因而需要对构建的模型进行实验研究，以确定系统结构。对于确定的系统结构，可通过实验研究对模型进行正确性和有效性验证，找出模型的不足之处并提出修改方案。

（7）模型修正。根据实验结果提出的修改方案，对所建模型做出必要的修改。

2. 模型化的基本方法

模型化是一种艺术性很强的工作。归纳和演绎虽然有助于建模，但还必须靠创新性思考和观察。

1）直接分析法

当研究的问题比较简单和明确时，可以根据物理的、化学的、经济的规律，通过分析解剖问题，深入研究客体系统内部细节（如结构形式、函数关系等），利用逻辑演绎方法，从公理、定律导出系统模型，这就是直接分析法。

例 5 - 1 如图 5 - 4 所示力学装置，研究某物体运动规律

$$\begin{cases} f = ma \\ f = -(Bv + kx) + F(t) \end{cases}$$

整理得

$$m \frac{\mathrm{d}^2 x}{\mathrm{d}t^2} + B \frac{\mathrm{d}x}{\mathrm{d}t} + kx = F(t)$$

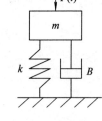

图 5 - 4 力学装置

2）实验方法

通过对实验结果的观察、分析，利用逻辑归纳法导出系统模型。

例 5 - 2 通过对大量统计数据分析，表明核武器杀伤力（k）与其命中精度（c）、威力（Y）的关系为 $k = \dfrac{Y^{\frac{2}{3}}}{c^2}$，这就是核武器杀伤力模型。

实验方法包括三类：模拟法、统计数据分析、试验分析。

3）综合法

在实际工作中综合法是最常用的方法，综合法通常是利用演绎方法从已知定理导出模型，对于某些不详之处，则利用实验方法来补充，利用归纳法从实验数据中理清关系、建立模型。

例 5 - 3 从经济理论得知，由劳动力 A 和资本投入 P 得出产值 Y，因此可知

$$Y = f(A, P)$$

这一步即是由理论推出模型结构。假设是相加（广义）关系，则

$$Y = cA^\alpha P^\beta$$

这里 c、α、β 都是未知系数，在此基础上利用统计数据可以得出 c、α、β 值，从而得到一个 Cobb－Douglas 生产函数模型。

4）老手法（主要有 Delphi 法）

Delphi 是古希腊的一个地名，在这个地方人们常祈求太阳神的神谕以解决自己的困难。

老手法是一种专家调查法。对于复杂的系统，特别是有人参与的系统，要利用前面介绍的方法建模是十分困难的。其原因在于人们对于这样的系统认识不足，因此就必须采用 Delphi 等方法。通过专家们之间多轮启发式地讨论、逐步完善对系统地认识，构造出模型来。

这在社会系统规划、决策中是常用的方法。这种方法的本质在于集中了专家们对于系统的认识（包括直觉、印象等不肯定因素）及经验。通过实验修正，往往可以得到较好的效果。实践表明，Delphi 法构造的集体讨论模式，可以起到和情景分析模型同样的作用，预测的后果较之会议讨论往往要准确一些，适合于预测实践何时发生、某项指标在未来的数值等。

5）辩证法

辩证法基本的观点是：系统是一个对立统一体，是由矛盾的两个方面构成的。矛盾双方相互转化与统一乃是真实情景。同时现象不一定是本质，形式不是内容，因此必须构成两个相反的分析模型。相同数据可以通过两个模型来解释。这样关于未来的描述和预测是两个对立模型解释的辩证发展的结果。因此可以防止片面性，最终结果优于单方面的结果。

6）情景分析法

情景分析法通常用于建立概念模型。情景分析法是设想未来行动所处的环境和状态，预测相应的技术、经济和社会后果。情景分析法大多数靠经验、直觉和逻辑推理。

3. 模型的简化

（1）减少变量，减去次要变量。例如，在物理中对碰撞的研究，假设物体是刚体，忽略了形变损失的力。

（2）改变变量性质。如变常数，连续变量离散化，离散变量连续化等变换方法。

（3）合并变量（集结）。例如在做投入产出分析时，把各行业合并成工、农等产业部门。

（4）改变函数关系。如去掉影响不显著的函数关系（去耦、分解），将非线性化转化成线性化或用其他函数关系代替。

（5）改变约束条件。通过增加、修改或减少约束来简化模型。

5.1.4　模拟的概念及作用

为了深入研究系统的运动变化规律，以及获取解决实际问题的方法，在表达系统的模型建立起来之后，总是要在人为控制的条件下，通过改变特定的参数选择来观察模型的响应，预测系统在真实环境条件下的品质和行为。这个过程称为模拟或仿真。

模拟技术在系统工程中具有极大的重要性。由于现代工业和军事系统等复杂性，从系统初始概念的设计到系统的制造、使用，不同形式的模拟得到了广泛应用。在开始系统设计之前，模拟用来评价设计概念，预测系统在建立起来之后的行为表现；在系统设计过程中，模拟用来试验不同的设计方案；在系统设计、制造出来之后，模拟用来估价整个系统的效率。系统工程应用的模拟主要是计算机模拟，计算机模拟又有连续模拟与离散模拟之分。

5.2　系统结构建模分析

随着科学技术的进步、社会的发展，需要描述、分析、综合、决策的问题日益增多，解析复杂系统的难度也与日俱增。在研究和解决这些系统问题时，一般的数学方法难以满足需要，为求得对问题全面和本质的认识，需要进行系统的结构分析，其具体内容包括：对系统目的的一切功能结构的认识，系统构成要素的选取，对要素间的联系及其层次关系的分析，系统整体结构的确定及其解释。结构分析是系统优化分析、设计和管理的基础，建立系统结构模型是结构分析的基本内容。

结构模型是反映系统各组成部分或各因素之间关系的模型，通常利用系统结构的图形符号或数学表示。结构模型与一般的实物结构图或实物结构关系的表示图不同。系统的结构模型反映的是系统中各组成部分之间的关系，更多地反映了系统中功能间的关系。建立结构模型的目的是对该系统组成要素的选择和清楚地表示出各要素间的相互关系。

5.2.1 系统结构的基本表达方式

1. 结构分析

结构分析是实现系统结构模型化并加以解释的过程。其具体内容包括：对系统目的-功能的认识，系统构成要素的选取，对要素间的联系及其层次关系的分析，系统整体结构的确定及其解释。系统结构模型化是结构分析的基本内容。

结构分析是系统分析的重要内容，是系统优化分析、设计与管理的基础。尤其是在分析与解决社会经济系统问题时，对系统结构的正确认识与描述更具有数学模型和定量分析所无法替代的作用。

2. 结构模型

结构模型是定性表示系统构成要素以及它们之间存在着的本质上相互依赖、相互制约和关联情况的模型。结构模型化即建立系统结构模型的过程。该过程注重表现系统要素之间相互作用的性质，是认识系统、准确把握复杂问题，并进一步建立数学模型、进行定量分析的基础。阶层性是大规模复杂系统的基本特性，在结构模型化过程中，对递阶结构的研究是一项重要工作。

结构模型化时，首先要用有向连接图来描述系统各要素之间的关系，以表示一个作为要素集合体的系统，即根据系统构成要素之间的关系，将要素之间用箭头连接起来形成有向连接图。在此基础上建立相应的结构矩阵，形成结构关系与结构矩阵之间一一对应的关系，通过对矩阵的简单演算和变换，即可把不清楚、无条理、错综复杂的系统，变成简单的、易理解的和直观的递阶结构模型。

对于两个含有相同要素的系统，如果要素之间的关系不同，那么构成的系统结构模型也是不同的。结构模型具有以下几个基本性质：

（1）结构模型是一种几何模型。结构模型是用要素构成节点和有向边构成的图或树图来描述一个系统的结构。

（2）结构模型是一种以定性分析为主的模型。通过结构模型，可以分析系统的要素选择是否合理，还可以分析系统要素及其相互变化时对系统总体的影响等问题。

（3）结构模型除了可以用有向连接图描述外，还可以用矩阵形式来描述。

（4）结构模型作为对系统进行描述的一种形式，正好处于自然科学领域所用的数学模型形式和社会科学领域所用的以文章表现的逻辑分析形式之间。

总之，由于结构模型具有以上这些基本性质，因此，通过结构模型的复杂系统进行分析，往往能够抓住问题的本质，并找到解决问题的有效对策。

3. 系统结构的基本表达方式

系统的要素及其关系形成一个系统的特定结构。在通常情况下，可采用示意图、集合、有向图和矩阵等四种对应的方式来表达系统的某种结构。

1）系统要素的选取及其关系的确定

（1）挑选系统分析人员。系统分析人员以 10 人左右为宜，所选人员应对有关问题持关心态度，应保证持有各种不同观点的人入选。

（2）设定问题。由于分析人员最初掌握的情况、对分析的目的的理解是散乱的，各自站在不同立场，为了使研究工作很好地开展，预先必须使用 KJ 法、5W1H 疑问等方法，明确规定所研究的问题。

（3）选择构成问题的要素。常用 NGT（Nominal Group Technique）方法，即名义分组法选择构成问题的要素，这种方法能把个人的想法与小组的集体创造性思考很好地结合在一起。

（4）建立要素之间的关系。决定要素间有无关系，在结构模型的程序中最为重要。开始必须明确"关系"的含义（因果关系、优先关系、包含关系、影响程度、重要程度等），判断时最好靠直觉得出要素间的直接关系。

2）系统结构的集合表达

设系统由 $n(n \geqslant 2)$ 个要素 $(s_1, s_2, \cdots, s_n)$ 所组成，其集合为 S，则系统结构的集合表达如下：$S = \{ s_1, s_2, \cdots, s_n \}$。

系统的诸多要素有机地联系在一起，并且一般都是以两个要素之间的二元关系为基础的。所谓二元关系，是根据系统的性质和研究的目的所约定的一种需要讨论的、存在于系统中的两个要素 (s_i, s_j) 之间的关系为 R_{ij}（简记为 R）。通常有影响关系、因果关系、包含关系、隶属关系、比较关系（大小、先后、轻重、优劣等）。二元关系是结构分析中所要讨论的系统构成要素间的基本关系，一般有以下三种情形：

$$\begin{cases} s_i R s_j：s_i \text{ 对 } s_j \text{ 有某种二元关系；} \\ s_i \bar{R} s_j：s_i \text{ 对 } s_j \text{ 无某种二元关系；} \\ s_i \tilde{R} s_j：s_i \text{ 对 } s_j \text{ 有无某种二元关系不明确；} \end{cases}$$

二元关系有两个重要性质：

（1）二元关系的传递性。在通常情况下，二元关系具有传递性，即若 $s_i R s_j$、$s_j R s_k$，则有 $s_i R s_k (s_i, s_j, s_k$ 为系统的任意构成要素）。传递性二元关系反映两个要素的间接联系，可记作 $R^t (t$ 为传递次数），如 $s_i R^2 s_k$ 表示 s_i 经过 2 次传递到达 s_k。

（2）强连接关系。若 $s_i R s_j$，且 $s_j R s_i$，则称 s_i 与 s_j 间具有强连接关系，反映了两个要素具有替换性。

以系统要素集合 S 及二元关系的概念为基础，为便于表达所有要素间的关联方式，我们把系统构成要素中满足某种二元关系 R 的要素 s_i、s_j 的要素对 (s_i, s_j) 的集合，称为 S 上的二元关系集合，记作 R_b，即有：

$$R_b = \{ (s_i, s_j) \mid s_i, s_j \in S, s_i R s_j, i, j = 1, 2, \cdots, n \}$$

且在一般情况下，(s_i, s_j) 和 (s_j, s_i) 表示不同的要素对。这样，"要素 s_i 和 s_j 之间是否具有某种二元关系 R"，也就等价于"要素对 (s_i, s_j) 是否属于 S 上的二元关系集合 R_b"。

至此，我们就可以用系统的构成要素集合 S 和在 S 上确定的某种二元关系集合 R_b 来共同表示系统的某种基本结构。

例 5 - 4　某系统由八个要素 $(s_1$、s_2、$\cdots$、$s_8)$ 组成。经过两两判断认为：s_2 影响 s_1、s_3 影响 s_4、s_4 影响 s_5、s_7 影响 s_2、s_4 和 s_6 相互影响、s_8 影响 s_2。这样，该系统的基本结构可用要素

集合 S 和二元关系集合 R_b 来表达，其中：

$$S=\{s_1,s_2,s_3,s_4,s_5,s_6,s_7,s_8\}$$
$$R_b=\{(s_2,s_1),(s_3,s_4),(s_4,s_5),(s_7,s_2),(s_4,s_6),(s_6,s_4),(s_8,s_2)\}$$

3）系统结构的有向图表达

有向图（D）是由节点和连接各节点的有向弧（箭线）组成的，表示的例5-4系统结构的有向图如图5-5所示。构造有向图的具体方法是：节点表示系统的各构成要素，有向弧表示要素之间的二元关系。路长是从节点 $i(s_i)$ 到 $j(s_j)$ 的最少的有向弧数，即要素 s_i 与 s_j 间二元关系的传递次数。双向回路指从某节点出发，沿着有向弧通过其他某些节点各一次可回到该节点时，形成的回路。汇点指只有进入而没有离开的节点，如节点1（见图5-5）。源点指只有离开而没有进入的节点，如节点3（见图5-5）。

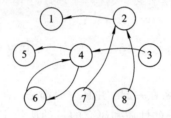

图5-5　表示例5-4系统结构的有向图

如图5-5所示，s_3 到 s_5、s_3 到 s_6、s_7 到 s_1、s_6 到 s_5 和 s_8 到 s_1 的路长均为2。s_4 和 s_6 间具有强连接关系，s_4 和 s_6 相互到达，在其间形成双向回路。

4）系统结构的矩阵表达

（1）邻接矩阵（A）。邻接矩阵（A）是表示系统要素间基本二元关系或直接联系情况的矩阵，该矩阵既表达了系统所有要素，又表示了要素间的二元关系。若 $A=(r_{ij})_{n\times n}$，则其定义式为

$$r_{ij}=\begin{cases}1, & s_iRs_j \text{ 或 } s_i,s_j\in R_b \text{——} s_i \text{ 对 } s_j \text{ 有某种二元关系}\\0, & s_i\bar{R}s_j \text{ 或 } s_i,s_j\notin R_b \text{——} s_i \text{ 对 } s_j \text{ 无某种二元关系}\end{cases}$$

若第 i 行元素全为0，则 s_i 是系统的输出要素（汇点）；若第 j 列元素全为0，则 s_j 是系统的输入要素（源点）。邻接矩阵（也称为直接关系矩阵）只能反映系统要素之间的直接关系，不能反映间接关系。图5-5的邻接矩阵为

$$A=\begin{array}{c}\\s_1\\s_2\\s_3\\s_4\\s_5\\s_6\\s_7\\s_8\end{array}\begin{array}{c}\begin{array}{cccccccc}s_1&s_2&s_3&s_4&s_5&s_6&s_7&s_8\end{array}\\\left[\begin{array}{cccccccc}0&0&0&0&0&0&0&0\\1&0&0&0&0&0&0&0\\0&0&0&1&0&0&0&0\\0&0&0&0&1&1&0&0\\0&0&0&0&0&0&0&0\\0&0&0&1&0&0&0&0\\0&1&0&0&0&0&0&0\\0&1&0&0&0&0&0&0\end{array}\right]\end{array}$$

很明显，A 中"1"的个数与例中 R_b 所包含的要素对数目和图 5-5 中有向弧的条数相等，均为 7。在邻接矩阵中，若有一列(如第 j 列)元素全为 0，则 s_j 是系统的输入要素，如图 5-5 中的 s_3 和 s_7；若有一行(如第 i 行)元素全为 0，则 s_i 是系统的输出要素，如图 5-5 中的 s_1 和 s_5。

(2) 可达矩阵(M)。若在要素 s_i 和 s_j 间存在着某种传递性二元关系，或在有向图上存在着由节点 i 至 j 的有向通路时，称 s_i 是可以到达 s_j 的。或者说 s_j 是 s_i 可以到达的。即可达是指若 $s_i R^t s_j (0 \leq t \leq r)$，则称 s_i 可以到达 s_j，r 为无回路条件下的最大路长或传递次数。即所谓可达矩阵，就是系统要素之间任意次传递性二元关系或有向图上两个节点之间通过任意长的路径可以到达情况的方阵。

若 $M = (m_{ij})_{n \times n}$，且在无回路条件下的最大路长或传递次数为 r，即有 $0 \leq t \leq r$，则可达矩阵表示为

$$m_{ij} = \begin{cases} 1, s_i R^t s_j (存在着 i 至 j 的路长最大为 r 的通路) \\ 0, s_i \overline{R^t} s_j (不存在 i 至 j 的通路) \end{cases}$$

$t=1$，表示基本的二元关系，$M=A$；$t=0$，表示自身到达，$s_i R s_i$；$t \geq 2$，表示传递二元关系。

矩阵 A 和 M 的元素均为"1"或"0"，是 $n \times n$ 阶 0-1 矩阵，且符合布尔代数的运算规则，即：$0+0=0, 0+1=1, 1+0=1, 1+1=1, 0 \times 0=0, 0 \times 1=0, 1 \times 0=0, 1 \times 1=1$。通过对邻接矩阵($A$)的运算，可求出系统要素的可达矩阵($M$)。

可达矩阵(M)的计算公式为：$M = (A+I)^r$。$r=1$，表示直接到达；$r=2$，表示从某一要素到达另一要素要走 2 步；$r=3$，表示从某一要素到达另一要素要走 3 步。

最大传递次数(路长)r 根据下式确定：

$$\begin{aligned} (A+I) &\neq (A+I)^2 \neq (A+I)^3 \\ &\neq \cdots \neq (A+I)^{r-1} \neq (A+I)^r \\ &= (A+I)^{r+1} = \cdots \\ &= (A+I)^n \end{aligned} \tag{5-1}$$

以图 5-4 对应的邻接矩阵为例有

$$A+I = \begin{array}{c} \\ s_1 \\ s_2 \\ s_3 \\ s_4 \\ s_5 \\ s_6 \\ s_7 \\ s_8 \end{array} \begin{array}{cccccccc} s_1 & s_2 & s_3 & s_4 & s_5 & s_6 & s_7 & s_8 \\ \left[\begin{array}{cccccccc} 1 & 0 & 0 & 0 & 0 & 0 & 0 & 0 \\ 1 & 1 & 0 & 0 & 0 & 0 & 0 & 0 \\ 0 & 0 & 1 & 1 & 0 & 0 & 0 & 0 \\ 0 & 0 & 0 & 1 & 1 & 1 & 0 & 0 \\ 0 & 0 & 0 & 0 & 1 & 0 & 0 & 0 \\ 0 & 0 & 0 & 0 & 0 & 1 & 0 & 0 \\ 0 & 1 & 0 & 0 & 0 & 0 & 1 & 0 \\ 0 & 1 & 0 & 0 & 0 & 0 & 0 & 1 \end{array}\right] \end{array}$$

其中，主对角线上的"1"表示诸要素通过零步(自身)到达情况(单位矩阵 I)，其余"1"表示要素间通过一步(直接)到达情况(邻接矩阵 A)。因此，可达矩阵既表示了直接关系，又表示了间接关系。

$$(A+I)^2 = A^2 + A + I = \begin{array}{c} \\ s_1 \\ s_2 \\ s_3 \\ s_4 \\ s_5 \\ s_6 \\ s_7 \\ s_8 \end{array} \begin{array}{cccccccc} s_1 & s_2 & s_3 & s_4 & s_5 & s_6 & s_7 & s_8 \\ \left[\begin{array}{cccccccc} 1 & 0 & 0 & 0 & 0 & 0 & 0 & 0 \\ 1 & 1 & 0 & 0 & 0 & 0 & 0 & 0 \\ 0 & 0 & 1 & 1 & (1) & (1) & 0 & 0 \\ 0 & 0 & 0 & 1 & 1 & 1 & 0 & 0 \\ 0 & 0 & 0 & 0 & 1 & 0 & 0 & 0 \\ 0 & 0 & 0 & 1 & (1) & 1 & 0 & 0 \\ (1) & 1 & 0 & 0 & 0 & 0 & 1 & 0 \\ (1) & 1 & 0 & 0 & 0 & 0 & 0 & 1 \end{array}\right] \end{array}$$

其中，带括号的"1"表示要素间通过两步（间接）到达情况（矩阵 A^2）。按照前述布尔代数的运算规则，在原式 $(A+I)^2$ 的展开中利用了 $A+A=A$ 的关系。进一步计算可发现：$(A+I)^3 = (A+I)^2$。由式（5-1）可知 $r=2$。这样，对应的可达矩阵为

$$M = \begin{array}{c} \\ s_1 \\ s_2 \\ s_3 \\ s_4 \\ s_5 \\ s_6 \\ s_7 \\ s_8 \end{array} \begin{array}{cccccccc} s_1 & s_2 & s_3 & s_4 & s_5 & s_6 & s_7 & s_8 \\ \left[\begin{array}{cccccccc} 1 & 0 & 0 & 0 & 0 & 0 & 0 & 0 \\ 1 & 1 & 0 & 0 & 0 & 0 & 0 & 0 \\ 0 & 0 & 1 & 1 & (1) & (1) & 0 & 0 \\ 0 & 0 & 0 & 1 & 1 & 1 & 0 & 0 \\ 0 & 0 & 0 & 0 & 1 & 0 & 0 & 0 \\ 0 & 0 & 0 & 1 & (1) & 1 & 0 & 0 \\ (1) & 1 & 0 & 0 & 0 & 0 & 1 & 0 \\ (1) & 1 & 0 & 0 & 0 & 0 & 0 & 1 \end{array}\right] \end{array}$$

（3）缩减矩阵。强连接关系可在系统中构成回路。回路中要素具有自反性、对称性和传递性，是一个等价关系。因此，在已有的可达矩阵 M 中，将具有强连接关系的一组要素看做一个要素，保留其中的某个代表元素，删除掉其余要素及其在 M 中的行和列，即得到该可达矩阵 M 的缩减矩阵 M'。

$$M = \begin{array}{c} \\ s_1 \\ s_2 \\ s_3 \\ s_4 \\ s_5 \\ s_6 \\ s_7 \\ s_8 \end{array} \begin{array}{cccccccc} s_1 & s_2 & s_3 & s_4 & s_5 & s_6 & s_7 & s_8 \\ \left[\begin{array}{cccccccc} 1 & 0 & 0 & 0 & 0 & 0 & 0 & 0 \\ 1 & 1 & 0 & 0 & 0 & 0 & 0 & 0 \\ 0 & 0 & 1 & 1 & (1) & (1) & 0 & 0 \\ 0 & 0 & 0 & 1 & 1 & 1 & 0 & 0 \\ 0 & 0 & 0 & 0 & 1 & 0 & 0 & 0 \\ 0 & 0 & 0 & 1 & (1) & 1 & 0 & 0 \\ (1) & 1 & 0 & 0 & 0 & 0 & 1 & 0 \\ (1) & 1 & 0 & 0 & 0 & 0 & 0 & 1 \end{array}\right] \end{array} \Rightarrow M' = \begin{array}{c} \\ s_1 \\ s_2 \\ s_3 \\ s_4 \\ s_5 \\ s_7 \\ s_8 \end{array} \begin{array}{ccccccc} s_1 & s_2 & s_3 & s_4 & s_5 & s_7 & s_8 \\ \left[\begin{array}{ccccccc} 1 & 0 & 0 & 0 & 0 & 0 & 0 \\ 1 & 1 & 0 & 0 & 0 & 0 & 0 \\ 0 & 0 & 1 & 1 & (1) & 0 & 0 \\ 0 & 0 & 0 & 1 & 1 & 0 & 0 \\ 0 & 0 & 0 & 0 & 1 & 0 & 0 \\ (1) & 1 & 0 & 0 & 0 & 1 & 0 \\ (1) & 1 & 0 & 0 & 0 & 0 & 1 \end{array}\right] \end{array}$$

（4）骨架矩阵 $A' = (A+I)^r$。对于给定的系统，A 的可达矩阵是唯一的，但实现某一 M 的 A 却有可能是多个。我们将实现某一 M 具有最小二元关系个数的邻接矩阵 A 叫做 M 的最小实现二元关系矩阵，或"骨架矩阵"，记作 A'。

系统结构的三种基本表达方式相互对应，各有特色。用集合来表达系统结构概念清楚，在各种表达方式中处于基础地位；有向图形式较为直观、易于理解；矩阵形式便于通

过逻辑运算,用数学方法对系统结构进行分析处理。以它们为基础和工具,通过采用各种技术,可实现复杂系统结构的模型化。

5.2.2　ISM 原理及步骤

1. 解释结构模型原理

常用的系统结构模型化技术有:关联树法、解释结构模型技术、系统动力学结构模型技术等,其中解释结构模型(ISM)技术是最基本和最具特色的系统结构模型化技术。

解释结构模型(ISM,Interpretative Structural Modeling)方法是现代系统工程中广泛应用的具有代表性的一种分析方法,能够利用系统要素之间已知的凌乱关系,分析复杂系统要素间关联结构,揭示出系统内部结构。

ISM 技术是美国 J. N. 沃菲尔德教授于 1973 年作为分析复杂的社会经济系统结构问题的一种方法而开发的。ISM 基本思想是:通过各种创造性技术,提取问题的构成要素,利用有向图、矩阵等工具和计算机技术,对要素及其相互关系等信息进行处理,最后用文字加以解释说明,明确问题的层次和整体结构,提高对问题的认识和理解程度。解释结构模型原理如图 5-6 所示。

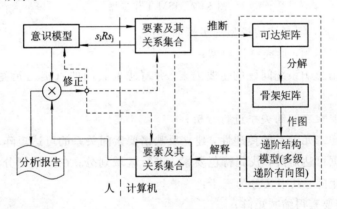

图 5-6　ISM 工作原理图

由图 5-6 可知,实施 ISM 技术,首先是提出问题,组建 ISM 实施小组;接着采用集体创造性技术,搜集和初步整理问题的构成要素,并设定某种必须考虑的二元关系(如因果关系),经小组成员及与其他有关人员的讨论,形成对问题初步认识的意识(构思)模型。在此基础上,实现意识模型的具体化、规范化、系统化和结构模型化,即进一步明确定义各要素,通过人机对话,判断各要素之间的二元关系情况,形成某种形式的"信息库";根据要素间关系的传递性,通过对邻接矩阵的计算或逻辑推断,得到可达矩阵;将可达矩阵进行分解、缩约和简化处理,得到反映系统递阶结构的骨架矩阵,据此绘制要素间多级递阶有向图,形成递阶结构模型;通过对要素的解释说明,建立起反映系统问题某种二元关系的解释结构模型。最后,将解释结构模型与人们已有的意识模型进行比较,如不相符合,一方面可对有关要素及其二元关系和解释结构模型的建立进行修正;更重要的是,人们通过对解释结构模型的研究和学习,可对原有的意识模型有所启发和修正。经过反馈、比较、修正、学习,最终得到一个令人满意、具有启发性和指导意义的结构分析结果。

通过对可达矩阵的处理,建立系统问题的递阶结构模型,这是 ISM 技术的核心内容。根据问题规模和分析条件,可在掌握基本原理及其规范方法的基础上,采用多种手段、选择不同方法来完成此项工作。

2. 解释结构模型的步骤

如图 5-7 所示为解释结构模型的步骤,其核心是对系统要素间的关系(尤其是因果关系)进行层次化处理,最终形成具有多级递阶关系和解释功能的结构模型。

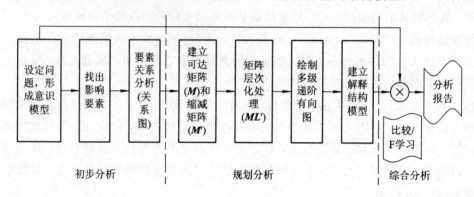

图 5-7　ISM 工作步骤

从图 5-7 可知,解释结构模型的步骤如下:

第 1 步:设定问题,形成意识模型;

第 2 步:找出影响系统问题的主要因素,并寻求要素间的直接二元关系,给出系统的邻接矩阵;

第 3 步:对要素之间的关系进行分析;

第 4 步:考虑二元关系的传递性,建立反映诸要素间关系的可达矩阵;

第 5 步:依据可达矩阵,找到特色要素,进行区域划分;在区域划分基础上继续层次划分;提取骨架矩阵,其中又分为三步:

① 去强连接要素得缩减矩阵;

② 去越级二元关系;

③ 去单位阵,得骨架矩阵。

第 6 步:作多级递阶有向图。作图过程为:

① 分区域逐级排列系统要素;

② 将缩减掉的要素随其代表要素同级补入,并标明其间的相互作用关系;

③ 用从下到上的有向弧来显示逐级要素间的关系;

④ 补充必要的越级关系。

第 7 步:经直接转换,建立解释结构模型。

5.2.3　建立递阶结构模型的规范方法

建立反映系统问题要素间层次关系的递阶结构模型,可在可达矩阵 M 的基础上进行,且一般要经过区域划分、级位划分、骨架矩阵提取和多级递阶有向图绘制等四个阶段。这是建立递阶结构模型的基本方法。以图 5-4 为例进行分析。

1．区域划分

所谓区域划分即将系统的构成要素集合 S，分割成关于给定二元关系 R 的相互独立的区域的过程。

为此，需要首先以可达矩阵 M 为基础，划分与要素 $s_i(i=1,2,\cdots,n)$ 相关联的系统要素的类型，并找出在整个系统(所有要素集合 S)中有明显特征的要素。有关要素集合的定义如下。

1) 可达集 $R(s_i)$

系统要素 s_i 的可达集是在可达矩阵或有向图中由 s_i 出发可到达的诸要素所构成的集合(从行看：元素为 1 的集合)，记为 $R(s_i)$。其定义式为：$R(s_i)=\{s_j\,|\,s_j\in S,\ m_{ij}=1,\ j=1,2,\cdots,n\}\ i=1,2,\cdots,n$

可达集：$R(s_1)=\{s_1\}$，$R(s_2)=\{s_1,s_2\}$，$R(s_3)=\{s_3,s_4,s_5,s_6\}$，$R(s_4)=R(s_6)=\{s_4,s_5,s_6\}$，$\cdots$

$$M=\begin{array}{c}\begin{array}{cccccccc} s_1 & s_2 & s_3 & s_4 & s_5 & s_6 & s_7 & s_8 \end{array}\\ \begin{array}{c}s_1\\s_2\\s_3\\s_4\\s_5\\s_6\\s_7\\s_8\end{array}\left[\begin{array}{cccccccc} 1 & 0 & 0 & 0 & 0 & 0 & 0 & 0\\ 1 & 1 & 0 & 0 & 0 & 0 & 0 & 0\\ 0 & 0 & 1 & 1 & (1) & (1) & 0 & 0\\ 0 & 0 & 0 & 1 & 1 & 1 & 0 & 0\\ 0 & 0 & 0 & 0 & 1 & 0 & 0 & 0\\ 0 & 0 & 0 & 1 & (1) & 1 & 0 & 0\\ (1) & 1 & 0 & 0 & 0 & 0 & 1 & 0\\ (1) & 1 & 0 & 0 & 0 & 0 & 0 & 1 \end{array}\right]\end{array}$$

2) 先行集 $A(s_i)$

系统要素 s_i 的先行集是指在可达矩阵或有向图中可到达 s_i 的诸系统要素所构成的集合(从列看：元素为 1 的集合)，记为 $A(s_i)$。其定义式为

$$A(s_i)=\{s_j\,|\,s_j\in S,\ m_{ji}=1,\ j=1,2,\cdots,n\}\ i=1,2,\cdots,n$$

先行集 $A(s_i)$：$A(s_1)=\{s_1,s_2,s_7,s_8\}$，$A(s_2)=\{s_2,s_7,s_8\}$，$A(s_3)=\{s_3\}$，$A(s_4)=A(s_6)=\{s_3,s_4,s_6\}$，$A(s_5)=\{s_3,s_4,s_5,s_6\}$，$A(s_7)=\{s_7\}$，$\cdots$

$$M=\begin{array}{c}\begin{array}{cccccccc} s_1 & s_2 & s_3 & s_4 & s_5 & s_6 & s_7 & s_8 \end{array}\\ \begin{array}{c}s_1\\s_2\\s_3\\s_4\\s_5\\s_6\\s_7\\s_8\end{array}\left[\begin{array}{cccccccc} 1 & 0 & 0 & 0 & 0 & 0 & 0 & 0\\ 1 & 1 & 0 & 0 & 0 & 0 & 0 & 0\\ 0 & 0 & 1 & 1 & (1) & (1) & 0 & 0\\ 0 & 0 & 0 & 1 & 1 & 1 & 0 & 0\\ 0 & 0 & 0 & 0 & 1 & 0 & 0 & 0\\ 0 & 0 & 0 & 1 & (1) & 1 & 0 & 0\\ (1) & 1 & 0 & 0 & 0 & 0 & 1 & 0\\ (1) & 1 & 0 & 0 & 0 & 0 & 0 & 1 \end{array}\right]\end{array}$$

3) 共同集 $C(s_i)$

系统要素 s_i 的共同集是 s_i 在可达集和先行集的共同部分，即交集。记为 $C(s_i)=$

$R(s_i) \bigcap A(s_i)$。其定义式为

$$C(s_i) = \{s_j \mid s_j \in S, \, m_{ij} = 1, \, m_{ij} = 1, \, j = 1, 2, \cdots, n\} \quad i = 1, 2, \cdots, n$$

系统要素 s_i 的可达集 $R(s_i)$、先行集 $A(s_i)$、共同集 $C(s_i)$ 之间的关系如图 5-8 所示。

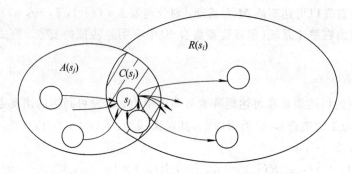

图 5-8 可达集、先行集、共同集关系示意图

4）起始集 $B(s_i)$

系统要素集合 S 的起始集是在 S 中只影响（到达）其他要素而不受其他要素影响（不被其他要素到达）的要素所构成的集合，记为 $B(s_i)$。$B(s_i)$ 中的要素在有向图中只有箭线流出，而无箭线流入，是系统的输入要素。其定义式为：$B(s_i) = \{s_i \mid s_i \in S, \, C(s_i) = A(s_i), \, i = 1, 2, \cdots, n\}$。

如在与图 5-4 所对应的可达矩阵中，$B(s_i) = \{s_3, s_7, s_8\}$。

5）终止集 $E(s_i)$

终止集是指满足条件 $C(s_i) = R(s_i)$ 的集合是系统的输出要素。系统要素的终止集是在系统中只接受其他要素影响而不影响其他要素的要素所构成的集合。$E(s_i) = \{s_1, s_5\}$。

当 s_i 为 S 的起始集（终止集）要素时，相当于 $C(s_i)$ 部分覆盖到了整个 $A(s_i)$ 区域。这样，要区分系统要素集合 S 是否可分割，只要研究系统起始集 $B(s_i)$ 中的要素及其可达集要素（或系统终止集 $E(s_i)$ 中的要素及其先行集要素）能否分割（是否相对独立）即可。下面给出这两种划分方法：

方法 1：在 $B(s_i)$ 中任意取出两个要素 b_u，b_v：

第一步，如果 $R(b_u)$ 与 $R(b_v)$ 的交集不为空集，则 b_u、b_v 及 $R(b_u)$、$R(b_v)$ 中的要素属于同一区域。若对所有 b_u、b_v 均有此结果（均不为空集），则区域不可分。

第二步，如果 $R(b_u)$ 与 $R(b_v)$ 的交集为空集，则 b_u、b_v 及 $R(b_u)$、$R(b_v)$ 中的要素不属于同一区域。系统要素集合 S 至少可被划分为两个相对独立的区域。

方法 2：利用终止集 $E(s_i)$ 来判断区域能否划分，只要判定 $A(e_u)$ 与 $A(e_v)$ 是否为空集即可（e_u、e_v 是 $E(S_i)$ 中任意两个要素）。

区域划分的结果可记为

$$\Pi(s_i) = P_1, P_2 \cdots, P_k$$

其中，P_k 为第 k 个相对独立区域的要素集合。经过区域划分后的可达矩阵为块对角矩阵，记作 $M(P)$。

例 5-4 中的可达集、先行集、共同集和起始集如表 5-2 所示。

表 5 - 2　例 5 - 4 中的可达集、先行集、共同集和起始集列表

s_i	$R(s_i)$	$A(s_i)$	$C(s_i)$	$B(s_i)$	$E(s_i)$
1	1	1, 2, 7, 8	1		1
2	1, 2	2, 7, 8	2		
3	3, 4, 5, 6	3	3	3	
4	4, 5, 6	3, 4, 6	4, 6		
5	5	3, 4, 5, 6	5		5
6	4, 5, 6	3, 4, 6	4, 6		
7	1, 2, 7	7	7	7	
8	1, 2, 8	8	8	8	

因为

$$E(s_i) = \{s_1, s_5\}$$

且有

$$A(s_1) \bigcap A\{s_5\} = \{s_1, s_2, s_7, s_8\} \bigcap \{s_3, s_4, s_5, s_6\} = \Phi$$

所以 $\{s_1, s_2, s_7, s_8\}$ 与 $\{s_3, s_4, s_5, s_6\}$ 分属于两个不同的区域,即有

$$\Pi(s_i) = P_1$$

$$P_2 = \{s_1, s_2, s_7, s_8\}, \{s_3, s_4, s_5, s_6\}$$

$$\boldsymbol{M(P)} = \begin{array}{c} \\ s_1 \\ s_2 \\ s_7 \\ s_8 \\ s_3 \\ s_4 \\ s_5 \\ s_6 \end{array} \begin{array}{cccccccc} s_1 & s_2 & s_7 & s_8 & s_3 & s_4 & s_5 & s_6 \\ \left[\begin{array}{cccccccc} 1 & 0 & 0 & 0 & 0 & 0 & 0 & 0 \\ 1 & 1 & 0 & 0 & 0 & 0 & 0 & 0 \\ (1) & 1 & 1 & 0 & 0 & 0 & 0 & 0 \\ (1) & 1 & 0 & 1 & 0 & 0 & 0 & 0 \\ 0 & 0 & 0 & 0 & 1 & 1 & (1) & (1) \\ 0 & 0 & 0 & 0 & 0 & 1 & 1 & 1 \\ 0 & 0 & 0 & 0 & 0 & 0 & 1 & 0 \\ 0 & 0 & 0 & 0 & 1 & (1) & 1 & 1 \end{array}\right] \end{array}$$

2. 级位划分

级位划分是确定某区域内的各要素所处层次地位的过程,是建立多级递阶结构模型的关键工作。

设 P 是由区域划分得到的某区域要素集合,若用 $L_1, L_2, \cdots, L_l$ 表示从高到低的各级要素集合(其中 l 为最大级位数),则级位划分的结果可写成:$\Pi(P) = L_1, L_2, \cdots, L_l$。

第一层要素即最高级要素(L_1)为系统的终止集要素。级位划分基本做法为:找出系统要素集合的最高级要素后,将它们去掉;再求剩余要素集合的最高级要素,以此类推,直到确定出最低级要素集合(即 L_l)。

对例 5 - 4 中 $P_1 = \{s_1, s_2, s_7, s_8\}$ 进行级位划分过程如表 5 - 3 所示。

表 5-3 级位划分过程表(1)

s_i	$R(s_i)$	$A(s_i)$	$C(s_i)$	$C(s_i)=R(s_i)$	L_i
1	1	1, 2, 7, 8	1	√	
2	1, 2	2, 7, 8	2		$L_1=\{1\}$
7	1, 2, 7	7	7		
8	1, 2, 8	8	8		
2	2	2, 7, 8	2	√	
7	2, 7	7	7		$L_2=\{2\}$
8	2, 8	8	8		
7	7	7	7	√	$L_3=\{7,8\}$
8	8	8	8	√	

对该区域进行级位划分的结果为 $\Pi(P)=L_1,L_2,L_3=\{s_1\},\{s_2\},\{s_7,s_8\}$。

同理可对 $P_2=\{s_3,s_4,s_5,s_6\}$ 进行级位划分的结果为 $\Pi(P)=L_1,L_2,L_3=\{s_5\}$, $\{s_4,s_6\},\{s_3\}$。级位划分过程如表 5-4 所示。

表 5-4 级位划分过程表(2)

s_i	$R(s_i)$	$A(s_i)$	$C(s_i)$	$C(s_i)=R(s_i)$	L_i
3	3, 4, 5, 6	3	3		
4	4, 5, 6	3, 4, 6	4, 6		$L_1=\{5\}$
5	5	3, 4, 5, 6	5	√	
6	4, 5, 6	3, 4, 6	4, 6		
3	3, 4, 6	3	3		
4	4, 6	3, 4, 6	4, 6	√	$L_2=\{4,6\}$
6	4, 6	3, 4, 6	4, 6	√	
3	3	3	3	√	$L_3=\{3\}$

这时，可达矩阵为

$$\boldsymbol{M}(L)=\begin{array}{c} \\ s_1 \\ s_2 \\ s_7 \\ s_8 \\ s_5 \\ s_4 \\ s_6 \\ s_3 \end{array}\begin{array}{cccccccc} s_1 & s_2 & s_7 & s_8 & s_5 & s_4 & s_6 & s_3 \\ \left[\begin{array}{cccccccc} 1 & 0 & 0 & 0 & 0 & 0 & 0 & 0 \\ 1 & 1 & 0 & 0 & 0 & 0 & 0 & 0 \\ (1) & 1 & 1 & 0 & 0 & 0 & 0 & 0 \\ (1) & 1 & 0 & 1 & 0 & 0 & 0 & 0 \\ 0 & 0 & 0 & 0 & 1 & 0 & 0 & 0 \\ 0 & 0 & 0 & 0 & 1 & 1 & 1 & 0 \\ 0 & 0 & 0 & 0 & (1) & 1 & 1 & 0 \\ 0 & 0 & 0 & 0 & (1) & 1 & (1) & 1 \end{array}\right] \end{array}$$

3. 骨架矩阵提取

通过对可达矩阵 $M(L)$ 的缩减和检出，建立起 $M(L)$ 的最小实现矩阵，这个矩阵即骨架矩阵 A'。可达矩阵的缩减共分为 3 步。

（1）检查各层次中的强连接要素，进行缩减处理。如对 $M(L)$ 中的强连接要素集合 $\{s_4, s_6\}$ 作缩减处理（把 s_4 作为代表元素，去掉 s_6）后的新矩阵为

$$
M(L) = \begin{array}{c}
 \\ s_1 \\ s_2 \\ s_7 \\ s_8 \\ s_5 \\ s_4 \\ s_6 \\ s_3
\end{array}
\begin{array}{c}
\begin{array}{cccccccc} s_1 & s_2 & s_7 & s_8 & s_5 & s_4 & s_6 & s_3 \end{array} \\
\left[\begin{array}{cccccccc}
1 & 0 & 0 & 0 & 0 & 0 & 0 & 0 \\
1 & 1 & 0 & 0 & 0 & 0 & 0 & 0 \\
(1) & 1 & 1 & 0 & 0 & 0 & 0 & 0 \\
(1) & 1 & 0 & 1 & 0 & 0 & 0 & 0 \\
0 & 0 & 0 & 0 & 1 & 0 & 0 & 0 \\
0 & 0 & 0 & 0 & 1 & 1 & 1 & 0 \\
0 & 0 & 0 & 0 & (1) & 1 & 1 & 0 \\
0 & 0 & 0 & 0 & (1) & 1 & (1) & 1
\end{array}\right]
\end{array}
\Rightarrow
M'(L) = \begin{array}{c}
 \\ s_1 \\ s_2 \\ s_7 \\ s_8 \\ s_5 \\ s_4 \\ s_3
\end{array}
\begin{array}{c}
\begin{array}{ccccccc} s_1 & s_2 & s_7 & s_8 & s_5 & s_4 & s_3 \end{array} \\
\left[\begin{array}{ccccccc}
1 & 0 & 0 & 0 & 0 & 0 & 0 \\
1 & 1 & 0 & 0 & 0 & 0 & 0 \\
(1) & 1 & 1 & 0 & 0 & 0 & 0 \\
(1) & 1 & 0 & 1 & 0 & 0 & 0 \\
0 & 0 & 0 & 0 & 1 & 0 & 0 \\
0 & 0 & 0 & 0 & 1 & 1 & 0 \\
0 & 0 & 0 & 0 & (1) & 1 & 1
\end{array}\right]
\end{array}
$$

（2）去掉越级二元关系，如在 $M'(L)$ 中，已经有第二级要素 (s_4, s_2) 到第一级要素 (s_5, s_1) 和第三级要素 (s_3, s_7, s_8) 到第二级要素的二元邻接关系。故可以去掉第三级要素到第一级要素的越级二元关系，即将 $M'(L)$ 中 (s_3, s_5)、(s_8, s_1) 和 (s_7, s_1) 的"1"改为"0"，得

$$
M'(L) = \begin{array}{c}
 \\ s_1 \\ s_2 \\ s_7 \\ s_8 \\ s_5 \\ s_4 \\ s_3
\end{array}
\begin{array}{c}
\begin{array}{ccccccc} s_1 & s_2 & s_7 & s_8 & s_5 & s_4 & s_3 \end{array} \\
\left[\begin{array}{ccccccc}
1 & 0 & 0 & 0 & 0 & 0 & 0 \\
1 & 1 & 0 & 0 & 0 & 0 & 0 \\
(1) & 1 & 1 & 0 & 0 & 0 & 0 \\
(1) & 1 & 0 & 1 & 0 & 0 & 0 \\
0 & 0 & 0 & 0 & 1 & 0 & 0 \\
0 & 0 & 0 & 0 & 1 & 1 & 0 \\
0 & 0 & 0 & 0 & (1) & 1 & 1
\end{array}\right]
\end{array}
\Rightarrow
M''(L) = \begin{array}{c}
 \\ s_1 \\ s_2 \\ s_7 \\ s_8 \\ s_5 \\ s_4 \\ s_3
\end{array}
\begin{array}{c}
\begin{array}{ccccccc} s_1 & s_2 & s_7 & s_8 & s_5 & s_4 & s_3 \end{array} \\
\left[\begin{array}{ccccccc}
1 & 0 & 0 & 0 & 0 & 0 & 0 \\
1 & 1 & 0 & 0 & 0 & 0 & 0 \\
0 & 1 & 1 & 0 & 0 & 0 & 0 \\
0 & 1 & 0 & 1 & 0 & 0 & 0 \\
0 & 0 & 0 & 0 & 1 & 0 & 0 \\
0 & 0 & 0 & 0 & 1 & 1 & 0 \\
0 & 0 & 0 & 0 & 0 & 1 & 1
\end{array}\right]
\end{array}
$$

（3）减去自身二元关系（减去单位矩阵），将 $M'(L)$ 主对角线上的"1"全变为"0"，得到具有最少二元关系的骨架矩阵 A'，即

$$
M''(L) = \begin{array}{c}
 \\ s_1 \\ s_2 \\ s_7 \\ s_8 \\ s_5 \\ s_4 \\ s_3
\end{array}
\begin{array}{c}
\begin{array}{ccccccc} s_1 & s_2 & s_7 & s_8 & s_5 & s_4 & s_3 \end{array} \\
\left[\begin{array}{ccccccc}
1 & 0 & 0 & 0 & 0 & 0 & 0 \\
1 & 1 & 0 & 0 & 0 & 0 & 0 \\
0 & 1 & 1 & 0 & 0 & 0 & 0 \\
0 & 1 & 0 & 1 & 0 & 0 & 0 \\
0 & 0 & 0 & 0 & 1 & 0 & 0 \\
0 & 0 & 0 & 0 & 1 & 1 & 0 \\
0 & 0 & 0 & 0 & 0 & 1 & 1
\end{array}\right]
\end{array}
\Rightarrow
A' = \begin{array}{c}
 \\ s_1 \\ s_2 \\ s_7 \\ s_8 \\ s_5 \\ s_4 \\ s_3
\end{array}
\begin{array}{c}
\begin{array}{ccccccc} s_1 & s_2 & s_7 & s_8 & s_5 & s_4 & s_3 \end{array} \\
\left[\begin{array}{ccccccc}
0 & 0 & 0 & 0 & 0 & 0 & 0 \\
1 & 0 & 0 & 0 & 0 & 0 & 0 \\
0 & 1 & 0 & 0 & 0 & 0 & 0 \\
0 & 1 & 0 & 0 & 0 & 0 & 0 \\
0 & 0 & 0 & 0 & 0 & 0 & 0 \\
0 & 0 & 0 & 0 & 1 & 0 & 0 \\
0 & 0 & 0 & 0 & 0 & 1 & 0
\end{array}\right]
\end{array}
$$

4. 绘制多级递阶有向图 $D(A')$

根据骨架矩阵 A'，绘制多级递阶有向图 $D(A')$，即建立系统要素的递阶结构。这个过程一般分为3步：

（1）分区域从上到下逐级排列系统构成要素。

（2）同级加入被删掉的与其要素有强连接关系的要素，及表征它们之间有相互关系的有向弧。

（3）按 A' 所示的邻接二元关系，用级间有向弧连接成有向图 $D(A')$，如图 5-9 所示。

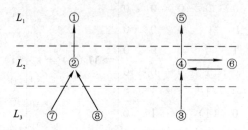

图 5-9 例 5-4 有向图 $D(A')$

5.2.5 递阶结构模型的实用方法

按照规范方法所显示的递阶结构模型化基本原理，在系统结构并不十分复杂的情况下，建模工作可采用较为简便的方法来完成。

1. 判断二元关系，建立可达矩阵及其缩减矩阵

在问题设定之后，首先由分析小组或分析人员个人寻找与问题有某种关系的要素，经集中后，根据要素个数绘制如图 5-10 所示的方格图，并在每行右端依次注上各要素的名称。在此基础上，通过两两比较，直观确定各要素之间的二元关系，并在两要素交汇处的方格内用 V、A 和 X 加以标识。其中 V 表示方格图中的行（或上位）要素直接影响到列（或下位）要素，A 表示列要素对行要素有直接影响，X 表示行列两要素相互影响（称之为强连接关系）。进而根据要素间二元关系的传递性，逻辑推断出要素间各次递推的二元关系，并且加括号的标识符表示。最后加入反映自身到达关系的单位矩阵，建立起系统要素的可达矩阵。

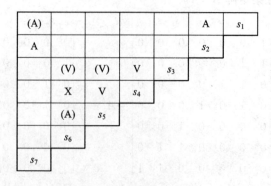

图 5-10 方格图

根据图 5 - 10 给出的系统结构分析问题，并加入单位矩阵，得出可达矩阵为

$$\boldsymbol{M} = \begin{array}{c} \\ s_1 \\ s_2 \\ s_3 \\ s_4 \\ s_5 \\ s_6 \\ s_7 \end{array} \begin{array}{c} \begin{array}{ccccccc} s_1 & s_2 & s_3 & s_4 & s_5 & s_6 & s_7 \end{array} \\ \left[\begin{array}{ccccccc} 1 & 0 & 0 & 0 & 0 & 0 & 0 \\ 1 & 1 & 0 & 0 & 0 & 0 & 0 \\ 0 & 0 & 1 & 1 & 1 & 1 & 0 \\ 0 & 0 & 0 & 1 & 1 & 1 & 0 \\ 0 & 0 & 0 & 0 & 1 & 0 & 0 \\ 0 & 0 & 0 & 1 & 1 & 1 & 0 \\ 1 & 1 & 0 & 0 & 0 & 0 & 1 \end{array} \right] \end{array}$$

2. 对可达矩阵的缩减矩阵进行层次化处理

根据要素级位划分的思想，在具有强连接关系的要素（s_4 与 s_6）中，去除 s_6（即去除可达矩阵中"6"所对应的行和列），可得到缩减矩阵（可达）矩阵 $\boldsymbol{M}'$。在 $\boldsymbol{M}'$ 中按每行"1"元素的多少，由少到多顺次排列，调整 $\boldsymbol{M}'$ 的行和列，得到 $\boldsymbol{M}'(L)$；最后在 $\boldsymbol{M}'(L)$ 中，从左上角到右下角，依次分解出最大阶数的单位矩阵，并加注方框。每个方框表示一个层次。

对例中可达矩阵的缩减矩阵进行层次化处理的结果为

$$\boldsymbol{M}'(L) = \begin{array}{c} \\ 1 \\ 5 \\ 2 \\ 4 \\ 7 \\ 3 \end{array} \begin{array}{c} \begin{array}{cccccc} 1 & 5 & 2 & 4 & 7 & 3 \end{array} \\ \left[\begin{array}{cccccc} 1 & 0 & 0 & 0 & 0 & 0 \\ 0 & 1 & 0 & 0 & 0 & 0 \\ 1 & 0 & 1 & 0 & 0 & 0 \\ 0 & 1 & 0 & 1 & 0 & 0 \\ 1 & 0 & 1 & 0 & 1 & 0 \\ 0 & 1 & 0 & 1 & 0 & 1 \end{array} \right] \end{array}$$

可见，该例中的要素分为三个层次：s_1 和 s_5 属于第一层次，s_2、s_4 及 s_6 属于第二层次，s_7、s_3 为第三层次。

3. 根据 $\boldsymbol{M}'(L)$ 绘制多级递阶有向图

首先把所有要素按已有层次排列，然后按照 $\boldsymbol{M}'(L)$ 中两方框（单位矩阵）交汇处的"1"元素，画出表征不同层次要素间直接联系的有向弧，形成多级递阶有向图。

最后，可根据各要素的实际意义，将多级递阶有向图直接转化为解释结构模型。

5.3　系统结构模型化的应用

5.3.1　案例分析

案例 5 - 1　铁路客运专线系统结构模型。

应用系统工程中系统结构分析方法，对本案例中提到的铁路客运专线系统的系统结构进行模型化处理和分析。在对铁路客运专线系统组成和子系统接口关系描述的基础上，建立客运专线系统结构的布尔矩阵模型，揭示各子系统（要素）之间的相互影响关系；采用 DEMATEL 方法解析各子系统相互之间影响的强弱程度，给出各子系统的综合影响程度（影响度，原因度）及其在系统评价指标体系中的地位和作用（中心度）。

1. 系统的构成要素

铁路客运专线系统主要由基础设施、动车组、通信信号控制、运营调度、牵引供电和客运服务 6 个子系统构成，每个子系统又由若干个要素组成。

(1) 基础设施子系统，包括无砟轨道、钢轨与道岔、轨道结构及部件、桥梁、隧道与地下工程、路基施工与维修技术等要素。

(2) 动车组子系统，包括转向架、轻型车体、制动、牵引变流、牵引控制系统、牵引变压器、牵引电机、列车网络系统等要素。

(3) 通信信号控制子系统，包括 CTC（调度集中）系统、联锁系统、列控车载系统、列控地面系统等要素。

(4) 运营调度子系统，包括运输计划管理系统、动车管理系统、综合维修管理系统、车站作业管理系统、调度指挥管理系统以及系统运行维护体系等要素。

(5) 牵引供电子系统，包括牵引供（变）电子系统、接触网子系统、SCADA（数据采集与监视控制）子系统和检测子系统等要素。

(6) 客运服务子系统，包括订售票系统、自动检票系统、决策支持系统及旅客信息服务系统等要素。

2. 系统要素的接口关系

上述 6 个子系统之间的接口关系如下：

(1) 通信信号控制与运营调度子系统的接口关系：包括运营调度子系统与 CTC 边界的划分，能力需求与信号系统设计的关系，车站的调度区段划分与信号设计的协调。

(2) 通信信号控制与牵引供电子系统的接口关系：包括通信信号控制与牵引供电子系统的综合接地方式，协调通信信号控制子系统的电源需求和牵引供电子系统的供电方式，正常运行及故障状态下系统的电磁兼容性。

(3) 通信信号控制与基础设施子系统的接口关系：包括协调设计和施工中光电缆接入位置和预留管线，协调车站机房电缆、天馈线的引入，应答器对线路精确数据的需求（包括全线的限速地点、限速值、里程标、变坡点、坡度值和曲线半径等），综合接地，协调无砟轨道的钢筋布置及处理、扣件绝缘性能与轨道电路传输长度的关系，协调道岔和转辙机之间的设计、安装、调试及维护，协调基础设施与道心和道旁信号设备的安装要求。

(4) 通信信号控制与动车组子系统的接口关系：包括协调动车组与列控车载设备、通信车载设备的安装、接口及电磁兼容性，协调动车组与列车检查设备（轨道电路及计轴器等）的兼容性，协调动车组运行时受电流引起的电磁干扰与无线通信质量的关系。

(5) 运营调度与牵引供电子系统的接口关系：包括协调牵引供电调度与运营调度的边界，协调供电能力与运行图编制及列车运行调整的关系。

(6) 运营调度与客运服务子系统的接口关系：包括明确客运服务系统获取列车运行信息的方式和流程。

(7) 运营调度与基础设施子系统的接口关系：包括协调天窗设置形式和时间与基础设施维修作业的需求，协调基础设施调度台与基础设施管理系统的边界。

(8) 牵引供电与基础设施子系统的接口关系：包括综合接地方式，协调基础设施（路基、桥梁、隧道、无砟轨道）与接触网支柱基础（电缆沟槽、声屏障基础等）的设计与安装。

(9) 牵引供电与动车组子系统的接口关系：包括受电弓和接触网参数的匹配（噪音、离线率、硬点、动态包络线、接触网压力、磨耗），牵引变电所功率补偿或消除谐波装置的设置。

（10）基础设施与动车组子系统的接口关系：包括轮对内侧距、踏面形状、轨底坡等的匹配，轮轨损伤，轮轨磨耗，轮轨振动及噪音，轨排横移，轨道变形，动车组运行稳定性，曲线和道岔通过性能，无砟轨道条件下轮轨作用力限制条件等轮轨关系问题，动车组静态（停车）和动态（通过）时与站台限界的安全距离，动车组地面排污、上水等。

3. 铁路客运专线系统的结构模型

1）系统的邻接矩阵

为便于系统的模型化，采用系统工程的方法将客运专线系统的要素集记为 X，则

$$X = \{s_1, s_2, s_3, s_4, s_5, s_6\} \tag{5-2}$$

式中，s_1 表示通信信号控制子系统；s_2 表示运营调度子系统；s_3 表示牵引供电子系统；s_4 表示客运服务子系统；s_5 表示基础设施子系统；s_6 表示动车组子系统。

将接口关系集记为 R，则

$$R = \{r_{ij}\} \quad i, j = 1, 2, \cdots, 6 \tag{5-3}$$

由式（5-2）、式（5-3）和前面对铁路客运专线系统要素间接口关系的描述，铁路客运专线系统的接口关系可以用一个二值布尔矩阵（也称邻接矩阵）**A** 表示：

$$
\bf{A} = \begin{array}{c} \\ s_1 \\ s_2 \\ s_3 \\ s_4 \\ s_5 \\ s_6 \end{array}
\begin{array}{c} \begin{matrix} s_1 & s_2 & s_3 & s_4 & s_5 & s_6 \end{matrix} \\
\begin{bmatrix}
0 & 0 & 1 & 0 & 1 & 1 \\
1 & 0 & 1 & 1 & 1 & 0 \\
1 & 1 & 0 & 0 & 0 & 1 \\
0 & 0 & 0 & 0 & 0 & 0 \\
0 & 1 & 0 & 0 & 1 & 1 \\
1 & 0 & 1 & 0 & 1 & 0
\end{bmatrix}
\end{array}
$$

邻接矩阵所对应系统结构的有向图如图 5-11 所示。

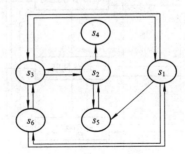

图 5-11　铁路客运专线系统结构的有向图

2）系统结构模型化

计算（**A** + **I**）得：

$$
(\bf{A} + \bf{I}) = \begin{bmatrix}
1 & 0 & 1 & 0 & 1 & 1 \\
1 & 1 & 1 & 1 & 1 & 0 \\
1 & 1 & 1 & 0 & 0 & 1 \\
0 & 0 & 0 & 1 & 0 & 0 \\
0 & 1 & 0 & 0 & 1 & 1 \\
1 & 0 & 1 & 0 & 1 & 1
\end{bmatrix}
$$

进一步计算$(A+I)^2$，$(A+I)^3$，$(A+I)^4$，…；由此得知$(A+I)^4=(A+I)^3$，则$r=3$，于是铁路客运专线系统的可达矩阵为

$$M=(A+I)^3=\begin{bmatrix} 1 & 1 & 1 & 1 & 1 & 1 \\ 1 & 1 & 1 & 1 & 1 & 1 \\ 1 & 1 & 1 & 1 & 1 & 1 \\ 0 & 0 & 0 & 1 & 0 & 0 \\ 1 & 1 & 1 & 1 & 1 & 1 \\ 1 & 1 & 1 & 1 & 1 & 1 \end{bmatrix} \qquad (5-4)$$

3）系统的关联性分析

根据系统工程理论和布尔矩阵的性质可知，由系统的可达矩阵 M 和它的转置矩阵 M^T 的共同部分 $M \bigcap M^T$ 可以揭示系统图中的强连接部分。对客运专线系统而言，由式（5-4）可得：

$$M \bigcap M^T=\begin{bmatrix} 1 & 1 & 1 & 0 & 1 & 1 \\ 1 & 1 & 1 & 0 & 1 & 1 \\ 1 & 1 & 1 & 0 & 1 & 1 \\ 0 & 0 & 0 & 1 & 0 & 0 \\ 1 & 1 & 1 & 0 & 1 & 1 \\ 1 & 1 & 1 & 0 & 1 & 1 \end{bmatrix} \qquad (5-5)$$

由式（5-5）可知$(s_1，s_2，s_3)$和$(s_5，s_6)$构成铁路客运专线系统的强连接部分，如图 5-12所示。

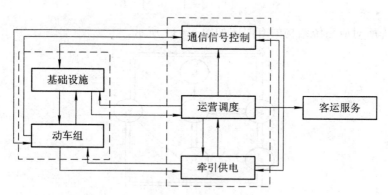

图 5-12 铁路客运专线系统关联图

4. 系统的 DEMATEL 分析

1）建立系统的综合影响矩阵

首先在对铁路客运专线系统要素（子系统）的组成和要素接口关系分析与描述的基础上，建立系统的直接影响矩阵 X^d。X^d 与邻接矩阵 A 的不同之处在于不仅要确定要素之间关系的有无，而且要分析其关系的强弱。假定：如果关系为"强"，则 $r_{ij}=3$；关系为"中"，则 $r_{ij}=2$；关系为"弱"，则 $r_{ij}=1$；无关系，$r_{ij}=0$。经过分析，确定的相应关系指标值为

$$X^d = \begin{bmatrix} 0 & 0 & 1 & 0 & 2 & 3 \\ 2 & 0 & 1 & 3 & 1 & 0 \\ 1 & 2 & 0 & 0 & 0 & 1 \\ 0 & 0 & 0 & 0 & 0 & 0 \\ 0 & 2 & 0 & 0 & 0 & 3 \\ 2 & 0 & 2 & 0 & 2 & 0 \end{bmatrix}$$

正规化直接影响矩阵 X（先求出 X^d 各行、列元素之和，并取最大值，然后以各元素除以该最大值）为

$$X = \begin{bmatrix} 0 & 0 & 0.1429 & 0 & 0.2857 & 0.4286 \\ 0.2857 & 0 & 0.1429 & 0.4284 & 0.1429 & 0 \\ 0.1429 & 0.2857 & 0 & 0 & 0 & 0.1429 \\ 0 & 0 & 0 & 0 & 0 & 0 \\ 0 & 0.2857 & 0 & 0 & 0 & 0.4286 \\ 0.2857 & 0 & 0.2857 & 0 & 0.2857 & 0 \end{bmatrix}$$

综合影响矩阵 T 为

$$T = X(I - X)^{-1} = (t_{ij})$$

$$= \begin{bmatrix} 0.4949 & 0.3875 & 0.5715 & 0.1660 & 0.7850 & 1.0588 \\ 0.5599 & 0.2533 & 0.4033 & 0.5369 & 0.4833 & 0.5047 \\ 0.1426 & 0.4700 & 0.2888 & 0.2013 & 0.3563 & 0.5394 \\ 0 & 0 & 0 & 0 & 0 & 0 \\ 0.4568 & 0.5277 & 0.3909 & 0.2261 & 0.4561 & 0.8757 \\ 0.6926 & 0.3958 & 0.6432 & 0.1695 & 0.7421 & 0.7068 \end{bmatrix}$$

2）各子系统的综合影响分析与评价

按照定义和 DEMATEL 方法，可以得到铁路客运专线系统各子系统的影响度、被影响度以及各子系统的中心度与原因度等，如表 5-5 所示。

表 5-5　铁路客运专线系统各子系统参数

子系统	s_1	s_2	s_3	s_4	s_5	s_6	影响度	中心度	原因度
s_1	0.4949	0.3875	0.5715	0.1660	0.7850	1.0588	3.4637	6.4108	0.7866
s_2	0.5599	0.2533	0.4033	0.5369	0.4833	0.5047	2.7417	4.7760	0.7074
s_3	0.1426	0.4700	0.2888	0.2013	0.3563	0.5394	2.3284	4.6261	0.0307
s_4	0	0	0	0	0	0	0	1.2998	−1.2998
s_5	0.4568	0.5277	0.3909	0.2261	0.4561	0.8757	2.9333	5.7561	0.1105
s_6	0.6926	0.3958	0.6432	0.1695	0.7421	0.7068	3.3500	7.0354	−0.3354
被影响度	2.6771	2.0343	2.2977	1.2998	2.8228	3.6854			

由表 5-5 可以看出，各子系统在系统中的重要程度（中心度）按强弱依次为动车组子系统、通信信号控制子系统、基础设施子系统、运营调度子系统、牵引供电子系统和客运服务子系统；原因度按强弱依次为通信信号控制子系统、运营调度子系统、基础设施子系统和牵引供电子系统；被影响度按强弱依次为动车组子系统、基础设施子系统、通信信号控制子系统、牵引供电子系统、运营调度子系统和客运服务子系统；客运服务子系统的原因度和中心度均最小。

通过对系统用 DEMATEL 方法分析得知：铁路客运专线系统的各子系统在系统评价体系中，其重要程度以动车组子系统为首，然后依次是通信信号子系统、基础设施子系统、运营调度子系统等；对其他子系统影响较大的子系统是通信信号子系统、运营调度子系统、牵引供电子系统和基础设施子系统，而动车组则受其他子系统的影响较大。

（资料来源：张曙光，臧其吉. 铁路客运专线系统结构模型. 中国铁道科学，2001，28(2)）

案例 5-2 某公司下属一企业欲从国外引进一项先进技术，为了对综合经济效益的分析以确定影响综合效益的因素，经过 10 位专家的讨论认为，引进一项先进的技术，其效益是多方面的，因此，应该从各个方面来确定评价项目。而且认为评价项目集是一个多级递阶结构，在经过认真的讨论和筛选后，最终确定 12 个因素（见表 5-6）。

表 5-6　影响综合效益的因素

影响因素	影响因素名称
1	提高企业技术水平
2	研究开发能力
3	国产化水平
4	产品竞争能力
5	技术人员素质
6	提高企业经济效益
7	节汇、创汇水平
8	资金利润率
9	提高企业装备水平
10	提高企业整体素质
11	改善经营管理水平
12	引进技术的综合效益

（1）根据影响因素，讨论各级要素之间的关系如图 5-13 所示。

```
 V                       A   A   A   A
 V       V   V                           2
 V           V       V                   3
 V       V   V       V                   4
 V       V               5
 V               A   A       6
 V           V       7
 V               8
 V           9
 V   A   10
 V   11
 12
```

图 5-13　各级要素之间的关系

（2）建立可达矩阵为

	1	2	3	4	5	6	7	8	9	10	11	12
1	1											1
2	1	1							1			1
3	1		1			1			1			1
4	1			1		1			1	1		1
5	1				1				1			1
6						1						1
7						1	1		1			1
8						1		1	1			1
9									1			1
10										1		1
11										1	1	1
12												1

（3）元素 1 的多少进行排序，即

	12	1	6	9	10	11	5	8	7	2	3	4
12	1											
1	1	1										
6	1		1									
9	1			1								
10	1				1							
11	1				1	1						
5	1	1		1			1					
8	1		1	1				1				
7	1		1	1					1			
2	1	1		1						1		
3	1	1	1	1							1	
4	1	1	1	1	1							1

（4）建立结构模型，如图 5 - 14 所示。

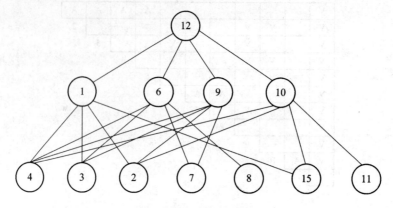

图 5 - 14　结构模型

（5）建立解释结构模型。综合效益解释结构模型如图 5 - 15 所示。

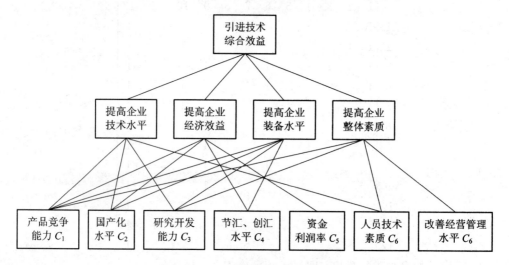

图 5 - 15　综合效益解释结构模型

案例 5 - 3　2007 年 5 月 29 日，太湖无锡流域突然爆发大面积蓝藻水华，现场虽进行了打捞，但因蓝藻爆发太严重而无法控制。受蓝藻污染的、散发浓浓腥臭味的水进入自来水厂，通过管道流进千家万户，严重影响了人们的正常生活。

水华爆发是多种因素共同作用的结果，且各因素不是同时起作用，而是随时间不同逐个连锁状相互作用。根据太湖水华爆发特点及文献资料检索，从气象、水动力、化学和生物等 4 个方面筛选出太湖水华爆发的 17 个要素。

解释结构模型（ISM）法是研究复杂大系统结构和构成的简单、实用和有效的方法，应用广泛，其研究结果可为确定系统内部结构和影响结构的诸要素（子系统）间的层次关系提供依据。研究人员采用 ISM 法对太湖水华爆发原因进行整体结构分析，从众多因素中找出最直接的因素，为预防、治理水华爆发提供了理论依据。分析过程如下：

太湖水华爆发和许多因素有关，经过大量文献资料检索和分析，筛选出 17 个要素，并分析了各要素之间的关系，结果如表 5 - 7 所示。

表 5 - 7　太湖水华爆发要素及相互关系

要素	气象					水动力					化学			生物			
	气温	水温	光强	小风	大风	湖水滞留时间	自净能力	水体垂直混合程度	湖流	水位	营养盐	底泥再悬浮	入湖污染物	竞争藻类	增殖速度	现存量	聚集
符号	s_1	s_2	s_3	s_4	s_5	s_6	s_7	s_8	s_9	s_{10}	s_{11}	s_{12}	s_{13}	s_{14}	s_{15}	s_{16}	s_{17}
s_1		1															
s_2															1		
s_3															1		
s_4								1								1	
s_5									1	1			1				
s_6								1									
s_7											1						
s_8											1						
s_9																1	
s_{10}						1											
s_{11}															1		
s_{12}											1						
s_{13}											1						
s_{14}											1						
s_{15}																1	
s_{16}																	
s_{17}																	

其中 $s_1 \sim s_{17}$ 分别表示气温(升)、水温(升)、光强(强)、小风、大风、湖水滞留时间(长)、自净能力(差)、水体垂直混合程度(增)、湖流、水位(低)、营养盐(增)、底泥再悬浮、入湖污染物(增)、竞争藻类(减)、增殖速度(快)、现存量(增)、聚集；$s_1 - s_{17}$ 为气象因素。

第一步：生成连接矩阵。基于表 5-7，得到连接矩阵 A。

$$A=\begin{bmatrix}
0 & 1 & 0 & 0 & 0 & 0 & 0 & 0 & 0 & 0 & 0 & 0 & 0 & 0 & 0 & 0 & 0\\
0 & 0 & 0 & 0 & 0 & 0 & 0 & 0 & 0 & 0 & 0 & 0 & 0 & 0 & 1 & 0 & 0\\
0 & 0 & 0 & 0 & 0 & 0 & 0 & 0 & 0 & 0 & 0 & 0 & 0 & 0 & 1 & 0 & 0\\
0 & 0 & 0 & 0 & 0 & 0 & 0 & 0 & 1 & 0 & 0 & 0 & 0 & 0 & 0 & 0 & 1\\
0 & 0 & 0 & 0 & 0 & 0 & 0 & 1 & 1 & 0 & 1 & 0 & 0 & 0 & 0 & 0 & 0\\
0 & 0 & 0 & 0 & 0 & 0 & 0 & 1 & 0 & 0 & 0 & 0 & 0 & 0 & 0 & 0 & 0\\
0 & 0 & 0 & 0 & 0 & 0 & 0 & 0 & 0 & 1 & 0 & 0 & 0 & 0 & 0 & 0 & 0\\
0 & 0 & 0 & 0 & 0 & 0 & 0 & 0 & 0 & 1 & 0 & 0 & 0 & 0 & 0 & 0 & 0\\
0 & 0 & 0 & 0 & 0 & 0 & 0 & 0 & 0 & 0 & 0 & 0 & 0 & 0 & 0 & 0 & 1\\
0 & 0 & 0 & 0 & 0 & 1 & 0 & 0 & 0 & 0 & 0 & 0 & 0 & 0 & 0 & 0 & 0\\
0 & 0 & 0 & 0 & 0 & 0 & 0 & 0 & 0 & 0 & 0 & 0 & 0 & 0 & 1 & 0 & 0\\
0 & 0 & 0 & 0 & 0 & 0 & 0 & 0 & 0 & 0 & 1 & 0 & 0 & 0 & 0 & 0 & 0\\
0 & 0 & 0 & 0 & 0 & 0 & 0 & 0 & 0 & 0 & 1 & 0 & 0 & 0 & 0 & 0 & 0\\
0 & 0 & 0 & 0 & 0 & 0 & 0 & 0 & 0 & 0 & 0 & 0 & 0 & 0 & 0 & 1 & 0\\
0 & 0 & 0 & 0 & 0 & 0 & 0 & 0 & 0 & 0 & 0 & 0 & 0 & 0 & 0 & 0 & 0\\
0 & 0 & 0 & 0 & 0 & 0 & 0 & 0 & 0 & 0 & 0 & 0 & 0 & 0 & 0 & 0 & 0\\
0 & 0 & 0 & 0 & 0 & 0 & 0 & 0 & 0 & 0 & 0 & 0 & 0 & 0 & 0 & 0 & 0
\end{bmatrix}$$

第二步：生成可达矩阵。

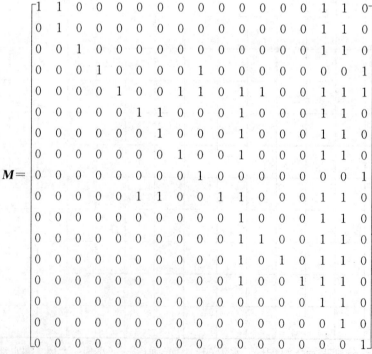

$$M=\begin{bmatrix}
1 & 1 & 0 & 0 & 0 & 0 & 0 & 0 & 0 & 0 & 0 & 0 & 0 & 0 & 1 & 1 & 0\\
0 & 1 & 0 & 0 & 0 & 0 & 0 & 0 & 0 & 0 & 0 & 0 & 0 & 0 & 1 & 1 & 0\\
0 & 0 & 1 & 0 & 0 & 0 & 0 & 0 & 0 & 0 & 0 & 0 & 0 & 0 & 1 & 1 & 0\\
0 & 0 & 0 & 1 & 0 & 0 & 0 & 0 & 1 & 0 & 0 & 0 & 0 & 0 & 0 & 0 & 1\\
0 & 0 & 0 & 0 & 1 & 0 & 0 & 1 & 1 & 0 & 1 & 1 & 0 & 0 & 1 & 1 & 1\\
0 & 0 & 0 & 0 & 0 & 1 & 1 & 0 & 0 & 0 & 1 & 0 & 0 & 0 & 1 & 1 & 0\\
0 & 0 & 0 & 0 & 0 & 0 & 1 & 0 & 0 & 0 & 1 & 0 & 0 & 0 & 1 & 1 & 0\\
0 & 0 & 0 & 0 & 0 & 0 & 0 & 1 & 0 & 0 & 1 & 0 & 0 & 0 & 1 & 1 & 0\\
0 & 0 & 0 & 0 & 0 & 0 & 0 & 0 & 1 & 0 & 0 & 0 & 0 & 0 & 0 & 0 & 1\\
0 & 0 & 0 & 0 & 0 & 1 & 1 & 0 & 0 & 1 & 1 & 0 & 0 & 0 & 1 & 1 & 0\\
0 & 0 & 0 & 0 & 0 & 0 & 0 & 0 & 0 & 0 & 1 & 0 & 0 & 0 & 1 & 1 & 0\\
0 & 0 & 0 & 0 & 0 & 0 & 0 & 0 & 0 & 0 & 1 & 1 & 0 & 0 & 1 & 1 & 0\\
0 & 0 & 0 & 0 & 0 & 0 & 0 & 0 & 0 & 0 & 1 & 0 & 1 & 0 & 1 & 1 & 0\\
0 & 0 & 0 & 0 & 0 & 0 & 0 & 0 & 0 & 0 & 1 & 0 & 0 & 1 & 1 & 1 & 0\\
0 & 0 & 0 & 0 & 0 & 0 & 0 & 0 & 0 & 0 & 0 & 0 & 0 & 0 & 1 & 1 & 0\\
0 & 0 & 0 & 0 & 0 & 0 & 0 & 0 & 0 & 0 & 0 & 0 & 0 & 0 & 0 & 1 & 0\\
0 & 0 & 0 & 0 & 0 & 0 & 0 & 0 & 0 & 0 & 0 & 0 & 0 & 0 & 0 & 0 & 1
\end{bmatrix}$$

第三步：各要素的级别分配。根据可达矩阵 M，求出各要素的可达集合 $P(s_i)$、先行集合 $Q(s_i)$，以及共同集合 $P(s_i) \exists Q(s_i)$。17 个要素分配在 6 个级别上，按这种级别顺序排列矩阵 M 的行和列。

$$M = \begin{array}{c} \\ s_{16} \\ s_{17} \\ s_9 \\ s_{15} \\ s_2 \\ s_3 \\ s_4 \\ s_{11} \\ s_1 \\ s_7 \\ s_8 \\ s_{12} \\ s_{13} \\ s_{14} \\ s_5 \\ s_6 \\ s_{10} \end{array}$$

	s_{16}	s_{17}	s_9	s_{15}	s_2	s_3	s_4	s_{11}	s_1	s_7	s_8	s_{12}	s_{13}	s_{14}	s_5	s_6	s_{10}
s_{16}	1																
s_{17}		1															
s_9		1	1														
s_{15}	1			1													
s_2	1			1	1												
s_3	1			1		1											
s_4		1	1				1										
s_{11}	1			1				1									
s_1	1			1	1				1								
s_7	1			1				1		1							
s_8	1			1				1			1						
s_{12}	1			1				1				1					
s_{13}	1			1				1					1				
s_{14}	1			1				1						1			
s_5	1	1	1	1				1			1				1		
s_6	1			1				1								1	
s_{10}	1			1				1								1	1

第四步：生成层次结构图。参照上述分块三角化矩阵 **M**，用有向枝连接相邻级别间的要素及同一级别的要素，可得到如图 5-16 所示的层次结构图。

（资料来源：周婕，曾诚，王玲玲. 基于解释结构模型法的太湖水华爆发要素分析. 环境污染与防治，2009，31(5)）

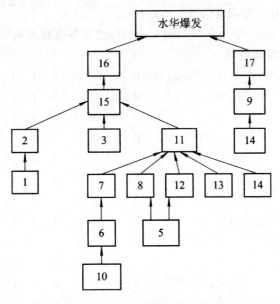

图 5-16　水华爆发层次结构图

案例 5 – 4 ISM 在航空事故分析中的应用。

1. 事故描述

XX 航空公司 x 机组执行甲至乙的航班任务。飞机于北京时间 08:13 由甲机场起飞离地 24 s 后,机组报告飞机飘摆,飞机嗡嗡地响。飞行员用额定马力保持 400 km/h 的速度上升。08:16:24,机组报告飞机以 20°的坡度来回飘摆,08:16:58 报告飘摆坡度达到 30°,08:17:06 报告两名机组人员都保持不住飞机。机组采取了短时接通自动驾驶仪等方法进行处理,未能奏效。08:22:27,飞机速度降至 373 km/h,迎角 20°,出现失速警告。之后左坡度为 66.8°。此时速度达到 747 km/h,出现超速警告。在这一过程中,飞行高度由 4717 m 下降到 2884 m,飞机航向由 280°左转到 110°,飞机的最大垂直过载达 2.7 g,最大侧向过载达 1.4g。08:22:42,高度为 2884 m 时,飞机开始解体。最终飞机坠落在某县内,距甲机场 140°方位 49 km 处。机上旅客 146 名,机组人员 14 名全部遇难。

2. 构建邻接矩阵

由于造成飞行事故的因素很多,本例针对此飞行事故主要选取以下 12 个典型的影响因素:① 机务维修不到位;② 飞行员身体状况;③ 飞行员操纵技术;④ 天气因素;⑤ 通信导航因素;⑥ 教育培训不够;⑦ 飞行员心理素质不好;⑧ 航空公司管理问题;⑨ 飞机零件老化;⑩ 飞机自身缺陷;⑪ 签派错误放行;⑫ 飞行员人为差错。经分析,航空事故原因之间的影响关系如图 5 – 17 所示。

在图 5 – 17 中,A 表示其他元素影响 s_i,B 表示影响其他因素,C 表示 s_i 同其他因素互相影响。其第 i 行从左到右分别表示了 s_{12},s_{11}……

$$
\begin{array}{cccccccccccc|c}
s_{12} & s_{11} & s_{10} & s_9 & s_8 & s_7 & s_6 & s_5 & s_4 & s_3 & s_2 & s_1 \\
B & B & B & & A & A & A & & & & A & s_1 \\
B & B & B & & & & & & & & B & s_2 \\
B & & B & & & A & & A & & & & s_3 \\
B & & B & A & A & & & & C & & & s_4 \\
B & & B & A & A & & & & & & & s_5 \\
B & B & B & & & & & & & & & s_6 \\
B & B & & & & & & & & & & s_7 \\
B & B & B & & & & & & & & & s_8 \\
B & & B & & & & & & & & & s_9 \\
B & & & & & & & & & & & s_{10} \\
B & & & & & & & & & & & s_{11} \\
 & & & & & & & & & & & s_{12}
\end{array}
$$

图 5 – 17　航空事故原因之间影响关系

同 s_i 间的相互关系。以第一个元素"B"为例,它表示"机务维修不到位"会影响"飞行员人为差错"。由此可得到邻接矩阵为

$$
A = \begin{bmatrix}
0 & 0 & 0 & 0 & 0 & 0 & 0 & 0 & 0 & 0 & 1 & 1 \\
1 & 0 & 1 & 0 & 0 & 0 & 0 & 0 & 0 & 0 & 1 & 1 \\
0 & 0 & 0 & 0 & 0 & 0 & 0 & 0 & 0 & 1 & 0 & 1 \\
0 & 0 & 0 & 0 & 0 & 0 & 0 & 0 & 0 & 1 & 0 & 1 \\
0 & 0 & 0 & 1 & 0 & 0 & 0 & 0 & 0 & 1 & 0 & 1 \\
1 & 0 & 1 & 0 & 0 & 0 & 0 & 0 & 0 & 1 & 1 & 1 \\
1 & 0 & 0 & 0 & 0 & 0 & 0 & 0 & 0 & 0 & 0 & 1 \\
1 & 0 & 1 & 1 & 1 & 0 & 0 & 0 & 0 & 1 & 1 & 1 \\
0 & 0 & 0 & 1 & 1 & 0 & 0 & 0 & 0 & 1 & 0 & 1 \\
0 & 0 & 0 & 0 & 0 & 0 & 0 & 0 & 0 & 0 & 1 & 1 \\
0 & 0 & 0 & 0 & 0 & 0 & 0 & 0 & 0 & 0 & 0 & 1 \\
0 & 0 & 0 & 0 & 0 & 0 & 0 & 0 & 0 & 0 & 0 & 0
\end{bmatrix}
$$

该邻接矩阵可以清晰地表示出各个事故因子间的关系。

3．构建可达矩阵

由邻接矩阵即可得可达矩阵为

$$M = (A+I)^2 = (A+I)$$

$$= \begin{bmatrix}
1 & 0 & 0 & 0 & 0 & 0 & 0 & 0 & 0 & 0 & 1 & 1 \\
1 & 1 & 1 & 0 & 0 & 0 & 0 & 0 & 0 & 0 & 1 & 1 \\
0 & 0 & 1 & 0 & 0 & 0 & 0 & 0 & 0 & 1 & 0 & 1 \\
0 & 0 & 0 & 1 & 1 & 0 & 0 & 0 & 0 & 1 & 0 & 1 \\
0 & 0 & 0 & 1 & 1 & 0 & 0 & 0 & 0 & 1 & 0 & 1 \\
1 & 0 & 1 & 0 & 1 & 1 & 1 & 0 & 0 & 1 & 1 & 1 \\
1 & 0 & 0 & 0 & 0 & 0 & 1 & 0 & 0 & 0 & 1 & 1 \\
1 & 0 & 1 & 1 & 1 & 0 & 0 & 1 & 1 & 1 & 1 & 1 \\
0 & 0 & 0 & 1 & 1 & 0 & 0 & 0 & 1 & 1 & 0 & 1 \\
0 & 0 & 0 & 0 & 0 & 0 & 0 & 0 & 0 & 1 & 0 & 1 \\
0 & 0 & 0 & 0 & 0 & 0 & 0 & 0 & 0 & 0 & 1 & 1 \\
0 & 0 & 0 & 0 & 0 & 0 & 0 & 0 & 0 & 0 & 0 & 1 \\
\end{bmatrix}$$

4．划分层级并建立结构模型

根据可达矩阵，计算所有因素的可达集 $R(S_i)$，前因集 $A(S_i)$ 及 $R(S_i)$ 与 $A(S_i)$ 的交集。由于层级划分是成熟的方法，所以省略其过程。最终得到各级别中的元素如下：

一级：（12）；二级：（10）、（11）；三级：（1）、（3）、（4）、（5）；四级：（2）、（6）、（7）、（8）、（9）。由此可构造出如图 5-18 所示结构模型。

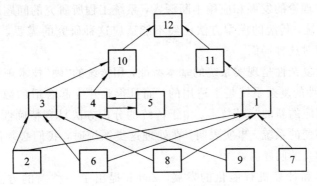

图 5-18　航空事故结构模型

由此结构模型可以看出，造成该航空飞行事故的原因可以分为 4 个层次，第一个层次是飞行员人为差错；第二个层次包括飞机自身缺陷和签派错误放行；第三个层次包括机务维修不到位、飞行员操纵技术、天气因素和通信导航因素；第四个层次包括飞行员身体状况、教育培训不够、飞行员心理素质不好、航空公司管理问题和飞机零件老化。这说明航空从业人员的主观因素是极其主要的，符合客观实际情况。从另外一个方面也说明：各种直接和间接的影响因素主要是通过人的不安全行为表现出来。所以，一个比较有效的减小事故发生率的途径就是提高相关人员的业务水平。

（资料来源：陈亚青，韩云祥.解释结构模型在航空事故分析中的应用.防灾科技学院学报，2009，11(2)）

5.3.2 ISM 法优缺点分析

ISM 属于概念模型，它可以把模糊不清的思想、看法转化为直观的具有良好结构关系的模型，其应用十分广泛，从能源等国际性问题到地区经济开发、企事业甚至个人范围的问题等，都可以应用 ISM 来建立结构模型，并据此进行系统分析。另外，ISM 特别适用于变量众多、关系复杂而结构不明晰的系统分析，也可用于方案的排序等。

同其他任何技术与方法一样，结构模型也有许多不足之处，主要表现在以下几点：

（1）从理论角度看，应用 ISM 时，假定推移率意味着各级要素间只是一种递阶结构关系，即级与级之间不存在反馈回路，但在分析实际问题时，各级要素间往往是存在反馈回路的，这样就影响了分析的正确性。

（2）通过邻接矩阵建立可达矩阵或直接建立可达矩阵来确定系统各要素间的逻辑关系在一定程度上还依赖于人们的经验。当小组成员认识差别很大时，虽然可由小组集体讨论来决定有无关系，但在讨论过程中，也往往容易屈服于权威人士或迎合大多数人的意见的倾向，影响结构模型法的有效性。

（3）在实施结构模型时，需要三种角色人员参加，其中尤以协调人的角色最为重要。但是，能够胜任这种角色的人员通常不多。同样，若缺乏方法技术的专家人员，也会影响方法的正常应用。

5.4 系统工程模型技术的新进展

随着系统工程理论的发展和应用不断深入，系统工程所研究的问题越来越多地涉及复杂系统、非线性系统，传统的模型方法已经不能适应这种研究的需要，规划论、"硬"的优化技术已经很难应对这种局面。

高度非线性及复杂性是现实系统的基本特征，用传统的"硬"技术理解和预测这种多变量、多参数、非线性的复杂系统是不适用的，而且很难建立起合适的数学模型，因此迫切需要建立与之相适应的新的"软"技术。由于传统的分析方法具有精确性和定量化，因而不能处理现实复杂多变的系统。事实表明，在处理这类系统时，我们必须面对不精确性和不确定性程度越来越高的问题。

随着信息技术和计算机智能化的发展，Zadeh 提出了一种新的方法——软计算（Soft Computing）。软计算不是一个单独的方法论，而是一个方法的集合，在这个集合中的主要成员包括模糊逻辑控制（Fuzzy Logic Control）、神经网络（Neural Network）、近似推理以及一些具有全局优化性能且通用性强的 Meta-heuristic 算法，如遗传算法（Genetic Algorithms，GA）、模拟退火算法（Simulated Annealing，SA）、禁忌搜索算法（Taboo Search，TS）、蚁路算法（Ant System，AS）等。这些方法的特点是借鉴了生物原理和人的思维，因此有人也称之为"拟人"方法。它们更适应于解决管理、经济和复杂的工程大系统问题。

模糊逻辑推广了经典的二值逻辑，可以具有无穷多个中间状态，是处理不精确性和不确定性问题的有效工具。模糊技术以模糊逻辑为基础，从人类思维中的模糊性出发，对于模糊信息进行量化，其中最重要的一步是利用专家知识和实际经验来定义相应模糊集的隶属函数。在模糊理论研究中，隶属函数是最基本的研究对象，它的确定主要是靠专家知识与实际经验，其中包含有主观的因素，但这并不意味着由此建立的理论不可靠，相反正是因为利用了这一点，模糊集反映了人脑的思维特征，而使得模糊理论在许多以人为主要对象的领域（如管理领域、经济领域）得到了成功应用。模糊控制是基于模糊集的一种"软控制"，相应的控制算法则是人脑思维的量化模拟，所以模糊集及模糊控制理论是智能信息处理、软计算技术的基础。

人工神经网络是模仿人脑生理特性的新型智能信息处理系统，它以模拟生物神经元为基础，使系统具有自适应性、自组织性、容错性等。可以通过优化网络拓扑结构、设计网络连接权的学习算法来改善系统的各种性能。即使一个给定的网络也具有很强的映射能力，所以神经网络是进行曲线拟合、近似实现各种非线性复杂系统的有效工具。人工神经网络开创了用已知非线性系统去近似实现实际应用中的复杂系统，甚至是"黑箱"的典型范例。由于神经网络从另一个方面反映出人脑的特性，所以它也构成了软计算的基础。

软计算的另一个基本内容是超启发式（Meta-heuristic）算法，其中的遗传算法对目标函数的要求很低，甚至无须知道目标函数的表达式，所以该算法非常适用于对非线性复杂系统的研究。

与传统的"硬计算"完全不同，软计算的目的在于适应现实世界遍布的不精确性。因此，其指导原则是开拓对不精确性、不确定性和部分真实的容忍，从而达到可处理性、鲁棒性、低成本求解以及与现实更好的紧密联系。在最终的分析中，软计算的作用模型是人的思维。

在软计算方法集合中，每一种方法具有其优点和长处，它们之间是互补的而不是竞争的。这些技术紧密集成形成了软计算的核心。通过它们的协同工作，可以保证软计算有效地利用人类知识，处理不精确以及不确定的情况，对位置或变化的环境进行学习和调节以提高性能。

例如，神经网络和遗传算法都是对生物学原理的模拟，遗传算法是基于生物的进化机制，而神经网络则是人脑的典型特征的表现，将二者进行有机结合可以达到很好的实际效果。模糊系统的设计可以由遗传算法或神经网络来完成。虽然模糊技术已在许多的应用领域取得了成功，专家知识可以用模糊规则很好地表现出来，但规则的提取和隶属函数的选择却十分费劲，这时可以利用神经网络的自学习和自组织性来解决这一问题。分类已知的训练数据并规定模糊规则的数量，用神经网络模糊分割输入空间，通过学习，获取相应于所有规则的隶属函数的特性，并生成对应于任意输入矢量的隶属值，这时由神经网络的拟合功能可产生相应的隶属函数。在此过程中，为了解决基于局部区域的梯度学习算法缺乏全局性和易陷入局部最小这类缺陷，并且对网络结构进行优化，可以利用遗传算法来完善相应的功能，获取最佳的结果。反过来也可凭借模糊系统或神经网络的学习能力来设置遗传算法中的各种参数，包括种群的尺度、交叉概率、变异概率以及算法迭代的步数等，使遗传算法自适应地自我调节和进化。总之，将模糊逻辑、神经网络和遗传算法进行有机地结合，可以有效地处理非线性复杂系统，对智能信息进行表示、传递、存储、恢复。

下面就软计算当中所应用到的 Meta-heuristic 算法进行简要地介绍：

（1）禁忌搜索算法（TS）。TS 是 Glove 模拟智能过程中提出的一种具有记忆功能的全局逐步优化算法。TS 的核心在于对搜索过程使用短期记忆和中长期记忆，以使搜索具有广泛性和集中性。其基本思想是搜索可行的解空间，在当前解的邻域中找到另一个更好的解。但是为了能够逃出局部极值和避免循环，算法中设置了禁止表，当搜索的解在禁止表中时，则放弃该解。TS算法可以灵活地使用禁止表记录搜索过程，从而使搜索既能找到局部最优解，同时又能越过局部极值得到更优的解。

（2）模拟退火算法（SA）。SA是基于蒙特卡洛（Mente Carlo）迭代求解的一种全局概率型搜索算法，首先由Kirkpatrick等人用于组合优化中。该算法源于固体材料退火过程的模拟。固体材料退火是先将固体加热至熔化，再徐徐冷却使之凝固成规整的晶体。熔化是为了消除系统中原先可能存在的非均匀状态，冷却过程之所以徐徐进行是为了使系统在每一温度下都达到平衡态。因为在平衡态，系统的自由能达到最小值。如果将优化问题的目标函数类比为能量函数，控制参数类比为温度 T，模拟固体退火过程就可将给定控制参数值时优化问题的相对最优解求出，然后减少控制参数使其趋于 0，最终求得组合优化问题的整体最优解。SA是一种全局优化方法，通过人为地引入噪声，使得当算法陷入局部最优的陷阱时，达到从该陷阱中逃脱的条件，进而再逐步减小噪声，以使得算法能停留在全局最优点。

（3）遗传算法（GA）。GA是Holland研究自然遗传现象与人工系统的自适应行为时，借鉴"优胜劣汰"的生物进化与遗传思想而提出的一种全局性并行搜索算法。自然界生物的进化通过两个基本过程：自然选择和有性生殖不断进化。在漫长的进化过程中，生物逐渐从简单的低级生物到人类，这是一个完美的进化过程。按达尔文进化论的观点，这一过程遵循适者生存、优胜劣汰的自然选择原则，它使自然界生物的演化问题得到较好的解决。正因为如此，人们开始把进化看成值得仿效的东西，即用搜索和优化过程模拟生物体的进化过程，用搜索空间中的点模拟自然界生物体，经过变形后的目标函数度量生物体对环境的适应能力，生物优胜劣汰类比为优化和搜索过程中用好的可行解取代较差可行解的迭代过程。这样就形成了进化策略。GA注重父代与子代遗传细节上的联系，主要强调染色体操作。GA是一个群体优化过程，为了得到目标函数的最小（大）值，我们不是从一个初始值出发，而是从一组初始值出发进行优化。这一组初始值好比一个生物群体，优化的过程就是这个群体繁衍、竞争和遗传、变异的过程。

（4）蚁路算法（AS）。AS是一种源于大自然中生物世界的新的仿生类算法，作为通用型随机优化方法，它吸收了昆虫王国中蚂蚁的行为特性，通过其内在的搜索机制，在一系列困难的组合优化问题求解中取得了成效。由于在模拟仿真中使用的是人工蚂蚁概念，因此有时亦被称为蚂蚁系统。据昆虫学家的观察和研究发现，生物世界中的蚂蚁有能力在没有任何可见提示下找出从其巢穴至食物源的最短路径，并能随环境的变化而变化，适应性地搜索新的路径，产生新的选择。作为昆虫的蚂蚁在寻找食物源时，能在其走过的路径上释放一种蚂蚁特有的分泌物——信息激素（Pheromone），使得一定范围内的其他蚂蚁能够察觉到并由此影响它们以后的行为。当一些路径上通过的蚂蚁越来越多时，其释放的信息激素轨迹（Trail）也越来越多，以致信息激素强度增大（当然，随时间的推移会逐渐减弱），后来蚂蚁选择该路径的概率也越高，从而更增加了该路径的信息激素强度，这种选择过程被称之为蚂蚁的自催化行为（Auto Catalytic Behavior）。由于其原理是一种正反馈机制，因此，可将蚂蚁王国（Ant Colony）理解成所谓的增强型学习系统（Reinforcement Learning System）。

用于优化领域的人工蚂蚁算法，其基本原理吸收了生物界中蚂蚁群体行为的某些显著特征：① 能察觉小范围区域内的状况并判断出是否有食物或其他同类的信息素轨迹；② 能释放自己的信息素；③ 所遗留的信息素数量会随时间而逐步减少。由于自然界中的蚂蚁基本没有视觉，既不知向何处去寻找和获取食物，也不知发现食物后如何返回自己的巢穴，因此，它们仅仅依赖于同类散发在周围环境中的特殊物质——信息素的轨迹，来决定自己何去何从。有趣的是，尽管没有任何先验知识，但蚂蚁们还是有能力找到从其巢穴到食物源的最佳路径，甚至在该路线上放置障碍物之后，它们仍然能很快重新找到新的最佳路线。

以上这些方法为系统工程建模和优化提供了新的技术工具，为解决社会经济问题、大系统问题提供了新的途径，值得我们注意。

课后习题

1. 系统模型有哪些主要特征？模型化的本质和作用是什么？

2. 请简述解释结构模型的特点、作用及适用范围。

3. 给定描述系统基本结构的有向图，如图 5-19 所示。要求：

(1) 写出系统要素集合 S 及 S 上的二元关系集合 R_b；

(2) 建立邻接矩阵 A、可达矩阵 M、及缩减矩阵 M'。

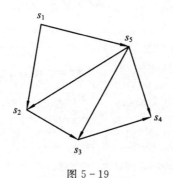

图 5-19

4. 已知下面的系统可达矩阵，分别用规范方法与实用方法建立其递阶结构模型。

$$
\begin{bmatrix}
1 & 0 & 0 & 0 & 1 & 0 & 1 \\
0 & 1 & 0 & 0 & 0 & 0 & 0 \\
0 & 0 & 1 & 0 & 1 & 1 & 0 \\
0 & 1 & 0 & 1 & 0 & 0 & 0 \\
0 & 0 & 0 & 0 & 1 & 0 & 0 \\
0 & 0 & 1 & 0 & 1 & 1 & 0 \\
0 & 0 & 0 & 0 & 1 & 0 & 1
\end{bmatrix}
$$

参考文献

[1]　汪应洛. 系统工程. 3 版. 北京：机械工业出版社，2003

[2]　张晓冬. 系统工程. 北京：科学出版社，2010

［3］ 郁滨等.系统工程理论.合肥：中国科技大学出版社，2009

［4］ 高志亮，李忠良.系统工程方法论.西安：西北工业大学出版社，2004

［5］ 孙东川，林福永，林凯.系统工程引论. 2 版.北京：清华大学出版社，2009

［6］ 王众.系统工程.北京：北京大学出版社，2010

［7］ 周德群.系统工程概论.北京：科学出版社，2007

［8］ 袁旭梅，刘新建，万杰.系统工程学导论.北京：机械工业出版社，2007

［9］ 陈亚青，韩云祥.解释结构模型在航空事故分析中的应用［J］.防灾科技学院学报，
2009，11(2)

第6章　系统仿真技术

【案例导入】　三峡水利枢纽工程

长江三峡水利枢纽工程，简称三峡工程，是中国长江中上游段建设的大型水利工程项目。它分布在中国重庆市到湖北省宜昌市的长江干流上，大坝位于三峡西陵峡内的宜昌市夷陵区三斗坪，并和其下游不远的葛洲坝水电站形成梯级调度电站。它是世界上规模最大的水电站，也是中国有史以来建设的最大型的工程项目。

三峡工程建筑由大坝、水电站厂房和通航建筑物三大部分组成。大坝为混凝土重力坝，大坝坝顶总长为3035 m，坝高为185 m，设计正常蓄水水位枯水期为175米（丰水期为145米），总库容为393亿立方米，其中防洪库容为221.5亿立方米，可见，其设计规模的庞大。

此外，在施工阶段也存在不少问题。例如，三峡工程导流明渠截流（三期截流）是拦断明渠，修筑三期上下游土石围堰工程，并在其保护下浇筑三期碾压混凝土围堰。在碾压混凝土围堰和下游土石围堰建成后，进行右岸电站厂房及大坝施工，江水从泄洪坝段的导流底孔和永久深孔宣泄。它是二、三期工程衔接的关键性控制项目，也是三峡工程建设的技术难题之一，其成败直接影响三峡工程的总工期，以及施工期枢纽的蓄水、通航、发电。截流总体难度在世界截流史上十分罕见。其主要难点表现在以下五个方面：(1) 工程规模大、工期紧。右岸导流明渠截流与三期土石围堰填筑工程量为310.48万 m³，其中水下抛填量占填筑总量的85%以上，从明渠封堵到土石围堰具备挡水条件和基坑能够抽水，工期仅有一个多月。(2) 合龙工程量大、强度高。导流明渠截流合龙时段日平均抛投强度近8万 m³，高于葛洲坝大江截流抛投强度。(3) 截流水力学指标高、难度大。在截流流量为10300m³/s时，明渠截流最大落差达4.11m，截流龙口平均流速为：上戗4.7m/s，下戗3.91m左右，平均单宽能量大。(4) 双戗进占截流，上下戗堤协调配合要求高。截流采用双戗立堵截流方案，上游双向进占，下游单向从右端进占。按上游戗堤承担三分之二落差、下游戗堤承担三分之一落差控制上、下游进占宽度，双戗进占时配合难度大。(5) 截流准备工作受通航条件制约。导流明渠截流需在进占前进行水下垫底加糙拦石坎施工，上游抛投钢架石笼，下游抛投合金钢网石兜，而且要在确保通航的条件下进行，这势必增大加糙拦石坎水上作业的难度。为了确保三期截流顺利实现，有必要通过施工仿真研究，将三期截流施工过程生动地显示在屏幕上，用以指导施工组织管理，为三期截流的决策和控制提供有效的支持。

对如此超大型的工程项目在设计阶段进行的试验，如果采用实际的物理试验，显然，工程浩大、难以控制，而且将会带来巨大的人力、物力、财力资源的浪费，因此，不可在设计阶段对其进行实际的物理实验研究以检测设计工作中的不足之处。对这些大型工程项目只有采用比例模拟试验才能很好地避开这些问题，这些比例模拟实验就是一种很典型的仿真技术的应用。在三峡水利枢纽工程中，其论证和设计阶段需要进行大量的模型试验，以便为大坝坝址的选择、整体设计方案的确定提供科学的数据。

　　在施工阶段，三峡工程三期截流提前到 2002 年 11 月上旬进行，截流难度显著增大。为了使截流工程顺利进行，以先进的计算机可视化技术为基础，采用 IMAGIS 软件生成三维地形图，用 Creator 建模形成导流明渠、纵向围堰及三期围堰等三维实体模型，最后通过运用虚拟现实技术，开发出三峡工程三期截流施工实时动态演示、查询系统。该系统能根据需要实现漫游，可以随意定位到感兴趣的区域作细部观察，且具有良好的交互性。通过施工仿真研究，将三期截流施工过程生动地显示在屏幕上，用以指导施工组织管理，为三期截流的决策和控制提供了有效的工具。在大坝的施工阶段，功能强大的计算机仿真系统可以快速地比较多种施工方案，评价承包商的施工总进度计划，对技术措施进行定量分析，对工程进度实时控制。

　　（资料来源：蔡宜洲，孟永东，田斌，等. 三峡工程三期截流三维施工仿真研究. 湖北水力发电，2003,(3)）

　　三峡工程三期截流三维施工仿真研究是系统仿真的成功案例，所谓系统仿真（System Simulation），就是根据系统分析的目的，在分析系统各要素性质及其相互关系的基础上，建立能描述系统结构或行为过程的、且具有一定逻辑关系或数量关系的仿真模型，据此进行试验或定量分析，以获得正确决策所需的各种信息。本章将对系统仿真技术、离散时间系统仿真、Petri 网建模方法进行阐述。

6.1　系统仿真概述

　　系统仿真其实就是对实际系统的一种模仿活动，也就是利用一个模型来模仿实际系统的运动、发展和变化，从而得出其中的规律。在科学研究中最常用的研究手段是，通过建立数学模型来对现实中的系统进行模拟。利用数学模型去描述所研究的系统的优越性已被人们充分认识到，但是由于数学手段的限制，对庞大而复杂的事物和系统建立数学模型并进行求解的能力往往是很有限的。这种利用数学模型描述系统的特征并进行求解的手段逐步发展成为现代的计算机仿真技术，利用它可以求解许多复杂而无法用数学手段解析求解的问题，可以预演和再现系统的运动规律或运动过程，可以对无法直接进行实验的系统进行仿真试验研究，从而节省了大量的资源和费用。在系统工程中，除对一些难以建立物理模型和数学模型的对象系统，可以通过仿真模型顺利地解决预测、分析和评价等系统问题外，还可以把一个庞大且复杂的系统细分成若干个子系统，以便于分析和研究。通过系统仿真，不仅能近似真实地模拟现实系统的运动过程和发展变化的规律，还能启发新的思想或产生新的策略，此外还能暴露出原系统中隐藏的一些问题，以便于及时解决，从而优化和完善整个系统。由于计算机仿真技术的优越性，它的应用领域日益广泛，而且也受到越来越多的研究学者的重视。

　　仿真技术的应用已不仅仅限于产品或系统生产集成后的性能测试试验，而且已扩大到产品型号研制的全过程，包括方案论证、战术技术指标论证、设计分析、生产制造、试验、维护、训练等各个阶段。仿真技术不仅仅应用于简单的单个系统，也应用于由多个系统综合构成的复杂系统。

6.1.1　仿真的概念和作用

仿真属于一门基础性学科。仿真就是利用模型进行的一种试验,是用于科研、设计、训练以及系统的实验。各种仿真系统都具有形象、科学、简易、安全、经济、实效等特点,在科研、工业、交通、军事、教育等领域得到了广泛的应用,并不断扩展其广度和深度。

1. 系统仿真的概念

1961 年, G. W. Morgenthater 首次对仿真进行了技术性定义,即仿真意指在实际系统不存在的情况下对于系统或活动本质的实现。另一典型的对仿真进行的技术性定义的是 Korn,他在《连续系统仿真》一书中将仿真定义为用能代表所研究的系统模型做实验。1982 年,Spriet 进一步将仿真的内涵加以扩充,定义为所有支持模型建立和模型分析的活动即为仿真活动。1984 年 Oren 给出了仿真的基本概念框架"建模——实验——分析"的基础上,提出了"仿真是一种基于模型的活动"的定义,该定义被认为是现代仿真技术的一个重要概念。实际上,随着科学技术的不断发展与飞速进步,特别是信息技术的迅速发展,仿真的技术含义不断得到发展和完善,从 A. Alan 和 B. Pritsker 撰写的"仿真定义汇编"一文中我们可以清楚地观察到这种演变过程。无论哪种定义,仿真基于模型这一基本观点是共同的,仿真是通过对模型的模拟运行和试验,以达到研究系统的运动、变化和发展规律的目的。

系统仿真的确切概念可以概括地表述为:系统仿真是指通过对现实的活动或系统,建立和运行该活动或系统的计算机仿真模型,来模仿现实中的活动或实际系统的运行状态及其随时间的发展变化的运行规律,以实现在计算机上进行模拟试验的全过程。在这个过程中,通过对仿真运行过程的观察与统计,得到被仿真系统的仿真输出参数和基本特性,以此来估计和推断实际系统的真实参数和真实性能。

例如,在某项作战行动计划中,需要制定我军针对敌军的攻击方案和策略。显而易见,由于敌军具体的情况和细节我军不可能完全知晓,再加上人力、物力、财力等各个方面的限制和约束,我军不可能进行真实条件下的"实验"。但是我军可以根据敌我双方的兵力、武器装备、后勤支援系统的情况等,按照以往的作战经验和作战规律,建立起敌我双方的作战模型。采用不同情况下设想的作战方案,并在计算机上进行仿真实验,为作战指挥官最后确定作战方案提供全方位、多方案、比较真实可靠的决策依据。

综上所述,第一,系统仿真是一种有效的"实验"手段,它为一些庞大且复杂的系统创造了一种"柔性"的计算机实验环境,使人们有可能在短时间内从计算机上获得对系统运动、发展和变化的规律以及未来特性的认识和预测。第二,系统仿真实验是一种在计算机上进行的软件实验,因此它需要运行良好的仿真软件(包括仿真语言)来支持系统的建模仿真过程。通常,计算机模型特别是仿真模型往往都是面向实际问题的,换句话说,就是问题导向型的,它包含系统中的元素对象以及各个元素对象之间的关系,如逻辑关系、数学关系等。第三,系统仿真的输出结果是在仿真过程中由模仿软件通过对现实系统的模拟运行而自动给出的。第四,一次仿真结果只是对系统行为的一次抽样,因此,一项仿真研究往往由多次独立的重复的仿真所组成,所得到的仿真结果也只是对真实系统进行具有一定样本量的仿真实验的随机样本。因此,系统仿真往往要进行多次实验的统计推断,以及对系统的性能和变化规律做多因素的综合评估。

2. 系统仿真的实质

（1）仿真是一种人为的实验手段，其在本质上类似于物理实验和化学实验。仿真和现实系统实验的差别在于，现实系统实验是依据实际环境，在真实的现实环境下进行的，然而，仿真实验不是依据实际环境进行的，而是依据作为实际系统映像的系统模型以及相应的"人造"环境下进行的。

（2）仿真是一种对系统问题求数值解的计算技术。当对实际的系统建立并求解数学模型和物理模型受到限制和约束的时候，仿真技术通过在计算机上运行仿真软件却能有效地来处理这类问题，从而得到仿真输出的结果，为决策者做出决策提供有效的依据。

（3）在系统仿真时，尽管要研究的是某些特定时刻的系统状态或行为，但仿真过程也恰恰是对系统状态或行为在时间序列内全过程的描述。换句话说，仿真可以比较真实地描述系统的运行、演变及其发展过程和规律。

3. 系统仿真的作用

（1）仿真的过程是实验的过程，也是系统地收集信息和积累信息的过程。尤其对一些复杂的难以利用数学模型和物理模型求解的随机问题，应用仿真技术也是提供所需要信息的唯一令人满意的方法。

（2）对一些难以建立物理模型和数学模型的对象系统，通过仿真模型可以解决预测、分析和评价等系统问题，为决策者提供可靠的参考依据。

（3）通过系统仿真可以把一个复杂系统降阶成若干子系统，以便于分析。

（4）通过系统仿真，不仅能启发新的思想或产生新的策略，还能暴露出原系统中隐藏着的一些问题，以便于及时解决。

4. 仿真的研究步骤

对于每一个成功的仿真研究项目，都应该包含着特定的步骤。仿真的大致过程基本上是保持不变的，一般要包含以下几个步骤：问题定义；确定目标和定义系统效能测度；建立系统模型；收集数据和信息；建立计算机模型；校验与确认模型；运行模型并分析输出。

1）问题定义

如果要求一个模型呈现现实系统的所有细节，将会带来很多问题，例如，代价昂贵，过程过于复杂和难以理解等。因此，比较明智的做法是先定义问题。每一项研究都应从说明问题开始，问题由决策者提供，或由熟悉问题的分析者提供。再制定目标，然后构建一个能够完全解决问题的模型。在定义问题阶段要小心谨慎，不要做出错误的假设。

2）确定目标和定义系统性能测度

目标表示仿真要回答的问题、系统方案的说明。目标是仿真中所有步骤的导向，没有目标的仿真研究是没有任何意义的。目标的具体作用：系统的定义是基于系统目标的，目标决定了应该做出怎样的假设；目标决定了应该收集哪些信息和数据；模型的建立和确认要考虑是否满足目标的需求，而且目标不能定的太高，要切实可行，也不能定的太低，不然就毫无研究的意义。

在确定目标时，需要详细说明哪些将要被用来决定目标是否实现的性能测度。另外，需要列出仿真结果的先决条件。例如，必须通过利用现有设备来实现目标，或者最高的投资额限定在某一范围之内，或产品订货提前期不能延长等。

3）建立系统模型

建立系统模型就是对现实情况有所了解后，用模型将其准确地描述出来。模型和实际系统没有必要一一对应，只需要将实际系统的本质描述出来。因此最好从最简单的模型开始，然后建立更复杂的模型。但是模型的复杂程度要和模型想要达到的研究目标相适应。在这一阶段，需要将此转换过程中所作的所有假设作详细说明，而且，在整个仿真研究过程中，所有假设列表最好保持在可获得状态，因为这个假设列表随着仿真的递进将逐步增长。假如建立系统模型这一步做得很好，那么建立计算机模型将非常简单。

4）收集数据和信息

必须获得足够的能够体现特定仿真目的和系统本质的数据和信息。这些数据和信息可以用来确定模型参数，并且在验证模型阶段用于提供实际数据和模型的性能测度数据。

数据可以通过历史记录、经验和计算得到。在数据精度要求不高的情况下，采用估计方法来产生输入数据更为高效。估计值可以通过少数快速测量或者通过咨询熟悉系统的专家来得到。当数据的可靠性和精度要求较高时，需要花费较多时间收集和统计大量数据，以便定义出能够准确反映现实的概率分布函数。所需数据量的大小取决于变量的变异程度。

5）建立计算机模型

在建立计算机模型的过程中，要牢记仿真研究目标。一般来说，建立计算机模型的过程会呈现阶段性，在进行下一阶段之前，需要运行和验证本阶段的模型工作是否正常，这样有助于及时发现错误并及时纠正错误。对同一现实系统可以构建多个抽象程度不同的计算机模型。

6）验证和确认模型

模型构建完成之后，需要进行验证和确认。验证是确认模型的功能是否同设想的系统功能相符合。

通过确认，可以判断模型的有效程度。假如一个模型在得到相关正确数据之后，其输出结果满足设定的目标，那么它就是好的模型。

7）运行模型与输出分析

有了正确的仿真模型，就可以根据仿真目标对模型进行多方面的实验。对实验的输出结果进行分析也是仿真研究中十分重要的一项活动，可以使用报表、图形、表格和置信区间点图来分析实验结果。置信区间是指性能测度依赖的范围，可用上下限来表示，上限和下限之差称为精度，精度的可靠性用百分比来表示。统计技术可以用来分析不同场景的模拟结果。要能够根据仿真目标来解释这些结果，通常使用结果—方案矩阵非常有帮助。图6－1为仿真研究步骤示意图。

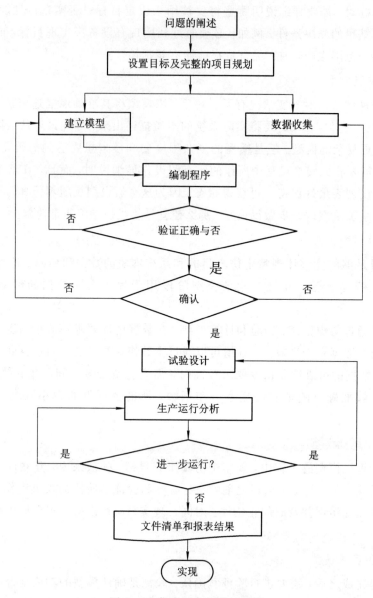

图 6-1 仿真研究步骤示意图

6.1.2 仿真技术的产生、发展和现状

仿真技术是以建模与仿真理论为基础,建立并利用数学模型,以计算机系统或物理效应设备为工具,对客观世界进行认识与改造的一门综合性学科,交叉性学科。它已成为人类认识与改造客观世界的重要途径,在一些关系国家实力和安全的关键领域,如航空航天、信息、生物、材料、能源、先进制造、农业、教育、军事、交通、医学中发挥着不可或缺的作用。

1. 仿真技术的产生

系统仿真方法的研究和应用已经有了很长远的历史。在古代,人们已经从长期的生产劳动实践活动中总结出了朴素的仿真思想。例如，古代的房屋屋顶多数为桁梁式建筑，在建房过程中需要使用大量的木料。为了使屋顶稳定牢靠，除了要选择材质较好粗细适当的木料外，整个屋顶的桁架结构也必须满足一定的几何形状要求。那么如何确定屋顶上每一根木料的具体长度呢？显然不能拿着实际的木料一根一根到屋顶上去试，这样既花费工时还很可能造成木料的浪费。当时解决这个问题的办法只有一个，即在地面上按照实际尺寸的一定缩小比例模拟制作一个屋顶，经过若干次实验确定了稳定的结构之后，量出模拟屋顶上每一根木料的长度，再按比例放大，即可得到实际木料所需的长度。这是一个很典型的通过构造模型并进行实验，从而获得系统特性的系统仿真实例。

仿真作为一门技术科学是在 19 世纪末 20 世纪初工业技术有了长足的发展之后而确定下来的。伴随着工业技术的不断进步，仿真技术也在不断发展。例如，在飞机设计过程中，对飞机的外形要求是非常严格的，因为飞机的外形将会影响整个飞机的飞行特性及性能。然而由于飞机造价非常昂贵，显然不可能用真实的飞机去进行实验，这是非常不现实的。因此，为了获得飞机外形的气动数据，尤其是飞机机翼的气动数据，就很有必要制作各种不同形状的机翼模型并放到风洞中进行实验。根据风洞试验的结果就可以改进飞机的设计理论，而利用这个理论又可以去设计新型的、性能优良的飞机。在这个时期，人们在利用仿真方法研究或求解问题时，都是利用实物去构造与实际系统成比例的物理模型，然后再在这个模型上进行实验。而这种实验往往是具有破坏性的，每次实验都要重新构造实物模型，将会带来很大的麻烦和浪费。自从计算机诞生以后，仿真能力提高了成千上万倍。目前通常所讲的仿真技术一般就是指计算机仿真技术。

2. 仿真技术的发展

我国仿真技术的研究与应用开展比较早，而且发展也比较迅速。自 20 世纪 50 年代开始，在自动控制领域首先采用仿真技术，面向方程建模和采用模拟计算机的数学仿真获得较普遍的应用，同时采用自行研制的三轴模拟转台的自动飞行控制系统的半实物仿真试验已开始应用于飞机、导弹的工程型号研制中。60 年代，在开展连续系统仿真的同时，已开始对离散事件系统（例如交通管理、企业管理）进行仿真研究。70 年代，我国的训练仿真器获得迅速发展，我国自行设计的飞行模拟器、舰艇模拟器、火电机组培训仿真系统、化工过程培训仿真系统、机车培训仿真器、坦克模拟器、汽车模拟器等相继研制成功，并形成一定市场。80 年代，我国建设了一批水平高、规模大的半实物仿真系统，如射频制导导弹半实物仿真系统、红外制导导弹半实物仿真系统、歼击机工程飞行模拟器、歼击机半实物仿真系统、驱逐舰半实物仿真系统等，这些半实物仿真系统在武器型号研制中发挥了重大作用。90 年代，我国开始对分布交互仿真、虚拟现实等先进仿真技术及其应用进行研究，开展了较大规模的复杂系统仿真，由单个武器平台的性能仿真发展为多武器平台在作战环境下的对抗仿真。

仿真技术综合集成了计算机、网络技术、图形图像技术、多媒体、软件工程、信息处理、自动控制等多个高新技术领域的知识。它是以相似原理、信息技术、系统技术及其应用领域有关的专业技术为基础，以计算机和各种物理效应设备为工具，利用系统模型对实际的或设想的系统进行试验研究的一门综合性技术。

仿真技术的发展是与控制工程、系统工程及计算机技术的发展密切相关的。控制工程和系统工程的发展促进了仿真技术的广泛应用，而计算机的出现以及计算机技术的发展，则为仿真技术提供了强有力的手段和工具。仿真在工程系统研究的各个阶段,例如:方案论证、系统对象和基本部件的分析、初步设计、详细设计、分系统试验等各阶段,均发挥了显著的作用,表 6-1 提供了一个模型与仿真领域发展的系统总结。

表 6-1　建模与仿真的历史发展

年代	发展的主要特点
1600—1940 年	在物理科学基础上的建模
20 世纪 40 年代	电子计算机的出现
20 世纪 50 年代中期	仿真应用于航空领域
20 世纪 60 年代	工业操作过程的仿真
20 世纪 70 年代	包括经济、社会和环境因素的大系统的仿真; 系统与仿真相结合,如用于随机网络建模的 SLAM 仿真系统; 仿真系统与更高级的决策相结合,如决策支持系统 DSS
20 世纪 80 年代中期	集成化建模与仿真环境,如美国 Prisker 公司的 TESS 建模仿真系统
20 世纪 90 年代	可视化建模与仿真,虚拟现实仿真,分布交互仿真

系统仿真方法学的发展大致可以分为两个阶段,从 20 世纪 40 年代到 70 年代,是传统系统仿真方法学的发展阶段;从 80 年代到今天,是复杂仿真方法学的发展阶段。两个发展阶段的主要区别是:建模在系统仿真方法学中重要性的不断增长。传统的系统仿真方法学主要是面向工程系统,如航空、航天、电力、化工等,一般来说,这类系统具有良好的定义和良好的结构,具有充分可用的理论知识,可以采用演绎推理的方法来建立模型。而复杂仿真系统主要是面向社会、经济、生态、生物等这些十分复杂的非工程系统。仿真这些复杂系统的难点主要在于系统的病态定义和病态结构,以及无充分可用的理论和先验知识,要完全通过研究者们的摸索探究。传统系统仿真方法中的建模,其侧重点是对形式化模型进行演绎推理、实验、分析,这显然具有工程技术的特点。而在复杂系统仿真方法中,其侧重点是解决如何建立系统的形式化模型,建立一种抽象的表示方法以获得对客观世界和自然现象的深刻认识,这明显是面向科学的。

3. 仿真技术的现状

工程系统仿真作为虚拟设计技术的一部分,与控制仿真、视景仿真、结构和流体计算仿真、多物理场以及虚拟布置和装配维修等技术结合在一起,在贯穿产品的设计、制造和运行、维护、改进乃至退役的全寿命周期技术活动中,发挥着非常重要的作用,同时也在满足着越来越高和越来越复杂的要求。因此,工程系统仿真技术迅速地发展到了协同仿真阶段。其主要特征表现为:

(1) 控制器和被控对象的联合仿真:MATLAB+AMESIM,可以满足整个自动控制系统的全部要求。

(2) 被控对象的多学科、跨专业的联合仿真:AMESIM+机构动力学+CFD+THERMAL+电磁分析。

(3) 实时仿真技术。实时仿真技术是由仿真软件与仿真机等半实物仿真系统联合实现的，通过物理系统的实时模型来测试成型或者硬件控制器。

（4）集成设计平台。现代研发制造单位，尤其是设计研发和制造一体化的大型单位，引进 PDM/PLM 系统已经成为信息化建设的潮流。在复杂的数据管理流程中，系统仿真作为 CAE 工作的一部分，被要求嵌入流程，与上下游工具配合。

（5）超越仿真技术本身。工程师不必是精通数值算法和仿真技术的专家，而只需要关注自己的专业对象，其他大量的模型建立、算法选择和数据前后处理等工作都交给软件自动完成。这一技术特点极大地提高了仿真的效率，降低了系统仿真技术的应用门槛，避免了因为不了解算法造成的仿真失败。

（6）构建虚拟产品。在通过对建立虚拟产品进行开发和优化过程中，关注以各种特征值为代表的系统性能，实现多方案的快速比较。

4. 系统仿真技术的发展趋势

近年来，由于问题领域的不断扩展和仿真技术的快速发展，系统仿真方法学致力于更自然地抽取事物的属性特征，寻求使模型研究者更自然地参与仿真活动的方法等。从满足仿真应用领域的需求以及仿真技术自身发展的规律来看，目前仿真技术的发展主要表现出以下几种发展趋势。

1）面向对象式仿真

美国 RAND 公司在战争对策与空战的机遇规则的仿真系统中，首先提出了面向对象的仿真系统概念并推出了 RAND 面向对象的仿真系统 ROSS。20 世纪 80 年代末，英国将面向对象的仿真、基于知识的仿真、系统仿真环境和计算机图形学集成在一起推出了面向对象的仿真环境 WITNESS，随后被欧美各国广泛应用于军事、航空航天、计算机集成制造系统（CIMS）、柔性制造系统（FMS）和一般工业、交通、商业、金融等领域中。

面向对象式仿真技术在理论上突破了传统仿真方法的观念，该仿真技术在分析、设计以及实现系统方面的观点与人们认识客观世界的自然思维方式极为一致，它根据组成系统的对象以及它们之间的相互作用关系来构造和建立仿真模型。仿真系统中的对象元素往往与实际系统中的对象元素是一一对应的，而且对象通常是一个个封装起来的模块，每一个对象都定义一组属性和操作，并包含接口，实现该对象与模型中其他对象的信息交换。

由于面向对象式仿真的特点在于其仿真模型的构建过程非常接近人类认识客观世界的自然思维方式，因此使得面向对象仿真技术被人们所理解，并且使得仿真研究很清晰、很直观。面向对象式仿真具备内在的可扩充性和重用性，它为利用仿真系统预定义的对象类来建立仿真模型提供了一种更为方便的框架，其继承和子类的概念为仿真系统重用和扩充已有的对象及对象的属性和操作提供了一条途径，因而为仿真大规模的复杂系统提供了极为方便的手段。

面向对象式仿真通常可以划分为两个阶段：第一，概念设计阶段，主要确定组成系统的对象，对象的属性和功能，以及对象之间的关系。第二，实现阶段，主要利用某种程序设计语言来实现概念设计，可以采用面向对象的语言，例如，Java，C++等；也可以采用传统的面向过程的语言，例如 C，BASIC，Pascal 等。

面向对象的仿真容易实现与计算机图形学、人工智能/专家系统和管理决策科学的结合，可以形成新一代的面向对象的仿真建模环境，便于在决策支持和辅助管理中的广泛推广和普及使用仿真决策技术。

2）虚拟交互式仿真

虚拟交互式仿真技术的特点在于仿真过程中人与计算机的交互。虚拟现实（Virtual Reality）技术就是现代交互式仿真的一种技术。虚拟现实是一种由计算机全部或部分生成的多维感觉环境，给参与者各种感官信号，如视觉、听觉、触觉等，使参与者有身临其境、更加逼真的感觉，并且能体验、接受和认识客观世界中的客观事物。同时人与虚拟环境之间可以进行多维信息的交互作用，参与者从定性的和定量的综合集成的虚拟环境中可以获得对客观世界中客观事物的感性和理性的认识，从而深化概念和建造新的构想和创意。现代交互式仿真改变了传统仿真技术中的人机交流方式，使用户可以进入虚拟世界内部直接观察或感受事物内在的发展变化，并可以直接参与到事物之间的相互作用中去，从而成为虚拟世界中的一部分。虚拟交互式仿真强调人与虚拟环境之间的多维信息交互操作，使得参与者从定性和定量综合集成的虚拟环境中，可以获得客观世界中事物的感性和理性的认识，从而深化概念和建造新的构想和创意。目前交互式仿真已经被应用于视景仿真（Visual Simulation）和城市仿真（Urban Simulation）等领域。

3）定性仿真

定性仿真用于复杂系统的研究，由于传统的定量数字仿真的局限，仿真领域引入定性研究方法将其拓展应用。定性推理是作为一个可替代的方法引入在物理系统的推理上，这种方法比较新颖，可以很快地应用于分析物理系统的行为，特别是方程不容易建立和解决的复杂系统。行为仿真有两个主要方法：定性和定量。在定量仿真中，系统变化的依据是代数微分方程。很明显，定性仿真描述并不能包括和定量分析一样多的信息。然而，在一些情况下由定量描述提供的信息是不充分的，不恰如其分的。定性仿真有吸引力是因为它能表达不完全的知识和处理系统完全不知道的问题。它只提供一般性的解答，而不是在特殊情况下的数字答案。因此，定性仿真不是一个可完全代替定量的方法，而是定量仿真的技术补充。定性仿真力求非数字化，以非数字手段处理信息输入、建模、行为分析和结构输出，通过定性模型推导定性行为描述。

4）人工智能性仿真

智能性仿真的特点在于仿真技术和人工智能（Artificial Intelligence）技术的相结合。它不仅优化了仿真模型，而且为仿真技术提供了一种新的思路。人工智能性仿真是以科学知识为核心和以人类的思维方式为背景的智能仿真技术。通过把这项智能技术引入到整个建模与仿真的过程中，来构造基本知识的仿真模型系统，即智能仿真平台。智能仿真技术的开发途径是人工智能（如专家系统、知识工程、模式识别、神经网络等）与仿真技术（如仿真模型、仿真算法、仿真语言、仿真软件等）的综合集成化。从基于知识库的专家系统（Expert system）到借鉴人脑思考问题机制的人工神经网络（Artificial Neural Network）都已经得到了广泛地应用。用计算机来模拟人的推理、记忆、学习、创造等智能特性的人工智能是开放且不断发展的学科。利用人工智能模型与技术来模拟真实系统特性也已成为系统仿真的一个发展方向。

5）多机高性能仿真

实时的纯数学仿真和半实物仿真都对计算机在处理速度和实物接口技术方面有很高的

要求，因而，在研究过程中受到了限制。高性能仿真机要求仿真机的处理速度高达每秒万亿次以上，而目前应用较广的仿真机速度每秒只能达到几亿次。因此，为了满足研究和实际发展的需要，高性能仿真机正朝着并行处理和多机方向发展。

6）军事仿真

军事仿真满足多系统综合仿真需求的分布集群式网络仿真机系统。以美国 1997 年进行的大规模合成战场军事演习为例，这次演习包括了两栖作战、扫雷作战、战区导弹防御、空中打击、地面作战、情报通信等各兵种的作战任务，模拟战场范围为 $500 \text{ km} \times 750 \text{ km}$，包括了 3700 多个仿真平台，8000 多个仿真实体。由此可见，分布集群式网络仿真系统突出的问题是异构一致性、时空耦合、互操作可重用等技术。

7）可视化仿真

可视化仿真技术是计算机可视化技术和系统仿真技术相结合形成的一种新型的仿真技术。其实质是采用图形或图像方式对仿真计算过程的跟踪、驾驭和结果的处理，同时实现仿真软件界面的可视化，具有迅速、高效、直观、形象的建模特点。使用可视化技术以后，系统的子模块用形象的图形来表示，并可通过鼠标在屏幕上直观形象地操作，就可以完成整个仿真任务。一般可视化仿真包含三个重要的环节，即仿真计算过程的可视化、仿真结果的可视化、仿真建模过程的可视化。可视化仿真用于为数值仿真过程及结果增加提示、图形、图像、动画表现，使仿真过程更加直观、更加清晰明了，结果更容易理解，并能验证仿真过程是否正确。近年来还提出了动画仿真、主要用于系统仿真模型建立之后动画显示，所以动画仿真原则上仍然是属于可视化仿真的。

8）多媒体仿真

多媒体仿真属于感受计算的一种，试图通过将仿真所产生的信息和数据转变成为被感受的场景、图示和过程，以辅助人们进行决策。它充分利用文本、图形、图片、二维/三维动画、影像和声音等多媒体手段，将可视化、临场感、交互、引导结合到一起来产生一种沉浸感，使人的感官和思维进入仿真回路。多媒体仿真技术充分地利用视觉和听觉媒体的处理和合成技术，将表达模型信息的各种媒体集成在一起，提供了模型信息表达的有力工具，将模型的属性、状态和行为从抽象空间转移到视觉和听觉空间。它所提供的临场体验扩大了可视仿真的范围，允许将实景图像与虚拟景象相结合来产生"半虚拟"环境，更强调具体的仿真应用背景。我国的多媒体仿真技术正处于起步和发展时期，已取得了一些理论研究与软件开发的成果。目前多媒体仿真方法正逐步走向成熟，并且得到初步应用。"九五"期间，多媒体仿真技术将朝着分布、开放和智能的方向发展。

多媒体仿真是指在可视化仿真的基础上再加入声音，从而得到了视觉和听觉的媒体组合。多媒体仿真是传统意义上的数字仿真概念内涵的扩展，它利用系统分析的原理和信息技术，以更加亲近自然的多媒体形式建立描述系统内在的变化规律的模型，并在计算机上以多媒体的形式再现系统动态演变过程，从而获得有关系统的感性和理性认识。

6.1.3　系统仿真类型

系统仿真可以从不同的角度来分类。比较典型的分类方法是：根据模型的种类分类；根据所采用的技术分类；根据仿真计算机类型分类；根据仿真时钟与实时时钟的比例关系分类；根据系统模型的特性分类。

1. 根据模型的种类和所采用的技术分类

1）物理仿真

按照真实系统的物理性质构造系统的物理模型，并在物理模型上进行实验的过程称为物理仿真。物理仿真的优点是直观、形象。在计算机问世以前，系统仿真基本上是物理仿真，也称为"模拟"。物理仿真的缺点是模型改变困难，实验限制多，投资较大。

2）数学仿真

对实际系统进行抽象，并将其特性用数学关系加以描述而得到系统的数学模型，对数学模型进行实验的过程称为数学仿真。计算机技术的发展为数学仿真创造了环境，使得数学仿真变得方便、灵活、经济，因而数学仿真亦称为计算机仿真。数学仿真的缺点是受限于系统的建模技术，即系统的数学模型不易建立。

3）半实物仿真

半实物仿真即将数学模型与物理模型甚至实物联合起来进行的实验，对系统中比较简单的部分或对其规律比较清楚的部分建立数学模型，并在计算机上加以实现；而对比较复杂的部分或规律尚不十分清楚的系统，其数学模型的建立是比较困难的，可采用物理模型或实物。仿真时将两者连接起来完成整个系统的实验。

4）人在回路中仿真

人在回路中仿真是操作人员、飞行员或宇航员在系统中进行的操纵的仿真实验。这种仿真实验将对象实体的动态特性通过建立数学模型、编程，在计算机上运行，此外，要能模拟视觉、听觉、触觉、动感等人能感觉的物理环境。由于操作人员在回路中，人在回路中仿真系统必须能实时运行。

5）软件在回路中仿真

软件在回路中仿真又称为嵌入式仿真，这里所指的软件是实物上的专用软件控制系统、导航系统和制导系统。它们广泛采用数字计算机，通过软件进行控制、导航和制导的运算，软件的规模越来越大，功能越来越强，许多设计思想和核心技术都反映在应用软件中，因此软件在系统中的测试越显重要。这种仿真实验将计算机与仿真计算机通过接口对接，进行系统试验。接口的作用是将不同格式的数字信息进行转换。软件在回路中仿真系统一般情况下要求实时运行。

2. 根据仿真计算机类型分类

仿真技术是伴随着计算机技术的发展而发展的。在计算机问世之前，基于物理模型的实验一般称为"模拟"，通常附属于其他的相关学科。自从计算机特别是数字计算机出现以后，其高速计算能力和巨大的存储能力使得复杂的数值计算成为可能，数字仿真技术得到蓬勃的发展，从而使仿真成为一门专门学科——系统仿真学科。按照使用的仿真计算机类型可将仿真分为三类：模拟计算机仿真、数字计算机仿真和数字模拟混合仿真。

1）模拟计算机仿真

模拟计算机本质上是一种通用的电气装置，这是 20 世纪 50～60 年代普遍采用的仿真设备。将系统数学模型在模拟机上加以实现并进行实验成为模拟计算机仿真。

2）数字计算机仿真

数字计算机仿真是将系统的数学模型用计算机程序加以实现，通过运行程序来得到数学模型的解，从而达到系统仿真的目的。

3）数字模拟混合仿真

本质上，模拟计算机仿真是一种并行仿真，即仿真时，代表模型的各部件是并发执行的。早期的数字计算机仿真则是一种串行仿真，因为计算机只有一个中央处理器，计算机指令只能逐条执行。为了发挥模拟计算机并行计算和数字计算机强大的存储记忆及控制功能，以实现大型复杂系统的高速仿真。20 世纪 60～70 年代，在数字计算机技术还处于较低水平时，产生了数字模拟混合仿真，即将系统模型分为两部分，其中一部分放在模拟计算机上运行，另一部分放在数字计算机上运行，两个计算机之间利用模数和数模转换装置交换信息。

随着数字计算机技术的发展，其计算速度和并行处理能力迅速提高，模拟计算机仿真和数字模拟混合仿真已逐步被全数字仿真取代，因此，今天的计算机仿真一般指的就是数字计算机仿真。

3. 根据仿真时钟与实际时钟的比例关系分类

实际动态系统的时间标准称为实际时钟，而系统仿真模型所采用的时间标准称为仿真时钟。根据仿真时钟与实际时钟的比例关系，系统仿真分为三类：实时仿真、亚实时仿真、超实时仿真。

1）实时仿真

实时仿真即仿真时钟与实际时钟完全一致，也就是模型仿真的速度与实际系统运行的速度相同。当被仿真的系统中存在物理模型或实物时，必须进行实时仿真，有时也称为在线仿真。

2）亚实时仿真

亚实时仿真即仿真时钟慢于实际时钟，也就是模型仿真的速度慢于实际系统运行的速度。在对仿真速度要求不苛刻的情况下均是亚实时仿真，也称为离线仿真。

3）超实时仿真

超实时仿真即仿真时钟快于实际时钟，也就是模型仿真的速度快于实际系统运行的速度，例如大气环流的仿真，交通系统的仿真、生物及宇宙演化的仿真等。

4. 根据系统模型的特性分类

仿真基于模型，模型的特性直接影响着仿真的实现。从仿真实现的角度来看，系统模型特性可分为两大类，一类称为连续系统，另一类称为离散事件系统。由于这两类系统固有运动规律的不同，因而描述其运动规律的模型形式就有很大的差别。相应地，系统仿真技术分为两大类：连续系统仿真和离散事件系统仿真。

1）连续系统仿真

连续系统是指系统状态随时间连续变化的系统。连续系统的模型按其数学描述可分为：① 集中参数系统模型，一般用常微分方程（组）描述，如各种电路系统、机械动力学系统、生态系统等；② 分布参数系统模型，一般用偏微分方程（组）描述，如各种物理和工程领域内的"场"问题。

需要说明的是，离散时间变化模型中的差分模型可归为连续系统仿真范畴。原因在于，使用数字仿真技术对连续系统仿真时，其原有的连续形式的模型必须进行离散化处理，并最终也变成差分模型。

2）离散时间系统仿真

离散时间系统是指系统状态在某些随机时间点上发生离散变化的系统。它与连续系统的主要区别在于：状态变化发生在随机时间点上。这种引起状态变化的行为称为"事件"，因而这类系统是由事件驱动的。而且，"事件"往往发生在随机时间点上，亦称为随机事件，因为离散时间系统一般都具有随机特性，系统的状态变量往往是离散变化的。例如，电话交换台系统，顾客呼号状态可以用"到达"和"无到达"描述，交换台状态则要么处于"忙"状态，要么处于"闲"状态；系统的动态特性，很难用人们所熟悉的数学方程形式加以描述，而一般只能借助于活动图或流程图，这样，无法得到系统动态过程的解析表达。对这类系统的研究与分析的主要目标是系统行为的统计特性而不是行为点的轨迹。

6.1.4　定性仿真的产生与理论现状

1. 定性仿真的产生和发展

定性仿真的研究中，美国学者起步较早。20 世纪 70 年代后期，美国 XEROX 实验室的 John de Kleer 和 Seely Brown 在设计一个电路教学系统时发现，以常规的数学模型和仿真方法难以使学生很快明白电路的工作过程，而在实际教学中，老师并不是先给出数学公式，而是先讲解电路的工作原理，采用定性的描述方法，那么是否可以用计算机来模拟这一方法呢？在实际工作中，人们更多的是依靠这种对系统原理性的理解，而这种理解的基础就是定性知识。很多专家学者开始探索如何在数字仿真中引入定性知识。

定性仿真的兴起是近二三十多年的事，然而用定性的方法去表示事物，应用定性的方法去思考问题却早就不是新鲜的话题了。很早以前，人工智能领域就出现了"定性"这个词，并且被用到很多领域。

人们对"定性"感兴趣的原因主要有以下几个方面：

（1）无法从以前所研究的系统中得到构造通常定量模型所需的定量数据。

（2）想得到通常模型的一般解，而不是某个特定模型的特殊解，即所研究的是一类事物的现象而不是单个对象的特征。

（3）希望模型能够按照（或者模仿）人类的思维方式去推理，并且能够给出一个人们比较容易理解的结果。

20 世纪 60 年代起，经济学家们便开始发展用定性系统分析问题的技术了。为了处理那些得不到研究对象精确模型的问题，他们按照自己思考问题的方式发展了因果序和统计比较等方法。基于定符号代数的定性矩阵运算方法在这个时候诞生了，同时，针对定性问题的应用，产生了定性决策等新的手段。Thom R. 的突变理论（Catastrophe Theory）也就是在这时提出的。自动控制领域的学者们对定性问题研究也很感兴趣，他们要从系统的定性行为中获得所研究系统的性质。经济学家们和自动控制学者们所获得的结果具有一定的一般性，因为这些结果是从一般模型的微分方程得来的，这些研究工作对其他领域有很大的潜在应用价值，为以后的定性建模、仿真和定性控制理论的发展奠定了基础。

1984 年可以看成是定性推理和定性仿真研究的诞辰年，国际人工智能杂志第一次出版了关于定性问题的专辑。定性仿真的概念也逐渐被学者们认同："定性仿真是以非数字手段处理信息输入、建模、行为分析和结果输出等仿真环节,通过定性模型推导系统的定性行为描述。"由于定性仿真能处理更多种形式的信息,有推理能力和学习能力,能初步模仿人的思维,人机界面更为友好,所以成为人工智能和系统建模与仿真领域的一个研究热点。

1991 年,人工智能杂志出版的有关定性推理的第二本专辑是该领域的一条分水岭,标志着该领域理论研究逐渐成熟并且向应用领域扩展。此后,在 IEEE 的相关杂志上和"人工智能"等国际刊物上经常可以看到定性仿真方面的研究成果。在"人工智能"的年会上,定性仿真和定性推理多次成为会议的热点。

2. 理论派别

定性仿真产生之后,在理论上出现了百家争鸣的局面,研究者们根据自己的见解提出了各自的建模和推理理论。目前,已形成三个理论派别,即模糊仿真方法、归纳推理法和朴素物理学方法。

(1) 模糊仿真方法。早在 1965 年模糊数学就已被提出,其核心思想是将数学引入到模糊现象这一领域,模拟人脑对复杂事物进行模糊度量、模糊识别、模糊推理、模糊控制和模糊决策。将模糊数学与定性仿真理论结合起来,就产生了模糊仿真方法。

模糊数学在定性理论中一般用来作为一种描述手段。用模糊数学扩展定性仿真可以使准定量的信息得到应用,通过使用隶属关系给常识知识定义值,从而能够比较合适地对系统中主要变量进行描述,并进行形式推理;还可以更详细地描述函数关系,并且能够表示和使用速率变化的时序信息,构造一种有效的时序过滤规则,大量减少奇异行为的产生。

模糊仿真方法存在一些弱点,例如,很难确定描述系统的模糊量,即系统真实值与模糊量空间的映射;并且模糊量值及其空间一旦确定后就不再变动,不能根据需要引入新的模糊量,限制了其描述能力;另外,由于结果是"模糊"的,那么评价仿真过程和结果比较困难。

(2) 归纳推理法。归纳推理法(也称归纳推理定性仿真)源于通用系统理论中的 GSPS (General System Problem Solver)技术,其基本思想是:假设所研究的系统是一个黑箱,观察其输入输出值,发现其规律,生成定性行为模型,进而对任一序列预测系统行为。

归纳推理法与定量仿真决裂最为彻底:完全省略结构模型,行为模型来自测量数据,辨识系统中的依赖关系,建立并优化系统的定性行为模型,预测系统行为。它模仿人类固有的概括、总结和学习的能力。

(3) 朴素物理学方法。朴素物理学方法在理论和应用上发展最为成熟,它来源于一些人工智能专家对朴素物理系统的定性推理研究。从建立系统定性模型的方法来看,朴素物理方法可以分为很多派别。根据对系统因果性的注重与否,可以将定性仿真方法分为非因果类方法与因果类方法。

3. 应用

定性仿真的应用领域主要有:工程和工业过程、电子电路分析和故障诊断、医药和医疗诊断、社会经济领域等。

4. 发展方向

国内从事定性理论研究的仅限于少数院校的少数研究者。中国科技大学白方舟教授所在的课题组自 1998 年开始从事这方面的研究以来，紧跟国际最新研究成果，走在国内定性仿真的前列。其研究项目"定性与定量相结合的仿真方法的研究"得到了国家自然科学基金的支持。白方舟教授等编写的《定性仿真导论》一书已由中国科学技术大学出版社出版发行，这是国内第一部关于定性仿真的学术专著。北京化工大学等一些院校的研究人员也涉足了该领域的研究，并在化工过程设备故障诊断和安全评价方面取得了可喜的成果。

定性仿真目前仍然是新兴的研究领域，很多基础性的理论工作有待完善和突破，因此该领域的发展前景十分广阔。对于定性仿真理论，概括来说有以下几个发展方向：

（1）定量与定性结合的仿真方法。由于定性模型中包含系统的不完全知识，定性仿真会产生相当数量的多余行为，如何有效地减少定性仿真产生的行为数，成为定性推理的主题。很多研究者纷纷采用定量与定性结合的仿真方法。在定性仿真中加入相当的定量知识，将定量与定性有机地结合起来，会大大减少系统的预测行为数，增强定性仿真的生命力。

（2）模型分解方法。定性仿真走向应用时，往往涉及到规模较大的系统，即使省略某些细节，模型仍是非常复杂的。所以，定性理论中必须有处理这种复杂性的手段。

处理复杂系统的一种方法就是在一个分离的时间—标尺（Time - Scale）上将一个复杂系统的模型分解为几个简单的系统或更简单的系统环节。在一个时间—标尺的中间过程将慢速过程看做常量，而将快速过程作为瞬间值处理。

（3）并行定性仿真方法。当前定性仿真在减少冗余或虚假行为的研究上取得了很大进展，但同时也带来了一些始料未及的副作用。例如，定性与定量知识的结合，使知识的表示和推理机制复杂化，数据明显增加；由于信息不完备，系统的搜索空间增大，使得定性仿真在特定的情况下比定量仿真的速度更慢；再者，随着定性仿真逐渐走向应用，参数数值的增长随问题的规模成指数增长，仿真的速度明显下降。并行定性仿真由此兴起。QSIM算法作为最成熟的一种算法得到了广泛应用，因而也称为并行化的突破口。

6.2 离散事件系统仿真

离散事件系统建模方法有着与连续系统截然不同的特点。离散事件系统的状态在一些离散的时刻上由于随机事件的驱动而发生变化。由于状态是离散变化的，而引发状态变化的事件是随机发生的，同一内部状态可以向多种状态转变，因此这类系统的模型很难用数学方程来描述，只能掌握系统内部状态变化的统计规律。系统内部状态只是在离散的随机时间点上发生变化，且状态在一段时间内保持不变。所以在建立离散事件模型时，只要考虑系统内部状态发生变化的时间点和发生这些变化的原因，而不用描述系统内部状态发生变化的过程。

以最常见的单人理发馆系统为例。设单人理发馆上午 9:00 开门，下午 5:00 关门，顾客的到达时间一般是随机的，为每个顾客提供服务的时间长度也是随机的。描述该系统的状态是服务台的状态（忙或闲）、顾客排队等待的队长。显然，这些状态变量的变化也只能在离散的随机的时间点上发生。

类似的例子还有很多,例如:超市结账系统、银行管理系统、交通管制系统、库存管理系统、市场系统、通信网络系统、车间加工调度系统、计算机控制系统、社会经济系统及军事指挥、作战系统等。

研究离散事件系统的理论基础是概率与数理统计理论和随机过程理论,但是这两种理论只能求出一些简单系统的解析解,至于实际中复杂的庞大的离散事件系统的研究,只能借助计算机仿真才能完成,即离散事件系统仿真。利用仿真技术对复杂系统进行研究分析,可以了解它们的动态运行规律,从而帮助人们做出决策。

6.2.1　离散事件系统与模型

离散事件系统是指系统的状态仅在离散的时间点上发生变化的系统,而且这些离散的时间点一般是不确定的。这类系统中引起状态变化的原因是事件,通常状态变化与事件的发生是一一对应的。事件的发生没有持续性,可以看做在一个时间点上瞬间完成,事件发生的时间点是离散的,因而这类系统称为离散事件系统。超市是离散事件系统的一个例子,因为状态变量(如超市中顾客人数)仅当顾客到达或顾客服务结束时才改变,且顾客到达时间与服务的时间是随机的。

一个实际系统是离散的还是连续的(或者是离散连续混合的),实质上指的是描述该系统的模型是离散的还是连续的。根据研究目的的不同,同一个现实系统可以在一种场合下用离散模型描述(这时它是离散事件系统),而在另一种场合用连续模型描述(这时它是连续系统)。例如,一个电机控制系统,如果关注的是电机开关动作和转速、力矩的临界状态,则认为系统是离散的;而如果深入分析电机的转速、力矩与控制电压的关系,则认为系统是连续的;如果综合考察该系统的连续和离散状态变化过程,则认为系统是混合的。

离散事件系统仿真与建立离散事件系统模型的方式密切相关。对于比较复杂的大型离散事件系统,若以整个系统为单位,直接建立其总体模型,往往比较困难,不易取得成功。但是如果把系统分成若干个相对独立的又相互作用的实体,首先建立这些实体的局部模型,然后按实体间的相互联系,连接局部模型来组成总体模型,则比较容易实现。

1. 基本概念

1) 实体(Entity)

构成系统的各种成分称为实体,用系统论术语,它是系统边界的对象。实体可以分为临时实体和永久实体两大类。只在系统中存在一段时间的实体叫临时实体,这类实体一般是按一定规律由系统外部到达系统,在系统中接受永久实体的作用,按照一定的流程通过系统,最后离开系统。临时实体存在一段时间后即自行消失,消失有时是指实体从物理意义上退出了系统的边界或自身不存在了;有时仅是逻辑意义上的取消,意味着不必再予以考虑。例如:进入商店的顾客、路口的车辆、生产线上的工件、计算机系统中的待处理信息、电话交换系统中的电话呼叫、进入防空火力网的飞机、停车场的汽车等。永久驻留在系统中的实体称为永久实体,只要系统处于活动状态,这些实体就存在。永久实体是系统产生功能的必要条件。系统要对临时实体产生作用,就必须有永久实体的活动,也就必须有永久实体。可以说,临时实体与永久实体共同完成了某项活动,永久实体作为活动的资源而被占用，例如：理发店中的理发员、生产线上的加工装配机械、路口的信号灯等。临时实体常具有主动性，又称为主动成分，而永久实体往往是被动的，又称为被动成分。例如超市服务系统中，顾客是临时实体（主动成分），服务员是永久实体（被动成分）。历史事件按一定规律出现在仿真系统中，引起永久实体状态的变化，又在永久实体作用下离开系统，如整个系统呈现出的动态变化的过程。

2）属性（Attribute）

实体状态由它的属性集合来描述，属性用来反映实体的某些性质。例如超市服务系统中，顾客是一个实体，性别、年龄、身高、到达时间、服务时间、离开时间等是它的属性。对于一个客观实体，其属性很多，在仿真建模中，只需要使用与研究目的相关的一部分就可以了。顾客的性别、身高和年龄与超市服务关系不大，则在超市服务系统中不必作为顾客的一个属性，而到达时间、服务时间和离开时间是研究超市服务的重要依据，是超市服务系统仿真中的顾客属性。选用哪些特征参数作为实体的属性与仿真目的相关，一般可以参照以下原则选取：

（1）便于实体的分类。例如，将理发店顾客的性别（男、女）作为属性考虑，可将"顾客"实体分为两类，每类顾客占用不同的服务台。

（2）便于实体行为的描述。例如，将飞机的飞行速度作为属性考虑，便于对"飞机"实体的行为（如两地间的飞行时间）进行描述。

（3）便于排队规则的确定。例如，生产线上待处理工件的优先级水平有时需要作为"工件"实体属性考虑，以便于"按优先级排队"规则建立与实现。

3）状态（State）

状态是对实体活动的特征状况或状态的划分，其表征量为状态变量。如在理发店服务中"顾客"有"等待服务"、"接受服务"等状态，"服务员"有"忙"、"闲"等状态。状态也可以作为动态属性进行描述。

4）活动（Activity）

离散事件中的活动，通常用于表示两个可以区分的事件之间的过程，它标志着系统状态的转移。例如，顾客到达事件与顾客开始接受服务的事件之间可称为一个活动，该活动使系统的状态（队长）发生变化。顾客开始接受服务的事件与顾客接受服务结束的事件之间也可以称为一个活动，它使队长减1，使服务员由忙变闲。活动总是与一个或几个实体的状态相对应。

5）事件（Event）

事件是引起系统状态发生变化的行为，它是在某一时间点上的瞬间行为。离散事件系统可以看做是由事件驱动的。在上面的例子中，可以定义顾客到达和付款为一类事件。因为由于顾客的到达使系统状态中服务员的状态可能由闲变忙，或者队列状态（即排队的顾客人数）发生变化。顾客接受服务完毕后离开超市系统的行为也可以定义为一类事件——顾客离开，此事件可能使服务员的状态由忙变闲，同时超市现有的顾客人数减1。

6）进程（Process）

进程由和某类实体相关的事件及若干活动组成。一个进程描述了它所包括的事件及活动之间的相互逻辑关系和时序关系。在上例中，一位顾客到达→排队→服务员为之服务→服务完毕后顾客离开的过程，可视为一个进程。这里进程的概念有别于程序设计里面的进程概念，但是多进程程序设计也是实现离散事件系统仿真的一种手段。事件、活动和进程三者之间的关系如图 6-2 所示。

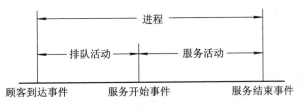

图 6-2　事件、活动进程的关系示意图

7) 仿真时钟(Simulation Clock)

仿真时钟用于表示仿真时间的变化。在连续系统中，将连续模型进行离散变化而成为仿真模型时，仿真时间的变化基于仿真步长的确定，可以定步长，也可以是变步长。在离散事件动态系统中，引起状态变化的事件发生时间是随机的，因而仿真时钟的推进步长完全是随机的；而且在两个相邻发生事件之间系统状态不会发生任何变化，因而仿真时钟可以跨过这些"不活动"周期。从一个事件发生时刻直接推进到下一个事件发生时刻，仿真时钟的推进呈现跳跃性，推进的速度具有随机性。可见，仿真模型中时间控制部件是必不可少的，以便按一定规律来控制仿真时钟的推进。仿真时钟的推进方法如下：

(1) 事件调度法(事件增量法)。按下一事件最早发生的时间推进。在事件调度法中，事件表按事件发生时间先后顺序安排事件。时间控制部件始终从事件表中选择具有最早发生时间的事件记录，然后仿真时钟修改到该事件的发生时刻。对每一类事件，仿真模型有相应的事件子程序。每一个事件记录包含着该事件的若干个属性，其中事件类型是必不可少的，要根据事件类型调用相应的事件子程序。在事件子程序中，处理该事件发生时系统状态的变化，进行用户所需要的系统计算；如果是条件事件，则应首先应进行条件测试，以确定该事件是否能发生；如果条件不满足，则推迟或取消该事件。该事件子程序处理完后返回事件控制部件。这样，事件的选择与处理不断地进行，仿真时钟不断地从一个事件发生时间推迟到下一最早发生事件的发生时间，直到终止仿真的条件或程序事件发生时停止仿真。

(2) 固定增量法。早期的离散事件仿真中采用此种方法，类似于连续系统的等步长方法策略。简要说明如下：选择适当的时间单位 T 作为仿真时钟推进时的增量，每推进一步作如下处理：若该步无事件发生，则仿真时钟再推进一个时间单位 T；若该步内有若干事件发生，则认为这些事件均发生在该步的结束时刻。为便于进行各类事件的处理，用户必须规定当出现这种情况时各类事件处理的优先顺序。

固定增量推进法主要用于系统事件发生时间具有极强的周期性的模型，如定期订货的库存系统，以年、月为单位的经济计划系统等。

8) 规则(Rule)

描述实体之间、实体与仿真时钟之间相互影响的规则。例如超市服务系统中，顾客这类实体与服务员这类实体之间，顾客是主动实体，服务员是被动实体，服务员的状态受顾客的影响，作用的规则是：如果服务员状态为闲，顾客到达收款台则改变其当前状态，使其转为忙，如果服务员忙，则不对服务员起作用，而作用到自身——顾客进入到排队状态。实际上，主动实体与被动实体之间产生作用，而主动实体与主动实体、被动实体与被动实体之间也可能产生作用。

9）队列（Queue）

处于等待状态的实体序列。在离散事件系统建模时，队列可作为一种特殊实体对待。为了对系统的几个基本概念有更深入的了解，列举了一些系统的简化模型中的有关实体、属性、活动、事件和状态变量的具体说明，如表 6-2 所示。

表 6-2　系统基本概念实例

系统	实体	属性	活动	事件	状态变量
银行	出纳员、顾客	账户号、支票号、余额	存款、取款	顾客到达、顾客离去、出纳员服务	出纳员忙度、等待顾客数
超级市场	购物篮、结账台、顾客	售价、售货单、购物位置	选购、交款	顾客到达、找到货物、结账离去	结账台忙度、等待顾客数、等待时间
港口	码头、船台、起重机、船	码头号、船台号、装载质量、船号	装卸货	到港、靠码头、装卸货、离港	起重机闲忙度、港内停留船舶数及停留时间
急救室	护士、医生、病床、病人	病情类型、护士和医生的服务速度、病人发病率	病人就诊	病人到达、离去、检查、诊断	护士和医生的忙闲度、就诊的病人数、病人的等候时间
通信	信道、接收站、发送站、信息	站名、速率、信息量、距离	传输	信道忙、信道闲、发送	信道忙闲度、传输等待时间
库存	库房、管理员、物品	容量、库房号、地点	进货、出货	作业到达、机器故障	库存水平、缺货量、费用

2. 离散事件系统建模结构的分类

任何一类仿真方法都必须提供一种描述模型动态行为的手段和方法，即建模结构。建模结构反映了仿真方法组织状态转移过程中执行的动作或操作方式。每种仿真方法都决定了自己特有的建模结构，都要求建模人员把整个系统的操作划分成自己的基本模块。传统的仿真方法与事件、活动、过程概念密切相关，每一种构建块都是一个与状态转移有关的动作。程序块的执行和交互由控制结构处理。根据建模机理的不同，目前离散事件仿真的建模结构主要分为以下五类。

1）事件建模

事件建模即事件调度（Event Scheduling，ES）建模方法，ES 的基本构建块是事件的子程序，ES 首先确定引起系统状态发生改变的事件，然后把与该事件有关的所有状态改变并组织在一个代码块中，即事件子程序，它包括与这些状态改变有关的所有要执行的动作，所有条件测试均在相应的子程序内完成。包括状态改变所需要资源的测试以及事件发生所释放的资源等。

2）活动建模

活动建模即活动扫描（Activity Scanning，AS）建模方法，AS 的基本构建块是活动。AS 首先确定系统要执行的活动，它描述系统由于状态的改变而执行的动作，描述分两部分：① 条件，即执行活动所必须满足的条件；② 动作，即描述活动所执行的操作集合。

3）过程建模

过程建模即过程交互（Process Interaction，PI）建模方法，PI 的基本构建模块是过程。PI 的基本思想是认为模型应描述一个实体流经系统的生命周期过程，按顺序描述一个实体在它的整个生命周期中所经历各个阶段，以及在每个阶段应进行的动作，每个过程都是一个单独的代码块，并与其他过程进行交互。交互由控制结构控制，在仿真中每个实体按自己的过程描述相继通过各个阶段。直到由于某些原因而被停止，从而产生一定的延迟，这时控制转移到其他过程，一旦满足某些条件，延迟被解除，控制又返回该过程，则实体继续向前移动。因此过程要详细地描述它的阻塞点和重新激活点，以便能正确地控制过程之间的交互。

4）对象建模

对象建模即面向对象的（Object Oriented，OO）建模方法，在面向对象的建模方法中，建模的基本构建模块代表系统中的实体对象，而对象封装了实体所有的属性、特征、事件和行为，它们是现实中真实对象的一种计算机抽象。面向对象方法不仅仅是一种程序设计技术，而且是一种新的思维方式，是一种完全不同于传统功能设计的方法。面向对象的方法为离散事件仿真提供了一种新的建模途径，它试图使用户能够以应用领域中熟悉的、直观的对象概念来建立仿真模型，建模观点与人们认识现实世界的思维方式一致。传统的仿真建模方法利用事件、活动或过程的概念建立仿真模型，面向对象的仿真则通过构成系统的对象来建立模型，在结构上对象的抽象层次更高，在概念上对象更接近于现实世界，而且对象具有模块化、封装性、局部性、可重用性等显著特点。因此，与传统的仿真方法相比，面向对象的仿真建模具有更大的灵活性，更强的建模能力，而且构造的模型容易理解、交流，便于修改、扩充和维护。面向对象的仿真一直是近些年仿真研究领域的热点之一。

5）Agent 建模

Agent 建模即基于 Agent（Agent Based，AB）的建模方法，它是随着 DAI 技术的发展而逐渐兴起的新建模分析技术。在这种建模结构中，Agent 称为仿真模型的基本构成元素。Agent 可以理解为具有完整计算能力和特征，是有别于对象的一种更高层次的建模概念。在基于 Agent 的仿真建模中，建模人员是以赋予知识与技能的形式来赋予 Agent 一定的行为特征和智能，并以 Agent 组织的形式来构筑模型的。在仿真中，通过 Agent 之间自主的交互、协作行为来模拟现实系统的行为。

基于 Agent 的仿真建模技术是一种新兴的面向智能体的建模与仿真技术，可以说，它继承了对象建模的一般形式和所有优点，并且由于建模元素具有更高的主动性和智能性，使得这种建模方法能够实现更加复杂、传统方法无法完成的仿真建模分析，例如对人类的学习、合作、协商等行为的模拟，对自然、生态中演化行为的仿真等。另外，由于 Agent 本身具有完整的计算能力，所以在仿真模型结构上和控制方式上与其他方法有很大差别，具有更灵活的实现形式，并且能够充分利用计算机系统的并行计算和分布式计算能力，使仿真系统具有更强大的仿真能力。基于 Agent 的仿真建模技术，已经成为当前技术领域的一个主要研究方向。

6.2.2　随机数和随机变量的产生

离散事件系统属于复杂随机系统，无论是各种随机离散事件的发生时刻，或是实体的到达及其在服务台的逗留时间等，都是各种概率分布的随机变量。

对随机现象进行模拟，实质上是要给出随机变量的模拟，也就是说，利用计算机随机地产生一系列数值，它们的出现服从于一定的概率分布，称这些数值为随机数。随机数的产生方法有多种：手工法、随机数表法、物理行法、数学方法等，其中数学方法适用于用计算机产生，其方法有平方取中法、移位指令加法、同余法（又分为乘同余法、加同余法、混合同余法）。通常是先在计算机上产生在[0,1]区间均匀分布的随机数，通过变换再得到所要求给定的随机数，这个过程一般称为随机抽样。计算机产生均匀分布的随机数是借助确定的递推算法实现的，这种随机数只有近似相互独立和在给定区间分布的特征，故此称为伪随机数。

1. 随机数的生成

1）均匀分布随机数的概念

若连续型随机变量 U 在有限的区间[a,b]内取值，其概率密度函数为

$$f(x) = \begin{cases} \dfrac{1}{b-a}, & a \leqslant x \leqslant b \\ 0, & \text{其他} \end{cases} \tag{6-1}$$

则称 U 在区间[a,b]上服从均匀分布，记为 $U \sim U(a,b)$。均匀分布是指随机变量 U 落在[a,b]区间内每一点的概率，都具有相等的可能性。例如，$U(0,1)$ 分布的概率密度函数是

$$f(x) = \begin{cases} 1, & 0 \leqslant x \leqslant 1 \\ 0, & \text{其他} \end{cases} \tag{6-2}$$

均值和方差分别是

$$E(U) = \int_0^1 x \, \mathrm{d}x = \frac{1}{2} \tag{6-3}$$

$$D(U) = \int_0^1 [x - E(U)]^2 \, \mathrm{d}x = \frac{1}{12} \tag{6-4}$$

2）随机数的生成

随机数的生成最早采用的是手工实现的方法，如抽签、掷骰子等。随机计算机技术的发展和蒙特卡洛法的广泛推广，人们逐渐采用计算机来生成随机数，通常有以下三种方法：

（1）表格法：把利用某种手段生成的随机数序列以表格的形式存入计算机内，供仿真时调用。此方法的缺点是准备表格不方便，每次对随机数进行一次的读取操作非常浪费时

间，并需要占据大量的内存空间，运行速度比较慢。

（2）物理法：将物理随机数发生器安装在计算机上，把具有随机性质的物理过程变换为随机数。此方法最主要的缺点是不能重复生成与原来完全相同的随机数，故无法核对计算结果，且生成的过程比较复杂。

（3）数学方法：按照一定的算法（递推公式）来生成"随机"数列。只要给定一个初始值，当调用该算法时，即可按确定的关系计算出下一个"随机"数，多次调用该算法，就可以生成一个"随机"数列。

用数学方法生成均匀分布的随机数，是目前发展较快，使用比较广泛的一种方法，下面介绍几种常用的随机数发生器。

3）常用的随机数发生器

在计算机上生成随机数的方法很多，如平方取中法，线性同余法、组合法等。其中，线性同余法最常用，下面简单介绍线性同余发生器中的乘同余法。

最常用的是在 $(0,1)$ 区间内均匀分布的随机数，也就是得到的这组数值可以看做是 $(0,1)$ 区间内均匀分布的随机变量的一组独立的样本值。其他分布的随机数可利用均匀分布的随机数产生。

乘同余法（Multiplicative Congruential Method）使用比较广泛。用以产生均匀分布随机数的乘同余法的递推公式为

$$\begin{cases} x_n = x_n/M \\ x_{n+1} = (\lambda x_n) \bmod M \end{cases} \tag{6-5}$$

式中：λ 是乘因子，M 是模数。式（6-5）中的第 2 式右端称为以 M 为模数（Modulus）的同余式，式（6-5）中第 2 式可以理解为以 M 除 λx_n 后得到的余数为 x_{n+1}，给定了一个初值 x_0（称为种子）后，计算得出 r_1，r_2，…，即为 $(0,1)$ 上均匀分布的随机数。

若取 $x_0 = 1$，$\lambda = 7$，$M = 10^3$，有

$$\lambda x_0 = 7 \times 1 = 7, \ x_1 = 7, \ r_1 = 7/1000 = 0.007$$
$$\lambda x_1 = 7 \times 7 = 49, \ x_2 = 49, \ r_2 = 49/1000 = 0.049$$
$$\lambda x_2 = 7 \times 49 = 343, \ x_3 = 343, \ r_3 = 343/1000 = 0.343$$
$$\lambda x_3 = 7 \times 343 = 2401, \ x_4 = 401, \ r_4 = 401/1000 = 0.401$$
$$\lambda x_4 = 7 \times 401 = 2807, \ x_5 = 807, \ r_5 = 807/1000 = 0.807$$

以此类推。

从上述的构造过程可知，不同的数值至多只能有 M 个，即序列 $\{x_i\}$ 有周期 L，$L \leqslant M$，因此 r 就不是真正的随机数列。只有当 L 充分大时，在同一个周期内的数才有可能经受作为均匀随机变量的独立样本的独立性和均匀性的检验（这样的数称为伪随机数）。至于如何选取参数，主要通过计算机进行试验，下面是一些文献报道中的参数，使用时可供参考。

$$x_0 = 1, \ \lambda = 7, \ M = 10^{10}, \ (L = 5 \times 10^7)$$
$$x_0 = 1, \ \lambda = 5^{13}, \ M = 2^{36}, \ (L = 2^{34} \approx 2 \times 10^{10})$$
$$x_0 = 1, \ \lambda = 5^{17}, \ M = 2^{42}, \ (L = 2^{40} \approx 10^{12})$$

无论用哪种方法产生的随机数都存在这样的问题，即能否在实际中把它们看做是在 $(0,1)$ 区间上均匀分布的随机数的独立样本值。必须对它们进行统计检验，看看它们是否

具有较好的独立性和均匀性。一般在计算机(或计算器)及其使用的算法语言中都有随机数生成的命令,它们所生成的随机数都是经过检验并且可用的。

为了提高线性同余发生器的性能,人们将两个独立的线性同余发生器组合起来,即一个发生器控制另一个发生器产生的随机数,这种发生器称为组合发生器。

迄今为止,有两种控制方法得到比较广泛的使用。

第一种方法:首先从第一个发生器产生 K 个 $x_i(U_i)$,得到数组 $U=(U_1,U_2,\cdots,U_k)$ 或 $x=(x_1,x_2,\cdots,x_K)$;然后用第二个随机数发生器产生 $[1,K]$ 区间上均匀分布的随机整数 I;以 I 作为数组 U 或 x 的元素下标,将 U_1 或 x_1 作为组合发生器产生的随机数,然后从第一个发生器再产生一个随机数来取代 U_1 或 x_1,依次下去。

第二种方法:设 $x_i^{(1)}$ 与 $x_i^{(2)}$ 分别是由第一个与第二个线性同余发生器产生的随机数,则令 $x_i^{(2)}$ 的二进制表示的数循环移位 $x_i^{(1)}$ 位,得到一个新的位于 $0\sim(m-1)$ 的整数 $x_i^{(2)}$;然后将 $x_i^{(1)}$ 与 $x_i^{(2)}$ 的相应二进制位"异或"相加得到组合发生器的随机变量 x_1,且令 $U_i=x_i/m$。组合发生器的优点是:大大减少了由式(6-5)带来的自由相关性,提高了独立性;还可以加长发生器的周期,提高随机数的密度,从而提高均匀性。而且它对构成组合发生器的线性同余发生器的统计特性一般要求较低,得到的随机数的统计特性却比较好。组合发生器的缺点是速度慢,因为要得到一个随机数,需要产生两个基础的随机数,并执行一些辅助操作。

2. 随机变量的生成

随机变量的产生就是生成非均匀分布的随机数的过程,也称抽样过程。利用均匀分布的随机数可以产生具有任意分布的随机变量的样本,从而可以对随机变量的取值情况进行仿真。

生成随机变量的方法有很多种,对于给定分布的随机变量,应根据其特点选择其中的一种或几种方法。在仿真中,随机变量的产生有两点要求:首先是准确性的要求,即所产生的随机变量要准确地具有所要求的分布;其次是快速性要求,应在较短的时间内能产生大量的随机变量,以满足仿真过程的需要,提高仿真运行的效率。最常用的四类产生随机变量的方法为:反变换法、组合法、卷积法和舍去法。其中反变换法是以概率积分变换定理为基础的一种最常用、最简单的抽样方法。反变换法分为连续随机变量的反变换法和离散变量的反变换法。下面介绍基于四类分布函数的反变换法。

(1) 均匀分布。$(0,1)$ 区间均匀分布随机数的产生是进行蒙特卡洛法模拟的一个基础。一般来说,具有给定分布的连续型随机变量可以利用在区间 $(0,1)$ 上均匀分布的随机数来模拟,最常用的方法是反变换法。

在将一个标准均匀分布的变量转换为其他任意一种分布下的随机分布变量的方法中,反变换法是最常用、最简单的方法。当由分布密度函数 $p(x)$ 可积分得出累积分布函数 $F(x)$ 或 $F(x)$ 是一个经验分布时可以使用该方法。

假定需要从某一个分布上产生一个伪随机数,这个分布的累积分布函数为 $F(x)$,$F(x)$ 具有累积分布函数的所有性质,则可从以下两步得到所需要的伪随机数:① 利用已知的随机数产生方法产生一个服从 $U(0,1)$ 分布的随机数。② 若计 r 为所产生的均匀分布下的随机数,则所需要的非均匀分布下的随机变量为

$$x_0 = F^{-1}(r) \qquad\qquad (6-6)$$

反变换法的原理如图 6-3 所示。

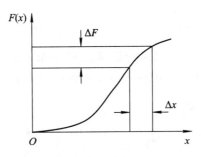

图 6-3　反变换法求随机变量

随机变量累积分布函数 $F(x)$ 的取值范围为 $[0, 1]$。现以在 $[0, 1]$ 上均匀分布的独立随机数作为 $F(x)$ 的取值规律，则落在 Δx 内的样本个数的概率就是 x，从而随机变量 x 在区间 Δx 出现的概率密度函数的平均值为 $\Delta F / \Delta x$，当 $\Delta x \to 0$ 时，其概率密度函数就等于 $\mathrm{d}F / \mathrm{d}x$，符合给定的密度分布函数，满足正确性要求。

概率分布函数服从于均匀分布 $(0, 1)$ 的证明如下：

设随机变量 x 有严格单调递增连续的分布函数 $F(x)$，$F^{-1}(x)$ 为其反函数，令 $U = F(x)$，显然，U 是随机变量，且由于 $0 \leqslant F(x) \leqslant 1$，知 $0 \leqslant U \leqslant 1$，于是对任一 $0 \leqslant u \leqslant 1$，有

$$p\{U \leqslant u\} = p\{F(x) \leqslant u\} = p\{x \leqslant F^{-1}(u)\} = F[F^{-1}(u)] = u$$

即

$$U \sim U(0, 1)$$

（2）正态分布随机数的产生。对于正态分布随机数，除了可用反函数法产生外，还有两种常用的方法。

① 坐标变换法（Box—Muller 法）。设 r_1，r_2 是 $(0, 1)$ 上相互独立的均匀随机数，令

$$x_1 = (-2\ln r_1)^{1/2} \cos(2\pi r_2)$$
$$x_2 = (-2\ln r_1)^{1/2} \sin(2\pi r_2)$$

则 x_1，x_2 是相互独立的标准正态的随机数。

② 统计近似抽样法。设 R_1，R_2，$\cdots$，R_n 是 n 个相互独立的，且在 $[0, 1]$ 上均匀分布的随机变量，因为 $E(R) = \dfrac{1}{2}$，$D(R_i) = \dfrac{1}{12}$，故由中心极限定理，随机变量 $\eta = \left(\sum\limits_{i=1}^{n} r_i - \dfrac{n}{2}\right) \Big/ \sqrt{\dfrac{n}{12}}$ 渐近地服从标准正态分布 $N(0, 1)$，由此变量 $Y = \mu + \sigma\eta$ 则服从均值为 μ，方差为 σ 的正态分布。因此，若 r_1，r_2，$\cdots$，r_n 是 n 个相互独立的 $[0, 1]$ 上均分布的随机数，则

$$x = \mu + \sigma\left(\sum_{i=1}^{n} r_i - \frac{n}{2}\right) \Big/ \sqrt{\frac{n}{12}} \qquad\qquad (6-7)$$

近似地服从参数为 (μ, σ) 的正态分布随机数。为了保证一定的精度，上式中 n 应足够大。实际上，当 $n = 12$ 时，已有相当高的精度，即有近似公式

$$x = \mu + \sigma\left(\sum_{i=1}^{12} r_i - 6\right)$$

将 μ 和 σ 代入，就可得到由 $[0, 1]$ 上均匀分布随机数列 r_i 产生的，服从参数为 (μ, σ) 的

正态分布随机数。

（3）指数分布。指数分布 $E(\lambda)$ 的概率密度函数为

$$f(x)=\begin{cases}\lambda e^{-\lambda x}, & x>0 \\ 0, & x\leqslant 0\end{cases} \quad (\lambda>0) \qquad (6-8)$$

在排队系统中，若顾客到达的时间服从泊松分布，则顾客到达的时间间隔服从式 $(6-8)$ 的指数分布，参数 λ 则表示单位时间内平均到达速率。指数分布随机变量的分布函数为

$$F(x)=\int_0^x \lambda e^{-\lambda t}dt=1-e^{-\lambda x}(x>0)$$

则由反变换法得

$$x=-\frac{1}{\lambda}\ln(1-u)$$

由于 u 与 $1-u$ 均服从 $U(0,1)$ 分布，抽样公式取为

$$x=-\frac{1}{\lambda}\ln u \qquad (6-9)$$

（4）任意离散分布。设随机变量 X 的分布律 $P_r(X=x_n)=p_i$，$i=1,2,\cdots$，令 $p^{(0)}=0$，$p^{(n)}=\sum_{i=1}^n p_i$，$n=1,2,\cdots$ 将 $p^{(n)}$ 作为分点，将区间 $(0,1)$ 分为一系列小区间 $(p^{(n-1)},p^{(n)})$。对于均匀的随机变量 $R\sim U(0,1)$ 则有

$$P_r(p^{(n-1)}<R\leqslant p^{(n)})=p^{(n)}-p^{(n-1)}, n=1,2,\cdots$$

由此可知，事件 $(p^{(n-1)}<R\leqslant p^{(n)})$ 和事件 $(X=x_n)$ 有相同的发生概率，因此可以用随机变量 R 落在小区间内的情况来模拟离散的随机变量 X 的取值情况。具体的执行过程是，每产生一个 $(0,1)$ 上均匀分布的随机数 r，若 $p^{(n-1)}<R\leqslant p^{(n)}$，则理解为发生事件 "$X=x_n$"，于是就可以模拟随机变量的取值情况。

还可以利用某些分布自身的特点得到其他的模拟方法。二项分布是一类非常重要的分布，它的分布律 $P_r(X=k)=C_n^k p^k(1-p)^{n-k}$，$k=0,1,2,\cdots n$。我们知道，这个随机变量 X 是在 n 次独立试验中事件 A 发生的次数，其中 p 是事件 A 发生的概率。根据这个特点可以通过在计算机上模拟 n 重伯努利试验来产生二项分布的随机数，即首次产生 n 个随机数 r_i，$i=0,1,2,\cdots n$，统计其中 $r_i<p$ 的个数，这就是所要求的随机数。

6.2.3　离散事件系统的仿真模型和仿真策略

1. 离散事件系统的仿真方法

离散事件系统仿真的实质是对那些由随机系统定义的，用数值方式或逻辑方式描述的动态模型的处理过程，从处理手段上看，离散事件系统仿真方法可以分为两类。

（1）面向过程的离散事件系统仿真。面向过程的仿真方法主要是研究仿真过程发生的事件以及模型中实体的活动。这些事件或活动的发生是顺序的。而仿真时钟的推进正是依赖于这些事件和活动的发生顺序。在当前仿真时刻，仿真过程需要判断下一个事件发生的时刻或者判断触发实体活动开始和停止的条件是否满足。在处理完当前仿真时刻系统状态变化的操作后，将仿真时钟推进到下一事件发生时刻或下一个最早的活动开始

或停止时刻。仿真过程就是不断按发生时间排列事件序列，并处理系统状态变化的过程。

（2）面向对象的离散事件系统仿真。在面向对象仿真中，组成系统的实体以对象来描述。对象有三个基本的描述部分，即属性、活动和消息。每个对象都是封装了对象的属性即对象状态变化的操作的自主模块，对象之间靠消息传递来建立联系以协调活动。对象内部不仅封装了对象的属性，还封装了描述对象运动及变化规律的内部和外部转换函数。这些函数以消息或时间来激活，在满足一定条件时产生相应的活动。消息和活动可以同时产生，即所谓的并发，但在单 CPU 计算机上，仍须按一定的仿真策略进行调度。在并行计算机和分布式仿真环境中，仿真策略则可以更加灵活、方便。面向对象的仿真尤其适用于各实体相对独立、以信息建立相互联系的系统中，如航空管理系统、机械制造加工系统及武器攻防对抗系统等。

2. 离散事件仿真模型的部件与结构

虽然实际的系统千差万别，但离散事件仿真模型有许多通用的部件，并用一种逻辑结构将这些部件组织起来以便于编码、调试。在实际研究中，使用了事件时间推进法的大多数历史年时间仿真模型，都具有下列部件：

（1）系统状态。它由一组系统状态变量构成，描述了系统在不同时刻的状态。

（2）仿真时钟。它用来提供仿真时间的当前时刻的变量，它描述了系统内部的时间变化。

（3）事件表。在仿真过程中按时间顺序所发生的事件类型和时间对应关系的一张表。

（4）统计计数器。该计数器用于控制与储存关于仿真过程中的结果的统计信息，在计算机仿真中经常设计一些工作单元来进行统计这些工作单元就称为统计计数器。

（5）定时子程序。该程序根据时间表来确定下一事件，并将仿真时钟推进到下一事件的发生时间。

（6）初始化子程序。在仿真开始时对系统进行初始化工作。

（7）事件子程序。一个事件子程序对应于一种类型的事件，它在相应的事件发生时，就转入该事件的处理子程序，并更新系统状态。

（8）仿真报告子程序。在仿真结束后，用于计算和打印仿真结果。

（9）主程序。调用定时子程序，控制整个系统的仿真过程并确定下一事件，传递控制各事件子程序以更新系统状态。

离散事件系统仿真模型的总体结构如图 6-4 所示。仿真在 0 时间开始，采用主程序调用初始化程序的方法。此时仿真时钟设置成 0，系统仿真状态、统计计数器和事件表也进行初始化。控制返回到主程序后，主程序调用定时子程序以确定哪一个事件最先发生。如果下一事件是第 i 个事件将要发生的时间，控制返回到主程序，而后主程序调用事件程序 i。在这个过程中有三类典型活动发生：

（1）修改系统状态以记下第 i 类事件已经发生过这一事实；

（2）修改统计计数器以收集系统性能的信息；

（3）生成将来事件发生的时间并将该信息加到事件表中。

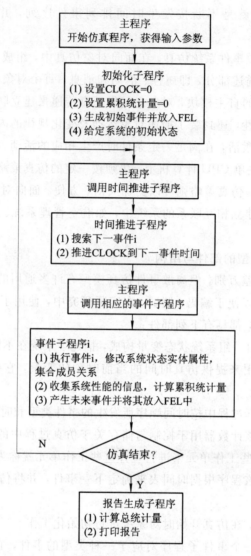

图 6-4　离散事件系统仿真模型结构图

3. 离散事件系统的仿真策略

为了使模型能够在计算机上运行，需要将系统模型转换为仿真模型（也称为计算机模型），这是从模型到计算机仿真的一个必不可少的步骤。将系统模型转换为一个可以在计算机上运行的仿真模型，一般需要完成以下三部分工作。

（1）设计仿真策略，即确定仿真模型控制逻辑和仿真时钟的推进机制。

（2）构造仿真模型，即确定仿真模型的具体操作。

（3）仿真程序设计与实现，即采用某种程序设计方法及语言，实现仿真策略和仿真模型。

仿真策略是仿真模型的核心，反映了仿真模型的本质，从根本上决定了仿真模型的结构。基本的仿真策略有事件调度法（Event Scheduling，ES），活动扫描法（Activity Scanning，AS），进程交互法（Process Interaction，PI），三阶段法（Three Phase）。

1）事件调度法

事件调度法（Event Scheduling）最早出现在 1963 年兰德公司的 Markowitz 等人推出的 SIMSCRIPT 语言的早期版本中。它的基本思想：将事件例程作为仿真模型的基本单元，按照事件发生的先后顺序不断地执行相应的事件例程。每一事先可预知其发生时间的确定事件（如顾客到达、离去）都带有一个事件例程，用以处理事件发生后对实体状态产生的影响，并安排后续事件；条件事件（如顾客结束排队）不具有事件例程，对它的处理隐含在某一确定事件的例程中。因此，事件调度法中所说的事件指的是确定事件。对实体流程图建立的概念模型，一般可采用事件调度法建立其仿真模型。事件调度法的仿真策略如图 6-5 所示。

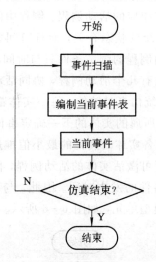

图 6-5　事件调度法的仿真策略图

事件调度法仿真策略如下：

（1）初始化。① 置仿真的开始时间 t_0 和结束时间 t_f。② 置实体的初始化状态。③ 置初始事件及其发生时间 t_s。

（2）仿真时钟 TIME＝t_s。

（3）确定在当前时钟 TIME 下发生的事件。类型 E_i，$i＝1, 2, \cdots, n$，并按解结规则排序。

（4）如果 TIME$\leqslant_f$，执行。

{

   case E_1：执行 E_1 的事件例程；

                 产生后续事件类型及发生时间；

   ……

   case E_n：执行 E_n 的事件例程；

                 产生后续事件类型及发生时间。

}

否则，转步骤（6）。

（5）将仿真时钟 TIME 推进到下一最早事件发生时刻；转步骤（3）。

（6）结束仿真。

其中第(5)步体现了事件调度法的仿真时钟推进机制,是将仿真时钟推进到下一最早事件发生时刻。它与连续系统仿真中的时间推进方法——固定时间增量法不同,反映了离散事件系统状态仅在离散时刻点上发生变化的特点,这种时间推进方法为离散事件系统仿真策略所普遍采用,称为下一事件增量法,简称事件增量法。

2) 活动扫描法

活动扫描法(Activity Scanning)最早出现在 1962 年 Buxton 和 Laski 发布的 CSL 语言中。活动扫描法与活动周期图(ACD)有较好的对应关系。ACD 中的任意活动(激活状态)都可以由开始和结束两个事件来表示,例如"服务"这一活动可由"服务开始"和"服务结束"两个事件来表示。每一事件都有相应的活动例程。例程中的操作能否进行取决于一定的测试条件,该条件一般与时间和系统的状态有关,而且时间条件需要优先考虑。事件的发生时间可以事先确定,因此其活动例程的测试条件只与时间有关,条件事件的例程测试条件与系统状态有关。一个实体可以有几个活动例程,协同活动的例程只归属于参与的一个实体。在活动扫描法中,除设置系统仿真时钟外,每一实体都带有标志自身时钟值的时间元(Time-Cell)。时间元的取值由所属的实体的下一确定事件刷新。

活动扫描法的基本思想:用各实体时间元的最小值推进仿真时钟;将时钟推进到下一新的时刻点后,按优先顺序执行可激活实体的活动例程,使测试通过的事件得以发生并改变系统的状态和安排相应确定事件的发生时间。因此,与事件调度法中的事件例程相当,活动例程是活动扫描法的基本模型单元,如图 6-6 所示。

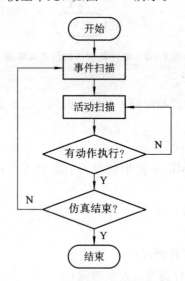

图 6-6 活动扫描法程序流程图

活动扫描法仿真策略如下:

(1) 初始化。① 置仿真的开始时间 t_0 和结束时间 t_f。② 置实体的初始化状态。③ 置实体时间单元 Time=Cell[i] 的初始值,$i=1, 2, \cdots, m$,m 是实体个数。

(2) 仿真时钟 TIME=t_0。

(3) 如果 TIME$\leqslant t_f$,转向步骤(4);否则转向步骤(6)。

(4) 活动例程扫描。

如果 TIME$\leqslant t_f$

{

 case E_1：执行 E_1 的事件例程；

      产生后续事件类型及发生时间；

 ……

 case E_n：执行 E_n 的事件例程；

      产生后续事件类型及发生时间。

}

否则，转向步骤(6)。

(5) 将仿真时钟 TIME 推进到下一最早事件发生时刻；转向步骤(3)。

(6) 结束仿真。

3) 三段扫描法

由于活动扫描法将确定事件和条件事件的活动例程同等对待，都要通过反复扫描来执行，因此效率较低。1963 年，Tocher 借鉴事件调度法的某些思想，对活动扫描法进行了改进，提出了三段扫描法(Three Phase)。三段扫描法兼有活动扫描法简单和事件调度法高效的优点，因此被广泛采用，已逐步取代了最初的活动扫描法。

同活动扫描法一样，三段扫描法的基本模型单元也是活动例程。但是在三段扫面法中，活动例程被分为以下两类：

B 类活动例程：描述确定事件的活动例程，在某一排定时刻必然会被执行，也称确定活动例程。

C 类活动例程：描述条件事件的活动例程，在协同活动开始(满足状态条件)或满足其他特定条件时被执行，也称条件活动例程或合作活动例程。显然，B 类活动例程像事件调度法中的事件例程一样可以在排定时刻直接执行，只有 C 类活动例程才需要扫描执行。基于这种思想，给出三段扫描法仿真策略如下：

(1) 初始化。① 置仿真的开始时间 t_0 和结束时间 t_f。② 置实体的初始化状态。③ 置初始 B 类活动例程及其调用时间 t_s。

(2) 仿真时钟 TIME$=t_s$。

(3) 确定在当前时钟 TIME 下调用 B 类活动例程 A_i，$i=1, 2, \cdots, n$。

(4) B 类例程调用。

如果 TIME$\leqslant t_f$，按优先顺序执行

{

 case A_1:执行活动例程 A_1；

    ……

 case A_n：执行活动例程 A_n；

}

否则，转向步骤(7)。

(5) C 类例程调用。

$for(j = 1; j <= m; j ++)$(m 为 C 类例程的个数，按优先顺序执行)

{

执行活动例程 A_j；

若 A_j 的测试条件 $D[j]=true$，则退出当前循环，重新开始扫描。

　　}

（6）推进仿真时钟 TIME 到下一个最早 B 类例程调用时刻，转步骤（3）。

（7）仿真结束。B 类例程的调用时刻在 B 类和 C 类活动例程中均可安排。

4）进程交互法

事件调度法和活动扫描法的基本单元模型分别是事件例程和活动例程，这些例程都是针对事件而建立的，而且在 ES 和 AS 策略中，各个例程都是独立存在的。

进程交互法（Process Interaction，PI）的基本模型单元是进程。进程与例程的概念有着本质的区别，它是针对某类实体的生命周期而建立的，因此一个进程中要处理实体流动中发生的所有事件（包括确定事件和条件事件）。

在进程交互法中，实体的进程要不断推进，直到某些延迟发生后才会暂时锁住。一般需要两种延迟的作用。

（1）无条件延迟：实体停留在进程中的某一点上不再向前移动，直到预先确定的延迟期满。例如，顾客停留在服务过程中直到服务完毕。

（2）条件延迟：延迟期的长短与系统的状态有关，事先无法确定。条件延迟发生后，实体停留在进程中的某一点，直到某些条件得以满足后才能继续向前移动。例如，队列中的顾客一直在排队，等到服务台空闲且自己处于队首时方能离开队列接受服务。

进程中的复活点表示延迟结束后实体所到达的位置，即进程继续推进的起点，在单服务员排队系统中，顾客进程的复活点与事件存在对应关系。

在使用进程交互仿真策略时，不一定对所有各类实体都进行进程扫描。例如，单服务员排队系统中，只需给出顾客（临时实体）的进程就可以描述所有事件的处理流程。这体现了进程交互法的一种建模观点，即将系统的推进过程归结为临时实体的产生、等待和永久实体处理的过程。

进程交互法的基本思想：通过所有进程中时间值最小的无条件延迟复活点来推进仿真时钟；当时钟推进到一个新的时刻点后，如果某一实体在进程中解锁，就将该实体从当前复活点一直推进到下一次延迟发生为止，仿真策略如下：

（1）初始化。① 置仿真的开始时间 t_0 和结束时间 t_f。② 置各进程中每一实体的初始复活点及相应的时间值 $T[i, j]$，$i=1, 2, \cdots, m$；$j=1, 2, \cdots, n[i]$，m 是进程数，$n[i]$ 是第 i 个进程中的实体数。

（2）推进仿真时钟 $TIME=\{T[i, j] | j$ 处于无条件延迟$\}$。

（3）如果 $TIME \leqslant t_f$，转向（4）；否则转向步骤（5）。

（4）for$(i=1; i<=m; i++)$（优先序从高到低）

　　　　for$(j=1; i<=n[i]; j++)$

　　　　　{

　　　　　　　if$(T[i, j]=TIME)$

　　　　　{

　　　　　　从当前复活点开始推进实体 j 的进程 i，直到下一次延迟发生为止；

　　　　　　如果下一延迟是无条件延迟，则

```
                    {
                设置实体 j 在进程 i 中的复活时间 T[i, j];
                    }
                }
        if(T[i, j]<TIME)
            {
                如果实体 j 在进程 i 中的延迟结束条件满足
                    {
从当前复活点开始推进实体 j 的进程 i,直到下一次延迟发生为止;
如果下一次延迟是无条件延迟
{
                设置实体 j 在进程 i 中的复活时间 T[i, j];
                退出当前扫描,重新开始扫描;
}
                    }
                }
            }
```

（5）仿真结束。

进程交互仿真策略中初始化过程的第（2）步,初始状态处于条件延迟的实体复活时间置为 t_0。显然,进程交互法兼有事件调度法和活动扫描法的特点,但其算法比二者都复杂。

5）仿真策略小结

（1）事件调度法的特点。① 按下一最早事件发生时间推进仿真时钟。② 仅安排确定事件例程,条件事件隐含在确定事件例程中处理。③ 事件表的操作比较复杂。④ 基本模型单元——事件例程。⑤ 建模灵活,可应用范围广,但建模工作量大。

（2）活动扫描法的特点。① 按各实体时间元的最小值推进仿真时钟。② 确定事件与条件事件均考虑,条件事件活动例程（协同活动例程）归属于永久实体。③ 基本模型单元——活动例程。④ 执行效率高,但程序结构比较复杂,流程控制应十分小心。

（3）三阶段法——改进的活动扫描法（与 AS 相比）。① 将事件活动例程分为 B 类活动例程和 C 类活动例程。② B 类活动例程为 AS 中确定事件活动例程中去掉测试后所得者。③ 有 ES 和 AS 的优点,但需对系统有深入的理解和分析。

（4）进程交互法。① 基本模型单元为进程例程。② 事件推进:进程中时间最小的无条件延迟复活点。③ 复杂,需要有仿真语言支持。

4. 离散事件系统仿真的特点

与连续系统仿真相比,离散事件系统仿真具有如下的特点:

（1）连续系统仿真主要是研究系统的动态过程,并以此分析系统的性能,故模型一般由表征系统变量之间关系的方程来描述,如微分方程、差分方程等。离散事件系统中的系统变量是反映系统各部分之间相互作用的一些事件,系统模型则是反映这些事件状态的集合。离散事件系统的仿真是研究状态变量的动态变化过程,模型为稳态模型,一般用概率模型表示数量关系或逻辑关系的流程图表示。

（2）连续系统的仿真结果为系统变量随时间变化的时间历程，仿真目的通过一次或若干次仿真运行即可达到。离散事件系统中的变量大多数是随机的，如实体的"到达"和"接受服务"的时间都是随机变量，仿真的目的是力图用大量抽样试验的统计结果来逼近总体分布的统计特征值，仿真结果是产生处理系统事件的时间历程。因此，需要进行多次仿真，且仿真时间较长。

（3）连续系统仿真通常采用固定步长（或变步长）推进原则。而离散事件系统仿真中，时间的推进是不确定的，它决定于系统的状态和事件发生的可能性。

6.2.4 随机存储系统仿真

存储系统亦称库存系统，是离散事件系统仿真要研究的另一类重要系统。它不仅包括一般意义上的存储系统，如原材料仓库库存、商品仓库库存及水库库存量的管理和控制，还包括人才储备、经济管理等广义存储系统。

众所周知，"需求"和"订货"是存储系统的两个基本概念，它们会引起描述存储系统状态存储量发生变化。由于有了存储系统的需求，使得库存量减少，而有了存储系统的订货，才使得存储量得到补充，所以，"需求"与"订货"和排队系统中的"到达"与"服务"的作用是类似的，正是需求与订货的不断发生，才使得存储量呈现动态变化过程。

对存储系统进行仿真的目的，就是要研究在不同需求情况下的存储策略，包括订货时间、订货量等。衡量存储策略优劣的尺度是采用此策略后管理上所需的费用，它包括以下内容。

1. 存储费

存储费是指设备、人力、货物保存、损坏变质等支出的费用，一般可以折算成每件每日费用或每件每月费用等。

2. 订货费

订货费是指货物本身的费用，如订货手续费、运输费等。

3. 缺货费

缺货费是指货物不足造成供不应求，错过销售机会或停工待料等造成的损失。

随机存储系统根据需求与订货的规律，分为确定性存储系统和随机存储系统两大类。通常，确定性存储系统可以通过解析方法进行研究。而随机存储系统较确定性存储系统复杂，系统中的随机因素多，必须借助于计算机仿真对其进行深入的研究。下面，我们通过一个例子，介绍随机存储系统的仿真方法。

例 6-1 随机存储系统仿真。

已知某公司经销单类产品，顾客需求时间间隔 D_m 服从均值为 0.1 个月的指数随机变量；需求量 D 也是随机变量，其概率质量函数为

$$D = \begin{cases} 1, & 概率为 \dfrac{1}{6} \\ 2, & 概率为 \dfrac{1}{3} \\ 3, & 概率为 \dfrac{1}{3} \\ 4, & 概率为 \dfrac{1}{6} \end{cases} \tag{6-10}$$

该公司订货策略是，按月订货，每月月初检查库存水平。若库存水平 I 超过下限 L，则不订货。若低于下限 L，则订货。订货量 Z 为库存上限 S 与 I 之差，即

$$Z = \begin{cases} S - I, & I < L \\ 0, & I \geqslant L \end{cases} \tag{6-11}$$

若订货，则从订货到货物入库的时间 M 也是随机变量，称为订货延迟时间，它服从 $U(0.5,1)$ 的均匀分布。

已知表 6-3 中的 9 种订货策略，试通过仿真确定何种订货策略的费用最少。

表 6-3　随机存储系统的订货策略

L	20	20	20	20	40	40	40	60	60
S	40	60	80	100	60	80	100	80	100

解：

(1) 建立费用数学模型。费用包括订货费、存储费以及缺货损失费。

① 订货费。设每件订货费用为 m，订货附加费用为 K（$K=0$，表示未订货），则每月订货费 C_1 为

$$C_1 = K + mZ \tag{6-12}$$

② 存储费。设 h 为每件每月的存储费，C_2 为平均每月的保管费，n 为仿真运行的月数。因为只有当库存水平为 $I(t) > 0$ 时才需要计算 C_2，所以有

$$C_2 = \int_0^n hI(t)\, \frac{\mathrm{d}t}{n} \tag{6-13}$$

③ 缺货损失费。设 P 每件缺货损失费，C_3 为每月缺货损失费，当 $I(t) < 0$ 时才需要计算 C_3，则有

$$C_3 = \int_0^n P \mid I(t) \mid \frac{\mathrm{d}t}{n} \tag{6-14}$$

(2) 系统仿真模型的建立。系统仿真模型的建立包括随机变量模型的建立和事件的定义。

① 随机变量仿真模型。本系统有 3 个随机变量，它们是需求时间间隔、需求量及订货延迟时间。

• 需求时间间隔 D_m。由题意，D_m 服从均值 0.1 个月的指数分布，其概率密度函数为

$$f(D_m) = \frac{1}{0.1} \mathrm{e}^{-D_m/0.1} \tag{6-15}$$

应用反变换法可得

$$D_m = -0.1\ln u \tag{6-16}$$

其中，u 为 $U(0,1)$ 分布随机数。

• 需求量 D。由于 D 为离散型随机变量，应由任意离散分布反变换法产生 D。具体方法为：首先由式 (6-10) 画出 D 的分布函数图，如图 6-7 所示。

其次，产生 $U(0,1)$ 分布的随机数 u；然后，用 u 对 D 的函数分布进行抽样：

若 $u \leqslant \dfrac{1}{6}$，令 $D = 1$；

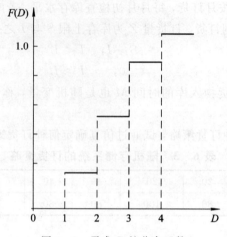

图 6-7　需求 D 的分布函数

若 $\dfrac{1}{6}<u\leqslant\left(\dfrac{1}{6}+\dfrac{1}{3}\right)=\dfrac{1}{2}$，则令 $D=2$；

若 $\dfrac{1}{2}<u<\left(\dfrac{1}{2}+\dfrac{1}{3}\right)=\dfrac{5}{6}$，则令 $D=3$；

若 $u>\dfrac{5}{6}$，则令 $D=4$。

• 订货延迟时间 M。M 服从 $U(0.5,1)$ 的均匀分布，其概率密度函数为

$$f(M)=\begin{cases} \dfrac{1}{1-0.5}, & 0.5\leqslant M\leqslant1 \\[2mm] 0, & 其他 \end{cases}$$

其分布函数为

$$F(M)=\begin{cases} 0 & M<0.5 \\[2mm] \dfrac{M-0.5}{1-0.5}, & 0.5\leqslant M\leqslant1 \\[2mm] 1 & M>1 \end{cases}$$

根据反变换法，可得 M 的抽样公式为

$$M=0.5+(1-0.5)u=0.5+0.5u$$

② 模型中事件的定义。按照面向事件的离散事件系统仿真机制建立存储系统的仿真模型时，必须对系统的事件进行定义。

在离散事件系统中，正是由于事件的产生，才引起系统状态发生变化，故事件定义依赖于对系统状态的描述。存储系统中，可描述的状态为库存变量，则货物入库及需求到达都会引起库存量发生变化及各类费用的变化。此外，货物入库的条件必须是首先订货，由此可定义如下三类系统事件：

• 货物入库事件：指货物到达仓库。该事件发生，引起库存量增加，记其类型为 1。

• 需求到达事件：指顾客对货物的需求。该事件的发生会引起库存量减少，记其类型 2。

• 订货事件：指每月月初进行库存计算，根据库存量及订货策略决定是否订货。显见，该事件为条件事件，记其类型 4。

此外，在仿真模型中还可以将仿真控制定义为程序事件。本例中，可以将仿真运行长

度定义为程序事件。若对每种策略仿真运行 120 个月,当仿真时钟的值等于 120 个月时,该事件发生,记为第 3 类事件。将程序事件定义为第 3 类事件的原因如下:在一个存在许多类事件的复杂系统中,由于事件发生时间的随机性,有可能出现多个事件同时发生的情形。因此,必须规定同时发生事件的处理顺序,一般按事件类型从低到高的顺序处理。本例中,"仿真运行 120 个月"的程序事件与"每月月初计算库存以决定订货"的系统事件可能同时发生,则应先执行"仿真结束"事件,因为此时再计算库存已无实际意义可言了。

（3）确定统计量。本例的仿真目的是比较 9 种不同的库存策略,从而确定出费用最少的库存策略。评价指标即为每月平均总费用 C,包括每月平均订货费用 C_1,每月平均保管费用 C_2 以及每月平均缺货损失费用 C_3。

（4）仿真程序设计。随机存储系统仿真程序结构可用图 6-8 描述,其仿真程序流程图如图 6-9 所示。仿真流程控制部分与单服务排队系统仿真流程控制基本相同。

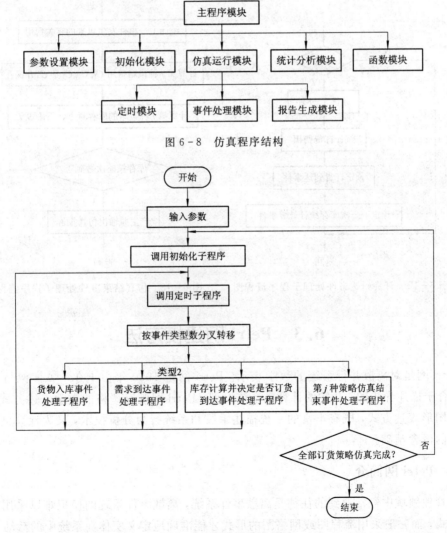

图 6-8　仿真程序结构

图 6-9　仿真程序流程图

四种类型的事件处理子程序流程图分别如图 6-10~6-13 所示。

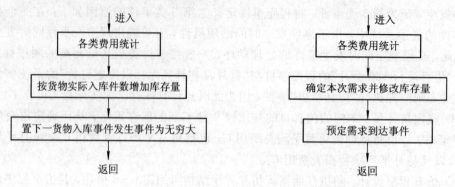

图 6-10　货物入库事件处理子程序流程图　　　图 6-11　需求到达事件处理子程序流程图

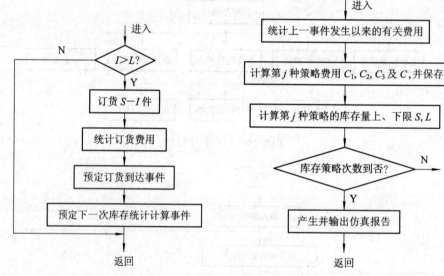

图 6-12　订货到达事件处理子程序流程图　　　图 6-13　仿真结束事件处理子程序流程图

6.3　Petri 网建模方法

Petri 网是对离散并行系统的数学表示。Petri 网是 1960 年由卡尔·A·佩特里发明的，适合于描述异步的、并发的计算机系统模型。Petri 网既有严格的数学表述方式，也有直观的图形表达方式，既有丰富的系统描述手段和系统行为分析技术，又为计算机科学提供坚实的概念基础。

6.3.1　Petri 网简介

在管理领域中经常遇到的往往是离散事件系统，离散事件系统的模拟难以采用某种规范的形式，而一般采用流程图或网络图的形式才能准确地定义实体在系统中的活动。

一个系统由分离着的、互相作用的分支组成，每个分支本身又可能是一个系统，它的行为可以单独进行描述，有它自己当前的状态。例如，在一个银行排队系统模型中，出纳员的"忙"和"闲"。一个分支的状态可能自始至终地变更着。各个分支之间呈现出并行或平行性，一个分支的动作可以同另一个分支的动作同时出现。譬如，在经济系统中，厂家生产着一些产品，零售商出售着另一些产品，而顾客使用着的又是另一些产品。动作的并发性产生某些难以处理的问题。当它们互相发生作用的时候，信息或者物质从一个分支到另一个分支的传输要求所涉及的分支动作要同步，这就可能发生一个分支等待另一个分支的现象。不同分支的动作可能千差万别，因而使得不同分支的相互作用难以描述。

1962 年德国的 Carl Adam Petri 在其博士论文中，研究了自动机通信中利用自动机理论描述计算机系统中异步并发模块间的通信方式，着重描述了并发事件间的关系，提出了一套形式化的建模与分析方法，在当时引起了学术界的广泛关注，因此用他的名字命名为 Petri 网。他的论文被称为 Petri 网理论发展的奠基石。

Petri 网是研究系统的一种工具，Petri 网理论用一个 Petri 网作为一个系统的模型——系统的模型——系统的数学表示。然后，对这个 Petri 网进行分析，可以揭示出被模拟的系统在结构和动态行为方面的重要信息。这些信息可以用来对被模拟的系统进行估价并提出改进系统的建议。对于原始的 Petri 网，学术界习惯称之为普通网，或 P—T 网。在被提出的几十年里，Petri 网的研究与应用不断扩大，在普通网的基础上扩展出了许多"扩展 Petri 网"(extended Petri net)，其中包括：有色 Petri 网(colored Petri net)、随机 Petri 网(stochastic Petri net)、模块化/递阶 Petri 网(modular/hierarchical Petri net)等。

6.3.2　普通 Petri 网

一个 Petri 网(PN)可表示为一个五元组，$PN = (P, T, I, O, \mu)$，其中：

$P = \{p_1, p_2, \cdots, p_n\}$ 是库所(place)的集合，$n \geqslant 0$；

$T = \{t_1, t_2, \cdots, t_m\}$ 是变迁(transition)的集合，$m \geqslant 0$；

$P \cap T = \varnothing$，$P \cup T = \varnothing$；

$I: T \rightarrow P^{\infty}$ 是输入函数，为变迁到库所的映射函数；

$O: T \rightarrow P^{\infty}$ 是输出函数，也为变迁到库所的映射函数；

$\mu: P \rightarrow N$(非负整数集)是 PN 的标识，是一个函数向量，若 $\mu(p_i) = \mu_i$，则称库所 p_i 含有 μ_i 个令牌(Token)。

若 $I(p_i, t_j) \neq 0$，则称库所 p_i 是变迁 t_j 的输入库所，若 $O(p_i, t_j) \neq 0$，则称库所 p_i 是变迁 t_j 的输出库所。变迁 t_j 的输入和输出库所集合分别记为 $IP(t_j)$ 和 $OP(t_j)$

$$IP(t_j) = \{p \in P \mid I(p, t_j) \neq 0\}$$
$$OP(t_j) = \{p \in P \mid O(p, t_j) \neq 0\}$$

Petri 网可以直观地用 Petri 网图(Petri net graph)来表示。通常用圆圈代表库所节点，用短线代表变迁节点，用库所到变迁或变迁到库所的有向弧分别表示输入和输出函数。若 $I(p_i, t_j) = k \neq 0$，则表示从库所 p_i 到变迁 t_j 有一条有向弧连接，且弧的权系数为 k(权系数为 1 时，可不在弧上表示出)；若 $I(p_i, t_j) = 0$，则表示从库所 p_i 到变迁 t_j 不存在有向弧连接。与输入函数类似，输出函数 $O(p_i, t_j)$，可用从变迁 t_j 到库所 p_i 的有向弧表示。令牌通常用画在库所中的黑墨点表示。图 6-15 所示为一幅 Petri 网图。

6.3.3　Petri 网的变迁规则

Petri 网的一个变迁 t_j 在标识 μ 有发生权(enabled)的充要条件是：$\forall p_i \in IP(t_j)$，

$\mu(p_i) \geqslant I(p_i, t_j)$。即对于变迁 t_j 的任意一个输入库所 p_i，p_i 中的令牌数大于 p_i 到 t_j 弧的权系数（输入函数）。

变迁后的结果是

$$\forall p_i \in IP(t_j), \ \mu'(p_i) = \mu(p_i) - I(p_i, t_j)$$
$$\forall p_i \in OP(t_j), \ \mu'(p_i) = \mu(p_i) + O(p_i, t_j)$$

例如，对于图 6-14 所示的 Petri 网，根据 Petri 网的运行规则，按照 t_1、t_2、t_3、t_4 的顺序，一次对于变迁的发生权进行检查。

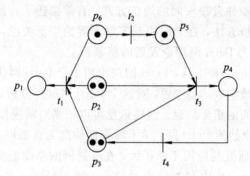

图 6-14　普通 Petri 网示例

（1）检查 t_1。t_1 的三个输入库所分别是 p_2，p_3，p_6，输出库所是 p_1。变迁 t_1 可以被点燃，点燃后，$\mu'(p_2) = 1$，$\mu'(p_3) = 1$，$\mu'(p_6) = 0$，而 $\mu'(p_1) = 1$。

$$\mu(p_2) = 2, \ \mu(p_3) = 2, \ \mu(p_6) = 1$$
$$I(p_2, t_1) = 1, \ I(p_3, t_1) = 1, \ I(p_6, t_1) = 1$$
$$O(p_1, t_1) = 1$$

这一结果可以用图 6-15 来表示。

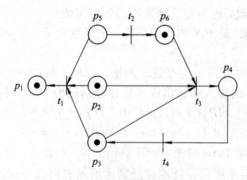

图 6-15　t_1 点燃后的 Petri 网

（2）检查 t_2。在图 6-16 所示标识下，$\mu(p_6) = 0$，$I(p_6, t_2) = 1$，t_2 没有发生权。

（3）检查 t_3。在图 6-16 所示标识下，$\mu(p_2) = 1$，$\mu(p_3) = 1$，$\mu(p_5) = 1$，$I(p_2, t_3) = 1$，$I(p_3, t_3) = 1$，$I(p_5, t_3) = 1$，$O(p_4, t_3) = 1$，所以 t_3 有发生权。点燃后，三个输入库所的标识为 $\mu'(p_2) = 0$，$\mu'(p_3) = 0$，$\mu'(p_5) = 0$，而输出库所的标识 $\mu'(p_4) = 1$。这一结果如图 6-16 所示。

（4）检查 t_4。在图 6-17 所示的标识下，t_4 可以点燃。点燃后输入库所 $\mu(p_4) = 0$。这一结果如图 6-17 所示。

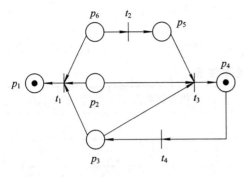
图 6-16　t_3 点燃后的 Petri 网图

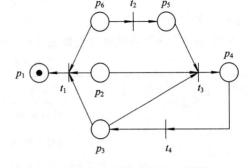
图 6-17　t_4 点燃后的 Petri 网图

至此，所有的变迁均没有发生权了，Petri 网的运行结束。在这一执行过程中，值得注意的是，一定要事先规定变迁的扫描顺序，不同的扫描顺序，将导致不同的结果。例如，在图 6-14 所示的标识下，t_1、t_3、t_4 都具有发生权，刚才的扫描顺序是：t_1、t_2、t_3、t_4，读者可以自行分析当扫描顺序是 t_2、t_1、t_3、t_4 时，该 Petri 网的运行情况。

6.3.4　时间 Petri 网

上面所述的 Petri 网，没有涉及时间参数。没有时间参数的 Petri 网，不能作为系统动态性能的评价工具，因此，应用范围受到限制。为了解决这一问题，研究者们把时间参数引入到 Petri 网中，提出了时间 Petri 网的概念。时间参数的引入有两种方式：一是每个库所关联于一个时间参数，二是每个变迁关联于一个时间参数。目前大多数采用后者，原因是 Petri 网作为一种系统模型，系统中一个事件的发生（通常用一个变迁的点燃来表达）需要一定的时间，因此时间与变迁关联是比较自然的。

时间 Petri 网（TPN）可表示为 $TPN=(PN, \tau)$，其中 PN 是一个 Petri 网，τ 是 TPN 的时间参数，$\tau(t)$ 表示变迁 t 的时间参数，它表达了变迁 t 从被授权到点燃的时间间隔。若 $\tau(t)$ 为一确定量，TPN 即为一般意义上的 Petri 网；若 $\tau(t)$ 为一随机变量，则 TPN 属于随机网。

例 6-2　M/M/1 单服务台排队系统仿真（用事件调度法实现离散事件系统仿真）顾客到达模式和顾客服务时间均服从负指数分布，单服务台系统，按照单队排队，按 FIFO 方式服务。

（1）定义系统事件类型。

类型 1：顾客到达事件。

类型 2：顾客接受服务事件。

类型 3：顾客接受服务完毕并离去事件。

（2）定义程序事件。仿真时间达到 8 小时后停止仿真。

（3）定义变量。

A_i——第 i 个与第 $i-1$ 个顾客到达之间的时间间隔（随机变量）。

S_i——服务员为第 i 个顾客服务的时间长度（随机变量）。

z_i——第 i 个事件发生时服务员的状态，1：忙；0：闲。

q_i——第 i 个事件发生时的队长。

随机变量本应该根据其分布来产生，为了方便，假定已得到这些随机变量的样本值：

$$A_1 = 15, A_2 = 32, A_3 = 24, A_4 = 40, A_5 = 32;$$

$$S_1 = 43, S_2 = 36, S_3 = 34, S_4 = 28;$$

系统的初始状态 $z_0 = 0$，$q_0 = 0$。

（4）列事件表。系统事件表如表 6-4 所示。

表 6-4 系统事件表

时间	事件类型	事件	服务员状态 z_i	排队长度 q_i
0	0	仿真开始	0	0
15	1	顾客 1 到达	0	0
15	2	顾客 1 接受服务	1	0
47	1	顾客 2 到达	1	1
58	3	顾客 1 服务完毕离去	0	1
58	2	顾客 2 接受服务	1	0
71	1	顾客 3 到达	1	1
94	3	顾客 2 服务完毕离去	0	1
94	2	顾客 3 接受服务	1	0
...				

（5）用计算机对到达模式/服务模式/单服务台数目，FIFO 系统进行仿真。

① 顾客到达模式。设顾客到达时间间隔 A_i 服从均值为 β_A 的指数分布，即

$$f(A) = \frac{1}{\beta_A} e^{-A/\beta_A}$$

② 服务模式。设服务员为每个顾客服务的时间为 S_i，服从均值为 β_s 的指数分布，即

$$f(S) = \frac{1}{\beta_S} e^{-A/\beta_s}$$

③ 服务规则 FIFO。

（6）统计性能。

① 平均排队等候时间。

$$d = \lim_{n \to \infty} \sum_{i=1}^{n} \frac{D_i}{n}$$

$$d(n) = \sum_{i=1}^{n} \frac{D_i}{n}$$

式中：D_i 为第 i 个顾客的排队等候时间。

② 平均队长。

$$Q = \lim_{n \to \infty} \int_0^T \frac{Q(t)\,\mathrm{d}t}{T}$$

$$Q(n) = \frac{1}{T} \sum_{i=1}^{n} R_i$$

$$R_i = q_i(b_i - a_{i-1})$$

式中：b_i 为第 i 个任何一类时间发生的时间；q_i 为排队人数。

给定 $\beta_A = 5\text{min}$，$\beta_S = 4\text{min}$，仿真运行长度为服务完 3000 个顾客，求 $d(3000)$ 和 $Q(3000)$。

课 后 习 题

1. 举例说明仿真技术在日常生活中的应用。
2. 简述计算机仿真的步骤。
3. 试说明离散事件系统仿真与连续系统仿真的区别。
4. 设随机变量 x 服从参数为 a 的指数分布的随机变量，其密度函数为

$$p(x) = \begin{cases} ae^{-ax}, & x \geqslant 0 \\ 0, & \text{其他} \end{cases}$$

试用反变换法产生 x。

5. 在离散事件系统仿真中，是否可以采用等时间步长的仿真时钟推进方法？为什么？
6. 论述 Petri 网建模的基本原理和特点。
7. 已知工业生产线过程有一工业生产线要完成两项操作，分别为变迁 t_1 和 t_2 表示变迁 t_1 将进入生产线的半成品 s_1 和 s_2 用两个部件 s_3 固定在一起后形成中间件 s_4。然后第 2 个变迁 t_2 将 s_4 和 s_5 用 3 个部件 s_3 固定在一起形成中间件 s_6。完成 t_1 和 t_2 都需要用到工具 s_7，同时假设受空间限制 s_2 和 s_5 最多不能超过 100 件，s_4 最多不能超过 5 件，s_3 最多不能超过 1000 件。试建立此过程的 Petri 网模型。

参 考 文 献

[1] 蔡宜洲，孟永东，田斌，戴会超. 三峡工程三期截流三维施工仿真研究. 湖北水力发电，2003，3：11 - 14

[2] 熊光楞，等. 连续系统仿真与离散事件系统仿真. 北京：清华大学出版社，1991

[3] 周炎勋，等. 模拟与混合计算技术. 北京：国防工业出版社，1980

[4] 熊光楞，等. 控制系统仿真与模型处理. 北京：科学出版社，1993

[5] 刘植桢，等. 计算机控制. 北京：清华大学出版社，1981

[6] 绪方胜彦. 现代控制工程. 卢伯英，等，译. 北京，科学出版社，1978

[7] 陈翔，夏国平，陈胜，程景云. 基于 Petri 网的工作流建模及仿真. 计算机辅助工程，2000，3(1)：8 - 15

[8] 胡辉. 面向对象的 Petri 网建模技术的研究. 计算机工程，2002，(5)：86 - 88

[9] 张晓辉，史耀耀. 基于随机对象 Petri 网的柔性制造系统性能分析. 计算机工程，2008，(7)：24 - 28

[10] 王东梅. 基于时间 Petri 网的物流系统建模与仿真实例[J]. 物流技术. 2008，(6)：34 - 38

第 7 章　系统动力学方法

【案例导入】　农牧结合生态系统管理的动力学机制

　　农业生态系统是由自然生态系统和社会经济系统组成的复杂系统，它的发展受人类、社会、经济、政策、科技和自然等因素综合作用，呈现高度非线性、多回路、复杂的动态特性。农业生态系统的优化管理就是对农业生产进行合理的人为干预，通过政策实施和技术支撑，对系统结构和功能进行合理调控，使农业生态系统处于安全与健康状态，为人类提供持续的生态服务，满足人类生存和发展需求。

　　禹城农业生态系统为县级尺度的生态系统。全市拥有耕地 52 927 hm²，全市总人口为499 755 人，其中农业人口为 415 913 人。土地平坦，水资源丰富，适合农业生产，经济以农业为主，农业长期以种植业为主，20 世纪 90 年代，粮食单产稳定在 12 000 kg/hm² 以上，畜牧业有了较快发展，逐步呈现农牧结合的良好态势，到 2000 年种植业产值和畜牧业产值在农业生产总产值中分别占到 65.0% 和 29.8%。种植业以小麦、玉米为主，部分为棉花、蔬菜、瓜果等经济作物，养殖业以牛、猪、鸡为主。目前，随着我国农业发展进入新阶段，面临新一轮农业结构调整，根据区域资源特点及我国优势农产品区划，禹城既是粮食生产优势产区，同时也是畜牧业生产的优势产区，种植业子系统和养殖业子系统是禹城农业生态系统两个最主要的子系统，种植业和养殖业的结合也是农业生产最基本的形式。养殖业在农业生态系统中的重要作用，一方面主要表现为提供营养丰富的动物性食品和增加经济收入，另一方面则表现为充分利用养植业副产物，并为种植业提供大量有机肥，从而可适当减少化肥用量。种植业和养殖业的有机结合，有利于减少工业辅助能的投入，能够提高抵抗自然灾害和社会经济风险的能力，可以增加系统的稳定性。运用系统动力学方法优化并调控种植业和养殖业内部组分结构比例，协调种植业和养殖业两个子系统之间的相互关系，探讨实现系统的整体高效和良性循环的途径。

　　（资料来源：武兰芳，欧阳竹. 农牧结合生态系统管理的动力学机制. 农业系统科学与综合研究，2005(2)）

　　应用系统动力学模型对禹城市农牧结合生态系统发展趋势进行动态模拟，并对其结构和功能进行优化，目的是为当地实现社会经济和生态环境协调发展服务。禹城市农业生态系统各子系统之间通过物质转换与能量流动组成一个有机整体，但它们并不是一个完全封闭的自然生态系统，而是人类参与调控的开放型的社会经济生态系统。系统地研究各子系统之间的能流、物流将有助于农业生产发展规划方案的建立与选择，以获取最佳的农牧结合高效发展模式。系统动力学对问题的理解，是基于系统行为与内在机制间的相互紧密的依赖关系，并且通过数学模型的建立与求解的过程而获得的，逐步发掘出产生变化形态的因、果关系。系统动力学对认识复杂系统具有明显的优势，本章将讲述系统动力学方法、系统动力学基本理论和系统动力学建模方法。

7.1　系统动力学概述

7.1.1　系统动力学的产生和发展

系统动力学(Systems Dynamics，SD)是美国麻省理工学院(MIT)J. W. 弗雷斯特(J. W. Forrester)教授最早提出的一种对社会经济问题进行系统分析的方法论和定性与定量相结合的分析方法。系统动力学是一门分析研究复杂反馈系统动态行为的系统科学方法，它是系统科学的一个分支，也是一门沟通自然科学和社会科学领域的横向学科，实质上就是分析研究复杂反馈大系统的计算仿真方法。目的在于综合控制论、信息论和决策论的成果，以电子计算机为工具，分析研究信息反馈系统的结构和行为。从系统方法论来说，系统动力学是结构的方法、功能的方法和历史的方法的统一。它基于系统论，吸收了控制论、信息论的精髓，是一门综合自然科学和社会科学的横向学科。系统动力学的发展过程大致可分为三个阶段：

(1) 系统动力学始于 20 世纪 50 年代后期，当时，主要应用于工商企业管理问题，诸如生产与雇员情况的波动、企业的供销、生产与库存、股票与市场增长的不稳定性等问题，并创立了"Industrial Dynamics"(1959)，也就是工业动力学。这阶段主要是以弗雷斯特教授在哈佛商业评论发表的《工业动力学》作为奠基之作，之后他又讲述了系统动力学的方法论和原理，系统产生动态行为的基本原理。此后在整个 60 年代，动力学思想与方法的应用范围日益扩大，其应用几乎遍及各类系统，深入各种领域。作为方法论基础，出现了"Principles of Systems (1968)"。总结美国城市兴衰问题的理论与应用研究成果的"Urban Dynamics(1969)"和著名的"World Dynamics (1971)"等也是 J. W. 弗雷斯特等人的重要成就。

(2) 系统动力学发展成熟(20 世纪 70—80 年代)。70 年代以来，SD 经历两次严峻的挑战并走向世界，进入蓬勃发展时期。第一次挑战(70 年代初期到 70 年代中期)：SD 与罗马俱乐部一起闻名于世，其主要标志是两个世界模型(WORLD Ⅱ、Ⅲ)[1]的研制与分析。这两个模型的研究成功地解决了困扰经济学界长波问题，吸引了世界各国学者的关注，促进它在世界的传播与发展，确立了在社会经济问题研究中的学科地位。

(3) 系统动力学广泛运用与传播(20 世纪 90 年代—至今)。在这一阶段，SD 在世界范围内得到广泛传播，其应用范围更广泛，并且获得新的发展。系统动力学正加强与控制理论、系统科学、突变理论、耗散结构与分叉、结构稳定性分析、灵敏度分析、统计分析、参数估计、最优化技术应用、类属结构研究、专家系统等方面的联系。许多学者纷纷采用系统动力学方法来研究各自的社会经济问题，这些问题涉及到经济、能源、交通、环境、生态、生物、医学、工业、城市等广泛的领域。

系统动力学是综合了反馈控制论(Feedback Cybernetics)、信息论(Information Theory)、系统论(System Theory)、决策论(Decision Theory)、计算机仿真(Computer Simulation)以及系统分析的实验方法(Experimental Approach to System Analysis)等发展

---

[1]　[WORLD Ⅱ—"World Dynamics，Forrester，1971"；WORLD Ⅲ—"The Limits to Growth, D. Meadows, 1972"和"Toward Global Equilibrium, D. Meadows, 1974"]

而来的，它利用系统思考(System Thinking)的观点来界定系统的组织边界、运作及信息传递流程，以因果反馈关系(Causal Feedback)描述系统的动态复杂性(Dynamic Complexity)，将所要研究的问题流体化，并建立量化模型，利用计算机仿真方法模拟不同策略下所研究系统的行为模式，最后通过改变结构，帮助人们了解系统动态行为的结构性原因，以及各部分组成在整个系统结构中的作用，从而分析并设计出解决动态复杂问题和改善系统绩效的高杠杆解决方案(High Leverage Solution，即以最小的投入获取最大的绩效)。

近年来，SD 正在成为一种新的系统工程方法论和重要的模型方法，渗透到许多领域，尤其在国土规划、区域开发、环境治理和企业战略研究等方面，正显示出它的重要作用。随着国内外管理界对学习型组织的关注，SD 思想和方法的生命力更为强劲。但目前应更加注重 SD 的方法论意义，并注意其定量分析手段的应用场合及条件。

7.1.2　系统动力学的研究对象及适用领域

1. 研究对象

SD 的研究对象主要是社会(经济)系统。该类系统的突出特点是：

(1) 社会系统中存在着决策环节。社会系统的行为总是经过采集信息，并按照某个政策进行信息加工处理做出决策后出现的，决定了它是一个经过多次比较、反复选择、优化的过程。

对于大规模复杂的社会系统来说，其决策环节所需要信息的信息量是十分庞大的。其中既有看得见、摸得着的实体，又有看不见、摸不到的价值、伦理、道德观念及个人、团体的偏见等因素。

(2) 社会系统具有自律性。自律性就是自己做主进行决策，自己管理、控制、约束自身行为的能力和特性。工程系统是由于导入反馈机构而具有自律性的；社会系统因其内部固有的"反馈机构"而具有自律性。因此，研究社会系统的结构，首先(也是最重要的)就在于认识和发现社会系统中所存在着的由因果关系形成的反馈机构。

(3) 社会系统的非线性。非线性是指社会现象中原因和结果之间所呈现出的极端非线性关系。如：原因和结果在时间和空间上的分离性、出现事件的意外性、难以直观性等。

高度非线性是由于社会问题的原因和结果相互作用的多样性、复杂性造成的。具体来说，一方面是由于社会问题的原因和结果在时间、空间上的滞后，另一方面是由于社会系统具有多重反馈结构。这种特性可以用社会系统的非线性多重反馈机构加以研究和解释。

SD 方法就是要把社会系统作为非线性多重信息反馈系统来研究，进行社会经济问题的模型化，对社会经济现象进行预测、对社会系统结构和行为进行分析，为企业、地区、国家、国际制定发展战略、进行决策，提供有用的信息。

2. 适用领域

(1) 世界模型。WORLDII 和 WORLDIII 模型(Dennis，Meadows，1974 年)研究了世界范围内人口、自然资源、工业、农业和污染诸因素的相互制约关系及产生的各种可能后果。

(2) 国家模型。中国 SD 模型(SDNMC)建立于 80 年代末用于研究数十年乃至百年内中国发展总趋势，揭示未来社会发展的矛盾、问题和阻碍因素，并提出预见性的发展战略和建议。

（3）区域或城市经济发展模型。西方城市 SD 模型（Jay. W. Forrester，1968 年）揭示了西方国家城市发展、衰退、复苏的内在机制；王其藩建立的中心城市技术开发与经济增长的 SD 模型，研究了上海市科技、教育、经济三者的协调；张炳发建立的佳木斯市宏观经济系统仿真模型，研究了城市宏观经济系统的结构和功能；吴健中等人建立的新疆社会经济发展的 SD 模型，探讨了新疆社会经济发展的制约因素。

此外，系统动力学还用于企业管理、城市规划、环境与农业的发展和建筑工程管理等方面，其应用范围越来越广泛。

7.2　系统动力学基本原理

7.2.1　动态问题与反馈观点

系统动力学应用于解决反馈系统中的动态问题，因此，学习系统动力学，先要建立动态的概念和反馈的观点。

1. 动态问题

系统动力学所探讨的问题都是动态的，也就是说包含的量具有随时间而变化的特性。如企业雇员的波动、产品市场的变化、建筑工程经费的超支等，都是动态问题，而且都可以用变量随时间变化的图形来表示。

2. 反馈观点

简单地说，所谓反馈，就是信息的传送和返回。对伺服机构及闭环控制系统中的工程师以及生理学家来说，它是自动调节的动态平衡；对社会科学家来说，它是一个恶性循环及自行实现预言的概念。

例如，一个带有恒温器的取暖系统，取暖器会将室温的信息返回给取暖系统，以此来控制加热开关，从而控制室内的温度。恒温器、加热装置、散热装置和管道一起组成了一个反馈系统。

库存控制系统也是一个反馈系统。出库使库存量减少，当库存降到低于某一期望值时，工作人员就向供应商发出订货，使库存量上升。在库存控制系统中，传送的是库存信息。图 7-1 反映了这一简单系统的实质。

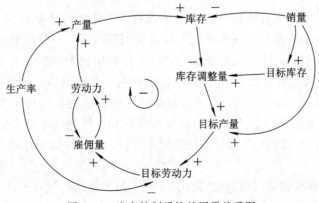

图 7-1　库存控制系统的因果关系图

3. 规范的模型

如前所述，系统动力学方法特点之一是对正规的、定量的计算机模型的运用。系统动力学模型是一种实验工具，有了它人们就能对系统反复进行试验、检验假设或改变经营决策。当然主要目的是获得知识，使模型所代表的问题得以解决或将问题减少到最低限度。

规范的模型与不规范的思维模型相比，具有以下特点：

（1）更明确并且更善于表达。系统动力学模型可以提出对问题的假设供人们评论、实验。然而思维模型却较为模糊而不明确，而这决定了它的运用范围和适用性。

（2）更便于处理复杂问题。与思维模型不同，系统动力学的规范模型能可靠地追踪任何复杂的假定和相互作用的含义，而不受术语、情感或直观差异的阻碍。

通过运用适当的规范模型进行实验，我们有可能获得解决或缩小复杂问题所必需的知识。

7.2.2 系统动力学的基本原理

系统动力学以定性分析为先导，定量分析为支持，两者相辅相成，螺旋上升逐步深化。系统动力学的核心思想是反馈控制，其基本工作原理是：首先对实际系统进行观察，采集有关对象系统状态的信息，随后使用有关信息进行决策，依据决策的结果采取行动，行动又作用于实际系统，使系统的状态发生变化，这种变化又为观察者提供新的信息，从而形成系统中的反馈回路（见图7-2(a)）。这个过程可用SD流(程)图表示（如图7-2(b)）。按照系统动力学著名的内生观点，系统行为模式与特性主要取决于其内部的动态结构与反馈机制；系统在内外动力和制约因素的作用下按一定的规律发展演化。

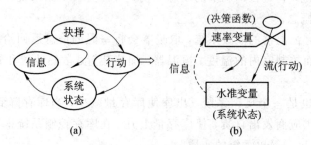

图 7-2　SD 基本工作原理

现实复杂系统可以相对地划分成两个子系统，即良结构子系统和不良结构子系统。良结构子系统由一个或若干个基本单元一阶反馈回路组成。一阶反馈回路包含三种基本变量：状态变量、速度变量与辅助变量。它们可分别用状态方程、速率方程与辅助方程描述。为了建立辅助方程还必须辅以某些数学函数、逻辑函数、信息与物质延迟函数、表函数（一般为非线性）和常数等，如此，就能对复杂系统的良结构子系统作基本的定量描述。在社会经济管理等含有人类活动的复杂系统中，机理尚不清楚、难于用明显的数学描述表达出来的"不良结构"部分，只能用半定量、半定性或定性的方法来处理，主要有以下三种方式：

（1）把部分不良结构加以相对地"良化"，用近似的良结构代替不良结构。

（2）定性与定量结合，把一部分定性问题定量化。

（3）尚无法定量化与半定量化的部分，则以定性的方法处理。

据此可归结出 SD 的四个基本要素、两个基本变量和一个基本（核心）思想如下：

（1）SD 的四个基本要素——状态或水准、信息、决策或速率、行动或实物流。

（2）SD 的两个基本变量——水准变量（Level）和速率变量（Rate）。

（3）SD 的一个基本思想——反馈控制。

还需要说明的是：

（1）信息流与实体流不同，前者源于对象系统内部，后者源于系统外部。

（2）信息是决策的基础，通过信息流形成反馈回路是构造 SD 模型的重要环节。

7.3　系统动力学建模方法

7.3.1　因果关系图及流程图

1. 因果关系图

因果关系是指由原因产生某结果的相互关系。从哲学角度讲，原因和结果是揭示客观事物的因果联系的重要哲学概念，它们是客观事物普遍联系和相互作用的表现形式之一。原因是某种事物或现象，是造成某种结果的条件；结果是原因所造成的事物或现象，是在一定阶段上事物发展所达到的目标状态。因果关系图涉及到因果箭、因果链和因果（反馈）回路。这些概念我们在第 4 章已经做了介绍。图 7-3(a)、(b) 和 (e) 所示为典型的因果（反馈）回路。

社会系统中的因果反馈环是社会系统中各要素的因果关系本身所固有的。正反馈回路起到自我强化的作用，负反馈回路具有"内部稳定器"的作用。社会系统的动态行为是由系统本身存在着的许多正反馈和负反馈回路决定的，从而形成多重因果（反馈）回路，如图 7-3(c)、(d)、(f) 所示。

SD 认为，系统的性质和行为主要取决于系统中存在的反馈回路，系统的结构主要就是指系统中反馈回路的结构。因果关系图举例如图 7-3 所示，其中包含了因果箭、因果链、因果反馈回路和多重因果反馈回路等。

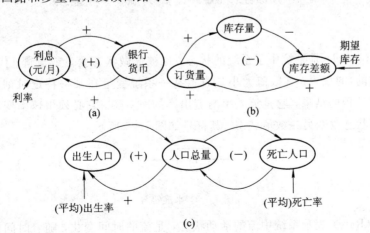

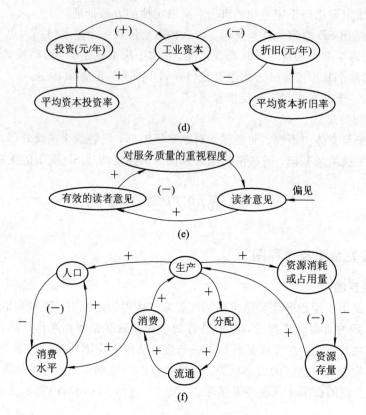

图 7-3　因果(反馈)回路举例

2. 流(程)图

流(程)图(Flow Diagram)是 SD 结构模型的基本形式,绘制流(程)图是 SD 建模的核心内容。流(程)图通常由以下各要素构成:

(1) 流(Flow)是系统中的活动和行为,通常只区分出实体流和信息流。其符号如图 7-4 所示。

$$\longrightarrow\ 实物(物资、设备、人、资金等)流\quad ----\blacktriangleright\ 信息流$$

图 7-4　流符号

(2) 水准(Level)是系统中子系统的状态,也被称做状态变量或流量,代表事物(包括物质和非物质的)的积累。其数值大小是表示某一系统变量在某一特定时刻的状况。可以说是系统过去累积的结果,它是流入率与流出率的净差额。它必须由速率变量的作用才能由某一个数值状态改变另一数值状态。其符号如图 7-5 所示。

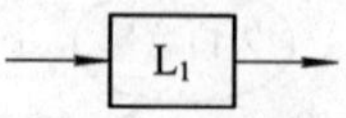

图 7-5　水准符号

(3) 速率(Rate)表示系统中流的活动状态,是流的时间变化,随着时间的推移,使水平变量的值增加或减少。速率变量表示某个水平变量变化的快慢。在 SD 中,R 表示决策函数。其符号如图 7-6 所示。

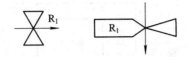

图 7-6　速率符号

（4）参数（量）（Parameter）是系统中的各种常数，或者是在一次运行中保持不变的量。其符号如图 7-7 所示。

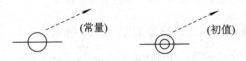

图 7-7　参数符号

（5）辅助变量（Auxiliary Variable）其作用在于简化 R 的表示，使复杂的决策函数易于理解。其符号如图 7-8 所示。

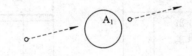

图 7-8　辅助变量符号

（6）源（Source）与洞（Sink）的含义和符号如图 7-9 所示。

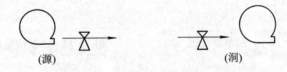

图 7-9　源和洞符号

（7）信息（Information）的取出常见情况及其符号如图 7-10 所示。

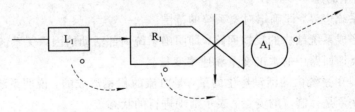

图 7-10　信息符号

（8）滞后或延迟（Delay）由于信息和物质运动需要一定的时间，于是就带来原因和结果、输入和输出、发送和接收等之间的时差。延迟现象在系统内无处不在。如货物需要运输，决策需要时间。延迟会对系统的行为有很大的影响，因此必须要刻画延迟机制。延迟包括物质延迟与信息延迟。系统动力学通过延迟函数来刻画延迟现象。在 SD 中共有如下四种情况：

① DELAY1——对物流速率进行一阶指数延迟运算（一阶指数物质延迟）。符号如图 7-11所示。

② DELAY3——三阶指数物质延迟。符号如图 7-11 所示。

③ SMOOTH——对信息流进行一阶平滑(一阶信息延迟)。符号如图 7-12 所示。

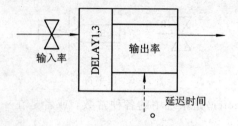

图 7-11　滞后或延迟符号

④ DLINF3——三阶信息延迟。符号如图 7-13 所示。

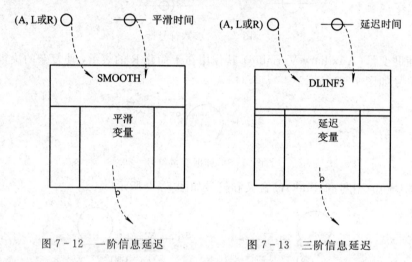

图 7-12　一阶信息延迟　　　　　图 7-13　三阶信息延迟

7.3.2　SD 结构模型的建模步骤

SD 结构模型的建模步骤:

(1)明确系统边界,即确定对象系统的范围。

(2)阐明形成系统结构的反馈回路,即明确系统内部活动的因果关系链。

(3)确定反馈回路中的水准变量和速率变量。

水准变量是由系统内的活动产生的量,是由流的积累形成的、说明系统某个时点状态的变量;速率变量是控制流的变量,表示活动进行的状态。

(4)阐明速率变量的子结构或完善、形成各个决策函数,建立起 SD 结构模型(流图)。

例 7-1　商店库存模型 SD 结构模型建模举例(建模的主要过程如图 7-14、图 7-15、图 7-16 所示)。

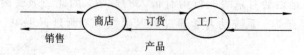

图 7-14　商店库存问题对象系统界定

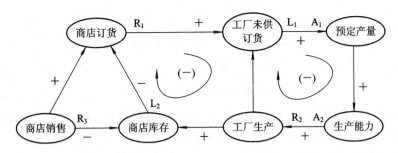

图 7-15 商店库存问题的因果关系图及变量类型

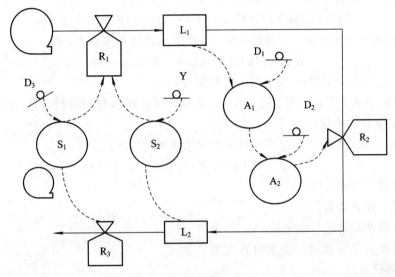

图 7-16 商店库存问题的流图

图中，D_1 是期望的完成未供订货时间，D_2 是调整生产时间，D_3 是商店订货平滑化时间，S_1 是平均销售量，S_2 是库存差额，Y 表示期望库存。

7.3.3 DYNAMO 语言编程

1. 基本 DYNAMO 方程

DYNAMO(Dynamic Models)是一种计算机模拟建模语言，其特点是语法简单，容易掌握。一个用 DYNAMO 语言编写的程序，也就是一个针对某一问题的系统动力学模型，它反映了由于系统状态变量之间的反馈作用，可使系统的状态连续地变化。

SD 的主要过程之一是通过确定系统的水准变量、速率变量、常量、辅助变量等，分析各变量之间存在的函数关系，建立 DYNAMO 仿真模型，进行人工或计算机仿真。这即是得到描述系统内部反馈机制的流(程)图后建立数学模型并进行定量分析的主要工作。DYNAMO 方程就是 SD 的数学模型。

DYNAMO 是主要采用差分方程式描述有反馈的社会系统的宏观动态行为，通过对差分及代数方程式的求解(简单迭代)进行计算机仿真。其最大特点是简单明了、容易使用。

SD 的对象系统是随时间连续变化的动态系统。在 DYNAMO 方程中变量一般带有时间标号，规定如图 7-17 所示。

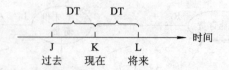

图 7-17　DYNAMO方程时间标号及其含义

SD 使用逐步仿真的方法，仿真的时间步长记为单位时间 DT。DT 一般取值为 0.1～0.5 倍的模型最小时间常数（学习中可取作单位时间）。

SD 中的基本 DYNAMO 方程主要有：

（1）水准方程。计算水准变量的方程。其标准形式为：

$$L \ LEVEL.K = LEVEL.J + DT * (RIN.JK - ROUT.JK)$$

（2）速率方程。计算速率变量的方程，是决策函数的具体形式，即

$$R \ RATE.KL = f(L.K, A.K, C, \cdots)$$

① 无一定格式（f 不定），建立速率方程颇费功夫；

② 速率的值在 DT 内不变，进一步说，速率方程是在 K 时刻进行计算，而在自 K 至 L 的时间间隔（即 DT）中保持不变。

（3）辅助方程。辅助说明速率变量或简化决策函数的方程，即

$$A \ AUX.K = g(A.K, L.K, P.JK, C, \cdots)$$

① 没有统一的标准格式；

② 时间下标总是 K；

③ 可由现在时刻的其他变量（A，L，R 等）求出；

④ 有时需用 T 方程进一步说明 A 方程。

（4）赋初值方程。

$$N \ LEVEL = \cdots \quad 或 \{ N \ LEVEL = L_0, \ C \ L_0 = \cdots$$

（5）常量方程。

$$C \ CON = \cdots$$

在以上各种方程中，L 方程是积累（或差分）方程；R、A 方程是代数运算方程；C、N、T 为模型运行提供参数值，在一次模拟运算中保持不变（C、T）。

2. 几种典型反馈回路及其仿真计算

1）一阶正反馈回路（以人口的增加机理为例）

（1）结构模型如图 7-18 所示。

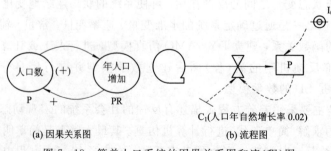

(a) 因果关系图　　　　　　　　　　(b) 流程图

图 7-18　简单人口系统的因果关系图和流（程）图

请注意，系统的阶次数为回路中所含水准变量的个数。

（2）数学模型及仿真计算如下：

L P. K＝P. J＋DT ＊（PRI. JK－0）

N P＝100

R PRI. KL＝C_1 ＊ P. K

C C_1＝0.02

仿真计算结果如表 7-1 和图 7-19 所示。

表 7-1　简单人口系统输出特性示意图

	P	PR
0	100	2
1	102	2.04
2	104.04	2.0808
⋮	⋮	⋮

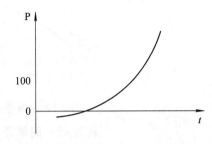

图 7-19　简单人口系统 SD 仿真计算结果

2）一阶负反馈回路（以简单库存系统为例）

（1）结构模型如图 7-20 和图 7-21 所示。

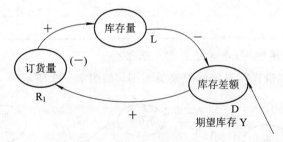

图 7-20　简单库存系统的因果关系图

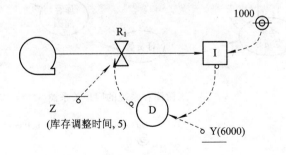

图 7-21　简单库存系统的流程图

（2）数学模型及仿真计算。

L I. K＝I. J＋DT ＊ R_1. JK

N I＝I_0

C I_0＝1000

R R_1. KL＝D. K/Z

A D. K＝Y－I. K

C Z＝5

C Y＝6000

仿真计算结果如表7-2和图7-22所示。

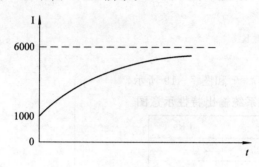

图7-22　简单库存系统输出特性示意图

表7-2　简单库存系统 SD 仿真计算结果

	I	D	R_1
0	1000	5000	1000
1	2000	4000	800
2	2800	3200	640
3	3440	2560	512

3）二阶负反馈回路（以简单库存系统为基础）

（1）结构模型。二阶库存系统的因果关系图，如图7-23所示。

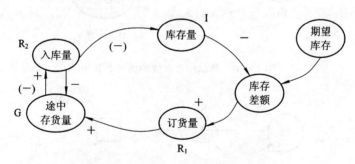

图7-23　二阶库存系统的因果关系图

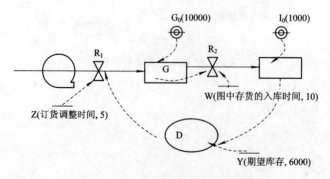

图7-24　二阶库存系统的流（程）图

（2）量化分析模型及仿真计算。

L G.K＝G.J＋DT＊（R_1.JK－R_2.JK）

N G＝G_0

C G_0＝10000

R R_1.KL＝D.K/Z

A D.K＝Y－I.K

C Z＝5

C Y＝6000

R R_2.KL＝G.K/W

C W＝10

L I.K＝I.J＋DT＊R_2.JK

N I＝I_0

C I_0＝1000

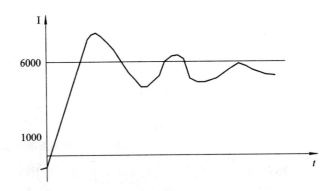

图 7-25　二阶库存系统输出特性示意图

仿真计算结果如表 7-3 和图 7-25 所示。

表 7-3　二阶库存系统 SD 仿真计算结果

	G1.JK	G.K	R2.KL	I.K	D.K	R1.KL
0	——	10000	1000	1000	5000	1000
1	0	10000	1000	2000	4000	800
2	−200	9800	980	3000	3000	600
3	−380	9420	942	3980	2020	404
…	…	…	…	…	…	…

注：$G_1 = R_1 - R_{20}$

3. DYNAMO 函数

SD 模型之所以能处理高阶非线性问题，关键在于 DNNAMO 语言设计了许多特殊函数（通过宏指令）。它们在构造和调试模型上起着重要作用。

1）表函数（Table Functions）

SD 模型中往往需要用辅助变量描述某些变量间的非线性关系，这时，可用 DYNAMO 的表函数来比较简单、直接、方便地表示。表函数的功能可通过以下两条语句来实现，并相当于图 7-26 所示结果：

A VAR.K＝TABLE（表名，输入变量 X.K，最小的 X 值 Xm，最大的 X 值 XM，X 的增量 ΔX）

T 表名＝Y_0，Y_1，…，Y_n 或 Y_0/Y_1/…/Y_n

表名一般以 T 开头，如：TVAR。

设计表函数的基本思路如下：

（1）确定出变量与入变量的基本函数关系；

（2）确定入变量的取值范围，并把它划分为若干等份；

（3）构造函数表；

（4）折线替代曲线。

若入变量取值在两个等分点之间，则用线性插值计算出变量数值。

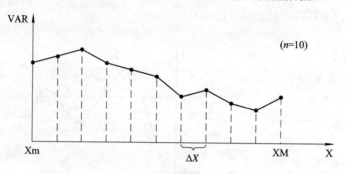

图 7-26　表函数曲线示意图

例 7-2　二阶生态系统的 SD 模型（流图如图 7-27 所示）。

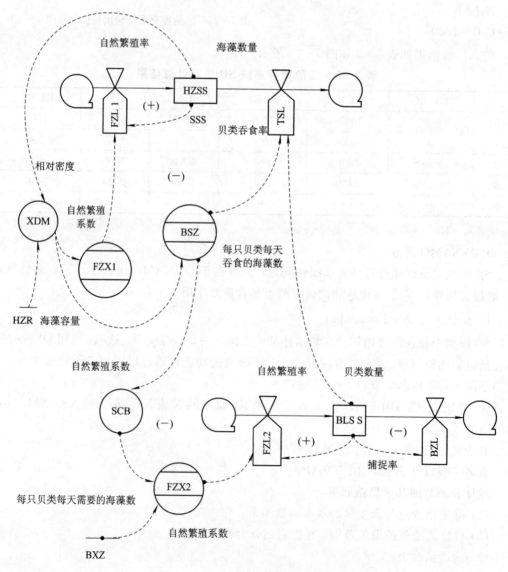

图 7-27　二阶生态系统的 SD 模型

二阶生态系统的 DYNAMO 方程如下：

NOTE（或 * ）HA1ZAO $Z_1 X_1$ TONG

L HZS. K＝HZS. J＋DT * （FZL1. JK－TSL. JK）

N HZS＝CSS（出世海藻数量，株）

C CSS＝30000

R FZL1. KL＝FZX1. K * HZS. K

$\left\{\begin{array}{l}\text{A FZX1. K＝TABLE(TFZX1, XDM. K, 0, 1.2,0.2)} \\ \text{T TFZX1＝0.8,0.9,0.7,0.45,0.1,0.01,－0.2（海藻自然繁殖系数表）}\end{array}\right.$

A XDM. K＝HZS. K/HZR（无量纲）

C HZR＝10000（株）

$\left\{\begin{array}{l}\text{A BSZ. K＝TABLE(TBSZ, XDM. K, 0, 1.2,0.2)} \\ \text{T TBSZ＝0/55/100/125/140/150/150}\end{array}\right.$

2）延迟函数

延迟是信息反馈系统结构中颇为重要的一个角色，也是社会经济系统高度非线性的重要原因之一。延迟也是普遍存在的，物理学认为"在宏观的自然界中不存在突变"。一般来说，原因并非立即就能产生结果，往往某个原因经过了一段时间才能作用产生了效果。所以 DYNAMO 有数种延迟函数，为便于建模人员使用，它们被预先编制成相应的宏指令。

（1）物质延迟。

例 7 - 3　简单疾病蔓延问题的 SD 模型（结构模型如图 7 - 28 所示）。

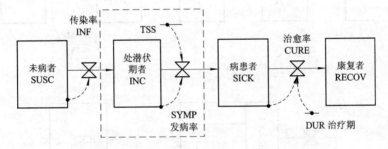

图 7 - 28　简单的疾病蔓延问题 SD 部分流（程）图

图中，虚线框内部分结构的 DYNAMO 方程如下：

L INC. K＝INC. J＋DT * （INF. JK－SYMP. JK）

N INC＝TSS * INF（TSS 为潜伏期，如流感的 TSS＝3 天）

C TSS＝3

R SYMP. KL＝INC. K/TSS

上述部分结构可用一阶指数物质延迟环节及其函数代替，具体形式如图 7 - 29 所示。

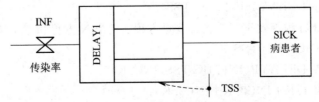

图 7 - 29　一阶物质延迟函数结构流图

在例 7-3 的基础上,对物质延迟函数可归结(或需说明)如下几点:

① DELAY1 代替一组方程及相应的一组结构,使用方便。但其中的状态变量(如 INC)被隐含了,不能直接输出(不能绘图和打印出来),也无法通过它算出其他变量。采用 DELAYP 函数可在一定程度上克服此困难,如在本例中有

R SYMP. KL=DELAYP(INF. JK,TSS,INC. K)

② 一阶物质延迟环节的输出速率均具有同一形式,即 LEV. K/DEL,如在本例中有

SYMP. KL=INC. K/TSS 及 CURE. KL=SICK. K/DUR

③ DYNAMO 能自动初始化 DELAY1 内部隐含的状态变量,以使其输入速率与经延迟的输出速率处于平衡,即在 t=0 时有:

$$SYMP=INC/TSS=(INF*TSS)/TSS=INF$$

④ 把一阶延迟环节中隐含的状态变量细分成三个状态变量(如把处于潜伏期的入口 INC 划分为三部分 INC1、INC2 和 INC3,分别表示处于潜伏期第 1、2、3 天的人口(如图 7-30 所示),即可得到三阶指数物质延迟环节及其函数 DELAY3 或 DELAYP。其结构和函数形式如图 7-30 和图 7-31 所示。

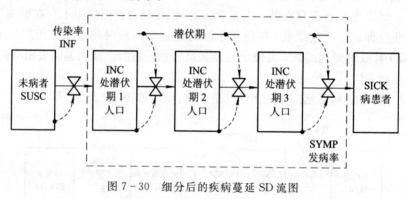

图 7-30 细分后的疾病蔓延 SD 流图

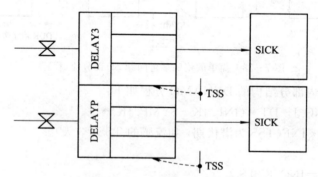

图 7-31 三阶物质延迟函数结构流图

R SYMP. KL=DELAY3(INF. JK,TSS)

一个 DELAY3 方程等效于三个状态变量方程、三个 N 方程和三个速率方程,且有:

SYMP. KL=INC3. K/(TSS/3)

R SYMP. KL=DELAYP(INF. JK,TSS,INC. K)

其中, INC. K=INC1. K+INC2. K+INC3. K)。

⑤ 物质延迟的阶次。阶次指的是延迟环节内部包含的状态变量数。

当有某阶跃输入时，一阶延迟表现出简单的指数形增长特性，三阶延迟开始表现出较为明显的 S 形增长特性。其他各阶延迟亦为 S 形增长，错开程度取决于延迟时间（如图 7－32 所示）。产生 S 增长特性的必要条件是系统内部主导的反馈作用受非线性的影响由正反馈转化为负反馈。

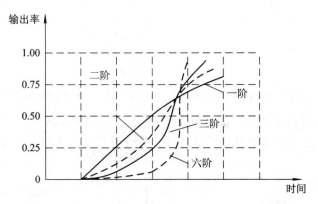

图 7－32　各阶延迟的响应特性示意图

订货率与交货率之间的延迟，一般用三阶为好。因为当订货率突增时，交货率一般不可能立即随着变化。一般交货的规律是：初期先付一小部分，然后速度较快，在 S 形曲线的拐点处，出现最大交货率，此后又渐渐缓慢下去。

（2）信息平滑及延迟。在生产经营管理等实际问题中，能否获得真实、可靠且能充分说明问题的信息，是决策成败的关键。例如企业领导人决不会将某日销售额突增的信息作为长远的趋势，把它作为库存、生产安排与招工等问题决策的依据。决策者总是力图从销售信息中排除随机因素，找出真实的趋势。换言之，对销售信息应求其在一段时间内的平均值。这种"平均"与"平滑"的处理方式在 SD 中可通过信息平滑或延迟函数来实现。

① 信息平滑函数（一阶信息延迟函数）——SMOOTH 函数。SMOOTH 函数的结构形式如图 7－33 所示。数学模型为

A SVAR. K＝SMOOTH(VAR. K,STIME)

以上各变量的含义及 SMOOTH 函数的原型如图 7－34 所示，图中，

VAR：待平滑变量，可以是 L、R 或 A 变量。

SVAR：VAR 的平滑变量。

SRATE：平滑速率。

STIME：平滑时间（变量 VAR 经积累达到指数加权滑动平均值所需的时间）。

相应的方程为：

L SVAR. K＝SVAR. J＋DT ∗ SRATE. JK

N SVAR＝VAR

R SRATE・KL＝(VAR. K－SVAR. K)/STIME

平滑函数可以写成加权平均或指数平滑的形式，即

SVAR. K＝(DT/STIME)(VAR. J)＋(1－DT/STIME)(SVAR. J)

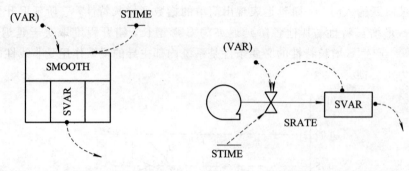

图7-33 信息平滑函数结构简图   图7-34 信息平滑函数原型结构简图

从中可看出，STIME 大时，加权侧重于历史平均值（SVAR.J），使得 SVAR 对 VAR 的变动反应较慢，这就是所期望的平滑特性。平滑函数具有平滑原变量激烈起伏的功能，如图7-35 所示。

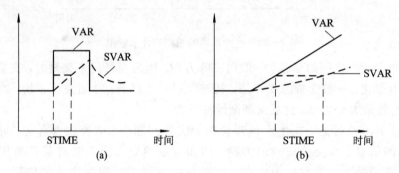

图7-35 平滑函数功能示意图

平均或平滑可导致信息的延迟，因此，平滑函数常常被用于描述信息的延迟。

② 三阶信息延迟函数——DLINF3 函数。信息的平滑或平均实质上是一种积累过程，可以包含一个或多个 L 变量，并作为输出的结果。我们可以把数个一阶平滑函数串接成为高阶的信息延迟，如图7-36 所示。

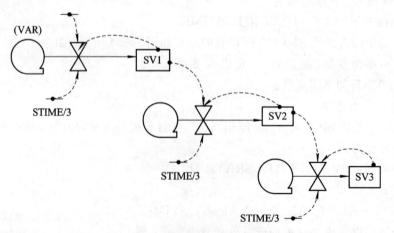

图7-36 三阶信息延迟形成示意图

以此为背景，可归结出如下的 DLINF3 函数如图7-37 所示。数学模型为

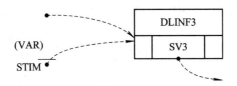

图 7 - 37　三阶信息延迟函数结构简图

A SV3. K＝DLINF3(VAR. K，STIME)

3）其他函数

（1）数学函数——SQRT，SIN，COS，EXP，LOGN。

$SQRT(X)=\sqrt{X}$

$SIN(X)=\sin X,$

$COS(X)=\cos X,$

$EXP(X)=e^X$

$LOGN(X)=$ 或 $\ln X$

（2）逻辑函数——MAX，MIN，CLIP、SWITCH。

$$MAX(A,B)=\begin{cases} A, & A\geqslant B \\ B, & A<B \end{cases}$$

MAX 函数的特殊功能：可产生数的绝对值 MAX(A，－A)；用于防止出现除式分母为 0 和负值的情况，如 A/[MAX(B,0.01)]，当 B＝0 时，仿真运算不会停下来。

$$MIN(A,B)=\begin{cases} A, & A<B \\ B, & A\geqslant B \end{cases}$$

$$CLIP(A,B,X,Y)=\begin{cases} A, & X\geqslant Y \\ B, & X<Y \end{cases}$$

该函数使构模者能在模型仿真过程中，更换或改变原来的函数和常数值。

$$SWITCH(A,B,X)=\begin{cases} A, & X=0 \\ B, & X\neq 0 \end{cases}$$

该函数的功能类似于 CLIP 函数，均具有选择和转移功能。

在研究系统行为时，使用 CLIP、SWITCH 等函数可以模拟出政策的改变对系统行为的影响。

（3）测试函数——STEP(阶跃)、RAMP(斜坡)、PULSE(脉冲)、SIN(正弦)、NOISE(无线)。

STEP(A，B)——A：阶跃的幅度，B：阶跃发生的时刻；

RAMP(A，B)——A：线性函数的斜率，B：斜坡函数的起始时刻；

PULSE(A，B，C)——A：脉冲幅度，B：第一个脉冲出现时刻，C：脉冲间隔(实际脉冲宽度一般为 DT)；

A＊SIN(6.283＊TIME. K/B)——A：振荡幅度，B：振荡周期(相邻峰或谷之间的时间长度)；

NOISE[]——产生从－0.5 到 0.5 之间的伪随机数(随机数产生函数)；例如

A＊NOISE[]＋B 表示随机数的变化范围为〔B－A/2,B＋A/2〕。

例 7 - 4 改进库存（控制）系统的 SD 模型如图 7 - 38 所示。

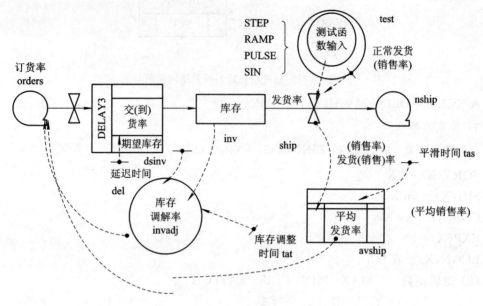

图 7 - 38　库存控制系统 SD 流图

相应的 DYNAMO 方程如下（其中各参数已设定）：

L inv. K＝inv. J＋DT ＊（ordrcv. JK－ship. JK）

N inv＝dsinv

R ordrcv. KL＝DELAY3(ordrs. JK，del)

C del＝3

R ordrs. KL＝avship. K＋invadj. K

A avship. K＝smooth(ship. JK，tas)

C tas＝2

R ship. KL＝nship＋test. K

C nship＝100

A test. K＝

test1 ＊ step(sth，sta)＋test2 ＊ ramp(slp，sta)＋test3 ＊ pulse(hgth，sta，intvl＋test4 ＊ amp ＊ sin(6. 283 ＊ time. k/per)＋test5 ＊ range ＊ noise()

C test1＝0/test2＝0/test3＝0/test4＝0/test5＝0

C sta＝2，sth＝10，slp＝20，hgth＝10，intvl＝200，amp＝10，per＝5，range＝20

A invadj. k＝(dsinv－inv. k)/tat

C tat＝2

C dsinv＝300（dsinv＝3 ＊ nship）

7.3.4　系统仿真软件

1. Vensim PLE 软件的特点

Vensim PLE(Ventana Simulation Enviroment Personal Learning Edition，即 Ventana

系统动力学模拟环境个人学习版)软件的特点：

（1）利用图形化编程建立模型。在 Vensim PLE 中，"编程"实际上并不存在，只有建模的概念。只要在模型建立窗口中画出流图，再通过 Equations 输入方程和参数，就可以直接进行模拟了。如果用户需要查看有关方程和参数，可使用 Mode Document 工具条。另外，Vensim PLE 提供两种模型文件保存方式：一种是二进制文件，后缀为.vmf；另一种是文本文件，后缀为.mdf，这种文件可以用于模型的建立和修改，但这并不是 Vensim PLE 推荐的方法。

（2）运行于 Windows 下，数据共享性强，Windows 提供丰富的输出信息和灵活的输出方式。由于采用了多种分析方法，因此 Vensim PLE 的输出信息是非常丰富的，并且输出兼容性较强。一般的模拟结果，除了即时显示外，还提供保存文件和复制到剪贴板功能。例如建立好的模型可以复制到剪贴板，再由剪贴板转到 MS Word 的编辑文件中。

（3）对模型的多种分析方法。Vensim PLE 提供对于模型的结构分析和数据集分析。其中结构分析包括原因树分析（逐层列举作用于指定变量的变量）、结果树分析（逐层列举该变量对于其他变量的作用）和反馈列表。

模型运行后，可进行数据集分析。对指定变量，可以给出它随时间的变化图，列出数据表；可以给出原因图分析，列出所有作用于该变量的其他变量随时间变化的比较图；可以给出结果图分析，列出该变量对于其他变量随时间变化的比较图；同时可以将多次运行的结果进行比较。最终结果的图形分析和输出，可使用 Graph，它不但可以列举出多个变量随时间的变化图，而且可以列举出变量之间的关系图。

（4）真实性检验。对于模型中的一些重要变量，依据常识和一些基本原则，我们可以预先对其假设一些基本要求。这些假设是真实性约束，将这些约束加到建好的模型中，专门模拟现有模型在运行时对于这些约束的遵守情况或违反情况，这样可以判断模型的合理性与真实性，从而调整结构或参数。真实性检验是 Ventana 公司的专利方法，是一种非常有效的建模工具。

2. 使用 Vensim PLE 软件处理问题

使用 Vensinm PLE 软件处理问题的一般过程如图 7-39 所示。

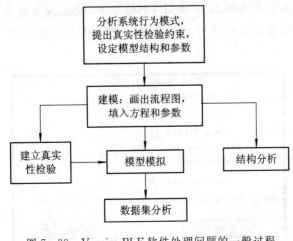

图 7-39　Vensim PLE 软件处理问题的一般过程

3. Vensim PLE 的使用说明

Vensim PLE3.0c 可运行于 Windows3.X，Windows 95，Windows NT 操作系统下。硬件要求 386 以上 PC 机，2.0M 内存，1.6M 磁盘空间(安装时需 6M 硬盘空间)，对于 Machintosh 机型也可使用。

4. Vensim PLE 的菜单和主窗口

Vensim PLE 的用户界面是标准的 Windows 应用程序界面，除支持菜单和加速键外，还提供多个工具条。

对于菜单的驱动，除了逐级打开外，还可以用相应的加速键。Vensim PLE 提供以下菜单：

File(文件管理)：提供建立新模型(New Model)，打开模型(Open Model)，保存模型 (Save, Save as)，打印模型(Print, Print Options)等。模型打开和建立后，检查可通过 Check 完成。

View(观察)：对于模型的流图进行总体观察，可按任意比例缩放。

Model(模型检验)：包括 Reality Check (真实性检验)、Time Bounds(时间控制设置)。其中 Time Bounds 是用于调控 Simulate 和 Reality Check 的时间参数的。

Windows(窗口)：包括 Control Panel 控制面板(用于 Variable Selection 分析变量选择、Time Axis 时间轴设置、Scalling 纵坐标调整、Datasets 数据集选择、Graph 自定义作图等)，以及 Pop Forward 实现由其他窗口转换到模型建立窗口，Error History 是出错记录，Selection History 是选择记录。

Help(帮助)：在该菜单下有 Manual 子菜单，它是 Ventana 公司提供的使用手册，比较详细。另外一个是 About Models 子菜单，它提供了 Vensim PLE 对模型的基本概括，如变量数目、状态量数目等，并可对模型设置加密口令。

5. 模型的建立

模型的建立是在模型建立窗口中，通过图示化的方式建立的，或对已建立的模型进行修改。主要过程是画出流图，然后输入参数和方程。

1) 开始

在主菜单 File 下，选择 New Model 或 Open Model，就可以开始一个新模型的建立或者已建模型的修改工作。在选择 New Model 的情况下，将出现如图 7-40 所示的窗口可用来对模型初始化。可以选择起始时间、结束时间、时间单位，时间步长和数据记录步长等号数。

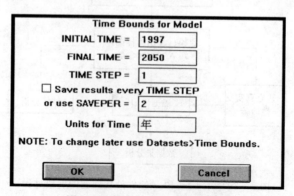

图 7-40 New Model 操作界面

2）画图工具条

画图工具条的功能依次为：

Pointing：用于选中、移动和改变变量和图符。

Variable：用于定义非状态变量的变量，如辅助变量和常量。

Box Variable：用于创建状态变量。注意，Vensim PLE 一般约定状态变量第一个字母大写，常量和表格量字母全大写，其余变量字母全小写。但用户也可以自己约定。

Arrow：用于创建表示因果关系的箭头，可以是直的或弯曲的。

Rates：用于创建速率变量。它由四部分构成：两个箭头，一个开关，两朵表示源和漏的云，以及变量本身。可通过选择移动开关，移动和改变图符形状。速率变量一般至少有一端指向一个状态变量，在创建时可是其一端直接指到状态变量上。

Shadow Variable：有时模型很大，若一个变量已在一个子块中定义，在另一子块中，只要用 Shadow Variable 再声明一次即可。

Comment：用于为流图增加注释。Vensim PLE 的注释方法很丰富，可以是文字、图符等。它在模型流图中无实质性作用。

Delete：用于删除相关内容。

Equations：用于建立方程，即建立等式、赋值、定义单位等。

3）对于图符和字体的调整

Vensim PLE 提供图符和字体的丰富多彩的表示方式。对于已有的图符和字体，有两种方法实现调整：一种是用指针选中图符和变量（注意，图符要选其操作柄），然后再点按底部工具条；一种是直接用鼠标右键点按图符操作柄或变量，就会出现相应的对话框。

7.3.5　模型建立后的静态分析

模型建立后，在运行前和运行后均可以进行静态分析，主要是结构分析。Vensim PLE 通过分析工具条进行静态分析。其中，原因树分析、结果树分析和反馈回路分析是对具体变量进行的，因此，首先要选择变量到工作台。而模型文档列举和量纲检查是对于整个模型的分析。

1. 将分析变量选入工作台

变量选入有两种方法，一是选择模型建立工具条的指针 Pointing，然后连续两次点按要选择的变量，就会在主窗口标题栏看到被选中的变量。另一种方法是，选择 Control Panel 下的变量选择（Variable），则会出现一个对话框，列出了模型的所有的变量，且可以分类显示，选择要分析的变量即可。

2. 原因树分析

对于给定变量，列举作用于其上的变量；然后对于这些变量，再列举作用于其上的变量；依次类推，逐级反向追溯，直到出现给定变量本身的一级为止。这时，就得到了给定变量的一个原因树，最末一级的所有变量（除变量本身）实际上是该子系统的边界，是这些变量的外部作用决定了给定变量的。图 7-41 所示是对于变量 Rabbit Population 的原因树分析图。可以锁定窗口，打印该图，也可以将其拷贝到剪贴板或以图元文件（.wmf）保存。

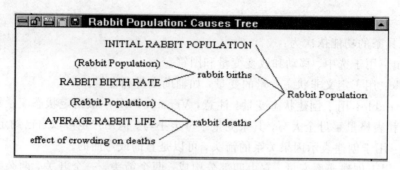

图 7 - 41　原因树分析图

3. 结果树分析

对于给定变量，列举其作用的变量；然后对于这些变量再列举其作用的变量；依次类推，逐级正向追溯，直到出现给定变量的一级为止。给定变量的结果树也构成了一个子系统，其最末一级的所有变量(除给定变量本身)构成子系统边界，表示指定变量对于整个系统的最终作用。图 7 - 42 是变量 Rabbit Population 的结果树分析图。

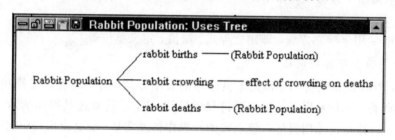

图 7 - 42　结果树分析图

4. 模型文档

Vensim PLE 没有"程序"，用户可以看到的是方程列举的文档。该文档详细列举了所有等式、参数、表函数，以及用户注释及 Vensim PLE 提供的用途分析。这一文档和模型流图构成了 Veansim 基本的模型文档，其具体步骤如下：

(01) AREA OF GRASSLAND = 20000

　　Units：square yards

　　Uses：(03)carrying capacity —

(02) AVERAGE RABBIT LIFE = 2

　　Units：Year

　　Uses：(13)rabbit deaths —

(03) carrying capacity = AREA OF GRASSLAND / GRASS REQUIRED PER RABBIT

　　Units：Rabbit

　　(01)AREA OF GRASSLAND —

　　(07)GRASS REQUIRED PER RABBIT —

　　Uses：(12)rabbit crowding —

(04) effect of crowding on deaths = EFFECT OF CROWDING ON DEATHS LOOKUP

　　(rabbit crowding)

Units：Dmnl

(12)rabbit crowding —

(05)EFFECT OF CROWDING ON DEATHS LOOKUP —

Uses：(13)rabbit deaths —

(05) EFFECT OF CROWDING ON DEATHS LOOKUP

　　([(0,0)—(10,10)],(0,0.5),(1,1),(1.5,2),(2,5),(2.5,10))

　　Units：Dmnl

　　Uses：(04)effect of crowding on deaths —

(06) FINAL TIME = 10

　　Units：Year

　　The final time for the simulation.

(07) GRASS REQUIRED PER RABBIT = 10

　　Units：square yards/Rabbit

　　Uses：(03)carrying capacity —

(08) INITIAL RABBIT POPULATION = 100

　　Units：Rabbit

　　Uses：(14)Rabbit Population —

(09) INITIAL TIME = 0

　　Units：Year

　　The initial time for the simulation.

　　Uses：(00)Time — Internally defined simulation time.

(10) RABBIT BIRTH RATE = 1.1

　　Units：1/Year

　　Uses：(11)rabbit births —

(11) rabbit births = Rabbit Population * RABBIT BIRTH RATE

　　Units：Rabbit/Year

　　(14)Rabbit Population —

　　(10)RABBIT BIRTH RATE —

　　Uses：(14)Rabbit Population —

(12) rabbit crowding = Rabbit Population/carrying capacity

　　Units：Dmnl

　　(14)Rabbit Population —

　　(03)carrying capacity —

　　Uses：(04)effect of crowding on deaths —

(13) rabbit deaths = (Rabbit Population / AVERAGE RABBIT LIFE) * effect of crow-
　　ding on deaths

　　Units：Rabbit/Year

　　(14) Rabbit Population —

　　(02)AVERAGE RABBIT LIFE —

(04)effect of crowding on deaths —

Uses：(14)Rabbit Population —

(14) Rabbit Population = INTEG(rabbit births—rabbit deaths,INITIAL RABBIT POP-
ULATION)

Units：Rabbit

(08)INITIAL RABBIT POPULATION —

(11)rabbit births —

(13)rabbit deaths —

Uses：(11)rabbit births —

(12)rabbit crowding —

(13)rabbit deaths —

(15) SAVEPER = TIME STEP

Units：Year

The frequency with which output is stored.

(16) TIME STEP — The time step for the simulation.

(16) TIME STEP = 0.125

Units：Year

The time step for the simulation.

Uses：(15)SAVEPER — The frequency with which output is stored.

5. 反馈回路分析

对于给定变量，列举包含该变量的所有的反馈回路。注意，尽管在建立模型时标明了
每个箭头的极性，但 Vensim PLE 并不提供反馈性质分析。图 7-43 所示是变量 Rabbit
Population 的反馈回路分析图。

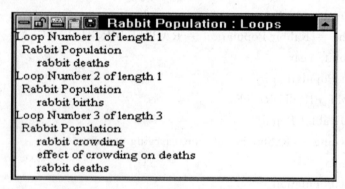

图 7-43　反馈回路分析图

7.3.6　模型模拟及数据集分析

建立好模型后，就可以进行模拟和数据集分析。Vensim PLE 的数据集分析是对于模
拟的结果，即数据文件.vdf 进行比较分析。可以对于一次运行结果分析，也可以对于多次
运行结果(即多个.vdf 文件)比较分析。同结构分析一样，数据集分析一般也是对于具体的
变量进行的，须先选择要分析的变量。

1．模型模拟

选择主菜单下面的 SET 选项，会出现参数设定对话框。该对话框允许用户修改有关参数、表函数、设定保存运行结果的文件名等。这在对于同一模型反复调整参数，比较运行结果时很重要。注意，这里对于参数和表函数的修改不会保存到模型文件中去。

另外，可以利用主菜 Model 中的 Time Bounds，对于运行起始时间、步长进行重新设定。模型运行后会产生供数据集分析用的 .vdf 文件。若要多次调整参数运行同一模型，并生成不同数据文件，则图形和表格显示的就是多次运行的结果。

2．数据集分析

Run Compare 运行比较：在多次运行同一模型，而改变其参数时，显示和列举每次运行的参数比较。选择 Run Compare，则出现如图 7-44 所示的对话框。它详细记录了三次运行模型参数的调整情况。数据分析过程如下：

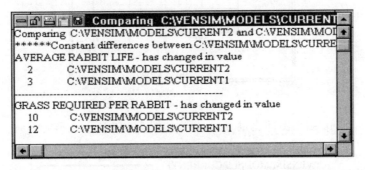

图 7-44　数据分析对话框

Comparing C：\VENSIM\MODELS\CURRENT2 and C：\VENSIM\MODELS\CURRENT1

* * * * * * Constant differences between C：\VENSIM\MODELS\CURRENT2 and C：\VENSIM\MODELS\CURRENT1 * * * * * *

AVERAGE RABBIT LIFE — has changed in value

2	C：\VENSIM\MODELS\CURRENT2
3	C：\VENSIM\MODELS\CURRENT1

GRASS REQUIRED PER RABBIT — has changed in value

10	C：\VENSIM\MODELS\CURRENT2
12	C：\VENSIM\MODELS\CURRENT1

---

* * * * * * Lookup differences between C：\VENSIM\MODELS\CURRENT2 and C：\VENSIM\MODELS\CURRENT1 * * * * * *

EFFECT OF CROWDING ON DEATHS LOOKUP — has changed in value

C：\VENSIM\MODELS\CURRENT2	C：\VENSIM\MODELS\CURRENT1
X|Y	X|Y
0|0.5	0|0.5
1|1	1|1

1.778|1.69   1.5|2

2.629|3.063   2|5

3.17|4.613   2.5|10

4.098|7.359

4.974|9.894

（1）Strip 给出分析变量随时间的变化图，如图 7-45 所示。

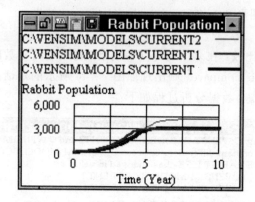

图 7-45　Rabbit Population 的 Strip 图

（2）Causes Strip 结果图即变量 Strip 图，如图 7-46 所示。

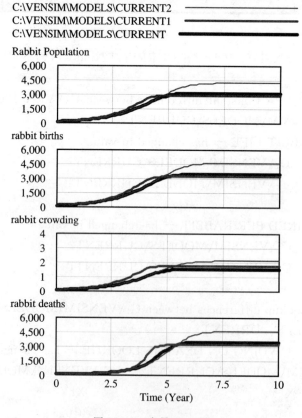

图 7-46　变量 Strip 图

（3）Table 数据表如表 7-4 所示。

表 7-4　变量随时间变化表格

Table					
Time (Year)	4.75	4.875	5	5.125	5.25
"Rabbit Population"　Runs:	C:\VENSIM\MODELS\CURRENT2			C:\VENSIM\MODEL	
Rabbit Population	2,812	2,960	3,103	3,241	3,372
	2,841	2,849	2,854	2,857	2,859
	2,676	2,764	2,839	2,903	2,957

7.4　案例分析

应用系统动力学模型对禹城农牧结合生态系统发展趋势进行动态模拟，并对其结构和功能进行优化。目的在于实现当地社会经济和生态环境协调发展。

1. 模型的建立与检验

1）建模思路

禹城农业生态系统各子系统之间通过物质转换与能量流动组成一个有机整体，但它们并不是一个完全封闭的自然生态系统，而是人类参与调控的开放型的社会经济生态系统。系统地研究各子系统之间的能流、物流将有助于农业生产发展规划方案的建立与选择，以获取最佳的农牧结合高效发展模式。种植业子系统主要研究分析在耕地面积既定的情况下，根据各类作物对社会生产的满足程度和资源利用效率，调整控制各类作物占用耕地的面积；此外种植业产出水平除受播种面积制约外，还受单产的影响。畜牧业子系统主要研究分析不同社会市场需求与资源供给对畜牧生产结构的影响，探求合理的畜牧生产结构。模型中以耕地面积和家畜群体总规模为积累变量，通过调整各种作物占有耕地面积的比例和各种家畜所占总家畜的比例，求解种植业与畜牧业的协调关系。畜牧业发展所需的饲料是由种植业提供的，但系统内畜牧业的发展并非完全受系统内饲料资源约束，其所需饲料却作为调整作物种植结构的主要依据。种植业和养殖业子系统的运转都受资金投入的控制，而资金投入水平和比重又与各产业产出水平与社会市场需求相关。通过深入分析禹城农业生态系统演变规律与机制，结合本地的资源优势和产业发展政策等，形成农牧结合系统的主要反馈回路图。根据系统反馈回路，建立系统结构模型流程图与构造方程，主要包括人口、种植业、养殖业、投入和产出子模块。人口子模块用于模拟系统内人口的变化情况；种植业子模块包括耕地和作物种植结构的变化；养殖业子模块用来模拟家畜养殖规模与养殖结构；投入子模块主要是指作物种植和家畜养殖物质投入和饲料需求；产出子模块包括种植业和养殖业的实物产出、能量产出和产值。

2）参数确定与模型检验

农牧结合农业生态系统模型的参数较多，类型复杂，可以分为两类：第一类为固定参数，这类参数不随时间变化，如牲畜饲料标准、生产资料与农畜产品折能系数、生产资料与农畜产品价格等，这些参数主要根据实测资料、统计资料或查阅相关文献估算而得；第二类为时变参数，它随时间的推移而发生变化，如种植业中的物资投入、耕地生产力、畜禽生产力等。在时变参数中，按其变化规律又可分为线性时变参数和非线性时变参数两种。线性时变参数是时间变量的函数，首先确定其基期和目标期的参数值，然后按照变化规律确定比例关系。非线性时变参数的变化非常复杂，一部分采用回归分析的方法得到参数方程，而对于不能得到方程的，则采用表函数的形式表示参数随时间的不规则变化。模型有效性主要采用历史检验法，即利用实际历史数据与模型仿真运行结果的相对误差来检验模型的有效性。将禹城农业生态系统的有关数据代入模型，仿真结果中选择人口、耕地、粮食产量、家畜年存栏总数等变量。将其中 1980—2000 年模拟数据输出与实际输出相比较，其仿真输出结果与系统的历史数据基本相符。因此，模型能够反映真实系统。通过不同情景模拟分析，可以评价各种政策和预测系统未来发展趋势，形成决策方案。

3）模型运行及典型优化

模型的仿真实质上是一种政策模拟和战略实验，即通过模拟不同的调控措施预测系统未来的结果。我们知道，种植业自始至终是禹城农业发展的基础，养殖业经过近几年发展已成为农业发展潜力最大的支柱，而且，目前的生产条件及物质投入已经达到较高水平，在现有条件下通过调整种植结构与养殖结构、协调种植业与养殖业发展以提高农业资源利用率，是当前和今后一段时间内的重要举措。为此，对模型实施三种方案进行系统仿真优化模拟运行，以预测禹城农业生态系统的发展态势。第一种方案是完全采用现有种植业与养殖业结构；第二种方案是维持现有养殖业结构，调整种植业结构；第三种方案是同时调整种植业与养殖业结构。经过模型反复运行试验，从中选出三种典型情景供决策者考虑（见表 7-5）：第Ⅰ种情景，种植业结构为粮食作物和经济作物二元结构，占耕地面积的比例分别为 70％ 和 30％，在经济作物中蔬菜的种植比重为 76％；养殖业结构为精料家畜占 33％，草食家畜占 67％，在精料家畜中猪和家禽的比重分别为 63％ 和 37％，在草食家畜中肉牛和奶牛的比重分别为 66％ 和 34％。第Ⅱ种情景，种植业结构为粮食作物、经济作物和饲料作物三元结构，其占耕地面积的比例分别是 45％、25％ 和 30％，而在经济作物中蔬菜的种植比重提高到 85％；养殖业的结构同第Ⅰ种情景。第Ⅲ种情景，粮食作物、经济作物和饲料作物的种植业三元结构各占 51％、30％ 和 19％，养殖业结构为精料家畜占 40％，草食家畜占 60％，在精料家畜中猪和家禽各占 50％，在草食家畜中肉牛和奶牛的比重调整为 80％ 和 20％。在运行模型筛选方案时，各种农产品的价值参数采用了 2003 年当地市场价格，作物种植的物质投入参数来源于农户调查结合参考文献，家畜消耗的饲料定额参数结合了专家咨询和农户调查。

从表 7-5 可以明显看出，第Ⅰ种情景除了粮食总产出和人均粮食占有量高于第Ⅱ和第Ⅲ情景，其他各项均不及后 2 种，特别是精、粗饲料供需均有较大缺口。第Ⅱ种情景与第Ⅲ种情景相比，前者比后者具有较高的产值、工业辅助能效和光能利用率，但具有较低的粮食产出量和人均粮食占有量；粗饲料资源供需状况表现为第Ⅱ和第Ⅲ情景都没有缺口，均能满足养殖业的需求，而精饲料资源供需却表现为第Ⅱ种情景比第Ⅲ种情景缺口更大，说明在第Ⅲ种情景条件下，养殖业生产就会在更大程度上受控于系统外精饲料资源的供给量。

表 7-5　模型模拟 3 种情景生产表现

年份		1980	1985	1990	1995	2000	2005	2010	2015	2020
农业总产值(万元)	I	37681	59638	86951	144099	248432	291566	320596	349653	368777
	II						352802	381079	409464	428298
	III						330178	354627	379216	395474
种植业比重(%)	I	86.1	87.0	78.7	66.0	46.1	40.4	37.6	35.6	34.5
	II						50.7	47.5	45.0	43.6
	III						49.6	46.9	44.9	43.7
养殖业比重(%)	I	13.9	13.0	21.3	34.0	53.9	59.7	62.4	64.4	65.6
	II						49.3	52.5	55.0	56.4
	III						50.4	53.2	55.1	56.3
粮食总产值(kg)	I	13360	25386	34990	42373	42505	45254	46654	47673	47876
	II						28886	29779	30430	30559
	III						32801	33816	34555	34701
人均占有粮食(kg)	I	326	589	773	890	850	861	844	821	784
	II						549	539	524	501
	III						624	612	595	568
精饲料供需差(10^3 kg)	I	804	4177	−1018	−8077	−21885	−29401	−35009	−40293	−43957
	II						−36968	−42786	−48210	−51898
	III						−32665	−37647	−42231	−45366
粗饲料供需差(10^3 kg)	I	17221	21496	6075	−3205	−20913	−29418	−33356	−36345	−38545
	II						12449	8008	4652	2336
	III						7377	4424	2387	906
农田光能利用率(%)	I	0.18	0.34	0.47	0.58	0.60	0.63	0.65	0.67	0.67
	II						1.03	1.04	1.05	1.05
	III						0.86	0.87	0.88	0.89
耕地面积 km^2		54487	53801	53544	53091	52933	52745	52688	52634	52581
养殖业规模(万 LU)		5.91	8.99	23.21	34.46	41.93	48.68	52.11	54.78	56.45

4）结论与讨论

我国广大平原农区，既是粮食主产区，也是畜牧业优势产区，如何协调好种植业和畜牧业的关系，就成为这些地区持续发展的关键。本案例根据禹城区域资源特点和农业生产特点，建立了该地区农牧结合生态系统的动力学模型，通过对种植业和养殖业内部组成结构比例实施调控，经过模型仿真运行，针对禹城选出的三种典型优化结构供决策者参考。虽然这三种优化方案的可行性有待经过实践验证，该模型还需要进一步完善，例如，随着系统中养殖规模的扩大，有机肥的产出会不断增加，必然会促使系统中化肥用量不断减少，即减少对外部投入的依赖性，但是这一行为在该模型中没有考虑，是因为有机肥和化肥的替代关系和平衡点没有明确，需要经过试验研究确定参数。但是，该模型充分展示了不同种养结构条件下系统的功能表现及其效果，为今后模拟农牧结合生态系统的发展变化趋势、进行农牧结合生态系统结构与功能优化设计提供了一条有效途径。对结构和功能进行优化设计，是调控农业生态系统的重要手段之一。系统动力学是研究信息反馈系统动态行为的计算机仿真方法，它巧妙地把信息反馈的控制原理与因果关系的逻辑分析结合起来，面对复杂的实际问题，从研究系统的结构入手，建立系统的仿真模型，并对模型实施各种不同的政策试验，通过计算机仿真展示系统的功能行为，寻求解决问题的正确途径，可以提出有利于农业生态系统持续发展的调控方案与措施。

课 后 习 题

1. 系统仿真在系统分析中起何作用？系统仿真方法的特点有哪些？

2. SD 的基本思想是什么？其反馈回路是怎样形成的？请举例加以说明。

3. 请分析说明 SD 与解释结构模型化技术、状态空间模型方法的关系及异同点。

4. 请举例说明 SD 结构模型的建模原理。

5. SD 为什么要引入专用函数？请说明各主要 DYNAMO 函数的作用及适用条件。

6. 如何理解 SD 在我国现实的社会经济和组织管理系统分析中更具有方法论意义？

7. 请用 SD 结构模型来描述学习型组织的一般机理。

8. 假设某单位每月招工人数 MHM 和实际需要人数 RM 成比例，招工人员的速率方程是：$MHM.KL = P * RM.K$。请回答以下问题：

(1) K 和 KL 的含义是什么？

(2) RM 是什么变量？

(3) MHM、P、RM 的量纲是什么？

(4) P 的实际意义是什么？

9. 已知如下的部分 DYNAMO 方程：

$$MT.K = MT.J + DT * (MH.JK - MCT.JK)$$

$$MCT.KL = MT.K / TT.K$$

$$TT.K = STT * TEC.K$$

$$ME.K = ME.J * DT * (MCT.JK - ML.JK)$$

其中：MT 表示培训中的人员（人），MH 表示招聘人员速率（人/月），MCT 表示人员培训速率（人/月），TT 表示培训时间，STT 表示标准培训时间，TEC 表示培训有效度，ME 表示熟练人员（人），ML 表示人员脱离速率（人/月），请画出对应的 SD 流（程）图。

10. S 公司是一家高科技公司，因为有一项能产业化的科技创新成果而创业，且一开始便迅速成长。因为销售业绩太好，以致积欠交货的订单在第 2 年就开始越积越多，于是管理层决定扩大产量，但是这需要时间；与此同时使原先对顾客允诺的交货期一再拖延，但领导层认为，企业的产品功能无法替代，顾客能够接受交货期的延长。同时为了继续能使公司发展增长，他们将收入的大部分直接投入营销，到第 3 年公司销售人员增加了一倍。但是，到了第 3 年年末开始出现困境，而第 4 年销售业绩出现危机。虽然企业雇用了更多的销售人员和新装置，但是销售速度反而下滑。于是企业的注意力又转移到营销：提高销售奖额、增加特别折扣和投放新的促销广告，跟着情况一时好转，但是很快困境再度出现；于是再进一步加强营销，如此循环的变化形态，虽然有小幅度而间歇性的成长，但是企业从来没发挥它真正的潜力。市场对公司产品需求仍然很强劲，而且没什么重大的竞争对手，那么为什么出现这种振荡式发展？怎样才能改善公司的成长，使得企业以指数方式增长？请利用 SD 模型分析该公司应该如何发展。

11. 假设某快递公司员工人数与业务量按一定的比例相互促进增长。该公司现有业务量为 1000 单位，且每年以 a 的幅度增加，每一名员工的增加可引起业务量增加的速度是 5 单位/年。现有员工人数为 100，而平均每 30 单位业务量的增加需要引起员工人数增加的速度是 1 人/年。试用 Vensim 绘制因果关系图、流程图，并仿真计算该公司未来几年的发展情况。

12. 高校的在校本科生和教师人数(S 和 T)是按一定的比例而相互增长的。已知某高校现有本科生 10000 名，且每年以 SR 的幅度增加，每一名教师可引起增加本科生的速率是 1 人/年。学校现有教师 1500 名，每个本科生可引起教师增加的速率(TR)是 0.05 人/年。请用 SD 模型分析该校未来几年的发展规模，要求：

(1) 画出因果关系图和流(程)图；

(2) 写出相应的 DYNAMO 方程；

(3) 列表对该校未来 3~5 年的在校本科生和教师人数进行仿真计算；

(4) 请问该问题能否用其他模型方法来分析？如何分析？

13. 某城市国营和集体服务网点的规模可用 SD 来研究。现给出描述该问题的 DYNAMO 方程及其变量说明。要求：

(1) 绘制相应的 SD 流(程)图(绘图时可不考虑仿真控制变量)；

(2) 说明其中的因果反馈回路及其性质。

L S. K＝S. J＋DT * NS. JK

N S＝90

R NS. KL＝SD. K * P. K/(LENGTH－TIME. K)

A SD. K＝SE－SP. K

C SE＝2

A SP. K＝SR. K/P. K

A SR. K＝SX＋S. K

C SX＝60

L P. K＝P. J＋DT * NP. JK

N P＝100

R NP. KL＝I * P. K

C I＝0. 02

其中：LENGTH 为仿真终止时间，TIME 为当前仿真时刻，二者均为仿真控制变量；S 为个体服务网点数(个)，NS 为年新增个体服务网点数(个/年)，SD 为实际千人均服务网点与期望差(个/千人)，SE 为期望的千人均网点数，SP 为的千人均网点数(个/千人)，SX 为非个体服务网点数(个)，SR 为该城市实际拥有的服务网点数(个)，P 为城市人口数(千人)，NP 为年新增人口数(千人/年)，I 为人口的年自然增长率。

14. 为研究新住宅对家具销售的影响，考虑分房和家具销售两个子系统。

在分房子系统中，分房数量(FFL)的增加使分到新房的户数(XFS)增加，进而使未分房户数(WFS)减少。其中未分房户数还受到需住房总户数(XQS)的影响；分房数量与未分房户数成比例，比例系数记为分房系数(FFX)。

在家具销售子系统中，未买家具新房户数(WMS)的增加使家具销售量(XSL)成比例增加，比例系数记为销售系数(XSX)；销售量的增加又使得已买家具户数(YMS)增加。

假定在一定时期(如若干年)内，XQS、FFX 和 XSX 保持不变，要求：

(1) 画出新住宅对家具销售影响的因果关系图，并指出两个子系统各自回路的性质；

(2) 指出给定所有变量的类型，建立用 SD 研究该问题的结构模型；

(3) 写出该问题的 SD 数学模型，并就其中任一子系统，指出各方程的名称和作用；

(4) 适当设定初值和常量，仿真计算 3~5 年后所有状态变量的数值；

(5) 分别画出两个子系统中状态变量随时间的响应趋势。

15. 根据以下说明，画出因果关系图，建立流图模型，并拟定变量名和适当数据，写出对应的 DYNAMO 方程。

(1) 人口与经济增长。城市就业机会多，是人口流入城市的原因之一。但迁入者不一定会马上在该地区得到很多就业机会，得知并取得就业需要一段时间。迁入人口的增加，促使城市产业扩大。而产业经济的扩大，形成额外的需求，这种需要进一步增大了该地区的就业机会。

(2) 人口与土地使用。人口增加，除了促进经济增长之外，还使住宅建设按照人口增长的速度发展。现在假定，可供产业和住宅用的土地是固定不变的。因此，住宅储备的增加，使可供产业扩大的用地减少。这样，一旦没有更多的土地可供使用，该地区的产业发展就受到抑制，劳动力需求减少，结果就业机会也就减少。潜在的移入者一旦知道该地区就业机会减少，移入人口随之减少，地区人口就停止增长。

16. 请根据某产品销售速率、销售量及市场需求量的相互关系(假定销售速率与实际销售量成正比，比例系数与市场需求情况有关)，分别就以下两种市场状况，采用系统动力学或其他方法，建立预测和分析销售量变化的模型，并据此画出销售量随时间变化的轨迹(趋势)：

(1) 该产品由某企业独家经营，且市场远未饱和；

(2) 该产品的市场需求量已接近饱和。

17. 假定某商品的库存仅发生在生产厂家，且出厂价格(元/吨)取决于库存量。库存增加，价格下降；库存下降，价格上升，且价格是库存的非线性函数(见图 7-47(a))，另外，销售率是价格的反比函数(见图 7-47(b))。这里给出的价格取过去一季度的平均价格(建议采用具有三个月或一个季度延迟的指数平滑平均值)。由于厂家增加生产能力需较长时间，且固定成本较高，可以认为商品生产速率是一常数(1000 吨/月)。请建立描述该问题的 SD 结构模型和数学模型。

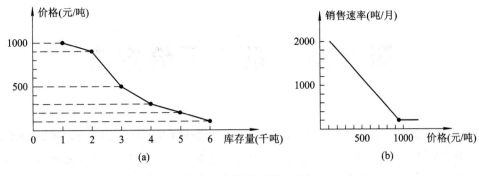

图 7-47　课后习题 17 图

参 考 文 献

[1]　袁旭梅. 系统工程学导论. 北京：机械工业出版社, 2001

[2]　陈虎，韩玉启，王斌. 基于系统动力学的库存管理研究. 管理工程学报, 2005, 19(3)：132-140

[3]　桂寿平，朱强，等. 基于系统动力学模型的库存控制机理研究. 物流技术, 2003, (6)：17-19

[4]　刘志妍，李乃梁，韩可琦. 基于系统动力学的企业库存管理研究. 中国水运, 2007, 7(11)：240-242

[5]　王鹏飞，刘胜. 基于系统动力学模型的核心制造企业库存控制系统仿真研究. 现代管理技术, 2010, 37(9)：39-44

[6]　于洋，杜文. 基于系统动力学的供应链库存管理研究. 商业研究, 2008, (375)：78-80

[7]　于洪洋，周艳山，滕春贤. 基于系统动力学的供应链库存仿真研究. 物流科技, 2009, (1)：111-113

[8]　钟永光，贾晓菁，李旭等. 系统动力学. 北京：科学出版社, 2009

[9]　贾仁安，丁荣华. 系统动力学：反馈动态性复杂分析. 北京：高等教育出版社, 2002

[10]　苏懋康. 系统动力学原理及应用. 上海：上海交通大学出版社, 1988

[11]　王其藩. 系统动力学. 上海：上海财经大学出版社, 2009

第8章 系统评价方法

【案例导入】 基于可能-满意度方法的城市人口承载力研究

改革开放 30 年来，首都北京的经济、社会、城市建设得到迅速发展，与此同时，人口、资源、环境发展的关系也呈现出日益尖锐的矛盾。随着首都社会经济的快速发展以及国内城乡、地区之间发展差距的拉大，北京市的人口呈现了高速的增长的态势，常住人口从 1978 年的 871.5 万人迅速增加到 2009 年的 1725 万人，增加了将近一倍，而且人口大量集中在中心城区。人口的快速增长和积聚，加快了北京市水资源、能源、土地资源的消耗速度，造成资源的严重紧缺，加剧了城市的环境污染和治理难度，同时也给北京市的城市交通等基础设施带来极大压力。这些问题如果不加以认真研究对待并在实践中解决，将对首都的可持续发展构成严重的威胁。实现区域人口、资源与环境协调发展是可持续发展的基本要求。而人口、资源、环境之间达到相互协调的重要体现，就是它们在数量、质量和结构等多个方面要能与资源环境条件相匹配。其中人口变动规模与区域环境资源所能承载的能力相匹配，就是上述相互协调的最基本体现。因此，研究和分析北京的资源环境人口承载力，就成为衡量北京市人口与资源环境是否协调的一个重要基础，同时也是北京实现可持续发展的一个重要前提。全面系统地分析北京市的人口承载力及其可能的变动趋势，探寻人口、资源、环境协调发展的途径，提出相应的政策建议，对于北京的可持续发展意义非常重大。本案例拟在前人研究的基础上，采用多目标规划中的可能-满意度方法，从广义的资源角度，对北京市的人口承载力进行系统的分析，为相关政策的制定提供必要的咨询，同时为类似的学术研究提供参考。

（资料来源：基于可能-满意度方法的城市人口承载力研究——以北京为例. 吉林大学社会科学学报，2011,(1)）

系统评价是对新开发的或改建的系统，根据预定的系统目标，用系统分析的方法，从技术、经济、社会、生态等方面对系统设计的各种方案进行评审和选择，以确定最优或次优或满意的系统方案。本章重点阐述系统评价原理、系统评价准则和系统综合评价法。

8.1 系统评价概述

通常所说的评价，就是按照原有目的为标准，测定已有对象的属性，并把它变成主观效用的行为，即明确价值的过程。而系统评价，则是在特定条件下按照评价目标进行系统价值的认定和评估。简单来说，系统评价就是全面评定系统的价值。价值通常被理解为评价主体根据其效用观点对于评价对象满足某种需求的认识，它与评价主体、评价对象所处的环境状况密切相关。因此，系统评价问题是由评价对象（What）、评价主体（Who）、评价目的（Why）、评价时期（When）、评价地点（Where）及评价方法（How）等要素（5W1H）构成的问题复合体。系统评价的前提条件是熟悉方案和确定评价指标。前者指确切掌握评价对象的优缺点，充分评估各项系统各个目标、功能要求的实现程度，方案实现的条件和可能性；后者指确定系统的评价指标，并用指标反映项目和系统要求。常用的指标包含政策指标、技术指标、经济指标、社会指标、进度指标等。可用来进行系统评价的方法是多种多样的，其中比较有代表性的方法包括：以经济分析为基础的费用－效果分析法；以多指标的评价和定量与定性分析相结合为特点的关联矩阵法和模糊综合评价法。这类方法是系统评价的主体方法，也是本章讨论的重点。其中关联矩阵法为原理性方法，模糊综合评价法为实用性方法。

1. 系统评价的作用

系统评价是系统决策的基础和前提，没有正确的评价，就无法判断系统工程过程是否满足原定的目标，无法确定是否已经在既定的条件下尽可能做到了使用户满意。另外通过系统评价，也加强了高层负责人和具体任务执行者之间的沟通，有问题也能及早发现和采取措施。

从系统的视角来看，评价是一种反馈活动，通过评价发现工作是否达到原来要求，如果出现偏差就要及时纠正。在一项系统工程的全过程中，应不断进行评价，以及时纠正对既定目标的偏离。

系统评价是决策的基础，是方案实施的前提。具体来说，其作用和重要性体现在以下几个方面：

（1）系统评价是决策人员进行理性决策的依据：以系统目标为依据，从多个角度对多个方案理性评估，可选择出最优方案进行实施。

（2）系统评价是决策者和方案执行者之间相互沟通的关键：决策者为了使执行人员信服并积极完成任务，可以通过评价活动促进执行人员对方案的理解。

（3）系统评价有利于事先发现问题，并对问题加以解决：在系统评价过程中可进一步发现问题，有利于进一步改进系统。

2. 系统评价的原则

为了使系统评价有效地进行，需要遵循以下原则：

（1）客观性原则。评价必须反映客观实际，因此所用的信息或资料必须全面、完整、可靠，评价人员的组成要有代表性和全面性，克服评价人员的倾向性。

（2）要保证方案的可比性。替代方案在保证实现系统的基本功能上，要有可比性和一致性。系统的主要属性之间要有相似的表达方式，要形成可比的条件，这里的可比性是针对某个标准而言。不能比较的方案谈不上评价，实际上很多问题是不能做出比较或不容易做出比较的，对这点必须有所认识。

（3）评价必须有标准。评价的标准值是说要有成体系的指标。前面提到过指标体系，是在明确需求、确定目标时制定的，在进行评价时，用于评价的指标要和原来的指标相一致。

（4）整体性原则。必须从系统整体出发，不能顾此失彼，需要考虑评价的综合性。

8.1.1　系统评价的类型

系统评价按照不同的角度有不同的分类，主要有以下几种类型。

1. 按评价时间分类

（1）期初评价。这是在制定新产品开发方案时所进行的评价。其目的是为了及早沟通设计、制造、供销等部门的意见，并从系统总体出发来研讨与方案有关的各种重要问题。例如新产品的功能、结构是否符合用户的需求或本企业的发展方向，新产品开发方案在技术上是否先进、经济上是否合理，以及所需开发费用及时间等等。通过期初评价，力求使开发方案优化并做到切实可行。可行性研究的核心内容实际上就是对系统问题（产品开发、项目建设等）的期初评价。

（2）期中评价。这是指新产品在开发过程中所进行的评价。当开发过程需要较长时间时，期中评价一般要进行数次。期中评价验证新产品设计的正确性，并对评价中暴露出来的设计等问题采取必要的对策。

（3）期末评价。这是指新产品开发试制成功，并经鉴定合格后进行的评价。其重点是全面审查新产品各项技术经济指标是否达到原定的各项要求。同时，通过评价为正式投产作好技术上和信息上的准备，并预防可能出现的其他问题；

（4）跟踪评价。为了考察新产品在社会上的实际效果，在其投产后的若干时期内，每隔一定时间对其进行一次评价，以提高该产品的质量，并为进一步开发同类新产品提供依据。

2. 按评价项目分类

（1）目标评价。确定系统目标后，要进行目标评价，以确定目标是否合理。

（2）方案评价。确定决策方案之后，要进行方案评价，以便选择最优方案。

（3）设计评价。对某个设计的点评，择其优点而改其缺点。

（4）计划评价。对某计划做出评价，以确定是否可行或是否应该做。

（5）规划评价。如城市规划、绿地规划，评价是否达到预期目标。

3. 按内容分类

（1）技术评价。围绕系统功能，对项目的技术先进性、适用性、可靠性、安全性等的评价。

（2）经济评价。围绕经济效益，主要是以成本为代表的经济可行性分析。

（3）社会评价。项目完成后带给社会的利益、影响等的评价。

（4）综合评价。对被评价对象（系统）的一种客观、公正和合理的价值判断与比较选择活动。

8.1.2 系统评价的步骤

在管理系统工程中，评价即评定系统发展有关方案的目的达成度。评价主体按照一定的工作程序，通过应用各种系统评价方法，从经初步筛选的多个方案中找出所需的最优或使决策者满意的方案。系统评价的步骤如图 8-1 所示。

系统评价过程中主要回答两个问题，系统存在什么属性？系统的价值如何？因此需要：① 明确问题，为什么要进行评价；② 其次熟悉对象和邀请专家，在明确目标和熟悉对象（属性）的基础上，设计指标体系；③ 然后测定对象属性和建立评价模型，仿真计算各对象的综合效用（确定系统的价值），综合分析提交决策。

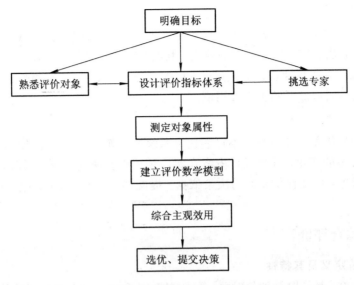

图 8-1 系统评价的步骤

1）明确目标

明确目标就是要明确评价的目的，是选优，即从众多的方案中选择一个好方案？还是为了更好地控制、管理一个给定的系统？为此，评价人员要与决策者沟通，了解评价的意图和目的。

2）熟悉评价对象

首先深入了解被评价对象，搜集被评价对象的有关情报资料，搞清系统构成要素及其相互关系，熟悉系统的行为、功能、特点以及有关属性，并分析这些属性的重要程度。其次，要了解人们对系统的期望，了解人们的价值观念，即了解系统的环境。

3）挑选专家

挑选专家时，在保证一定数量的基础上，注意专家的合理构成，又要注意专家的素质，挑选那些真正熟悉对象的内行专家，切忌只图专家的名望。通常做法是根据被评价对象所涉及领域的重要程度，先分配各领域专家的名额，后挑选该领域专家。

4）设计评价指标体系

在熟悉评价对象及评价目标的基础上，建立评价指标体系。这一过程是一个不断深入、螺旋式推进的过程，即随着目标明确程度和对象熟悉程度的深入，不断的扩展、提炼草拟的评价指标体系，并通过咨询最终确定指标体系。

5）测定对象属性

评价对象存在不同属性，不同属性的测定方法不一样，但系统评价所涉及的每一属性都需测定。一般来讲有三种测定方法，即直接测定、间接测定和分级定量方法。

6）建立评价数学模型

评价数学模型的功能是将系统各属性的功能综合成被评价系统的总的功能。建模者要根据专家对评价指标体系的意见，选择和创造合适的数学表示方法，要了解不同数学表示方法的物理含义，切勿随意选择和创造表示方法。

7）综合主观效用

所有的评价都是多方案、多过程的比较，因此需要对不同的方案、过程等进行计算机仿真计算，以计算出方案、过程的总的效用。其次，任何方案、过程都存在不确定因素，以及专家对不同属性重要程度认识的差异，所以要进行方案、过程的灵敏度分析，以反映不同方案、过程在不同情形下的主观效用值。

8）选优、提交决策

由于评价指标体系和评价模型不可能包含系统所有东西，其次系统环境变化、决策者的生存环境和心态的变化，导致最优方案在实施过程中会遇到困难，所以应对评价对象的结果进行综合考虑，以便提供正确的决策依据。提交的报告除提供最优方案外，还应提出相应的实施条件。

8.1.3 系统综合评价

1. 综合评价定义及其特性

所谓综合评价，是指对被评价对象（系统）的一种客观、公正和合理的价值判断与比较的选择活动。系统综合评价实质就是将评价对象在各单项指标上的价值评定值进行综合处理的方法。综合评价必须从系统整体出发，全面地对评价对象的优缺点加以权衡的过程。它有四个要素：评价主体、评价目标、评价指标体系、评价对象。例如，表8-1和8-2中的综合评价。

表8-1 人生几大选择涉及的综合评价

评价主体	评价目标	评价指标体系	被评对象
张三	工作岗位选择	实现自身价值，发挥个人专长，提高生活水平——岗位、地点、待遇	A 企业 B 学校 C 研究所 D 政府部门
李四	对象选择	性格、职业、身高长相、出生地、家庭	A、B、C、D、E
王五	住房选择	地点与交通、居住环境、房屋结构、单位费用	A、B、C、D、E

表8-2 企业管理中的各种选择涉及的综合评价

评价主体	评价目标	评价指标体系	被评对象
上级机关	厂长（总经理）选择	工作能力、政治思想、知识化、专业化、年轻化	候选人 A、B、C、D、E
计划主管	生产计划方案选择	技术可行性、工艺可行性、工期要求、成本要求、人力要求	方案 A、B、C
资本运营策划	投资项目选择	投资回收期、投资净收益、投资效果系数	证券 A、B 期货、房地产
战略规划主管	联盟伙伴选择	伙伴单位互补性、资金技术实力、合作信誉	待选单位 A、B、C、D

综合评价具有如下特性（共七个性质）：① 普遍性；② 重要性；③ 客观公正性；④ 被评价对象的可比性和一致性；⑤ 评价的系统性和全面性；⑥ 政策法规性；⑦ 复杂性。

2. 综合评价指标体系

指标体系是由若干个单项指标组成的有机整体；它反映出对所要评价系统的全部目标要求。指标体系本身应科学、合理并为有关部门或人员所接受。指标体系分类：

（1）经济性指标：成本、利润、税金、投资额、流动资金占用量、发展规模、发展速度、经济结构、投入/产出比、费用/效益比。

（2）技术性指标：产品技术性能（体积、重量、计算速度、容量、寿命、可靠性、安全性、连通性、阻塞概率、信道数）。

（3）政策性指标：国家的方针、政策、法规。

（4）社会性指标：就业与失业、社会福利、医疗保险、生态环境、污染。

（5）资源性指标：能源（水、电、煤、气、石油）、土地、设备、人力、原材料。

（6）时间性指标：工程进度、生产周期、工期要求、试制周期。

3. 综合评价的方法与步骤

综合评价的方法：关联矩阵法、层次分析法、模糊综合评判法、成分分析法、灰色评价法、可能—满意度法、协商综合评价法、动态综合评价法、群体综合评价法、立体综合评价法、基于模式识别的评价法等。

综合评价的步骤如图 8-2 所示。

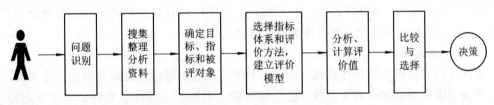

图 8-2 综合评价的步骤

8.2 系统评价的准则体系

系统评价工作者在建立评价指标体系的过程中首先要有明确的指导思想，明确决策者的评价目标和要求，从而确定合适的思路。

（1）如评价的目的是为了控制管理系统，可采用控制论思路，使系统处于最优运行轨迹，使领导有效地对系统进行管理。

（2）过程评价、组织评价、市场秩序评价等评价的目的是改进工作，可以从系统的投入、产出、内部结构和内部状态、环境反映等方面来建立评价指标体系。

（3）如评价的目的是选优，可采用系统论思路，即对系统进行整体地剖析、综合思考，从目标分解或社会价值观角度来构造评价指标体系。

一般有如下两种指标体系构成方法：评价指标体系的直接分解法，如"五好"学生的评价指标体系由德、智、体、美、劳五个方面组成；其次是价值观分解法，通常把政治、经济、技术、社会、环境等作为大类指标。如：某个建设方案（港址选择）的评价体系。

在上述思路下，建立指标体系需解决如下几个问题：

（1）大类指标和分类指标数量问题。指标数量越多，指标覆盖的范围越大，则方案之间的差异表现就越明显，越有利于方案的判断和评价，但确定大类指标和分指标重要程度也就越困难,因而歪曲方案本质特性的可能性也越大。

大类指标和分类指标越多,在研究、分析决策所花费的时间、费用越多,但方案评价的效果越好。这个矛盾体如何处理取决于决策者对方案精度、费用、时间的综合考虑,在实际工作中,系统工程工作者强调在达到评价精度要求的前提下,指标体系尽可能的简单易行。

(2)评价指标之间的相互独立问题。原则上要求指标之间应相互独立,互不重复。例如企业费用和投资费用,折旧费用和成本,在使用中的交叉处必须明确加以划分和规定。对于某些有因果关系的指标,理论上取某一方面指标,或者在设计模型时考虑指标存在相关的问题,采用某些算法剔除相关关系。

(3)评价指标体系的确定问题。评价指标体系的建立要求尽可能地做到科学、合理、实用。为了解决这种矛盾通常使用专家咨询法,德尔菲方法(Delphi Methods)由于其独特的优点得到广泛的使用,即经过广泛征求专家意见,反复交换信息,统计处理和归纳综合,使所建立的评价指标体系更能充分反映上述要求。

8.2.1 建立评价指标体系的程序

1. 草拟评价指标体系

系统评价工作者根据评价目标、要求,对评价对象进行调查研究,可采用实地勘查、登门拜访、查阅资料、专家座谈等方法,在充分了解评价目标、要求和熟悉被评价对象的基础上,运用头脑风暴方法,提出评价指标体系初稿。

2. 设计咨询书

设计咨询书是评价指标体系建立的重要环节,其中邀请信和咨询表的设计是关键。

咨询书由邀请信和咨询表组成。邀请信要表达出评价工作的重要性和对专家的尊重、敬仰以及一定会给报酬的许诺;咨询表的设计要简洁、明了,对咨询内容,如条目的内含,条目的增删方法,回信的时间以及重要等级表示方法等给出明确的信息,使专家能容易地明确咨询的要求;由于指标体系比较复杂,通常应分大类指标、各分类指标来设计咨询表格,其次在撰写咨询书时要选用恰当的词语,使专家感到参加咨询工作是一件非常重要且应该做的事。

3. 第一轮 Delphi 咨询

根据已挑选的专家,将咨询书邮寄(E-mail)给专家,并做好接受回信的准备工作,在收到专家的反馈意见后,要进行咨询结果的统计处理,如平均值、方差。

4. 第二轮 Delphi 咨询

由于专家对问题存在不同的看法,通常一轮 Delphi 咨询达到收敛要求的可能性较小,因此要进行二轮、三轮 Delphi 咨询,在进行下一轮咨询前,要将前一轮咨询的统计结果告诉专家,请专家根据上一轮统计结果再次进行评判。

5. 结束

当统计结果的方差指标达到给定的标准时,结束咨询过程。

8.2.2 评价指标数量化方法

1. 排队打分法

如果评价指标的因素已有明确的数量表示,就可以采用排队打分法。设有 m 种方案,

则可采取 m 级记分制,最优者为 m 分,最劣者为 1 分,中间各方案可以等步长记分(步长为 1 分),也可以不等步长记分,灵活掌握;也可以将某一个指标的各方案数据进行排列,再根据数据的分布规律,划分出若干组别(小于 10 组),令最大组别的方案得分为 10 分,其次 9 分,依次类推。

2. 体操计分法

体操计分法是请 6 位裁判员各自独立地对表演者按 10 分制评分,得到 6 个评分值,然后舍去最高分和最低分,将中间的 4 个分数取平均,就得到表演者最后的得分数。在系统评价工作中,某些定性评价的条目常用这种体操计分法进行量化,得到该指标的得分。如对建设项目的方便性指标,一般情况下是邀请内行专家对各方案进行评价,为了剔除某些方案的偏好和厌恶,通常采用去掉最高分和最低分的方法,这样能比较真实地反映各方案的方便性。

3. 专家评分法

专家评分法利用专家的经验和感觉进行评分。例如要对多台设备操作性进行评价,可以邀请若干名专家对不同设备进行操作,让专家感受不同设备操作性的优劣,请专家们根据自己的主观感觉和经验,按照某个打分规则,如优、良、中、差,对每台设备进行等级评分,然后评价小组将不同等级转化成相应的数字,如 4、3、2、1,再将每台设备的得分相加,最后将每台设备的得分总和除以专家的人数,就获得了每台设备的得分数。

4. 两两比较法

邀请专家对某条指标的不同方案进行两两比较,通过某种规则对方案打分,然后对每一方案的得分求和,并利用相应的方法处理。打分时可以采用三等级打分法、五等级打分法或多比例打分法等。

8.2.3 评价指标综合的主要方法

1. 加权平均法

加权平均法是指标综合的基本方法,具有加法规则、乘法规则两种形式。

1) 加法规则

如果采用加法规则进行综合方案的效用,则方案 i 的总的效用值 Φ_i 可采用如下公式计算:

$$\Phi_i = \sum_{j=1}^{n} \omega_j a_{ij}, \ i = 1, \cdots, m \tag{8-1}$$

其中 ω_j 为权系数,满足如下关系式:

$$0 \leqslant \omega_j \leqslant 1, \ \sum_{j=1}^{n} \omega_j = 1 \tag{8-2}$$

2) 乘法规则

乘法规则采用下列公式计算各个方案的综合评价值:

$$\Phi_i = \prod_{j=1}^{n} a_{ij} \omega_j, \ i = 1, \cdots, m \tag{8-3}$$

其中, a_{ij} 为方案 i 的第 j 项指标的得分, ω_j 为第 j 项指标的权重。对式(8-3)的两边求对数,得

$$\lg \Phi_i = \sum_{j=1}^{n} \omega_j \lg a_{ij}, \; i = 1, \cdots, m \tag{8-4}$$

这是对数形式的加法规则。

加法规则各项指标的得分可以线性地互相补偿。一项指标的得分比较低，其他指标的得分都比较高，总的评价值仍然比较高，任何一项指标的改善，都可以使得总的评价值提高。

乘法规则应用的场合是要求各项指标尽可能取得较好的水平，才能使总的评价值较高。它不容许哪一项指标处于最低水平上。只要有一项指标的得分为零，不论其余的指标得分是多高，总的评价值都将是零，因而该方案将被淘汰。

2. 功效系数法

设系统具有 n 项评价指标 $f_1(x), f_2(x), \cdots, f_n(x)$，其中 k_1 项越大越好，k_2 项越小越好，其余 $(n-k_1-k_2)$ 项要求适中。

现在分别为这些指标赋以一定的功效系数 d_i，$0 \leqslant d_i \leqslant 1$，其中 $d_i = 0$ 表示最不满意，$d_i = 1$ 表示最满意；一般地，$d_i = \Phi_i(x)$，对于不同的要求，函数 $\Phi_i(x)$ 有着不同的形式，当 f_i 越大越好时选用图 8-3(a)，越小越好时选用图 8-3(b)，适中时选用图 8-3(c)；把 $f_i(x)$ 转化为 d_i 后，用一个总的功效系数：

$$D = \sqrt[n]{d_1 \times d_1 \times \cdots \times d_n} \tag{8-5}$$

作为单一评价指标，希望 D 越大越好（$0 \leqslant D \leqslant 1$）。

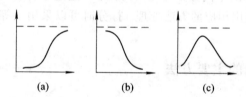

$$(a) \qquad\qquad (b) \qquad\qquad (c)$$

图 8-3　不同 $\Phi_i(x)$ 的形式

3. 主次兼顾法

设系统具有 n 项指标 $f_1(x), f_2(x), \cdots, f_n(x)$，$x \in R$，如果其中某一项最为重要，设为 $f_i(x)$，希望它取极小值，那么我们可以让其他指标在一定约束范围内变化，来求 $f_i(x)$ 的极小值，就是说，将问题化为单项指标的数学规划：

$$\min f_1(x), \; x \in R'$$

$$R' = \{x \mid f_i' \leqslant f_i(x) \leqslant f_i'', \; i = 2, 3, \cdots, n, \; x \in R\} \tag{8-6}$$

4. 罗马尼亚选择法

罗马尼亚选择法首先把表征各个指标的具体数值化为以 100 分为满分的分数，这一步称为标准化。标准化时分别从各个指标去比较方案的得分，最好的方案得 100 分，最差的方案得 1 分，居中的方案按下式计算得分数：

$$X = \frac{99 \times (C - B)}{A - B} + 1 \tag{8-7}$$

其中，A 为最好方案的变量值；B 为最差方案的变量值；C 为居中方案的变量值；X 为居中方案的得分数。

8.3　系统综合评价法

8.3.1　关联矩阵法

关联矩阵法是常用的系统综合评价法，它主要是用矩阵形式来表示各替代方案有关评价指标及其重要度与方案关于具体指标的价值评定量之间的关系。设有：

A_1，A_2，…，A_m 是某评价对象的 m 个替代方案。

X_1，X_2，…，X_n 是评价替代方案的 n 个评价指标。

W_1，W_2，…，W_n 是 n 个评价指标的权重。

V_{i1}，V_{i2}，…，V_{in} 是第 i 个替代方案 A_i 的关于 X_j 指标（$j=1\sim n$）的价值评定量。

则相应的关联矩阵表如表 8-3 所示。

表 8-3　关 联 矩 阵 表

X / V_{ij} W_j / A	X_1	X_2	….	X_j	….	X_n	V_i（加权和）
	W_1	W_2	….	W_j	….	W_n	
A_1	V_{11}	V_{12}	….	V_{1j}	….	V_{1n}	$V_1 = \sum\limits_{j=1}^{n} W_j V_{1j}$
A_2	V_{21}	V_{22}	….	V_{2j}	….	V_{2n}	$V_2 = \sum\limits_{j=1}^{n} W_j V_{2j}$
…							…
A_m	V_{m1}	V_{m2}	….	V_{mj}	….	V_{mm}	$V_m = \sum\limits_{j=1}^{n} W_j V_{mj}$

通常系统是多目标的。因此，系统评价指标也不是唯一的，而且衡量各个指标的尺度不一定都是货币单位，在许多情况下不是相同的，系统评价问题的困难就在于此。

据此，H·切斯纳提出的综合方法是，根据具体评价系统，确定系统评价指标体系及其相应的权重，然后对评价系统的各个替代方案计算其综合评价值，即求出各评价指标评价值的加权和。

关联矩阵评价方法的关键，在于确定各评价指标的相对重要度（即权重 W_j）以及根据评价主体给定的评价指标的评价尺度，确定方案关于评价指标的价值评定量（V_{ij}）。下面结合实例来介绍两种确定权重及价值评定量的方法。

1. 逐对比较法

逐对比较法是确定评价指标权重的简便方法之一。其基本的做法是：对各替代方案的评价指标进行逐对比较，给相对重要的指标得分，据此可得到各评价项目的权重 W_j。再根据评价主体给定的评价尺度，对各替代方案在不同评价指标下一一进行评价，得到相应的评价值，进而求加权和得到综合评价值。下面以某紧俏产品的生产方案选择为例加以说明。

例 8-1　企业为生产某紧俏产品制定了三个生产方案，它们是：A_1：自行设计一条新的生产线。A_2：从国外引进一条自动化程度较高的生产线。A_3：在原有设备的基础上改装一条生产线。

通过权威部门及人士讨论决定评价指标为五项，它们分别是：（1）期望利润；（2）产品成品率；（3）市场占有率；（4）投资费用；（5）产品外观。

根据专业人士的预测和估计，实施这三种方案后关于五个评价项目的结果如表8-4所示。

表8-4　方案实施结果例表

项目\方案	期望利润（万元）	产品成品率（%）	市场占有率（%）	投资费用（万元）	产品外观
自行设计	650	95	30	110	美观
国外引进	730	97	35	180	较美观
改建	520	92	25	50	美观

现将评价过程介绍如下：

首先，用逐对比较法，求出各评价指标的权重，结果如表8-5所示。如表中的期望利润与产品成品率相比，前者重要，得1分，后者得零分，以此类推。最后根据各评价项目的累计得分计算权重，如表8-5最后一列所示（表中最后一行显示"产品外观"权重为零，问题及原因何在？应如何解决？）。

表8-5　逐对较法例表

评价项目	比较次数										累计得分	权重
	1	2	3	4	5	6	7	8	9	10		
期望利润	1	1	1	1							4	0.4
产品成品率	0				1	1	1				3	0.3
市场占有率		0		0			0	1			1	0.1
投资费用			0		0			1	1		2	0.2
产品外观				0		0			0	0	0	0.0

随后评价主体（一般为专家群体）确定评价尺度如表8-6所示，使方案在不同指标下的实施结果能统一度量，便于求加权和。

表8-6　评价尺度例表

尺度\方案	5	4	3	2	1
期望利润（万元）	800以上	701~800	601~700	501~600	500以下
产品成品率（%）	97以上	96~97	91~95	86~90	85以下
市场占有率（%）	40以上	35~39	30~34	25~29	25以下
投资费用（万元）	20以下	21~80	81~120	121~160	160以上
产品外观	非常美观	美观	比较美观	一般	不美观

根据评价尺度表及表8-4，对各替代方案的综合评定如下：

对替代方案 A_1 有：

$$V_1 = 0.4 \times 3 + 0.3 \times 3 + 0.1 \times 3 + 0.2 \times 3 = 3.0$$

对替代方案 A_2 有：

$$V_2=0.4\times4+0.3\times4+0.1\times4+0.2\times1=3.3$$

对替代方案 A_3 有：

$$V_3=0.4\times2+0.3\times3+0.1\times2+0.2\times4=2.7$$

以上计算结果可用关联矩阵表示，见表 8-7。

表 8-7　关联矩阵例表（逐对比较法）

分值　　项目　权重　方案	期望利润	产品成品率	市场占有率	投资费用	产品外观	V_i
	0.4	0.3	0.1	0.2	0.0	
自行设计	3	3	3	3	4	3.0
国外引进	4	4	4	1	3	3.4
改建	2	3	2	4	4	2.7

由表 8-7 可知，由于 $V_2>V_1>V_3$，故 $A_2>A_1>A_3$。

在只需对方案进行初步评估的场合，也可用逐对比较法来确定不同方案对具体评价指标的价值评定量（V_{ij}）。

2. 古林法

当对各评价项目间的重要性可以做出定量估计时，A·古林（A·I·Klee）法比逐对比较法又进了一步。它是确定指标权重和方案价值评定量的基本方法。现仍以上述评价问题为例来介绍此方法。

1）确定评价项目的权重

（1）确定评价指标的重要度 R_j。如表 8-8 所示，按评价项目自上而下地两两比较其重要性，并用数值表示其重要程度，然后填入表 8-8 的 R_j 一列中。由表 8-8 可知（如何得到？有何问题？），期望利润的重要性是产品成品率的 3 倍；同样，产品成品率的重要性是市场占有率的 3 倍。由于投资费用重要性是市场占有率的 2 倍，故反之，市场占有率的重要性是投资费用的 0.5 倍；又投资费用的重要性是产品外观的 4 倍。最后，由于产品外观已经没有别的项目与之比较，故没有 R 值。

表 8-8　关联矩阵例表（逐对比较法）

序号	评价项目	R_j	K_j	
1	期望利润	3	18	0.580
2	产品成品率	3	6	1.194
3	市场占有率	0.5	2	0.065
4	投资费用	4	4	0.129
5	产品外观	—	1	0.032
合计			31	1.000

（2）R_j 的基准化处理。设基准化处理的结果为 K_j，以最后一个评价指标作为基准，令其 K 值为 1，自下而上计算其他评价项目的 K 值。如表 8-8 所示，K_j 列中最后一个 K 值为 1，用 1 乘以上一行的 R 值，得 $1\times4=4$，即为上一行的 K 值（表中箭线表示），然后再用 4 乘以上一行的 R 值，得 $4\times0.5=2$，直至求出所有的 K 值。

（3）K_j 的归一化处理。将 K_j 列的数值相加，分别除以各行的 K 值，所得结果即分别为各评价项目的权重 W_j，显然有 $\sum_{i=1}^{n} W_i = 1$（即归一化）。由表 8-8 可知，$\sum K_j = 31$，则 $W_1 = K_1 / \sum k_i = \dfrac{18}{31} = 0.580$，余可类推。

2）方案评价

算出各评价项目的权重后，可按同样计算方法对各替代方案逐项进行评价。这里，方案 A_i 在指标 X_j 下的重要度 R_{ij} 不需再予估计，可以按照表 8-4 中各替代方案的预计结果按比例计算出来。如对期望利润（X_1）的 R 值（R_{i1}），因 A_1 的期望利润为 650 万元，A_2 的期望利润为 730 万元，则在表 8-9 中，$R_{11} = 650/730 = 0.890$，$R_{21} = 730/520 = 1.404$，等等。然后按计算 K_j 和 W_j 的同样方法计算出 K_{ij}。如在表 8-9 中，各方案在第一个评价指标下经归一化处理的评价值为

$$V_{11} = K_{11} / \sum K_{i1} = 1.250/3.654 = 0.342$$

$$V_{21} = K_{21} / \sum K_{i1} = 1.404/3.654 = 0.384$$

$$V_{31} = K_{31} / \sum K_{i1} = 1/3.654 = 0.274$$

在表 8-9 中有两点需要说明：① 在计算投资费用时，希望投资费用越小越好，故其比例取倒数，即 $R_{14} = 180/110 = 1.636$，$R_{24} = 50/180 = 0.278$。② 在计算产品外观时，参照表 8-6，美观为 4 分，较美观为 3 分，所以 $R_{15} = 4/3 = 1.333$，$R_{25} = 3/4 = 0.750$。

表 8-9 古林法求 V_{ij} 例表

序号（j）	评价项目	替代方案	R_{ij}		K_{ij}	V_{ij}
1	期望利润	A_1	0.896		1.250	0.342
		A_2	1.404		1.404	0.384
		A_3			1	0.274
2	产品成品率	A_1	0.979		1.032	0.334
		A_2	1.054		1.052	0.342
		A_3	—		1	0.324
3	市场占有率	A_1	0.875		1.200	0.333
		A_2	1.400		1.400	0.389
		A_3			1	0.278
4	投资费用	A_1	1.636		0.455	0.263
		A_2	0.278		0.278	0.160
		A_3			1	0.577
5	产品外观	A_1	1.333		1.000	0.364
		A_2	0.750		0.750	0.272
		A_3			1	0.364

综合表 8-8 和表 8-9 的结果，即可计算三个替代方案的综合评定结果如表 8-10 所示。由表 8-10 可知，替代方案 A_2 所对应的综合评价值 V_2 为最大，$V_1(A_1)$ 次之，$V_3(A_3)$ 最小。

表 8-10 关联矩阵例表(古林法)

	期望利润	产品成品率	市场占有率	投资费用	产品外观	V_i
	0.580	0.194	0.065	0.129	0.032	
A_1	0.342	0.334	0.333	0.263	0.364	0.330
A_2	0.384	0.342	0.389	0.160	0.272	0.344
A_3	0.274	0.324	0.278	0.577	0.364	0.326

8.3.2 层次分析法

1. 发展过程及基本原理

1) 产生与发展

许多评价问题的评价对象属性多样、结构复杂，很难完全采用定量方法或简单归结为费用、效益或有效度进行优化分析与评价，在任何情况下，也难以做到使评价项目具有单一层次结构。这时需要建立多要素、多层次的评价系统，采用定性与定量有机结合的方法或通过定性信息定量化的途径，使复杂的评价问题明朗化，如图 8-4、图 8-5 所示即为这样的评价问题。

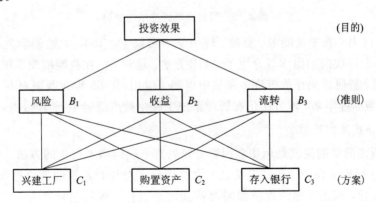

图 8-4 投资效果评价结构模型

在这样的背景下，美国运筹学家、匹兹堡大学教授 T. L. 萨迪(T. L. Saaty)于 20 世纪 70 年代初提出了著名的 AHP(Analytic Hierarchy Process，解析递阶过程，通常意译为"层次分析")方法。1971 年 T. L. 萨迪曾用 AHP 为美国国防部研究所谓"应急计划"，1972 年又为美国国家科学基金会研究工业部门的电力分配问题，1973 年为苏丹政府用 AHP 研究了苏丹运输问题，1977 年第一届国际数学建模会议发表了"无结构决策问题的建模—层次分析法"，从此 AHP 方法开始引起人们的注意，并在除方案排序之外的计划制定、资源分配、政策分析、冲突求解及决策预报等领域里得到了广泛的应用。该方法具有灵活、简洁等优点。

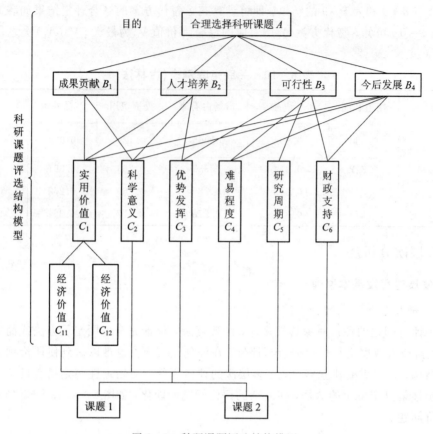

图 8-5　科研课题评选结构模型

1982 年 11 月，在中美能源、资源、环境学术会议上，T. L. 萨迪的学生高兰民柴（H. Gholamnezhad）首次向中国学者介绍了 AHP 方法。近年来，在我国能源系统分析、城市规划、经济管理、科研成果评价等许多领域中得到了应用。1988 年在我国召开了第一届国际 AHP 学术会议。近年来，该方法仍在管理系统工程中被广泛运用。

2）层次分析法的原理

层次分析法简单的说就是运用多因素分级处理来确定因素权重的方法。它是一种定性分析和定量分析相结合的评价决策方法。它将评价者对复杂系统的评价思维过程数学化，即把问题层次化，根据问题的性质和需要达到的总目标，将问题分解为不同的组成因素，并按照因素间的相互关联影响以及隶属关系，将因素按不同层次聚集组合，形成一个多层次的分析结构模型。由高层次到低层次分别包括：目标层、准则层、指标层、方案层、措施层等，并最终把系统分析归结为最低层（供决策的方案、措施等）。

2. 基本思想和实施步骤

AHP 方法把复杂问题分解成各个组成因素，又将这些因素按支配关系分组形成递阶层次结构。通过两两比较的方式确定层次中诸因素的相对重要性，然后综合有关人员的判断，确定备选方案相对重要性的总排序。整个过程体现了人们分解—判断—综合的思维特征。

在运用 AHP 方法进行评价或决策时，大体可分为以下四个步骤进行：

（1）分析评价系统中各基本要素之间的关系，建立系统的递阶层次结构；

（2）对同一层次的各元素关于上一层次中某一准则的重要性进行两两比较，构造两两比较判断矩阵，并进行一致性检验；

（3）由判断矩阵计算被比较要素对于该准则的相对权重；

（4）计算各层要素对系统目的（总目标）的合成（总）权重，并对各备选方案排序。

3．基本方法举例—投资效果评价

（1）建立该投资评价问题的递阶结构（见图 8-5）。

（2）建立各阶层的判断矩阵 A，并进行一致性检验。a_{ij} 表示要素 i 与要素 j 相比的重要性标度。标度定义见表 8-11。

表 8-11　判断矩阵标度定义

标　度	含　义
1	两个要素相比，具有同样重要性
2	两个要素相比，前者比后者稍重要
5	两个要素相比，前者比后者明显重要
7	两个要素相比，前者比后者强烈重要
9	两个要素相比，前者比后者极端重要
2、4、6、8	上述相邻判断的中间值
倒数	两个要素相比，后者比前者的重要性标度

判断矩阵及重要度计算和一致性检验的过程与结果如表 8-12～8-15 所示。

表 8-12　$A-B_i$　判断矩阵及重要度计算和一致性检验

A	B_1	B_2	B_3	W_i	W_i^0	λ_{mi}	
B_1	1	$\frac{1}{3}$	2	0.874	0.230	3.002	$\lambda_{\max}=\frac{1}{3}(3.002+3.004+3.005)=3.004$
B_2	3	1	5	2.466	0.648	3.004	C.I.$=0.002<0.1$
B_3	$\frac{1}{2}$	$\frac{1}{5}$	1	0.464	0.122	3.005	

表 8-13　B_1-C_i　判断矩阵及重要度计算和一致性检验

B_1	C_1	C_2	C_3	W_i	W_i^0	λ_{mi}	
C_1	1	$\frac{1}{3}$	$\frac{1}{5}$	0.406	0.105	3.036	$\lambda_{\max}=3.039$
C_2	3	1	$\frac{1}{3}$	1.000	0.258	3.040	C.I.$=0.02<0.1$
C_3	5	3	1	2.446	0.637	3.040	

表 8-14 B_2-C_i 判断矩阵及重要度计算和一致性检验

B_2	C_1	C_2	C_3	W_i	W_i^0	λ_{mi}	
C_1	1	2	7	2.410	0.592	3.015	$\lambda_{max} = 3.014$
C_2	$\frac{1}{2}$	1	5	1.357	0.333	3.016	C. I. $= 0.007 < 0.1$
C_3	$\frac{1}{7}$	$\frac{1}{5}$	1	0.306	0.075	3.012	

表 8-15 B_3-C_i 判断矩阵及重要度计算和一致性检验

B_3	C_1	C_2	C_3	W_i	W_i^0	λ_{mi}	
C_1	1	3	$\frac{1}{7}$	0.754	0.149	3.079	$\lambda_{max} = 3.08$
C_2	3	1	$\frac{1}{9}$	0.333	0.066	3.082	C. I. $= 0.04 < 0.1$
C_3	7	9	1	3.979	0.785	3.080	

（3）求各要素相对于上层某要素（准则等）的归一化相对重要度向量 $W_0 = (W_{0i})$。

常用方根法，即 $W_i = (\prod_{j=1}^{n} a_{ij})^{\frac{1}{n}}$

$$W_{0i} = W_i / \sum_i Wi \tag{8-8}$$

计算该例 W_0 的过程及结果如表 8-11～8-14 所示。

λ_{max} 及一致性指标 C. I. (Consistency Index)的计算一般需在求得重要度向量 W 或 W_0 后进行，可归结在同一计算表（见表 8-12～8-15）中。

（4）求各方案的总重要度（计算过程和结果如表 8-16 所示）。

表 8-16 方案总重要度计算例表

	B_1	B_2	B_3	$C_i = \sum_{i=1}^{3} b_i C_j i$
	0.230	0.648	0.122	
C_1	0.105	0.592	0.149	0.426
C_2	0.258	0.333	0.066	0.283
C_3	0.637	0.075	0.785	0.291

结果表明，三个方案的优劣顺序为：C_1、C_3、C_2，且方案 C_1 明显优于方案 C_2 和 C_3。

4. AHP 一般方法

1）建立评价系统的递阶层次结构

（1）三个层次。① 最高层：只有一个要素，一般它是分析问题的预定目标或期望实现的理想结果，是系统评价的最高准则，因此也称目的或总目标层。② 中间层：包括了为实现目标所涉及的中间环节，它可以由若干个层次组成，包括所需考虑的准则、子准则等，因此也称为准则层。③ 最低层：表示为实现目标可供选择的各种方案、措施等，是评价对象的具体化，因此也称为方案层。

（2）三种结构形式。① 完全相关结构。② 完全独立结构——树形结构。③ 混合结构（包括带有子层次的混合结构）。

（3）两种建立递阶层次结构的方法。

① 分解法：目的→分目标（准则）→指标（子准则）→…→方案。

② 解释结构模型化方法（ISM 法）：评价系统要素的层次化。

（4）几个需要注意的问题。递阶层次结构中的各层次要素间须有可传递性、属性一致性和功能依存性，防止在 AHP 方法的实际应用中"人为"地加进某些层次（要素）。这个问题需进一步探讨。

每一层次中各要素所支配的要素一般不要超过 9 个，否则会给两两比较带来困难。有时一个复杂问题的分析仅仅用递阶层次结构难以表达，需引进循环或反馈等更复杂的形式，相关内容在 AHP 中有专门研究。

2）构造两两比较判断矩阵

（1）判断矩阵的性质。$0 < a_{ij} \leqslant 9$；$a_{ii} = 1$，$a_{ji} = \dfrac{1}{a_{ij}}$——$A$ 为正互反矩阵；$a_{ik} \cdot a_{kj} = a_{ij}$——$A$ 为一致性矩阵（对此一般并不要求）。选择 $1 \sim 9$ 之间的整数及其倒数作为 a_{ij} 取值的原因，它符合人们进行比较判断时的心理习惯。实验心理学表明，普通人在对一组事物的某种属性同时作比较、并使判断基本保持一致时，所能够正确辨别的事物最大个数在 $5 \sim 9$ 个之间。

（2）两两比较判断的次数。两两比较判断的次数应为 $n(n-1)/2$，这样可避免判断误差的传递和扩散。

（3）定量指标的处理。遇有定量指标（物理量、经济量等）时，除按原方法构造判断矩阵外，还可用具体评价数值直接相比，这时得到的 A 阵为定义在正实数集合上的互反矩阵。

（4）一致性检验方法。① 计算一致性指标 C. I.

$$\text{C. I.} = (\lambda_{\max} - n)/(n-1)$$

$$\lambda_{\max} = \frac{1}{n}\sum_{i=1}^{n}\frac{(AW)_i}{W_i} = \frac{1}{n}\sum_{i=1}^{n}\frac{\sum_{j=1}^{n}a_{ij}W_j}{W_i} \qquad (8-9)$$

式中，$(AW)_i$ 表示向量 AW 的第 i 个分量。

② 查找相应的平均随机一致性指标 R. I. （Random Index）。表 8-17 给出 $1 \sim 15$ 阶正互反矩阵计算 1000 次得到的平均随机一致性指标。

表 8-17　平均随机一致性指标 R. I.

矩阵阶数	1	2	3	4	5	6	7	8
R. I.	0	0	0.52	0.89	1.12	1.26	1.36	1.41
矩阵阶数	9	10	11	12	13	14	15	
R. I.	1.46	1.49	1.52	1.54	1.56	1.58	1.59	

R. I. 是同阶随机判断矩阵的一致性指标的平均值, 其可在一定程度上克服一致性判断指标随 n 增大而明显增大的弊端。

③ 计算一致性比例 C. R. (Consistency Ratio)

$$C. R. = C. I. /R. I. < 0.1 \tag{8-10}$$

3) 要素相对权重或重要度向量 $\boldsymbol{W}$ 的计算方法

重要度向量 $\boldsymbol{W}$ 的计算方法为

$$\boldsymbol{W} = (\boldsymbol{W}_1, \boldsymbol{W}_2, \cdots, \boldsymbol{W}_n)^{\mathrm{T}} \tag{8-11}$$

(1) 求和法(算术平均法)。

$$W_i = \frac{1}{n} \sum_{j=1}^{n} \frac{a_{ij}}{\sum_{k=1}^{n} a_{kj}}, \quad i = 1, 2, \cdots, n \tag{8-12}$$

计算步骤: ① A 的元素按列归一化, 即求 $\dfrac{a_{ij}}{\sum\limits_{k=1}^{n} a_{kj}}$; ② 将归一化后的各列相加; ③ 将相加后的向量除以 n 即得权重向量。

(2) 方根法(几何平均法)。

$$W_i = \frac{(\prod_{j=1}^{n} a_{ij})^{\frac{1}{n}}}{\sum_{i=1}^{n} (\prod_{j=1}^{n} a_{ij})^{\frac{1}{n}}}, \quad i = 1, 2, \cdots, n \tag{8-13}$$

计算步骤: ① A 的元素按行相乘得一新向量; ② 将新向量的每个分量开 n 次方; ③ 将所得向量归一化即为权重向量。

方根法是通过判断矩阵计算要素相对重要度的常用方法。

(3) 特征根方法。

$$A \cdot \boldsymbol{W} = \lambda_{\max} \boldsymbol{W} \tag{8-14}$$

由正矩阵的 Perron 定理可知, $\lambda_{\max}$ 存在且唯一, $\boldsymbol{W}$ 的分量均为正分量, 可以用幂法求出 $\lambda_{\max}$ 及相应的特征向量 $\boldsymbol{W}$。该方法对 AHP 的发展在理论上有重要作用。

(4) 最小二乘法。用拟合方法确定权重向量 $\boldsymbol{W} = (\boldsymbol{W}_1, \boldsymbol{W}_2, \cdots, \boldsymbol{W}_n)^{\mathrm{T}}$, 使残差平方和为最小, 这实际是一类非线性优化问题。

① 普通最小二乘法:

$$\min \sum_{1 \leqslant i < j \leqslant n} \left[\log a_{ij} - \log\left(\frac{W_i}{W_j}\right) \right]^2$$

② 对数最小二乘法:

$$\min \sum_{1 \leqslant i < j \leqslant n} \left[\log a_{ij} - \log\left(\frac{W_i}{W_j}\right) \right]^2$$

5. AHP 方法在系统评价中的应用举例

例 8-2 科研课题的评价与选择(结构模型如图 8-6 所示)。

$A-B$ 判断矩阵及其处理如表 8-18 所示; $B-C$ 判断矩阵及其处理如表 8-19~8-22 所示; C 层总排序的结果如表 8-23 所示。

表 8 - 18　$A - B$ 判断矩阵及其处理

A	B_1	B_2	B_3	B_4	W_i	W_i^0	λ_{mi}	
B_1	1	3	1	1	1316	0.291	4.309	$\lambda_{\max} = 4.055$
B_2	$\frac{1}{3}$	1	$\frac{1}{3}$	$\frac{1}{3}$	0.577	0.127	3.291	C. I. = 0.018
B_3	1	3	1	1	1.316	0.291	4.309	R. I. = 0.89
B_4	1	3	1	1	1.316	0.291	4.309	C. R. = 0.02 < 0.1
				(4.525)				

表 8 - 19　$B_1 - C$ 判断矩阵及其处理

B_1	C_1	C_2	W_i	W_i^0	λ_{mi}	
C_1	1	3	1.732	0.750	2	$\lambda_{\max} = 2$
C_2	$\frac{1}{3}$	1	0.577	0.250	2	C. I. = 0
						C. R. = 0 < 0.1
		(2.309)				

表 8 - 20　$B_2 - C$ 判断矩阵及其处理

B_2	C_1	C_2	C_3	W_i	W_i^0	λ_{mi}	
C_1	1	$\frac{1}{5}$	$\frac{1}{3}$	0.406	0.105	3.036	$\lambda_{\max} = 3.039$
C_2	5	1	3	2.446	0.637	3.040	C. I. = 0.02
C_3	3	$\frac{1}{3}$	1	1.000	0.258	3.040	R. I. = 0.52
							C. R. = 0.039 < 0.1
			(3.872)				

表 8 - 21　$B_3 - C$ 判断矩阵及其处理

B_3	C_3	C_4	C_5	C_6	W_i	W_i^0	λ_{mi}	
C_3	1	1	3	2	1.565	0.351	4.009	$\lambda_{\max} = 4.011$
C_4	1	1	3	2	1.565	0.351	4.009	C. I. = 0.0036
C_5	$\frac{1}{3}$	$\frac{1}{3}$	1	$\frac{1}{2}$	0.486	0.109	4.014	R. I. = 0.89
C_6	$\frac{1}{2}$	$\frac{1}{2}$	2	1	0.841	0.189	4.011	C. R. = 0.0041 < 0.1
					(4.457)			

表 8 - 22 $B_4 - C$ 判断矩阵及其处理

B_4	C_1	C_2	C_3	C_6	W_i	W_i^0	λ_{mi}	
C_1	1	$\frac{1}{5}$	$\frac{1}{3}$	1	0.508	0.096	4.031	$\lambda_{max} = 4.044$
C_2	5	1	3	5	2.943	0.558	4.065	C. I. $=0.015$
C_3	3	$\frac{1}{3}$	1	3	1.316	0.250	4.048	R. I. $=0.89$
C_6	1	$\frac{1}{5}$	$\frac{1}{3}$	1	0.508	0.096	4.031	C. R. $=0.017<0.1$
				(5.275)				

表 8 - 23 C 层总排序的结果

B	B_1	B_2	B_3	B_4	$\overline{W_i}$
C	(0.291)	(0.127)	(0.291)	(0.291)	
C_1	0.750	0.105	0	0.096	0.260
C_2	0.250	0.637	0	0.558	0.315
C_3	0	0.258	0.351	0.250	0.208
C_4	0	0	0.351	0	0.102
C_5	0	0	0.109	0	0.032
C_6	0	0	0.189	0.096	0.083

例 8 - 3 过河方案的代价与收益分析。

设某港务局要改善一条河道的过河运输条件，为此要确定是否要建立桥梁或隧道以代替现存的轮渡，评价指标体系如图 8 - 6 和图 8 - 7 所示。对收益评价体系中各要素的判断矩阵及其有关分析计算如表 8 - 24～8 - 38 所示。

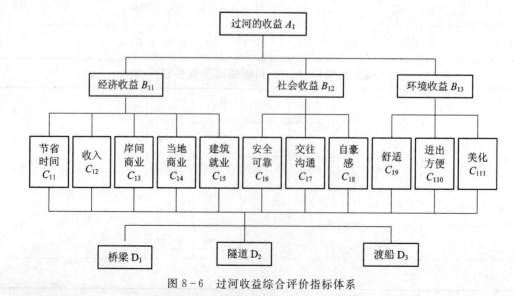

图 8 - 6 过河收益综合评价指标体系

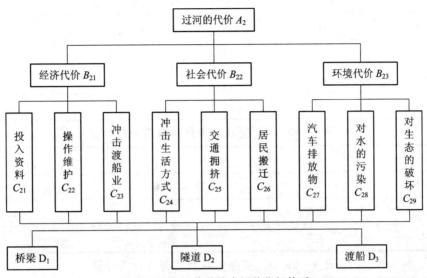

图 8-7 过河代价综合评价指标体系

表 8-24 A_1 判断矩阵及其有关分析计算

A_1	B_{11}	B_{12}	B_{13}	W_i^0
B_{11}	1	3	6	0.67
B_{12}	1/3	1	2	0.22
B_{13}	1/6	1/2	1	0.11

表 8-25 B_{11} 判断矩阵及其有关分析计算

B_{11}	C_{11}	C_{12}	C_{13}	C_{14}	C_{15}	W_i^0
C_{11}	1	1/3	1/7	1/5	1/6	0.04
C_{12}	3	1	1/4	1/2	1/2	0.09
C_{13}	7	4	1	7	5	0.53
C_{14}	5	2	1/7	1	1/5	0.11
C_{15}	6	2	1/5	5	1	0.23

表 8-26 B_{12} 判断矩阵及其有关分析计算

B_{12}	C_{16}	C_{17}	C_{18}	W_i^0
C_{16}	1	6	9	0.76
C_{17}	1/6	1	4	0.18
C_{18}	1/9	1/4	1	0.06

表 8-27 B_{13}判断矩阵及其有关分析计算

B_{13}	C_{19}	C_{110}	C_{111}	W_i^0
C_{19}	1	1/4	6	0.25
C_{110}	4	1	8	0.69
C_{111}	1/6	1/8	1	0.06

表 8-28 C_{11}判断矩阵及其有关分析计算

C_{11}	D_1	D_2	D_3	W_i^0
D_1	1	2	7	0.58
D_2	1/2	1	6	0.35
D_3	1/7	1/6	1	0.07

表 8-29 C_{12}判断矩阵及其有关分析计算

C_{12}	D_1	D_2	D_3	W_i^0
D_1	1	1/2	8	0.36
D_2	2	1	9	0.59
D_3	1/8	1/9	1	0.05

表 8-30 C_{13}判断矩阵及其有关分析计算

C_{13}	D_1	D_2	D_3	W_i^0
D_1	1	4	8	0.69
D_2	1/4	1	6	0.25
D_3	1/8	1/6	1	0.06

表 8-31 C_{14}判断矩阵及其有关分析计算

C_{14}	D_1	D_2	D_3	W_i^0
D_1	1	1	6	0.46
D_2	1	1	6	0.46
D_3	1/6	1/6	1	0.08

表 8-32 C_{15}判断矩阵及其有关分析计算

C_{15}	D_1	D_2	D_3	W_i^0
D_1	1	1/4	9	0.41
D_2	4	1	9	0.54
D_3	1/9	1/9	1	0.05

表 8 – 33　C_{16} 判断矩阵及其有关分析计算

C_{16}	D_1	D_2	D_3	W_i^0
D_1	1	4	7	0.59
D_2	1/4	1	6	0.35
D_3	1/7	1/6	1	0.06

表 8 – 34　C_{17} 判断矩阵及其有关分析计算

C_{17}	D_1	D_2	D_3	W_i^0
D_1	1	1	5	0.455
D_2	1	1	5	0.455
D_3	1/5	1/5	1	0.090

表 8 – 35　C_{18} 判断矩阵及其有关分析计算

C_{18}	D_1	D_2	D_3	W_i^0
D_1	1	5	3	0.64
D_2	1/5	1	1/3	0.10
D_3	1/3	3	1	0.26

表 8 – 36　C_{19} 判断矩阵及其有关分析计算

C_{19}	D_1	D_2	D_3	W_i^0
D_1	1	5	8	0.73
D_2	1/5	1	5	0.21
D_3	1/8	1/5	1	0.06

表 8 – 37　C_{110} 判断矩阵及其有关分析计算

C_{110}	D_1	D_2	D_3	W_i^0
D_1	1	3	7	0.64
D_2	1/3	1	6	0.29
D_3	1/7	1/6	1	0.07

表 8 - 38 C_{111} 判断矩阵及其有关分析计算

C_{111}	D_1	D_2	D_3	W_i^0
D_1	1	6	1/5	0.27
D_2	1/6	1	1/3	0.10
D_3	5	3	1	0.63

若各判断矩阵均符合一致性要求,则各方案关于收益的总权重为

$$W(1) = (0.57, 0.36, 0.07)^T$$

同法得到各方案关于代价的总权重为

$$W(2) = (0.36, 0.58, 0.05)^T$$

综合评价结果(各方案的收益/代价)如下:

桥梁(D_1):收益/代价$=1.58$

隧道(D_2):收益/代价$=0.62$

轮渡(D_3):收益/代价$=1.28$

结果表明,方案 D_1 优于 D_3,两者又远优于 D_2。

8.3.3   模糊综合评价方法

1. 教师教学质量的系统评价

某校评价教师教学质量的原始表格及某班 25 名同学对某教师评价意见的统计结果如表 8 - 39 所示。

表 8 - 39   某大学教师教学质量评价表(学生用)

课程名称: 任课教师: 填表班级

内容(权系数)	好	较好	一般	差
1.准备充分,内容熟练(0.15)	9	14	2	0
2.思路清晰,逻辑性强(0.10)	3	14	7	1
3.板书整洁,图线醒目(0.10)	5	15	5	0
4.深入浅出,讲述生动(0.15)	1	10	11	3
5.辅导负责,答疑认真(0.10)	2	11	12	0
6.作业适当,批改认真(0.10)	5	14	6	0
7.启发思维,培养能力(0.15)	4	6	13	2
8.要求严格,学有收获(0.15)	3	8	12	2
综合评价				

经分析计算所得到的综合评价结果如表 8 - 40 所示。

表 8-40　某教师教学质量综合评价结果

课程：　　　　　教师：　　　　　　　　　　　　　　　　评价人数：25

隶属度 评语 内容	好(100)	较好(85)	一般(70)	差(55)	说　明
1(0.15)	0.36	0.56	0.08	0	
2(0.10)	0.12	0.56	0.28	0.04	
3(0.10)	0.2	0.6	0.2	0	该隶属度是表 8-39
4(0.15)	0.04	0.4	0.44	0.12	中评价结果占人数的
5(0.10)	0.08	0.44	0.48	0	比重，即由表 8-39
6(0.10)	0.2	0.56	0.24	0	每行数值除以 25 所得
7(0.15)	0.16	0.24	0.52	0.08	之结果
8(0.15)	0.12	0.32	0.48	0.08	
综合隶属度	0.162	0.444	0.348	0.046	综合评价结果
综合得分		80.83			

2. 主要步骤及有关概念

1) 确定因素集 F 和评定(语)集 E

因素集 F 即评价项目或指标的集合，一般有 $F=\{f_i\}$，$i=1,\cdots,n$。如在引例中，$F=\{f_1,f_2,\cdots,f_8\}$。

评定集或评语集 E 即评价等级的集合，一般有 $E=\{e_j\}$，$j=1,\cdots,m$。如在引例中，$E=\{e_1,e_2,e_3,e_4\}=\{好，较好，一般，较差\}$。

2) 统计、确定单因素评价隶属度向量，并形成隶属度矩阵 $\boldsymbol{R}$

隶属度是模糊综合评判中最基本和最重要的概念。所谓隶属度 r_{ij}，是指多个评价主体对某个评价对象在 f_i 方面作出 e_j 评定的可能性大小(可能性程度)。隶属度向量 $\boldsymbol{R}_i=(r_{i1},r_{i2},\cdots,r_{im})$，$i=1,\cdots,n$，$\sum_{j=1}^{m}r_{ij}=1$，隶属度矩阵 $\boldsymbol{R}=(\boldsymbol{R}_1,\boldsymbol{R}_2,\cdots,\boldsymbol{R}_n)$，$T=(r_{ij})_{n\times m}$。

如在引例中，$n=8$，$m=4$，隶属度矩阵为

$$\boldsymbol{R}=\begin{bmatrix} 0.36 & 0.56 & 0.08 & 0 \\ 0.12 & 0.56 & 0.28 & 0.04 \\ 0.2 & 0.6 & 0.2 & 0 \\ 0.04 & 0.4 & 0.44 & 0.12 \\ 0.08 & 0.44 & 0.48 & 0 \\ 0.2 & 0.56 & 0.24 & 0 \\ 0.16 & 0.24 & 0.52 & 0.08 \\ 0.12 & 0.32 & 0.48 & 0.08 \end{bmatrix}$$

3）确定权重向量 W_F 等

W_F 为评价项目或指标的权重或权系数向量。如在引例中，$W_F=(0.15，0.1，0.1，0.15，0.1，0.1，0.15，0.15)$。另外，还可有评定（语）集的数值化结果（标准满意度向量）W'_E 或权重 W_E（W'_E 归一化的结果）。如在引例中，$W'_E=(100，85，70，55)$，$W_E=(0.32，0.27，0.23，0.18)$。

若有考评集 $T=\{$第一次考评，第二次考评，…，第 r 次考评$\}$，则还应有不同考评次数的权重向量 $W_T=\{W_{t1}，W_{t2}，…，W_{tr}\}$。

使用 W_F 和 W_E 为"双权法"，使用 W_F 和 W'_E 是"总分法"。在引例中采用的是总分法。

4）按某种运算法则，计算综合评定向量（综合隶属度向量）S 及综合评定值（综合得分 μ）

通常 $S=W_F \cdot R$，$\mu=W'_E \cdot ST$。如在引例中，$S=(0.162，0.444，0.348，0.046)$，$\mu=80.83$。

3. 理论与方法基础

1）模糊数学的产生与发展

模糊数学是研究和处理模糊性现象的数学。集合论是模糊数学立论的基础之一，一个集合可以表现一个概念的外延。普通集合论只能表现"非此即彼"性的现象，而在现实生活中，"亦此亦彼"的现象及有关的不确切概念却大量存在，如"好天气"、"很年轻"、"很漂亮"、"教学效果好"等，这些现象及其概念严格说来均无绝对明确的界限和外延，称之为模糊现象及模糊概念。

1965 年，美国著名的控制论专家 L. A. 扎德（L. A. Zedeh）教授发表了"Fuzzy Sets，模糊集合"的论文，提出了处理模糊现象的新的数学概念"模糊子集"，力图用定量的、精确的数学方法去处理模糊性现象。

模糊数学的发展与计算机科学的发展密切相关（L. A. 扎德本人就长期从事计算机工作）。计算机的计算速度、记忆能力超人，但计算机缺少模糊识别和模糊意向判决，如调电视、找人（大胡子，高个子）等。模糊数学就是要使计算机吸收人脑识别和判决的模糊特点，令部分自然语言作为算法语言直接进入程序，从而使计算机能完成更复杂的任务（如让机器人上街买菜、用计算机控制车辆在闹市行驶等）。

目前，模糊数学已经开始在管理科学方面得到广泛应用，如科研项目评选、企业部门的考评及质量评定，人才预测与规划、教学与科技人员的分类、模糊生产平衡等。而在图像识别、人工智能、信息控制、医疗诊断、天气预报、聚类分析、综合评判等方面的应用也取得了不少成果。但需注意的是，模糊数学仅适用于有模糊概念却又可以量化的场合。

2）模糊子集

所谓给定了论域 U 上的一个模糊子集 $\underset{\sim}{A}$ 是指：对于任意 $u\in U$，都指定了一个数 $u_A(U)\in[0，1]$，叫做 u 对 $\underset{\sim}{A}$ 的隶属程度，μ_A 叫做 $\underset{\sim}{A}$ 的隶属函数。

（1）模糊子集 $\underset{\sim}{A}$ 完全由隶属函数来刻画，在某种意义上，$\underset{\sim}{A}$ 与 μ_A 等价，记作 $\underset{\sim}{A}\Leftrightarrow\mu_A$。

（2）$\mu_A(u)$ 表示 u 对 $\underset{\sim}{A}$ 的隶属度大小，当 μ 的值域为 $[0，1]$ 时，μ_A 蜕化成一个普通子集

的特征函数，A 蜕变成一普通子集。

在有限论域上的模糊子集可写成(不是分式求和，只是一种表示方法)：

$$A = \frac{\mu_A(\mu_1)}{\mu_1} + \frac{\mu_A(\mu_2)}{\mu_2} + \cdots\cdots + \frac{\mu_A(\mu_n)}{\mu_n} = \sum_{i=1}^{n} \frac{\mu_A(\mu_i)}{\mu_i} \qquad (8-15)$$

分母是论域 U 中的元素，即 $U = \{u_1, u_2, \cdots, u_n\}$；分子是相应元素的隶属度($u$ 对 A 的隶属程度)。

如在引例中，考虑了 F 和 E 两个论域，W_F 是 F 上的一个模糊子集。R 可以看做 $F \times E$ 上的一个模糊子集，S 是 E 上的一个模糊子集(因而是模糊评判的结果)。

(3) 最大隶属(度)原则(最大贴近度原则)

设 $A_1, A_2, \cdots, A_n$ 是论域 U 上的 n 个模糊子集，u_0 是 U 的固定元素。

若 $\mu_{At}(u_0) = \max(\mu_{A1}(u_0), \mu_{A2}(u_0), \cdots, \mu_{An}(u_0))$，则认为 u_0 相对隶属于模糊子集 A_t。

引例中，若设 $U = \{$教师甲、教师乙、教师丙$\} = \{u_0, u_1, u_2\}$

A_1：教学质量好，A_2：较好，A_3：一般，A_4：较差

$A_1 = \mu_{A1}(u_0)/$教师甲 $+ \mu_{A1}(u_1)/$教师乙 $+ \mu_{A1}(u_2)/$教师丙 $= 0.162/\mu0 + \cdots$

$A_2 = \mu_{A2}(u_0)/$教师甲 $+ \cdots = 0.444/\mu0 + \cdots$

$A_3 = \mu_{A3}(u_0)/$教师甲 $+ \cdots = 0.348/\mu0 + \cdots$

$A_4 = \mu_{A4}(u_0)/$教师甲 $+ \cdots = 0.046/\mu0 + \cdots$

则 $\mu_{A1}(u_0) = \max(0.162, 0.444, 0.348, 0.046) = 0.444 = \mu_{A2}(u_0)$，即相对认为教师甲属于教学质量较好的这一类教师。

8.3.4　可能-满意度法

1. 可能度的定义

如果一件事物肯定能够做到，那么从可能度上讲，它的把握程度最大，其"可能度"最高，给以定量描述记为 P，并定义 $P=1$。反之，一件事情肯定做不到 $P=0$。$P=0\sim1$ 之间某个实数就可以表示事物的各种不同的可能程度，记为 $P \in [0, 1]$

例 8-4　我国地面水(河川径流量)为 2.7 万亿吨/年。1979 年我国工农业和生活总用水量占地面水的 18% 左右。那么一百年后，经过努力，地面水可利用率能达到百分之多少呢？如果只定出一个百分比的数值来，则是不太容易的。但是我们如果从完全不可能和完全可能的两头来考察的话，就较为方便和现实一些。从目前技术水平和技术预见来看，参照世界上某些先进国家的水平，就可见其端倪。例如美国河川年径流量为 2.4 万亿吨/年，1975 年已开发 25%，按其有关专家估计，2000 年时可开发到 40%，而日本地面水为 2000 亿吨/年，70 年代中期已经利用到 45%。这样，我国往后一百年地面水利用率的可能程度，用可能度 P 给以定量的描述。例如，地面水利用率达到 50% 的可能度取值为 1，即 $P(\leqslant 50\%)=1$，而利用率达到 100% 的可能度 $P(\geqslant 100\%)=0$。利用率从 50% 到 100% 之间的可能度，则可用 $0\sim1$ 的实数内插。一般地说，应该是准单调的，即非单调降的或非单调升的。最简单的一种则为线性内插，成三折型曲线。

例 8 - 5 有一台标牌 r_a 升降机，在正常情况下，提升 $r \leqslant r_a$ 是肯定能做到的，即 $P(r \leqslant r_a) = 1$，通过试验，总能够找到某一重量 r_b，这一重量是肯定提升不起来的。$P(r \geqslant r_b) = 0$。为了应用方便，采用线性内插法求解 $P(r_a \sim r_b)$，则

$$P(r) = \begin{cases} 1 & r \leqslant r_a \\ \dfrac{r_b - r}{r_b - r_a} & r_a \leqslant r \leqslant r_b \\ 0 & r \geqslant r_b \end{cases} \qquad (8-16)$$

2. 满意度的定义

一件事件出现后，就人们的主观欲望来讲，"是否满意"其实也有客观依据的，但"满意度"比"可能度"带有更多的主观随意性。因此计算满意程度就比可能度要困难的多。

首先对同一件事件的出现，某些人认为满意，但另外一些人认为不满意。仿照可能度方法的定义，用 q 表示满意度，充分满意时 $q = 1$，完全不满意时 $q = 0$，而一般满意的程度 q 就用 $0 \sim 1$ 中的某个实数来表示，即 $q \in [0, 1]$。

第二，对于一个具体问题的满意度如何去确定呢？这里有着较大的主观随意性。对待同一种状态，有的人认为满意了，而有的人可能认为不满意。不过对于大多数人来说，如果有着相近的观点，则可采用统计的办法来得出争议较少的 $q = 1$ 的区域和 $q = 0$ 的区域，而在争议区中则可用更全面仔细的统计和内插的办法来确定，如果有几部分人有着明显不同的观点，则可分别统计归并成几种方案进行讨论，如果有几个集团有着明显相背的观点，那么这就成为多人对策的问题，也应分别统计归并成几种类型，按多人对策的途径去研究。

第三，对于较为复杂的多因素问题进行一揽子讨论，也是较为困难的，我们处理这种问题的技巧也是先分成简单的单因素，而后再综合成多因素。

第四，同可能度一样，既可精确，也可粗略，视研究的深度和广度而定，因而这种方法具有一定的灵活性和适应性。

例 8 - 6 人们在选择某个岗位人员时，对年龄有一个范围，例如 $30 \sim 45$ 岁，但并不排斥小于、或大于该年龄段的人，但满意度会降低。如图 8 - 18 梯形函数所示，在 $[b, c]$ 区间对应的满意度为 1，在 $[a, b]$ 和 $[c, d]$ 区间对应的满意度呈线性变化，在其他区间满意度为 0。

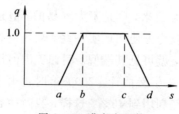

图 8 - 8 满意度函数

3. 可能满意度的定义

对一个事物某些属性的可能要分成两个单因素来考虑，这样比较简便，同时也有利于提高客观性，减少主观性。在分开考虑之后，又要综合起来统一考虑，这就需要把可能度

和满意度合并起来。

如果一个事物，对于某个属性 r 具有可能度 $P(r)$ 曲线，其对另一个属性 s 具有满意度 $Q(s)$ 曲线，而 r，s 同另一个属性 a 满足某个关系式，即 $f(r, s, a) = 0$，那么可以设法将 $P(r)$、$Q(s)$ 曲线合并成为相对于 a 的可能满意度 $W(a)$ 曲线，它定量描述既可能又满意的程度。$W = 1$，表示事物百分之百既可能又令人满意；$W = 0$，表示事物完全不可能、或完全不令人满意、或既完全不可能又完全不令人满意；同理，$W(a) \in [0, 1]$，表示事物既可能又满意的程度。

4. 常用的多维价值综合方法

1）加法法则

在现实生活中，对于任何一件事物，都存在这样或那样的不足，但人们在评价时会综合考虑事物的方方面面，考虑事物的所长所短，往往采取"取长补短"、"好坏搭配"的思想去综合考虑事物，而加法法则就能表达上述的想法。加法法则采用加权加法算法，其数学表达式为

$$W(\alpha) = \sum_{j=1}^{n} \omega_j Q(s)_j \tag{8-17}$$

其中，ω_j 为权系数，且要满足如下关系式 $0 \leqslant \omega_j \leqslant 1$，$\sum_{j=1}^{n} \omega_j = 1$。

2）代换法则

在某些场合下，人们对一个事物的评价往往用系统的某些属性的满意度来替代，这就是常说的"一好遮百丑"，它反对折中，倾向于一个极端。对于这些情况，一般可选用代换法则或取大法则，代换法则的数学表达式为

$$W(\alpha) = 1 - \prod_{j=1}^{m} (1 - Q(s)_j) \tag{8-18}$$

3）乘法法则

在很多场合下，人们对系统的某些属性（建设方案中的技术、经济、政治、社会与环境）有很高的要求，希望系统的这些属性应尽可能取较好的水平，如果上述评价中的某一属性效用为零，那么，不管其他属性的效用如何，总价值 $Q(\alpha) = 0$。这就是人们常说的"不可偏废"，它反映出决策者对系统有关属性的特别重视，其乘法法则的数学表达式为

$$w(\alpha) = \prod_{j=1}^{m} q_j w_j \tag{8-19}$$

其中，q_j 为方案的第 j 项指标的得分，ω_j 为第 j 项指标的权重，则

$$\lg w(\alpha) = \sum_{j=1}^{n} \omega_j \lg q_j \tag{8-20}$$

4）取大取小法则

在某些特定的物理场所和物理环境下，系统的某些属性效用是取决于较低层次中某个特殊属性的效用，如港口选址评价中的通航条件的满意度 $W(\alpha)$，它由航道深度的满意度 $Q_1(s)$ 和港区水深满意度 $Q_2(s)$ 组成。很显然，港址的通航条件的满意度 $W(\alpha)$ 取决于航道

深度的满意度 $Q_1(s)$ 和港区水深满意度 $Q_2(s)$ 的最小值,即采用取小法则;因此评价工作者要根据系统属性的物理含义确定相应的算法。

取大法则的数学表达式为

$$w(\alpha) = \max(q_j) \quad j = 1, 2, \cdots, n \tag{8-21}$$

取小法则的数学表达式为

$$w(\alpha) = \min(q_j) \quad j = 1, 2, \cdots, n \tag{8-22}$$

5. 可能满意度方法指标的量化方法

如果指标条目本来就有数字定量的条目,可采用直接量化方法,直接量化方法关键是科学合理地确定 r_a 和 r_b 点,在特殊情况下找到 s_a,s_b,s_c,s_d 点,指标量化过程只需要科学地制定标准,找到定量的因素和标尺。

如果指标条目本身没有直接的数字可以作为量化的依据,但存在相关的信息和数据,那么可采用间接量化方法,即通过变换,找到量化的依据,利用直接量化方法进行。对于那些既不存在直接数据、信息和间接数据、信息的指标的量化问题,可采用分级量化方法。

直接量化方法首先是要找到定量因素,即采用什么因素去衡量不同被评价对象的某一条指标,如项目投资额的满意度,由于不同项目的规模会有差别,用项目投资总额去衡量是不合理的,而采用单位产出的投资额去衡量是最科学和合理的。其次是确定标尺,即确定点位置,位置的确定要体现科学性和合理性,要有充分的理由,既能反映出各方案的差异,又能与现实状况相一致。

例 8-7 基于可能-满意度方法的北京市人口承载力测算。

(1)指标体系构建。

按照城市人口承载力的定义和北京的实际情况,本例将影响和制约北京市人口规模增长的各种因素归结为 5 个方面,并且按照与人口承载力关系密切程度以及资料的可获得性、指标的代表性等原则筛选出 14 个指标:① 城市自然资源条件,包括城市建设用地、能源和水资源;② 城市的基础设施条件,包括城市铺装道路、城市供水、城市供电;③ 城市的经济资源,包括经济总量和就业吸纳能力;④ 城市的社会资源,包括教育、医疗卫生和养老保障条件;⑤ 城市的生态环境,这里选择了城市垃圾处理能力、下水道长度和绿地面积。这 14 个指标,基本涵盖了北京市影响人口规模变动的各方面制约因素。

每个指标均可以按照可能和满意两个方面分解成两个指标。例如未来某个时期的水资源总量代表可能情况,而人均水资源占有量,则可以反映人们对生活的满意情况。这样实际上就构成了 14 对 28 个指标(见图 8-9)。

(2)指标参数赋值。

每一个指标都可分为可能性指标和满意性指标两类。现状的可能度实际上是已经发生的事实,上下限都取为现状值。而 2020 年的可能度上下限取值,主要依据北京市的各类规划,包括北京城市规划以及各类专项规划中给出的具体数据得到。

关于满意度的取值,涉及当前和 2020 年两个时点的最大、最小值的设定。当前的满意度,主要代表人们对目前各种生活条件的满意情况。满意度的最小值取为零,表示人们完全不满意,而最大值就是在当前条件下可能达到的最满意的状态。2020 年满意度的最大值主要参考发达国家的生活标准,同时结合北京市的相关规划(城市规划、土地规划、水资源规划等)给出,下限为当前的人均标准。

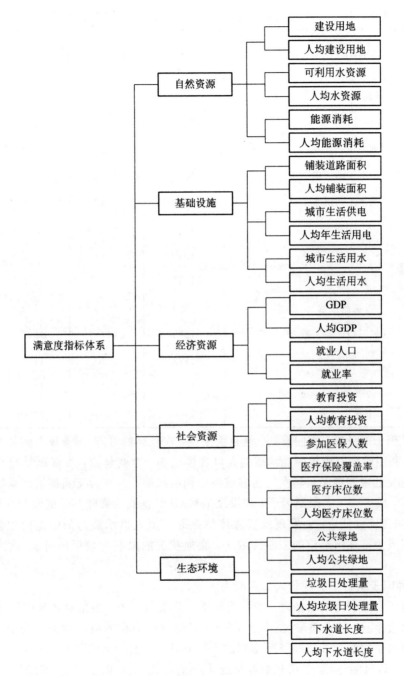

图 8-9　首都人口承载力的指标选择

(3) 北京市人口承载力的测算结果。

现阶段人口承载力的计算结果与对比分析:

① 单因子承载力计算结果及对比。通过将上述指标带入可能-满意度相应的公式,采用 EXCEL 软件,计算步长设定为 5 万人,利用计算机技术进行反复运算,得到现阶段北京市各类因子在不同可能-满意度下的人口承载力结果(见表 8-41)。

表 8 - 41　现阶段北京市在不同可能-满意度下的人口承载力　　（万人）

可能-满意度	0.9	0.8	0.7	0.6
城市建设用地	1135	1265	1365	1460
可利用水资源量	1105	1230	1325	1415
能源消费量	1220	1385	1520	1655
铺装道路面积	1105	1290	1455	1620
城市生活供电	1290	1460	1590	1720
城市生活供水	1240	1390	1510	1630
GDP	1135	1295	1425	1560
就业	1310	1475	1615	1745
教育投资	1235	1410	1560	1705
医院床位数	1250	1410	1540	1665
参加医疗保险人数	1275	1415	1525	1630
城市绿地面积	1175	1330	1465	1590
垃圾处理量	1375	1555	1700	1845
下水道长度	1360	1540	1690	1840

通过单因子的分析，我们看到，就目前来说，在较高的可能-满意度下例如0.9的情况下，城市可利用的水资源量所能承载的人口规模最小，也就是说，水资源是目前城市人口承载力最主要的限制因子；其次是铺装道路面积的限制，表现为交通拥堵严重影响人们的生产和生活，成为第二大限制因子；建设用地和GDP也成为紧随其后的限制性因子。当我们将可能-满意度放低后，会发现水资源依然是北京市人口承载力的最主要限制因子，而土地资源则成为排在第二位的限制性因子，交通状况的限制在较低的可能-满意度下会有所减轻。

② 多种因子组合下的现状人口承载力。

• 满足所有因子的限制条件。所谓满足所有的限制因子，是指对各种因子的承载力进行弱合并取最小值。就目前来说，北京市的水资源承载力在各项承载力中最小，因此在满足所有限制因子的弱合并情况下所得到的人口承载力，实际上就是水资源人口承载力。我们看到，假定以可能-满意度0.6为可接受水平的底线（0.6以下可能-满意度太低难以接受），则北京市当前承载的人口最多为1415万人左右。在这种条件下，北京市上述所有限制条件现阶段都可以得到满足。同时，我们看到，如果提高可能-满意度，则北京市人口承载力出现下降，总之是可能-满意度越高，人口承载力越小，在可能-满意度0.9的最佳状态下，实际上当前只能承载1105万人。

• 多个因子相互补偿状况。所谓多种因子相互补偿，是指采用各因子的加权平均，也就是根据一定的方法，给出各指标的权重，然后根据因子互补的原理，需要牺牲部分因子的限制，加权后得到的一个综合承载力值。本例采用层次分析法建立了各因子的层次分析模型，然后通过专家打分并计算得到每个因子的权重。经过加权，得到最终的结果。可以看到，在可能-满意度为 0.6 的最低限度下，北京市当前的人口承载力是 1490 万人，随着可能-满意度的提高，承载力下降，可能-满意度达到 0.9 的时候，人口承载力只有 1155 万人（见表 8 - 42）。

表 8 - 42　　两种不同因子组合方式下的现阶段人口承载力　　（万人）

可能-满意度	0.9	0.8	0.7	0.6
各因子同时满足	1105	1230	1325	1415
各因子相互补偿	1155	1290	1415	1490

（4）北京市 2020 年的人口承载力。利用同样原理，计算得到 2020 年各种可能-满意度值与人口承载力的关系（见表 8 - 43）。

表 8 - 43　　2020 年各种可能-满意度下的人口承载力　　（万人）

可能-满意度	0.9	0.8	0.7	0.6
城市建设用地	1225	1335	1415	1480
可利用水资源量	1245	1380	1485	1580
能源消费量	1470	1600	1695	1780
铺装道路面积	1390	1580	1720	1845
城市生活供电	1375	1555	1695	1820
城市生活供水	1355	1545	1680	1805
GDP	1565	1820	2025	2215
就业	1750	1900	2005	2095
教育投资	1505	1795	2040	2275
医院床位数	1755	2025	2245	2455
参加医疗保险人数	1720	1920	2075	2220
城市绿地面积	1355	1670	1940	2215
垃圾处理量	1385	1635	1820	1985
下水道长度	1625	1895	2115	2330

① 单因子承载力计算结果及对比。我们先对各种单因素的承载力进行了计算，目的是为了考察 2020 年各种限制因素对人口限制的排序情况。

从 2020 年各因素人口承载力的大小对比来看，建设用地成为最大的制约性限制因子，水资源的限制退居第二。与现阶段相比，生活供电、供水以及垃圾处理等约束变得明显，而经济、医疗、卫生等限制明显趋缓。同时我们看到，当可能-满意度发生变化时，排在后面的一些因素位置也发生了变化，但是建设用地限制最大，水资源限制第二的基本格局并没有因为可能-满意度的变化而变化。

② 2020 年各种因子组合下的人口承载力综合结果。我们选择了两种因子组合方案，具体方案的设置准则如下：

方案 1：各因素条件全部满足。即 14 个因子采用弱并合，选择各种可能-满意度下的最小值。也就是利用短板理论，对上述各因子承载力取最小值（见表 8 - 44）。

方案 2：各因素之间采用加权并合，即各部分相互补偿状况下的综合承载力。

表 8 - 44　　北京市 2020 年人口承载力测算结果　　　　　（万人）

可能-满意度	0.9	0.8	0.7	0.6
各因子同时满足	1225	1335	1415	1480
各因子相互补偿	1310	1480	1605	1740

(5) 基本结论。综合上述各种结果，可得出如下结论：

① 城市人口承载力因为制约因素众多，因此需要从综合的资源角度来考察对人口的承载力约束，这样才能得到比较合理和满意的结果。

② 可能-满意度在城市人口承载力的计算中有着独特的作用是一种可以借鉴并参考的方法。

③ 从现阶段和 2020 年的对比分析看，当前制约北京市人口承载力的最主要因子是水资源和建设用地面积。其中，现阶段排在首位的制约因子是水资源，建设用地排在第二位。2020 年建设用地成为最重要的制约因子，水资源位居第二。能源始终是第三位的制约因子。因此，北京市的自然资源在各类影响人口承载力的要素中对人口规模的限制作用是最重要的。

④ 在现阶段，北京市在理想状况下可以承载的人口为 1230～1290 万人，在尚可接受的情况下可以承载的人口为 1415～1490 万人。

⑤ 到 2020 年，受主要资源的制约，北京市人口承载力的增加幅度不大。在理想状况下北京市可以承载的人口为 1335～1480 万人，在尚可接受的情况下可以承载的人口为 1480～1750 万人。

8.3.5　数据包络分析

1. DEA 的简介

在人们的生产活动和社会活动中常常会遇到这样的问题：经过一段时间之后，需要对具有相同类型的部门或单位(称为决策单元)进行评价，其评价的依据是决策单元的输入数据和输出数据，输入数据是指决策单元在某种活动中需要消耗的某些量，例如投入的资金总额、投入的总劳动力数、占地面积等；输出数据是决策单元经过一定的输入之后，产生的表明该活动成效的某些信息量，例如不同类型的产品数量、产品的质量、经济效益等等。再具体些说，譬如在评价某高校各个学院的时候，输入数据可以是学院的全年的资金、教职员工的总人数、教学占用教室的总次数、各类职称的教师人数等；输出数据可以是培养博士研究生的人数、硕士研究生的人数、大学生本科生的人数、学生的质量(德，智，体)、教师的教学工作量、学校的科研成果(数量与质量)等。根据输入数据和输出数据来评价决策单元的优劣，即所谓评价部门(或单位)间的相对有效性。

数据包络分析(the Data Envelopment Analysis，简称 DEA)是 1978 年由美国著名的运

筹学家 A. Charnes 和 W. W. Cooper 等学者以相对效率概念为基础发展起来的一种效率评价方法。他们的第一个模型被命名为 C2R 模型，从生产函数角度看，这一模型是用来研究具有多个输入、特别是具有多个输出的"生产部门"同时为"规模有效"与"技术有效"的十分理想且卓有成效的方法。1984 年 R. D. Banker，A. Charnes 和 W. W. Cooper 给出了一个被称为 BC2 的模型。

　　数据包络分析可以看做是一种统计分析的新方法，它是根据一组关于输入－输出的观察值来估计有效生产前沿面的。在有效性的评价方面，除了 DEA 方法以外，还有其他的一些方法，但是那些方法几乎仅限于单输出的情况。相比之下，DEA 方法处理多输入，特别是多输出的问题的能力是具有绝对优势的。并且，DEA 方法不仅可以用线性规划来判断决策单元对应的点是否位于有效生产前沿面上，同时又可获得许多有用的管理信息。因此，它比其他的一些方法（包括采用统计的方法）优越，用处也更广泛。

　　数据包络分析也可以用来研究多种方案之间的相对有效性（例如投资项目评价）；研究在做决策之前去预测，一旦做出决策后它的相对效果如何（例如建立新厂后，新厂相对于已有的一些工厂是否为有效）。DEA 模型甚至可以用来进行政策评价。

　　特别值得指出的是，DEA 方法是纯技术性的，与市场（价格）可以无关。只需要区分投入与产出，不需要对指标进行无量纲化处理，可以直接进行技术效率与规模效率的分析而无须再定义一个特殊的函数形式，而且对样本数量的要求不高，这是别的方法所无法比拟的。

　　DEA 方法的特点：① 适用于多输出－多输入的有效性综合评价问题，在处理多输出－多输入的有效性评价方面具有绝对优势。② DEA 方法并不直接对数据进行综合，因此决策单元的最优效率指标与投入指标值及产出指标值的量纲选取无关，应用 DEA 方法建立模型前无须对数据进行无量纲化处理（当然也可以）。③ 无须任何权重假设，而以决策单元输入、输出的实际数据求得最优权重，排除了很多主观因素，具有很强的客观性。④ DEA 方法假定每个输入都关联到一个或者多个输出，且输入、输出之间确实存在某种联系，但不必确定这种关系的显示表达式。

2. C2R 模型：规模报酬不变

　　假设有 t 个被评价的同类部分，称为决策单元 DMU，每个决策单元均有 m 投入变量和 n 个产出变量。例如，若 x_{ij} 表示第 j 个 DMU 对第 i 种输入的投入量，$x_{ij} > 0$；y_{rj} 表示第 j 个 DMU 对第 r 种输出的产出量，$y_{rj} > 0$；v_i 表示第 i 种输入的一种度量（或称"权"）；u_r 表示第 r 中输出的一种度量（或称"权"），$i = 1, 2, \cdots, m$；$r = 1, 2, \cdots, n$. x_{ij}，y_{rj} 为已知数据，可以根据历史资料得到，v_i，u_r 为变量。

　　对应于一组权系数

$$v = (v_1, \cdots v_m)^{\mathrm{T}}, \ u = (u_1, \cdots, u_n)^{\mathrm{T}}$$

输入矩阵

$$\begin{bmatrix} x_{11} & x_{12} & \cdots & x_{1j} & \cdots & x_{1n} \\ x_{21} & x_{22} & \cdots & x_{2j} & \cdots & x_{2n} \\ x_{31} & x_{32} & \cdots & x_{3j} & \cdots & x_{3n} \\ x_{m1} & x_{m2} & \cdots & x_{mj} & \cdots & x_{mn} \end{bmatrix}$$

输出矩阵

$$\begin{bmatrix} y_{11} & y_{12} & \cdots & y_{1j} & \cdots & y_{1n} \\ y_{21} & y_{22} & \cdots & y_{2j} & \cdots & y_{2n} \\ y_{31} & y_{32} & \cdots & y_{3j} & \cdots & y_{3n} \\ y_{s1} & y_{s2} & \cdots & y_{sj} & \cdots & y_{sn} \end{bmatrix}$$

各字母定义如下：

x_{ij} 为第 j 个决策单元对第 i 种类型输入的投入总量，$x_{ij} > 0$；

y_{rj} 为第 j 个决策单元对第 r 种类型输出的产出总量，$y_{rj} > 0$；

v_i 为对第 i 种类型输入的一种度量，权系数；

u_r 为对第 r 种类型输出的一种度量，权系数。

其中，$i = 1, 2, \cdots, m$，$r = 1, 2, \cdots, s$，$j = 1, 2, \cdots, n$；

每一个 DMU 都有相应的效率评价指数

$$h_j = \frac{u^{\mathrm{T}} y_j}{v^{\mathrm{T}} x_j} = \frac{\sum\limits_{r=1}^{n} u_r y_{rj}}{\sum\limits_{i=1}^{m} v_i x_{ij}}, \quad j = 1, 2, \cdots, t \tag{8-23}$$

其中，$x_j = (x_{1j}, \cdots, x_{mj})^{\mathrm{T}}$，$y_j = (y_{1j}, \cdots, y_{nj})^{\mathrm{T}}$，$j = 1, 2, \cdots, t$。可以适当地选取权系数和，使其满足：$h_j \leqslant 1$，$j = 1, 2, \cdots, t$。

对第 j_0 个决策单元进行效率评价，一般说来，h_{j0} 越大表明 DUM$_{j0}$ 能够用相对较少的输入而取得相对较多的输出。这样如果对 DUM$_{j0}$ 进行评价，那么 DUM$_{j0}$ 在这 n 个 DMU 中是不是最优的，可以考察当权重变化时 h_{j0} 的最大值是多少。

该模型的基本思想：通过对样本的投入、产出数据的分析确定出有效生产前沿面，并根据 n 个 DMU 与生产前沿面的距离状况，确定 DMU 是否为 DEA 有效。

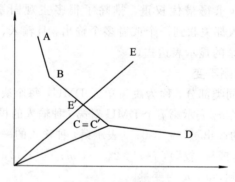

图 8 - 10　生产前沿面

如图 8 - 10 所示，假设 A、B、C、D 分别表示有效率的 DMU，它们构成生产前沿面 ABCD，E 表示无效率的 DMU。设 E′ 与 C′ 分别为 OE 与 OC 在生产前沿面 ABCD 上的交点，则 E 的效率值为 OE′/OE<1，而 C 得效率值为 OC′/OC=1。

现在对第 j_0 个 DMU 进行效率评价（$1 \leqslant j_0 \leqslant t$），以权系数 v 和 u 为变向量，第 j_0 个 DMU 的效率指数为目标，以所有的 DMU（也包括第 j_0 个 DMU）的效率指数为约束，构建如下的最优化模型：

$$(P)\begin{cases} \max \dfrac{u^{\mathrm{T}} y_0}{v^{\mathrm{T}} x_0} \\ s.t. \dfrac{u^{\mathrm{T}} y_j}{v^{\mathrm{T}} x_j} \leqslant 1, j = 1, 2, \cdots, t, \\ u \geqslant 0, v \geqslant 0, u \neq 0, v \neq 0. \end{cases} \quad (8-24)$$

其中，$x_0 = x_{j0}, y_0 = y_{j0}, 1 \leqslant j_0 \leqslant t$。对该分式规划进行 Charnes – Cooper 变换，令

$$s = \frac{1}{v^{\mathrm{T}} x_0} > 0, \omega = sv, \mu = su \quad (8-25)$$

则有等价的线性规划问题：

$$(P_{C^2R})\begin{cases} \max h_{j_0} = \mu^{\mathrm{T}} y_0 \\ s.t. \omega^{\mathrm{T}} x_j - \mu^{\mathrm{T}} y_j \geqslant 0, j = 1, 2, \cdots, t \\ \omega^{\mathrm{T}} x_0 = 1, \\ \omega \geqslant 0, \mu \geqslant 0. \end{cases} \quad (8-26)$$

其对偶规划为 (DC^2R)，并引入松弛变量为

$$(D_{C^2R})\begin{cases} \min \theta \\ s.t. \sum_{j=1}^{t} \lambda_j x_j \leqslant \theta x_0, \\ \sum_{j=1}^{t} \lambda_j y_j \geqslant y_0, \\ \lambda_j \geqslant 0, j = 1, 2, \cdots, t, \end{cases} \qquad (D_{C^2R}^1)\begin{cases} \min \theta \\ s.t. \sum_{j=1}^{t} \lambda_j x_j + S^- = \theta x_0 \\ \sum_{j=1}^{t} \lambda_j y_j - S^+ = y_0 \\ \lambda_j \geqslant 0, j = 1, \cdots, t \\ S^-, S^+ \geqslant 0 \end{cases} \quad (8-27)$$

其中，θ 无约束。θ 为第 i 个 DMU 的技术效率值，满足 $0 \leqslant \theta \leqslant 1$。当 $\theta = 1$ 时，则称 DMU 为 DEA 有效，当 $\theta < 1$ 时，DMU 为非 DEA 有效。

3. BC2 模型：规模报酬可变

1984 年，Banker，Charnes 和 Cooper 为生产可能集合建立凸性性质。无效率性质、射线无限制性质和最小外插性质等四项公理，并引进了 Shepherd 距离函数的概念，将技术效率（TE）分解为纯技术效率（PTE）和规模效率（SE），即 TE＝PTE·SE。通过增加对权重 λ 的约束条件，建立如下的规模报酬可变模型：

$$\begin{cases} \min \theta \\ s.t. \sum_{j=1}^{t} \lambda_j x_j \leqslant \theta x_0 \\ \sum_{j=1}^{t} \lambda_j y_j \geqslant y_0 \\ I\lambda = 1 \\ \lambda_j \geqslant 0, j = 1, 2, \cdots, t, \end{cases}$$

其中 $I = (1, 1, \cdots, 1)_{1 \times t}$。

目标函数求得的即是纯技术效率（PTE），根据 SE＝TE/PTE 可以求出规模效率 SE，PTE 是测度当规模报酬可变时，银行与生产前沿面的距离。SE 是测度当规模报酬可变时，生产前沿面与规模报酬不变时的生产前沿面的距离。

4. 投入冗余率和产出不足率

根据 DMU 在 DEA 相对有效面的投影原理：如果 S_0^-、S_0^+ 以及 θ_0 是 C2R 模型的解，则 $(\hat{X}_0, \hat{Y}_0)$ 作为 (X_0, Y_0) 在 DEA 相对有效面上的投影，其构成的投入和产出相对于原来的 n 个 DMU 是有效的。这时投入冗余 ΔX_0 和产出不足 ΔY_0 分别为：

$$\Delta X_0 = X_0 - \hat{X} = (1 - \theta_0)X_0 + S_0^-$$

$$\Delta Y_0 = Y_0 - \hat{Y} = S_0^+$$

投入冗余率为

$$\eta_0 = \frac{\Delta X_0}{X_0}$$

产出不足率为

$$\rho_0 = \frac{\Delta Y_0}{Y_0}$$

5. deap 2.1 软件分析过程及结果解释

第一步，设置参数，变量及选定所用模型。

eg1. dta	DATA FILE NAME
eg1. out	OUTPUT FILE NAME
16	NUMBER OF FIRMS
1	NUMBER OF TIME PERIODS
4	NUMBER OF OUTPUTS
3	NUMBER OF INPUTS
0	0＝INPUT AND 1＝OUTPUT ORIENTATED
1	0＝CRS AND 1＝VRS
0	0＝DEA(MULTI－STAGE)，1＝COST－DEA，2＝MALMQUIST－DEA，3＝DEA(1－STAGE)，4＝DEA(2－STAGE)

第二步，结果解释：

(1) 效率分析 EFFICIENCY SUMMARY：

firm　　　crste　　　vrste　　　scale

四列数据分别表示：

firm 样本次序；

crste 不考虑规模收益是的技术效率(综合效率)；

vrste 考虑规模收益时的技术效率(纯技术效率)；

scale 考虑规模收益时的规模效率(规模效率)。

(2) SUMMARY OF OUTPUT SLACKS、SUMMARY OF INPUT SLACKS 分别表示产出和投入指标的松弛变量取值，即原模型中的 s 值。

(3) SUMMARY OF PEERS 表示非 DEA 有效单元根据相应的 DEA 有效单元进行投影即可以实现相对有效。后面有相应的权数 SUMMARY OF PEER WEIGHTS。

(4) SUMMARY OF OUTPUT TARGETS、SUMMARY OF INPUT TARGETS 为

各单元的目标值，即达到有效的值，如果 DEA 是有效单元，则是原始值。

（5）FIRM BY FIRM RESULTS 即针对各个单元的详细结果：

original value 表示原始值；

radial movement 表示投入指标的松弛变量取值，即投入冗余值；

slack movement 表示产出指标的松弛变量取值，即产出不足值；

projected value 达到 DEA 有效的目标值。

第三步，针对各结果，进行分析。针对结果进行效率分析、投入冗余产出不足分析、投影分析等。如何从 EXCEL 里读取数据

（1）Excel 编制，按照产出项、投入项（要素价格）排列；

（2）将 Excel 工作表→"另存新档"；

（3）档案名称为"数字或英文字母"；

（4）档案类型为"格式化文字（空白分隔）"→避免格式走调；

（5）再按"储存"→储存位置须在"DEAP 资料夹"中；

（6）储存后，副档名为.prn，再以笔记本的另存新档方式将副档名改为.dta。

课后习题

1. 请简要说明系统评价在系统分析或系统工程中的作用。

2. 请结合实例具体说明系统评价问题六个要素的意义。

3. 请比较说明系统评价程序与系统分析一般过程在逻辑上的一致性。

4. 说明系统评价原理及在本专业领域中的作用。

5. 说明关联矩阵法原理，并对逐对比较法和古林法加以比较。

6. 请列表分析比较各种系统评价方法的适用条件和功能。

7. 在科研成果评定中采用层次分析和模糊综合评判法有何不同？

8. 系统评价是客观的还是主观的？你如何理解系统评价的复杂性？

9. 某工程有 4 个备选方案，5 个评价指标。已知专家组确定的各评价指标 x_j 的权重 w_j 和各方案关于各项指标的评价值 v_{ij} 如表 8-45 所示。请通过求加权和进行综合评价，选出最佳方案。试用其他规则或方法进行评价，并比较它们的不同。

表 8-45

V_{ij} / X_j / W_j / A_i	X_1	X_2	X_3	X_4	X_6
	0.4	0.2	0.2	0.1	0.1
A_1	7	8	6	10	1
A_2	4	6	4	4	8
A_3	4	9	5	10	3
A_4	9	2	1	4	8

10. 已知对三个农业生产方案进行评价的指标及其权重如表 8-46 所示。

表 8-46

评级指标	亩产量 (X_1,kg)	每百斤产量 费用(X_2,元)	每亩用工 (X_3,工日)	每亩纯 收入(X_4,元)	土壤肥力增减 级数(X_5)
权重	0.25	0.25	0.1	0.2	0.2

各指标的评价尺度如表 8-47 表示。

表 8-47

评价值	X_1	X_2	X_3	X_4	X_5
5	2200 以上	3 以下	20 以下	140 以上	6
4	1900～2200	3～4	20～30	120～140	5
3	1600～1900	4～5	30～40	100～120	4
2	1300～1600	5～6	40～50	80～100	3
1	1000～1300	6～7	50～60	60～80	2
0	1000 以下	7 以下	60 以上	60 以下	1

预计三个方案所能达到的指标值如表 8-48 所示。

表 8-48

	X_1	X_2	X_3	X_4	X_5
A_1	1400	4.1	22	115	4
A_2	1800	4.8	35	125	4
A_3	2150	6.5	52	90	2

试用关联矩阵法进行方案评价。

11. 医生对某人健康状况会诊的结果如表 8-49 所示。

表 8-49

隶属度(r_{ij})	气色(X_1,0.1)	力气(X_2,0.1)	食欲(X_3,0.3)	睡眠(X_4,0.2)	精神(X_5,0.2)
良好(y_1)	0.7	0.5	0.4	0.3	0.4
一般(y_2)	0.2	0.4	0.4	0.5	0.3
差(y_3)	0.1	0.1	0.1	0	0.2
很坏(y_4)	0	0	0.1	0.2	0.1

请用模糊综合评判法对该人的健康状况作系统评价。若有 10 名医生参加会诊,请问认为某人气色良好、力气一般,精神很差的医生各有几人?

12. 今有一项目建设决策评价问题,已经建立起如图 8-11 所示的层次结构和判断矩阵,试用层次分析法确定五个方案的优先顺序。

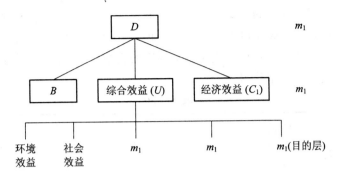

U	C_1	C_2	C_3
C_1	1	3	5
C_2	1/3	1	3
C_3	1/5	1/3	1

C_1	m_1	m_2	m_3	m_4	m_5
m_1	1	1/5	1/7	2	5
m_2	5	1	1/2	6	8
m_3	7	2	1	7	9
m_4	1/2	1/6	1/7	1	4
m_5	1/5	1/8	1/9	1/4	1

C_2	m_1	m_2	m_3	m_4	m_5
m_1	1	1/3	2	1/5	3
m_2	3	1	4	1/7	7
m_3	1/2	1/4	1	1/9	2
m_4	5	7	9	1	9
m_5	3	1/7	1/2	1/9	1

C_3	m_1	m_2	m_3	m_4	m_5
m_1	1	2	4	1/9	1/2
m_2	1/2	1	3	1/6	1/3
m_3	1/4	1/3	1	1/9	1/7
m_4	9	6	9	1	3
m_5	2	3	7	1/3	1

图 8 - 11

13. 现给出经简化的评定科研成果的评价指标体系，其中待评成果假定只有 3 项，共有 12 个评价要素，如图 8 - 12 所示。

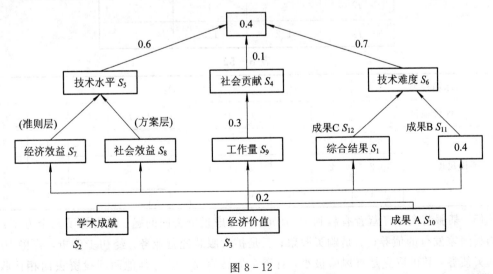

图 8 - 12

要求：(1) 写出 12 个评价要素之间的邻接矩阵、可达矩阵和缩减矩阵。

(2) 若由 10 位专家组成评审委员会，对成果 A 的评议表决结果如表 8-50 所示（其中 N_{ij} 表示同意 A 成果在 i 评审指标下属于第 j 等级的人数）。请写出隶属度 r_{ij} 的定义式（$i=1,m$，$j=1,n$）及隶属度矩阵 R。

表 8-50

N_{ij} 等级 / 指标	一	二	三	四
技术水平	3	4	2	1
技术难度	2	3	4	1
经济效益	1	2	3	4
社会效益	4	4	2	0
工作量	0	4	4	2

(3) 假定通过 AHP 方法计算出的级间重要度如图 8-12 中的数值所示，请问 5 个评审指标（$S_5 \sim S_9$）的权重各为多少？

(4) 请根据已有结果计算并确定成果 A 的等级。

14. 某人购买冰箱前为确定三种冰箱 A_1、A_2、A_3 的优先顺序，由五个家庭成员应用模糊综合评判法对其进行评价。评价项目（因素）集由价格 f_1、质量 f_2、外观 f_3 组成，相应的权重由表 8-51 所示判断矩阵求得。同时确定评价尺度分为三级，如价格有低（0.3 分）、中（0.23）、高（0.1 分）。评判结果如表 8-52 所示。请计算三种冰箱的优先度并排序。

表 8-51

	f_1	f_2	f_3
f_1	1	1/3	2
f_2	3	1	5
f_3	1/2	1/5	1

表 8-52

冰箱种类		A_1			A_2			A_3		
评价项目		f_1	f_2	f_3	f_1	f_2	f_3	f_1	f_2	f_3
评价尺度	0.3	2	1	2	2	4	3	2	1	3
	0.2	2	4	3	1	0	0	2	3	2
	0.1	1	0	0	2	1	2	1	1	0

15. 某服装个体经营者有赢利 10 万元，今考虑投资去向问题。他设想了三个方案：一是购买国家发行的债券；二是购买股票；三是扩大服装经营业务。经初步分析，若将 10 万元购买债券，其可取点是冒风险极小，且资金周转容易，但与其他两项投资去向相比收益

不大。反之,若购买股票,收益可能会很大,资金要周转也不困难,但所冒风险大。若扩大服装经营业务,风险相对购股来得小,收益居中,但资金周转相对较难。经考虑后确定投资的三个准则为:风险程度、资金利润率和资金周转难易程度。试用层次分析法进行分析和决策。若该个体经营者请其五位亲友来帮助自己决策,请说明用模糊综合评判法进行评价分析的过程。

16. 试就大学生毕业后选择职业问题建立适宜的评价模型,并进行评价选择。

参 考 文 献

[1]　周德群. 系统工程概论. 北京:科学出版社,2005
[2]　王众托. 系统工程. 北京:北京大学出版社,2010
[3]　王沈尘. 采用可能度和满意度的多目标决策方法. 系统工程理论与实践,1982,2:14 - 23
[4]　童玉芬,刘广俊. 基于可能-满意度方法的城市人口承载力研究——以北京为例. 吉林大学社会科学学报,2011,51(1):152 - 157
[5]　吕永波. 系统工程. 北京:清华大学出版社,2006
[6]　薛惠锋,苏锦旗,吴慧欣. 系统工程技术. 北京:国防工业出版社,2007
[7]　袁旭梅,刘新建,万杰. 系统工程学导论. 北京:机械工业出版社,2007
[8]　黄贯虹,方刚. 系统工程方法与应用. 广州:暨南大学出版社,2005
[9]　方永绥,徐永超. 系统工程基础—概念、目的和方法. 上海:上海科学技术出版社,1980